U0918662

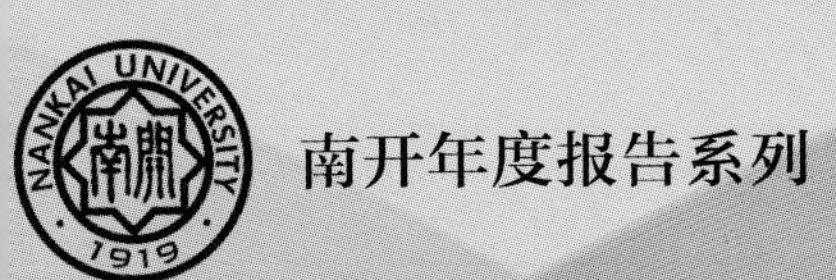

南开年度报告系列

中国区域治理研究报告 2017

——对口支援政策

任维德 主编

中国社会科学出版社

图书在版编目(CIP)数据

中国区域治理研究报告.2017：对口支援政策／任维德主编.
—北京：中国社会科学出版社，2018.7
ISBN 978-7-5203-2827-2

Ⅰ.①中… Ⅱ.①任… Ⅲ.①区域—行政管理—研究报告—
中国—2017 Ⅳ.①D630.1

中国版本图书馆CIP数据核字(2018)第160975号

出 版 人 赵剑英
责任编辑 冯春凤
责任校对 张爱华
责任印制 张雪娇

出 版 中国社会科学出版社
社 址 北京鼓楼西大街甲158号
邮 编 100720
网 址 http://www.csspw.cn
发 行 部 010-84083685
门 市 部 010-84029450
经 销 新华书店及其他书店

印 刷 北京君升印刷有限公司
装 订 廊坊市广阳区广增装订厂
版 次 2018年7月第1版
印 次 2018年7月第1次印刷

开 本 710×1000 1/16
印 张 22.25
插 页 2
字 数 365千字
定 价 89.00元

凡购买中国社会科学出版社图书，如有质量问题请与本社营销中心联系调换
电话：010-84083683

目　录

前　言

区域治理是中国国家治理的重要内容，基于中央与地方之间越来越多的跨行政层级的公共事务，基于地方之间越来越多的跨行政区经济往来，区域治理成为协调中央与地方，协调地方之间关系的重要手段。通过区域治理，可以弥补科层制和行政区划造成的分割和阻隔。区域治理的主体包括中央政府、地方政府，也包括社会组织、企业等，还包括地方政府间的国际合作。区域治理的工具包括区域战略、区域规划、区域政策等，区域政策中包括财政政策、投资政策、产业政策等经济政策，也包括教育、社会保障等社会政策。

国内对区域战略、区域规划、区域政策的研究已有多年，经济地理学、区域经济学、区域公共管理等地理学、经济学、行政管理学分支因此形成，区域治理逐渐成为多学科关注的重要领域。截至目前，已经有多种年度研究报告问世，其中关于区域发展的主要有《中国区域经济发展报告》，有关于几个重要区域的发展报告，如《中国中部地区发展报告》等，还有关于城市群或城市圈的发展报告，关于城市化的发展报告等。已有的年度报告多为经济发展报告，以对某一年度的区域经济发展为主要内容，关于行政方面、社会方面以及国际方面的区域合作的研究报告目前还没有。

基于此，南开大学周恩来政府管理学院区域治理研究团队，在周恩来政府管理学院中央高校建设世界一流大学（学科）和特色发展引导专项资金资助项目“南开年度报告项目”的支持下，与中国社会科学出版社合作，发表《中国区域治理系列研究报告》，系统地展示该研究团队的研究成果。本系列报告定位于区域治理，其内容不局限于区域经济发展，而是扩展到区域公共管理、区域社会和文化发展等方面；范围不局限于区域经济合作，而是扩展到区域公共管理合作、区域文化的融合等方面；视野不局限于国内区域合作，而是扩展到地方间的国际合作。本系列报告不着重整体描述中国的区域发展，也不分区域描述中国的区域发展，以区别于目前已有的各类区域发展研究报告。本系列报告对研究内容进行细化，主要针对主要区域政策、主要区域战略等，发表专门性研究报告；注重区域发展与城市发展的关系，注重区域治理与城市群治理的关系，以反映国内在区域治理方面最新的发展趋势。

本系列报告以中国区域治理为对象，依据中国区域治理的进程，梳理中国区域治理的主要进展，揭示中国区域治理的特点，依次研究中国的区域战略、区域规划、区域政策，探讨中国的区域协调机制、区域合作的效果、区域与城市群的关系、区域化与城市化的关系、国内区域合作与国际区域合作的关系等。

第一本研究报告《中国区域治理研究报告——区域政策与区域合作》已经于 2016 年完成，2017 年由中国社会科学出版社出版。该报告从区域政策开始，从历史演变和现状分析入手，分析区域政策这一区域治理的主要工具，选择京津冀、珠三角、黄河金三角三个案例，分别研究跨省区的、省内的、跨省地级市之间的区域合作，以检验区域政策的效果。本报告从地方自发合作和中央倡导的合作两个角度，分析目前区域协调机制，探讨如何建立区域协调发展和区域合作的评价指标，建立区域合作研究数据库。

今天呈现给读者的是我们团队的第二本研究报告《中国区域治理研究报告——对口支援政策》，由研究团队主要成员，内蒙古大学公共管理学院任维德教授主编，2017 年完成。任维德教授也是我主持的 2013 年度国家社会科学基金重大攻关项目“区域政策创新与区域协调发展研究”中子课题“对口支援政策及其创新”的负责人，本研究报告中的主要内容的研究工作得到该重大项目的支持。

我们的研究团队已经合作多年，团队的“老家”在南开大学周恩来政府管理学院，团队中的许多青年人已经成长起来，分布在国内不同的高校。感谢周恩来政府管理学院，以“南开年度报告项目”这个平台为我们提供了一个学术阵地，使我们的成果可以成系列发表。感谢各位团队成员对区域治理研究的倾力投入，感谢各位对团队的支持。我们团队多年来对区域治理的研究得到境内外同行的认可，同行们为团队的研究提供了多种方式的支持，大大提高了我们区域治理的研究水平。能够与各位同行共同切磋和合作，是我们莫大的荣幸，今后中国区域治理研究报告的研究对境内外同行开放，热烈欢迎有同样研究兴趣的学者参与到报告的撰写中，加入我们的研究团队，或者成为合作伙伴，共同推进国内的区域治理研究。我们期待着您的加入。

杨龙

2018 年 1 月于南开大学

第一章　对口支援政策概述

“对口支援”政策是中国党和政府在改革开放和社会主义现代化建设时期，基于我国西部民族地区与东部沿海地区及中部地区在经济、文化和社会等方面发展水平存在的较大差距，以及地区之间资源分布的不均衡性和互补性的客观实际，为了控制和缩小地区发展差距，推动西部民族地区经济与社会较快发展，最终实现区域协调发展、民族团结和边疆稳定，于20世纪70年代末制定、实施并不断完善的具有中国特色的东部沿海地区、中部地区经济发达或实力较强的省市对西部民族地区经济欠发达或实力较弱的省区实施援助的一项政策。对口支援政策的实施，在控制和缩小地区发展差距、推动西部民族地区经济与社会较快发展，以及实现区域协调发展、民族团结和边疆稳定等方面发挥了极其重要的作用。当前，我国实施和推进的“一带一路”战略，为对口支援政策的创新、完善以及全方位、深层次的有效实施，带来了历史性的新机遇，提供了新导向。本章旨在通过梳理对口支援政策的提出、发展历程、基本类型及其推广应用，明确对口支援在我国区域政策体系中的地位，探寻对口支援政策的价值目标以及功能、作用，并对国内研究现状及其视角进行必要的考察和分析。

一　对口支援政策及其实施类型

经过近40年的实施，从最初的省际间对口支援——东部沿海地区、中部地区经济发达或实力较强的省市对西部民族地区经济欠发达或实力较弱的省区对口支援，发展到中央有关部委、企事业单位对西部民族地区经济欠发达或实力较弱的省区对口支援，并且推广延伸到一省区之内发达地区对落后地区的对口支援，对口支援政策的内容和类型不断丰富和完善，政策效应显著。

（一）对口支援政策的提出及其发展阶段

“对口支援”的概念，早在20世纪60年代就已经出现，并在1979年以国家政策的方式被正式确定下来，付诸实施。在整个政策产生、变迁与发展的过程中，到了20世纪90年代，全国各地区、中央有关部委及其直属企事业单位的支援形式和支援内容不断向不同领域拓展，在相互交错中形成了一个网状的支援格局，从而多领域、多方面、多层次、多内容、多形式地对需要帮助的地区进行支援、援助和帮扶。梳理相关文献和会议资料，结合我们自己的理解，这里我们将“对口支援”政策的发展历程划分为四个阶段。

第一阶段：萌芽阶段。中华人民共和国成立至20世纪70年代，这是对口支援政策的萌芽阶段与铺垫时期。中华人民共和国成立后，党中央、国务院为缩小各民族之间经济社会发展的差距，解决区域发展和资源分布不平衡，采取了高度集中的帮扶方式，即发达地区援助少数民族地区或借助于国家拨款的措施，宏观调配全国区域间商品的流通和供求关系。此阶段，交流协作已经形成一定的规模，对口支援主要发生在城市支援农村、沿海地区支援内陆地区两个领域。其间，中央政府在“全国一盘棋”思想的指导下，依靠计划经济体制对各种资源进行全国性调配，在各级国家机关的协调下采取各种帮扶和援助措施。

由于中国革命时采取“农村包围城市”的战略，中国共产党和农民的关系非常密切。中华人民共和国成立之初，每到农忙时节或遭遇灾情，城里的党组织和政府部门就会分派各个机关去村庄帮忙收割或抗灾。这一做法作为传统不断延续，并逐步增加了奔赴农村劳动锻炼、支援农业建设等内容。随着在实践中不断发展，工农协作、厂社协作成为20世纪中期中华人民共和国城市与农村之间比较广泛应用的支援模式，这也成为对口支援政策的萌芽时期。虽然对口支援作为工农结合、城乡结合、厂社协作的一种新形式，在20世纪50年代就已经成为个别地方的实践，但对口支援概念的提出却始于1960年3月20日《山西日报》发表的一篇社论。该文认为，对口支援是一种工农结合、城乡结合、厂社协作的新形式，充分肯定了山西经纬纺织机械厂支援人民公社所采取的

“对口支援、一包到底”的举措。[①] 这篇社论使得对口支援政策开始正式登上历史舞台。

除了城市与农村之间的工农结合、厂社协作外，自20世纪50年代中期开始，省际间较大范围的协作与支援工作也开始铺开，这主要表现为上海、天津等东部沿海地区发达省市对陕西、新疆、内蒙古等西部落后地区和边疆少数民族地区的援助和帮扶。以上海对陕西的支援为例，从50年代中期到60年代初，上海派出金融、建筑、电力、机械、高等教育等行业的数万名干部、工人和知识分子支援陕西建设，为陕西的经济发展和社会进步作出了重要贡献。东部沿海地区对中西部内陆地区的支援之所以在20世纪50年代中期开始实施，具有经济、军事和社会等多方面的原因。在经济层面，主要是通过全国性的资源调配来解决区域间资源分布和经济发展不平衡的问题；在社会层面，与城市向农村转移和支援一样，沿海向内地转移和支援主要是为了缓解城市人口压力，解决城市人口的就业问题。中华人民共和国成立后，上海、天津等东部沿海地区在发展中出现了部分劳动力过剩问题。通过向陕西、新疆、内蒙古等西部地区进行转移，有效地解决了东部沿海地区城市存在的部分失业问题。

第二阶段：提出和实施阶段。从中华人民共和国成立到20世纪70年代，虽然不同形式的对口协作与援助在城市与农村之间、沿海与内地之间及省、市、县等不同区域之间广泛存在并逐步形成了一定的规模，但在此期间党中央、国务院并没有明确提出和实施对口支援政策，直到1979年召开的全国边防工作会议上，党中央、国务院明确提出了东部经济发达地区对口支援经济欠发达少数民族地区的政策，这标志着对口支援政策在国家层面的正式提出。

1979年4月25日的全国边防工作会议上，时任中共中央政治局委员、中央统战部部长的乌兰夫作了题为《全国人民团结起来，为建设繁荣的边疆，巩固的边防而奋斗》的报告。他指出，国家将加强边境地区和少数民族地区的建设，增加资金和物资的投入，并组织内地省、市对口

---

① 钟开斌：《对口支援：起源、形成及其演化》，《甘肃行政学院学报》2013年第4期。

支援边境地区和少数民族地区。同年 5 月，中央政治局讨论通过了这个报告，并将其转发全国。报告要求组织内地省、市实行对口支援边境地区和少数民族地区，即北京支援内蒙古、河北支援贵州、江苏支援广西和新疆、山东支援青海、上海支援云南和宁夏、全国支援西藏，从而在全国初步正式确立了国家对口支援体制。[①] 1982 年，国家计划委员会、民族事务委员会召开“经济发达省、市同少数民族地区对口支援和经济技术协作工作座谈会”，标志着对口支援进入一定规模的实施阶段。1983 年初，国务院明确了对口支援工作归由当时的国家经济委员会、国家计划委员会和国家民族事务委员会等部门共同管理，并由国家经济委员会牵头。这就第一次落实了对口支援政策和制度实施的政府主管部门，从而标志着这一政策和制度以及相关工作正式列入了中央政府职责范围。1984 年 9 月，“全国经济技术协作和对口支援会议”在天津召开。会议提出，要进一步加强对口支援工作的领导，经济发达地区与少数民族地区的对口支援是社会主义制度优越性的体现，也是发达省市应尽的义务。这次会议的召开，标志着对口支援进入全面实施阶段，形式不断丰富，包括经济技术协作、经济咨询服务和智力支边，各支援受援双方也成立了协调组织。此外，会议确定增加了上海支援新疆、西藏，广东支援贵州，湖北、辽宁、武汉和沈阳支援青海。[②]

三次会议的召开，对于对口支援政策和制度的确立有着重要的意义：首次明确提出了对口支援的概念，并从总体上指出了其工作主体、范围、形式和所要达到的目的；首次将该政策和制度上升到国家的层面，尝试用中央政府的力量来推动制度的落实；将推动重点企业的改造、整顿以及其改善经营管理和提高经济效益，作为对口支援政策的主要内容。

第三阶段：发展和检验阶段。1986 年，国务院成立扶贫开发领导小组，安排专项资金，制定优惠政策，进一步扩大协作规模，增强帮扶力度。1992 年，国务院对《关于进一步开展对口支援的请示》作出专门批复，确定由国家计委牵头，归口统一领导，组织协调，将对口支援提到新

---

① 赵志研：《机构重建，民族工作重新步入正轨》，《中国民族报》2008 年 7 月 7 日。

② 《全国经济技术协作和对口支援会议在天津举行》，《中国民族》1984 年第 10 期。

的发展高度。1994 年，《国家“八七”扶贫攻坚计划》提出，要集中人力、物力、财力，动员社会各界力量做好扶贫工作。

进入 20 世纪 90 年代，对口支援的领域从经济技术发展扩展到了社会发展，向工业、农业、商贸、科技、人才、文教、卫生、扶贫、劳务等各个领域辐射，并逐步形成了相对固定的基本格局。在此期间，对口支援也逐步从一项临时性的政策安排上升为国家层面的一项准制度化规定。这一时期，成为对口支援的蓬勃发展与巩固提高阶段。对口支援在初期主要是在国家统一领导下，经济发达地区对口支援民族地区、经济欠发达地区以促进地区协调发展。随着市场经济改革的不断深化，东部沿海地区与西部民族地区的发展差距反而进一步扩大。东部沿海发达地区与西部落后地区区域之间的对口支援成为落实邓小平明确提出的“两个大局”战略构想、开展扶贫协作、缩小区域经济差距、促进区域经济协调发展的一项具体政策措施。确定对口帮扶关系后，东部沿海地区各省、市和西部民族地区各省、区之间展开了多层次、多渠道、多形式的对口帮扶与经济技术合作，实现资源优势互补。与此同时，1993 年，在中央召开的第三次西藏工作会议上，决定由国务院 13 个部委对口支援西藏自治区区直各部门。在此期间，随着对口支援基本格局的确定，援助内容不断丰富，援助战略发生转变。在援助内容上，随着对口支援与经济技术协作进一步向纵深展开，已由初期的物资、设备、材料等“硬件”援助扩展到人才、技术、管理等“软件”支援与协作。在援助战略上，从初期注重财政资金援助向注重运用市场机制、加强企业合作转变，从注重财政资金援助“输血型”项目向注重促进当地的自我发展能力的“造血型”项目转变，大力发展受援地区的自我发展能力和可持续发展能力。

自 20 世纪 80 年代以来，对口援助的规模在不断扩大，援助的形式也在不断增加。除了东西部地区之间以扶贫协作为主要内容的对口支援依然继续实施外，又出现了省域内部对口支援、单位之间对口支援、部门内部对口支援等多种形式。在此期间，对口支援的内容也从经济领域拓展到了科教文卫等社会领域。经过这个时期的蓬勃发展，全国各个地区的各种支援形式和支援内容不断向各个领域拓展，在相互交错中形成了一个网状的支援格局，从而多领域、多方面、多层次、多形式、多内容地对需要帮助的地区进行帮扶和支援。

处理重大自然灾害和突发事件能力是衡量国家制度优劣的重要标尺。对口支援形成的组织、协调、指挥经验和制度优势逐渐发挥作用，特别是 1998 年特大洪水灾害、2008 年特大冰雪灾害和汶川大地震等重大自然灾害的处理和恢复重建中形成了值得借鉴、推广的经验。这一阶段，对口支援从资金分配管理机制、项目筛选管理评估机制、动员协调多方参与机制和舆论宣传机制的完善中得到全面发展。

2008 年四川汶川大地震发生后，面对十分艰巨的灾后重建任务，国务院出台了《汶川地震灾后恢复重建对口支援方案》，提出举全国之力加快地震灾区灾后恢复重建，建立灾后恢复重建对口支援机制，由一省帮四川省一重灾县，较好地解决了灾区重建的各种困难，在较短时间内初步恢复了灾区的自我发展能力。2009 年下半年，我国部分地区陆续暴发手足口病疫情和甲型 H1N1 流感疫情，在报告病例数、重症病例数和死亡病例数不断增加的情况下，为有效救治患者，防止疫情进一步扩散，国家卫生部决定建立手足口病医疗救治省际对口联系制度和甲型 H1N1 流感医疗救治省际对口支援机制。2010 年，我国西南地区干旱少雨，遭受了历史罕见的特大旱灾，给当地群众生产生活造成严重困难。国家防总紧急组织北京、天津等 10 个省市对云南、贵州、广西进行抗旱救灾对口帮扶，最大限度地减少了灾害造成的损失。

第四阶段：完善与提高阶段。进入 21 世纪以来，有中国特色的对口支援行动不断发展。2000 年，国家实施了西部大开发战略，对口支援是重要措施之一，援助范围扩展到各项社会事业。2001 年召开的第四次西藏工作座谈会，决定新增 17 家中央直属企业对口支援西藏。同年，国务院发布《关于实施西部大开发若干政策措施的通知》，明确指出推进地区协作与东西部的对口支援。

2008 年汶川大地震灾后重建的对口支援规模之大、速度之快、成效之高让世人震撼，使他们感受到了中华民族的团结和决心。2010 年，国家紧急组织 10 个省市对云南、贵州、广西进行抗旱救灾对口帮扶。2010 年 5 月召开的中央新疆工作会议决定，进一步加大对口支援新疆力度，从 2011 年起 19 个省市从人才、技术、管理、资金等各方面对口支援新疆 12

个地州市及新疆生产建设兵团。① 这是我国历年来支援地域最广、资金投入最大、援助领域最全面的一次对口支援。同年的第五次中央西藏工作会议要求全国各族人民特别是对口援藏省市要大力支援西藏建设。

与此同时，对口支援由政府完全主导向政府主导、社会组织参与，进而向政府主导、社会组织和受益群体参与转变，发挥着相互促进、优势互补的积极作用，支援受援双方的合作范围和形式不断拓展，逐步向制度性安排转变，支援关系以制度形式得到有力巩固。此外，国家从促进西部地区经济社会发展及其现代化建设的大局出发，把服务当地经济社会发展及其现代化建设作为核心目标，兼顾“输血”和“造血”功能。

经过近40年的发展，对口支援基本形成了多层次、多领域、全方位的援助格局，从“结对子”帮扶发展到全国范围内的援助，从常规性援助发展到重大工程和灾难援助，从单边援助发展到对口合作，从“输血”援助发展到“造血”援助，内容、范围、形式都得到了极大拓展。

（二）对口支援的概念界定及其类型

前面提到，经过近40年的实施和演进发展，对口支援从最初的省际间对口支援——东部沿海地区、中部地区经济发达或实力较强的省市对西部民族地区经济欠发达或实力较弱的省区对口支援，发展到中央有关部

---

① 北京市：对口支援和田地区的和田市、和田县、墨玉县、洛浦县及新疆生产建设兵团农十四师团场；上海市：对口支援喀什地区巴楚县、莎车县、泽普县、叶城县；广东省：对口支援喀什地区疏附县、伽师县、新疆生产建设兵团农三师图木舒克市；深圳市：对口支援喀什市、塔什库尔干县；天津市：对口支援和田地区的民丰、策勒和于田；辽宁省：对口支援塔城地区；浙江省：对口支援阿克苏地区的1市8县和新疆生产建设兵团农一师的阿拉尔市；吉林省：对口支援阿勒泰地区阿勒泰市、哈巴河县、布尔津县和吉木乃县；江西省：对口支援克孜勒苏柯尔克孜自治州阿克陶县；黑龙江省：对口支援阿勒泰地区福海县、富蕴县、青河县和新疆生产建设兵团十师；安徽省：对口支援和田地区皮山县；河北省：对口支援巴音郭楞蒙古自治州、新疆生产建设兵团农二师；山西省：对口支援新疆生产建设兵团农六师五家渠市、昌吉回族自治州阜康市；河南省：对口支援哈密地区、新疆生产建设兵团农十三师；江苏省：对口支援克孜勒苏柯尔克孜自治州阿图什市、乌恰县，伊犁哈萨克自治州霍城县、新疆生产建设兵团农四师66团、伊宁县、察布查尔锡伯自治县；福建省：对口支援昌吉回族自治州的昌吉市、玛纳斯县、呼图壁县、奇台县、吉木萨尔县、木垒县；山东省：对口支援喀什地区疏勒县、英吉沙县、麦盖提县、岳普湖县；湖北省：对口支援博尔塔拉蒙古自治州博乐市、精河县、温泉县与新疆生产建设兵团农五师；湖南省：对口支援吐鲁番地区。

委、企事业单位对西部民族地区经济欠发达或实力较弱的省区对口支援，并且推广延伸到一省区之内发达地区对落后地区的对口支援，对口支援概念的内涵不断丰富和完善，对口支援的主体不断增加、类型不断多样化。

对于“对口支援”概念，国内学者给出了诸多不同定义。有学者认为：“所谓对口支援指的是在上级政府的统一领导下，组织和安排经济发达地区和各政府部门对指定的欠发达地区或民族地区给予人、财、物方面的帮助和支持。”[①] 也有学者认为：“中国特色的对口支援其实就是经济发达地区对上级指定的欠发达地区或民族地区给予人、财、物方面的帮助和支持，是一种基于财政平衡视角下的政府行为。”[②] 还有学者认为：“所谓对口支援，即结对支援，它是社会主义制度优越性和大协作精神的体现，是区域、行业乃至部门间开展合作与交流的有效形式。通常泛指国家在制定宏观政策时为支持某一区域或某一行业，采取不同区域或行业之间结对形成支援关系，使双方区位或行业的优势得到有效发挥。在对口支援中，提倡优势互补、互惠互利、长期合作、共同发展。”[③] 更有学者将对口支援定义为：“对口支援是指由政府启动，在区域、行业乃至部门间建立起长期的、稳定的、相互协作的帮扶关系，利用支援方的物质财富和智力资源，促进受援方得到发展的一项援助制度。它是我国社会主义制度优越性和大协作精神的具体体现。”[④] 复旦大学李瑞昌在《经济社会体制比较》2015 年第 4 期发文则试图将对口支援实践界定为一种政治性馈赠，并认为，对口支援实践的中国特点有三方面：一是政治性馈赠的主体由三方构成，与对外援助明显不同；二是政治性馈赠打破了传统馈赠结构，回赠义务不是由受赠方而是由发起方承担，因而激励结构发生了位移；三是作为政治性馈赠的对口支援实践在不同时期功能略有差别。随着社会主义市场经济体制的成熟以及中央财政能力的强大，对口支援方肩负的受援方的地方经济发展功能将会越来越弱。

① 王玮：《中国能引入横向财政平衡机制吗？——兼论“对口支援的改革”》，《财贸研究》2010 年第 2 期。

② 伍文中：《从对口支援到横向财政转移支付：文献综述及未来研究趋势》，《财经论丛》2012 年第 1 期。

③ 赵明刚：《中国特色对口支援模式研究》，《社会主义研究》2011 年第 2 期。

④ 郑刚：《建立教育对口支援长效机制的政策分析》，《中国教育学刊》2012 年第 7 期。

综上所述，可以看出，中国特色对口支援的主体是经济发达的地区或者中央部委、直属企事业单位等，客体是经中央政府指定的欠发达的西部地区或民族地区，目的是给予欠发达地区或民族地区人、财、物方面的帮助和支持，使受援方得到发展，双方优势得到有效发挥。此外，在一省之内，对口支援的主体则是经济发达的地区或者省市所属部门、企事业等，客体是经省市级政府指定的省内欠发达的地区。

基于上述理解和认识，这里我们可以把“对口支援”作如下界定，即“对口支援”是中国党和政府基于我国东部沿海地区、中部地区和西部地区之间在经济、文化与社会等方面发展水平存在的较大差距，为了控制和缩小地区发展差距，实现区域协调发展、民族团结和边疆稳定，于20世纪70年代末制定、实施并不断完善的具有中国特色的东中部地区经济发达或实力较强的省市和中央有关部委、企事业单位对西部民族地区经济欠发达或实力较弱的省区实施结对支援和援助的一项政策和制度。由于这一政策和制度实施的显著成效，最终推广延伸到中央有关部委、企事业单位对口支援其他经济欠发达地区，以及省区之内发达地区对落后地区结对支援和援助的一项政策。

由于对口支援涉及经济技术、医疗卫生、教育、重大工程和灾难以及干部对口支援等内容，而且援助主体有东、中部地区发达省、市以及中央部委及其直属企事业单位，还有一省区之内发达市县和部门，使得对口支援具有多种不同类型。

1. 依据援助内容划分的对口支援类型

从援助内容上看，我们可以把对口支援划分为经济技术对口支援、干部对口支援、医疗卫生对口支援、教育对口支援、重大工程对口支援和灾难援助对口支援。

(1) 经济技术对口支援

经济技术对口支援，指我国东中部地区经济发达或实力较强的省市和中央有关部委、中央直属企事业单位对西部民族地区经济欠发达或实力较弱的省区实施的结对经济技术支援和援助。

1982年10月7日至17日，国家计划委员会、国家民族事务委员会组织的“经济发达省、市同少数民族地区对口支援和经济技术协作工作座谈会”在银川召开。根据这次会议的纪要，对口支援和经济技术协作主要方式如下：推动重点企业的改造、整顿；帮助解决技术难关；培训人才；帮助考察、研究资源，共同开发矿产资源；在物资上互通有无。1983年1月，国务院确定国家经济委员会、国家计划委员会、国家民族事务委员会三个部门为对口支援工作的负责部门，国家经济委员会负责牵头。这样，明确了主管部门的经济技术对口支援就成为对口支援政策中的最重要的组成部分。

1994—2004年10年间，西藏自治区拉萨市共接受北京、江苏、河南、河北、四川等省援助建设项目166个，完成投资8.9836亿元，接受援助物资设备折合资金1.13163亿元。北京市先后完成拉萨北京中路、北京中学、北京东路（改扩建）、市委综合楼、民族文化宫、北京小学、115个村民委会员基层政权建设等一大批重点工程建设；江苏省完成江苏路、拉萨师范学校师资培训中心、西藏藏药厂、拉萨市急救中心、拉萨市人民医院、130个村民委员会等一大批重点工程；河南、河北、四川等省完成拉萨市新华书店、自治区党校暨行政学综合楼、拉萨市粮油加工厂等项目建设。[①] 2010年10月25日，全国经济对口支援西藏工作座谈会在成都召开。会议全面总结了中央第三次西藏工作座谈会召开15年来全国援藏工作取得的成就、经验并就今后10年全国经济援藏工作思路及具体措施进行了研究部署。

2016年9月19日，内蒙古贫困地区致富带头人培训班在北京农学院开班。50名来自内蒙古赤峰和乌兰察布市的农村致富带头人将在京参加为期8天的系统培训。本期培训班是北京市全面落实国家东西部扶贫协作和国务院扶贫办关于致富带头人培训工程的重要举措之一，是我市专门针对赤峰和乌兰察布两市贫困地区致富带头人开展精准培训的一次有益尝试，旨在通过培训，为内蒙古贫困地区培养一批想创业、敢创业、能创业，创业有成果、带动有成效的贫困村创业致富带头人。[②]

（2）干部对口支援

干部对口支援，主要指干部援藏、干部援疆，由中央国家机关、全国

① 新华网：《西藏各地区受援情况一览表》，http：//www.tibet328.cn/05/02/3/201103/t20110331_151476.htm。

② 北京市对口支援和经济合作网：《内蒙古贫困地区致富带头人培训班开班》，http：//www.bjzyhzb.cn/zlyz/gzdt_1063/t20160922_332666.html。

较发达省市以及国有骨干企业、中央直属科研院所对口干部支援西藏和新疆等地。

干部援藏。西藏解放后，全国对西藏的干部支援就展开了，不过当时尚未明确提出对口支援的概念。1978 年改革开放以来，中共中央、国务院在资金、项目和人力援助方面增加了力度。1994 年，第三次西藏工作座谈会召开。会议明确提出了由中央国家机关和全国较发达省市对口支援西藏。会后，中共中央、国务院直属 33 个部委和全国 14 个省市按照“分片负责，对口支援，定期轮换”的原则，选派出 621 名行政、技术干部，进藏开展支援工作，这批干部也是首批由中央选派参与边疆对口支援的干部。[①] 截至目前，北京、上海、天津、黑龙江、辽宁、江苏、山东、重庆、河北、吉林、湖南、广东、四川、陕西、湖北、福建、浙江、安徽等省市，中央、国家机关、水利系统、公安系统、国有骨干企业、中科院及中国电信等都派出干部及其他专业人才在藏支援。

干部援疆。干部支援新疆的工作由中央、中组部等直接安排。1996 年，中共中央提出“培养和调配一大批热爱新疆，能够坚持党的基本理论、基本路线和基本发针，正确执行党的民族宗教政策的汉族干部去新疆工作”[②]。1996 年 10 月 18 日，中共中央、组织部、人事部，进一步细化了干部援疆的措施。[③] 大规模的干部援疆从这一年开始。自中央干部援疆工作召开以来，全国各地区各部门积极贯彻落实中央的部署。2017 年 7 月 21 日，农业部召开第九批援疆干部行前座谈会，对第九批援疆干部进疆开展工作进行动员部署。从农业援疆工作的需要考虑，农业部继续选派 13 位干部人才承担第九批援疆工作任务，最大限度支持援疆工作。[④]

---

① 中国共产党新闻网：《梦萦西藏：中央国家机关首批援藏干部进藏 15 年回眸》，http：//cpc. people，com. cn/GB/64093/64387/11459777. html，2013_ 10 -01。

② 《中共中央关于新疆稳定工作的会议纪要》（中发〔1996〕7 号），http：//news. sohu. com/20140723/n402630043. shtml。

③ 《中共中央组织部、人事部关于做好为新疆选派干部工作有关问题的通知》（组通字〔1996〕44 号），http：//www. chinalawedu. com/falvfagui/fg22598/15193. shtml。

④ 《农业部召开第九批援疆干部行前座谈会》，https：//www. sohu. com/a/158950668_330900。

（3）医疗卫生对口支援

医疗卫生对口支援，指全国医疗卫生系统对西部民族地区经济欠发达或实力较弱的省区如西藏、青海、新疆等省区进行结对的支援和援助，以及城市卫生机构对口支援农村。

早在1983年8月，卫生部、国家民族事务委员会、劳动人事部就印发了《关于经济发达省市对口支援边远少数民族地区卫生事业建设的实施方案》，要求“卫生部门对边远少数民族地区的支援，应当按照中央的部署，与经济技术方面的支援和协作同步进行”。1997年1月15日发布的《中共中央、国务院关于卫生改革与发展的决定》（中发〔1997〕3号）提出：“建立城市卫生机构对口支援农村的制度，采取人员培训、技术指导、巡回医疗、设备支持等方式，帮助农村卫生机构提高服务能力。”2001年6月，卫生部、总后卫生部联合下发通知，动员全军百所大医院对口支援西部贫困地区的105家县医院，以技术优势支援西部大开发。2002年1月发布的《中共中央、国务院关于进一步加强农村卫生工作的决定》（中发〔2002〕13号），要求建立对口支援制度，“组织城市和军队的大中型医疗机构开展‘一帮一’活动，采取援赠医疗设备、人员培训、技术指导、巡回医疗、双向转诊、学科建设、合作管理等方式，对口重点支援县级医疗卫生机构和乡（镇）卫生院建设”。2010年第五次西藏工作座谈会以来，国家卫生与计划生育委员会高度重视对口援藏工作，仅西藏就安排中央专项资金30.2亿元，倾斜安排卫生计生机构建设项目，优先实施贫困地区儿童营养改善、新生儿疾病筛查等重大公共卫生项目，量身制定《国家卫生计生委支持西藏及四省藏区进一步提升基层医疗卫生服务能力方案》，会同中国光彩事业促进会开展“光彩·西藏和四省藏区健康促进工程”，协调委预算管理医院组建国家医疗队，赴西藏和四省藏区开展巡回医疗、技术指导和人员培训，支持西藏及四省藏区卫生计生事业发展。各对口支援省（市）和单位，大力推进项目、技术、智力援藏，大力实施惠民项目，整合利用各类资金11.4亿元，组织实施179个援藏建设项目；派出援藏医疗队168批次、1266人次，在藏工作7万多天，共接诊41万人次，实施各类手术1.4万人次；派出援藏管理干部和技术人员1200余人，接收受援地区进修人员1000余人，开展培训和现场指导5400多人次，在藏培训基层医护人员7万多人次；为西藏257

万多名城乡居民和2.7万余名在编僧尼开展免费健康体检，累计初筛和复查儿童111万多人次，确诊先心病患儿2597人并免费开展治疗。在全国卫生计生系统的共同努力下，西藏及四省藏区卫生与计划生育事业发展明显加快，2013年，西藏自治区孕产妇和婴幼儿死亡率下降到154.51/10万和19.97‰，住院分娩率提高到82.33%，人均期望寿命达到68.17岁。①

(4) 教育对口支援

教育对口支援，指全国教育系统对西部民族地区经济欠发达或实力较弱的省区如西藏、青海、新疆、甘肃、贵州、宁夏、广西、云南以及吉林延边等省区州进行结对的支援和援助。

在20世纪80年代东西部的对口支援中，国家多次从内地选派大学、中学教师到西藏、青海、新疆从事教育教学工作，支援当地发展教育事业。1992年10月，国家教委办公厅发出《关于对全国143个少数民族贫困县实施教育扶贫的意见》（教办〔1992〕12号），要求由经济、教育比较发达的省（市）负责安排所属有关县（市）及高等院校与有关民族地区的省区所属的民族贫困县建立对口协作关系。1993年2月，中共中央、国务院印发的《中国教育改革和发展纲要》强调，要“认真组织和落实内地省、市对民族地区教育的对口支援”。2000年4月，中共中央办公厅、国务院办公厅发出了《关于推动东西部地区学校对口支援工作的通知》（中办〔2000〕13号），决定实施东西部地区学校对口支援的“两个工程”——“东部地区学校对口支援西部贫困地区学校工程”和“西部大中城市学校对口支援本省（自治区、直辖市）贫困地区学校工程”，以学校对口支援为基本形式，以贫困地区为支援对象，以义务教育阶段相对薄弱的学校为重点，东部支援省、直辖市各选择受援省、市100所学校，计划单列市各选择25所学校，结成“一帮一”的对子。2001年5月10日，教育部下发了《对口支援西部地区高等学校计划的通知》（教高〔2001〕2号），北京大学、清华大学等21所东部高校被指定为支援高校，

---

① 《国家卫生计生委贯彻落实中央对口支援西藏工作20周年会议精神部署推进卫生计生援藏工作》，http://www.nhfpc.gov.cn/caiwusi/s3578c/201409/2b5c2cc353974aafb541df64ea075f09.shtml。

采取“一对一”的方式，对西部 13 所高校实施支援和全方位的合作，见表 1－1。按照教育部当时所设定的目标，2005 年新疆、西藏的 14 所本科院校全部实现对口支援，2006—2007 年内蒙古、宁夏、广西的 20 所本科院校实现对口支援，2010 年前西部其他 7 个省份的 100 多所本科院校将实现对口支援。此外，根据党中央、国务院的部署，从 2000 年开始，西南交通大学、四川大学、北京师范大学、中国人民大学等 15 所全国重点高校先后与西藏大学达成“对口支援协议”，建起了各种培训班，通过联合办学、学生交流等途径，帮助西藏大学培养人才。据统计，两年来，国家和教育部及高校先后投入 3000 多万元帮助西藏大学建起西藏急需的各种专业教育课程。①

表 1－1　对口支援民族地区部分高等学校名单

支援高校	受援高校	受援高校的主管部门	启动时间
北京大学 天津大学	石河子大学	新疆生产建设兵团	2001. 06
中国农业大学	内蒙古农业大学	内蒙古自治区	2001. 06
复旦大学	云南大学	云南省	2001. 06
北京师范大学	西北师范大学	甘肃省	2001. 06
上海交通大学	宁夏大学	宁夏回族自治区	2001. 06
浙江大学	贵州大学	贵州省	2001. 06
中国科学技术大学	西南科技大学	四川省	2001. 06
华南理工	广西大学	广西壮族自治区	2001. 06
西南交通大学	西藏大学	西藏自治区	2001. 06
南开大学	延边大学	吉林省	2001. 06
华东师范	新疆师范大学	新疆维吾尔自治区	2002. 04
东北师范大学	伊犁师范学院	新疆维吾尔自治区	2002. 04
中山大学	吉首大学	湖南省	2004. 06
同济大学	井冈山学院	江西省	2005. 08

① 《全国各地高校对口支援西藏大学建设成效显著》，央视国际网络，http：//www.cctv.com/special/476/4/20578.html。

续表

支援高校	受援高校	受援高校的主管部门	启动时间
南京农业大学	新疆农业大学	新疆维吾尔自治区	2005.10
中国人民大学	新疆财经学院	新疆维吾尔自治区	2005.10
山东大学	昌吉学院	新疆维吾尔自治区	2005.10
厦门大学	贵州师范大学	贵州省	2006.03
东南大学	重庆三峡学院	重庆市	2006.03
西北农林科技大学	青海师范大学	青海省	2006.11

（5）重大工程对口支援

重大工程对口支援，指我国经济发达或实力较强的省市和中央有关部委、中央直属企事业单位对重大工程进行的结对支援和援助。

20 世纪 90 年代，规模前所未有的三峡工程同样采取对口支援办法，对口支援的范围由前期的日常经济社会发展领域拓展至三峡移民工程等重大项目领域。自 1992 年中央决定全国 20 个省市和 50 个中央部委对口支援三峡库区以来，截至 2007 年年底，16 年来全国对口支援三峡库区资金 421.25 亿元，对口支援经济合作项目和社会公益类项目 2614 个，其中无偿援助的社会公益类项目经费 28.67 亿元，经济合作类项目经费 392.59 亿元，对口支援项目安置移民 36852 人次，安排移民劳务 95881 人次，培训各类人才 34114 人次，干部交流 572 人次。支援方通过接受安置外迁移民和劳务合作，促进了库区移民搬迁和就业；通过援建基础设施，改变了库区城乡面貌；通过开展产业合作，加快了库区经济发展。对口支援工作使库区经济上了一个新的台阶。1992—2008 年，库区经济实现了较快增长，库区 GDP 和人均 GDP 保持了两位数的年增长率。据统计，2008 年三峡库区的 GDP 为 1834 亿元，比 1999 年增长了 3.6 倍，年均增长速度为 11.9%，高出了全国的年均增速。尤其是 2003—2008 年，库区 GDP 年均增速达到了 13.8%，总体呈现加快态势，特别是 2008 年在全国经济普遍下行的情况下，库区经济逆势上扬，增速达到了 16%。同时，库区产业结构也有所优化，非农产业比重由 1999 年的 70.9% 提高到 2008 年的 84.8%，工业增加值比重由 1999 年的 25.7% 提高到 2008 年的 39.7%。人均 GDP 快速提升，2008 年达到了 14670 元，其中超过1000美元的区县多达12个。农村居民人均纯收入、城镇经济单位职工年平均工资分别由1999年的1706元、6473元，增加到了2008年的4013元、24086元。①

（6）特大灾害对口支援

特大灾害对口支援，指我国经济发达或实力较强的省市和中央有关部委、企事业单位对特大灾害地区进行的结对支援和援助。

2008年汶川特大地震发生后，对口支援政策再次被启用，这是中国首次在大范围重大自然灾害发生后在全国范围内紧急启用对口支援政策。受灾群众临时安置和灾区恢复重建阶段的“一帮一”政策安排，标志着中国对口支援的范围由前期常态事项扩大至重大灾害发生后临时安置、恢复重建等非常态事项。2008年6月11日，国务院办公厅印发的《汶川地震灾后恢复重建对口支援方案》，明确了灾后恢复重建对口支援的基本原则，对口支援安排方案，对口支援的内容、方式和任务，并提出了具体的工作要求。灾后恢复重建对口支援方案确定后，一场动员范围最广、投入力量最大、建设速度最快的灾后重建工作在川、陕、甘等地展开。对口支援省市积极探索“政府主导、市场运作、社会参与、多元投入”的机制，广泛动员本省市企业、社会团体、个人等各方面力量参与对口支援。在19个对口支援省市积极做好各项工作的同时，内蒙古、海南、青海等省（区）以及贵阳市等一些没有对口支援任务的省区市，也主动参与到对口支援工作中。据统计，截至2009年年底，全国已确定对口支援项目3424个、援建金额744亿元，其中3139个项目已开工建设，援建资金到位49亿元，1833个项目建成投入使用。2010年5月12日地震后两周年，对口支援省份完成投资已经超过640亿元，完成预期目标80%以上。②

2. 依据援助主体划分的对口支援类型

从援助主体上看，我们可以把对口支援划分为省际（府际）对口支援、部委对口支援、央企事业单位对口支援，以及省区内对口支援。

① 《1834亿三峡库区GDP九年增3.6倍》，http://district.ce.cn/zt/99587/xbkf/jjcj/cz/201001/07/t20100107_20758837.shtml，2010-01-07/。

② 《汶川地震灾区浴火重生灾后重建资计划完成逾七成》，《人民日报》（海外版）2010年5月8日。

(1) 省际对口支援

省际（府际）对口支援，指我国东部沿海地区、中部地区经济发达或实力较强的省市对西部民族地区经济欠发达或实力较弱的省区实施结对的支援和援助。

我国省际对口支援正式确立于20世纪70年代末期。1979年4月，中共中央在北京召开了全国边防工作会议。中共中央政治局委员、中央统战部部长乌兰夫在大会上做了题为《全国人民团结起来，为建设繁荣的边疆、巩固的边防而奋斗》的报告，针对我国边境地区多为经济欠发达的少数民族地区的现状，确定了东部发达省市对口支援边境及少数民族地区的具体方案，即北京支援内蒙古，河北支援贵州，江苏支援广西、新疆，山东支援青海，天津支援甘肃，上海支援云南、宁夏，全国支援西藏。中共中央批转了这一报告，第一次确定了我国内地省市对口支援边境地区和少数民族地区的具体对口安排。1984年9月召开的全国经济技术协作和对口支援会议，增加上海支援新疆、西藏，广东支援贵州，湖北、辽宁以及武汉、沈阳支援青海等对口支援任务。

(2) 部委对口支援

部委对口支援，指中央有关部、委及其直属机关结对支援西部民族地区欠发达省区或其他地区的支援和援助。

对口支援西部民族地区欠发达省区。1994年7月，中央召开第三次西藏工作座谈会，作出了由中央13个部委、全国29个省、直辖市、自治区和6个计划单列市共同援助西藏经济建设和社会发展所需要的62项工程，迎接西藏自治区成立30周年的决策。中央和国家有关部委承担30项，安排投资18.02亿元，占投资总额的75.7%，建设项目涉及能源、交通、通信、工业、农业、牧业、林业、水利、文化、教育、卫生、广播电视和市政建设等方面。① 2011年以来，民政部共协调中央财政安排各类民生保障资金59亿元，支持西藏全面提高城乡低保、农村五保、优抚保障、减灾救灾和医疗救助等基本民生保障水平。积极协调财政部切块安排中央归集的彩票公益金20亿元、部本级彩票公益金3.4亿元，专项用于

① 《全国对口支援西藏的现状》，http://politics.people.com.cn/GB/8198/50050/52280/3636709.html。

西藏民政公共服务设施建设。此外，民政部还支持西藏区地县三级全面建立申请救助居民家庭经济状况核对机构和工作机制，为西藏 72 个多灾易灾县全部配备了民政救灾应急专用车辆。① 新一轮对口援疆工作开展以来，新疆上下各有关部门主动与国家有关部委及对口支援省市有关部门联系沟通，积极推进全方位援疆工作向纵深发展。自治区党委、政府先后促成了住建部、国资委、教育部、科技部、卫生部、农业部等多个部委分别召开了本系统的援疆工作会议，进一步深化了部区合作。②

对口支援赣南等原中央苏区。2013 年 8 月 22 日，《国务院办公厅〈关于印发中央国家机关及有关单位对口支援赣南等原中央苏区实施方案〉的通知》（国办发〔2013〕90 号）明确要求，以提升受援地自我发展能力为重点，充分发挥支援单位职能优势，切实加大对口支援力度，帮助解决发展中的突出困难和问题，努力构建人才、技术、产业、项目相结合的对口支援工作格局，推动赣南等原中央苏区实现全面振兴和跨越式发展。对口支援工作期限初步确定为 2013—2020 年。支援单位有：发展改革委、中央组织部牵头，中央宣传部、中央统战部、教育部、科技部、工业和信息化部、国家民委、公安部、民政部、司法部、财政部、人力资源社会保障部、国土资源部、环境保护部、住房城乡建设部、交通运输部、水利部、农业部、商务部、文化部、卫生计生委、人民银行、审计署、国资委、海关总署、税务总局、工商总局、质检总局、新闻出版广电总局、体育总局、安全监管总局、食品药品监管总局、统计局、林业局、旅游局、法制办、台办、银监会、证监会、保监会、粮食局、能源局、国防科工局、烟草局、铁路局、民航局、文物局、扶贫办、供销合作总社、开发银行、农业发展银行参加，共计 52 个支援单位。受援地为：江西省赣州市所辖 18 个县（市、区），以及参照执行对口支援政策的吉安市吉州区、青原区、吉安县、吉水县、新干县、永丰县、泰和县、万安县和抚州市黎川县、南丰县、乐安县、宜黄县、广昌县等 13 个特殊困难县（区），共

① 人民网：《全国民政系统第二次对口支援西藏和四省藏区工作会议在拉萨召开》，http：//news. ifeng. com/a/20160723/49544536_ 0. shtml。

② 王玉召：《中央和国家机关、中央企业援疆工作综述》，《新疆经济报》2017 年 7 月 11 日。

计31个县（市、区）。①

(3) 中央企事业单位对口支援

中央企事业单位对口支援，指中央有关直属企业、事业单位结对支援西部民族地区欠发达省区或其他地区的支援和援助。

中央有关直属企业对口支援西部民族地区欠发达省区。根据中央第四次西藏工作会议精神，安排部署了中央17家大型企业对西藏的经济建设工作给予支援。2001—2004年6月底，17家中央企业完成了第一批对口支援工作，充分发挥出中央企业的各种优势，各企业认真制订对口支援西藏经济建设规划，对西藏的经济建设工作起到很大的推动作用，共援建项目82个，完成投资23503.99万元，援助物资设备折合资金2442.45万元和其他专项资金622.45万元。② 产业援疆是党中央、国务院在援疆工作中的重大决策部署，是贯彻落实第二次中央新疆工作座谈会、企业参与支援新疆工作座谈会精神，深入推进中央企业参与新疆大建设、大开放、大发展而开展的一项重要工作。2011年，中央企业产业援疆推介会在乌鲁木齐召开，在这次会议上，共有120家央企负责人前来考察、交流、签约，推动产业援疆和项目落地。当天会上签约项目近90个，投资额超过7000亿元。按照中央加快产业兴疆步伐的要求，中央企业和19个对口援疆省市国有企业启动实施了一大批重大项目，这些重大项目涉及石油石化、煤炭、煤电、煤化工、风能、光伏、汽车、机械装备、矿产资源开发、农业、林果业、农副产品深加工、商贸流通和工业园区建设等领域。③

中央有关直属事业单位对口支援西部民族地区欠发达省区。2010年9月3日，中国中医科学院与新疆维吾尔医医院对口支援合作项目正式启动——“中国中医科学院维吾尔医药临床研究基地”当天在乌鲁木齐揭

① 国务院办公厅：《关于印发中央国家机关及有关单位对口支援赣南等原中央苏区实施方案的通知》（国办发〔2013〕90号），http://www.gov.cn/zwgk/2013-08/30/content_2477417.htm。

② 《全国对口支援西藏的现状》，http://politics.people.com.cn/BIG5/8198/50050/52280/3636709.html。

③ 王玉召：《中央和国家机关、中央企业援疆工作综述》，《新疆经济报》2017年7月11日。

牌。中国中医科学院与新疆维吾尔医医院结合实际情况，双方达成协议，并签订中国中医科学院对口支援新疆维吾尔医医院合作协议书。中国中医科学院作为对口支援单位，以人才培养、学科建设、专病专科建设、临床科研为重点，实施对新疆维吾尔医医院的学科支援与合作，双方加强学术交流与联系，推动该院在挖掘传统医学、科研和管理等领域的发展。对口支援的具体内容包括人才培养、科学研究、信息化建设、管理四方面。今后，中国中医科学院每年在中医学、中药学及其他学科方面招收5名新疆中青年骨干定向攻读硕士学位或博士学位研究生；帮助新疆维吾尔医医院规划指导国家级重点学科建设等，并给予技术、人才、设备的支持；支持新疆维吾尔医医院开展远程医疗教学网络平台建设及数字化医院建设。此外，中国中医药科学院还带来了近百个中医药数据库，为新疆提供大量的中医、中药、针灸等中医药科学数据，促进维吾尔医医药更好地发展。①

（4）省区内对口支援

省区内对口支援，是中央对口支援政策在我国部分省区内的应用。指一省区内经济比较发达的地区（市）对落后地区的对口支援。

鄂兴对口支援是内蒙古自治区在实现了连续八年GDP增速排名全国第一的跨越式发展的基础上，为推动全区平衡发展而采取的一项自治区内横向对口支援政策。自2000年西部大开发战略实施以来，内蒙古自治区发展迅速，但也形成了“西高东低”的非均衡发展格局。为了加快内蒙古东部地区的经济发展，缩小自治区东西部差距，自治区党委、政府于2010年8月制定了《关于推进鄂尔多斯市对口支援兴安盟工作的实施方案》（内党字〔2010〕8号）。该《方案》明确提出，从2011年起，鄂尔多斯市对口支援兴安盟，并确定了“力争到2015年，兴安盟经济社会发展和城乡居民收入接近全区平均水平，基础设施明显改善，自我发展能力明显增强”的援建目标。鄂尔多斯市委、市政府制订了具体的工作方案，明确提出“通过五年对口支援，力争鄂尔多斯市援建项目累计完成投资占兴安盟同期固定资产投资的10%左右，实现增加值占兴安盟地区生产总值的比重达到20%左右”的目标，并进一步明确了对口支援的基本原

① 中国广播网：《中国中医科学院对口支援新疆维吾尔医医院项目启动》，http://minzu.cnr.cn/mzxw/201009/t20100906_507004245.html。

则与主要任务，如推进产业发展、支持社会事业和改善民生、加强干部人才交流等。[①] 截至2013年9月，对口支援工作开花结果：改善了民生社会事业，促进了工业起步和产业发展，已经对兴安盟经济社会发展产生了积极影响。一是援建项目稳步推进。鄂尔多斯政府援建兴安盟规划建设项目29个，总投资42.1亿元，其中鄂尔多斯市政府援建资金为15亿元。按照支持兴安盟重大基础设施、重要民生工程项目建设的原则，所有鄂尔多斯政府援建项目全部集中于民生领域：3所医院（援建资金4亿元）、4所学校（援建资金超过4.2亿元）、6所幼儿园（援建资金1亿元）、4座公铁立交桥（援建资金超过2.3亿元）；6个设施农业项目（援建资金达3亿元以上），科右中旗城乡统筹示范园区项目（援建资金6000万元）；以及包括援助乌兰浩特20辆城市公交车、突泉县杜祥村综合服务中心、前旗光荣村奶牛养殖基地、阿尔山市城市保洁设施等4个项目（援建资金1600万元）。16个项目建成投用，其余13个项目将于今明两年全部建成。二是企业投资项目扎实落地。鄂尔多斯企业援建的项目已建20项，总投资316亿元，目前完成投资103亿元。其中包括中煤PVC、乌兰大化肥、博源大化肥、鄂绒集团羊毛羊绒深加工等项目。还有拟建项目10项，总投资378亿元。三是全方位支援工作全面启动。对口支援免费职业教育计划已全面启动，计划每年培训500—1000人；两地干部挂职交流工作顺利启动，截至目前，干部双向交流62人，待业人员培训300人，解决兴安盟富余劳动力就业1000人，实施教育助学53人。2010年，兴安盟发生雪灾后，鄂尔多斯市动员社会各界力量共捐款276万元。鄂尔多斯企业捐款500万元支持兴安盟基础教育发展。2011年，两地共青团积极合作，共同牵头组织“呼包鄂青年企业家兴安行”活动，为兴安盟4所小学进行了捐助，并资助了100名贫困大学生。

2003年年底，广东省卫生厅制定并下发了《广东省城市医院对口支援农村山区医院建设工作实施方案》，明确城市医院具体对口支援单位，加大了卫生支农工作力度。[②] 对口支援的具体任务包括提供服务、卫生管

---

① 孙慧、戴学东：《千里架金桥——鄂尔多斯市对口支援兴安盟工作采记》，《鄂尔多斯日报》2013年9月26日。

② 《广东省城市医院对口支援农村卫生院动员暨新闻发布会在省卫生厅举行》，http: //www. gdwst. gov. cn/a/picnews/200504202951. html。

理、培训人员、业务指导、防保科和计划免疫门诊建设、经费和设备支持。（一）为农民群众提供医疗服务。支援医院派医务人员以挂职或下基层锻炼等方式在受援卫生院直接向农民提供医疗服务，也可采取巡回医疗的方式提供医疗服务。鼓励支援医院定期或不定期地组织有关专家到受援卫生院开展专家门诊、手术指导、专题讲座、查房等，为农村居民提供高质量的医疗服务。（二）加强乡镇卫生院的管理。支援医院派出人员负责帮助卫生院加强各项规章制度和业务管理规范建设，加强医疗质量管理，提高卫生院管理水平，提高卫生院的工作效益。（三）加强乡镇卫生院的人才培训，提高卫生院的技术水平。支援医院派出人员对受援卫生院的医技人员进行“传帮带”；受援卫生院可选送医疗技术骨干到派出医院免费接受进修培训，提高卫生院的医疗技术水平和服务能力。（四）积极开展业务指导，提高卫生院的整体服务水平。支援医院根据当地疾病谱，派出有经验的管理和技术骨干指导、帮助受援卫生院建设重点科室、开拓新业务、应用新技术等。帮扶工作要贯彻“预防为主”的工作方针，将妇产科、新生儿科、中医科、防保科、计划免疫规范化门诊建设列为技术支持重点项目，提高预防保健人员适宜技术运用能力。加强对常见病、多发病和传染病等重点疾病的防治工作指导，提高乡镇卫生院的整体服务水平和服务能力。（五）经费和设备支持。鼓励支援医院在能力可及的范围内，提供一定的专项经费、设备或购置适宜的新设备，支持受援卫生院建设和发展。重点帮助建设手术室、供应室、重病人救治单元和计划免疫规范化门诊。此外，广东省卫生厅还制定了《广东省二级以上医院对口支援乡镇卫生院建设方案》，组织全省二级以上医院一定三年支援农村卫生院建设：一是省卫生厅直接组织支援东西两翼及粤北地区乡镇卫生院建设；二是省卫生厅直接组织支援东西两翼及粤北地区乡镇卫生院建设；三是全省各市卫生局组织本地区二级以上医院支援本地区农村卫生院建设。2004年，全省城市医院向对口支援山区医院共派医疗队1237支，送器械药品达2227.6万元，举办医务人员培训班880班次，培训医务人员81668人次，诊治病人数383.01万人次，建设317个村卫生室。经过几年的努力，城市大医院支援山区县医院建设工作取得了显著成绩。所有受援的贫困山区县医院通过了医院分级管理评审，在结构、技术、管理、质量等方面，达到二级甲等医院水平；乡镇卫生院达到一级甲等医院水平。2005年4

月20日，广东省城市医院对口支援农村卫生院动员暨新闻发布会在省卫生厅九楼礼堂举行。会议的主题是启动广东省城市医院支援农村卫生院建设工作机制，动员全省各级卫生行政部门和医疗卫生单位积极行动，推动全省卫生院的建设和发展，提高农村医疗卫生水平，促进城乡卫生事业全面协调可持续发展。

（三）对口支援与对口帮扶、对口合作

1. 对口支援与对口帮扶

对口帮扶，是20世纪90年代以来党中央、国务院组织和动员东部沿海地区发达省市对西部欠发达地区进行经济技术援助，以促使贫困地区发展和贫困人口脱贫致富的一项重大战略决策、扶贫政策和重要举措，即扶贫协作。其最终目的是消除贫困、改善民生、实现共同富裕。这也是社会主义的本质要求，是改革开放和社会主义现代化建设的重大任务，是党和人民始终不渝的奋斗目标。对口帮扶的工作形式是由较为发达的省份或地区与较为落后的邻近地区建立直接对应关系，在政府的主导下，通过资金、项目、政策等途径，向落后地区输送人才、技术、设备等当地急需的资源，从而促进帮扶对象的跨越式发展。

1994年初，党中央、国务院根据当时全国尚有8000万贫困人口还未解决温饱的实际情况，提出用七年时间解决8000万贫困人口的温饱问题的计划，即《国家“八七”扶贫攻坚计划》。同年4月15日，国务院要求北京、天津、上海、广东、江苏、浙江、山东、辽宁、福建等“要对口帮助西部的一两个贫困省、区发展经济”，帮助的方式主要是动员大中型企业开展经济合作、技术服务、吸收劳务、扩散产品以及交流干部，“发展与贫困地区在互惠互利的基础上的合作”①。从此，国家开始将地区间支援与反贫困工作明显地联系在一起。同年12月，国家民委在上海召开“全国部分省、自治区、直辖市对口支援工作座谈会”。会后，国家民委转发了会议纪要，明确指出：“对口支援不同于一般的经济技术协作和横向联合，它是有领导、有组织、有计划的、不以营利为目的而以帮助少数民族地区加快发展作为己任的一项既有经济意义又有政治意义的工作，

① 《国务院关于印发〈国家“八七”扶贫攻坚计划〉的通知》（国发〔1994〕30号）。

应按照‘支援为主，互补互济，积极合作，共同繁荣’的原则进行。”

为了确保《国家“八七”扶贫攻坚计划》目标的实现，1996年7月6日，国务院办公厅转发国务院扶贫开发领导小组《关于组织经济较发达地区与经济欠发达地区开展扶贫协作报告的通知》（以下简称《通知》）（国办发〔1996〕26号文件）。[①]《通知》决定，由东部发达地区对口帮扶西部欠发达地区，即京、津、沪三个直辖市，沿海6个经济比较发达的省，4个计划单列市分别对口帮扶西部10个省（自治区）。即北京市帮内蒙古自治区，天津市帮甘肃省，上海市帮云南省，广东省帮广西壮族自治区，江苏省帮陕西省，浙江省帮四川省，山东省帮新疆维吾尔自治区，辽宁省帮青海省，福建省帮宁夏回族自治区，大连、青岛、深圳、宁波帮贵州省的对口帮扶工作，标志着全国东西扶贫协作工作的全面展开。2002年国务院又做出了珠海市、厦门市对口帮扶重庆市的决定。至此，东部沿海地区共有15个发达省市对口帮扶西部11个省（区、市）（西藏为一个贫困片区，整体享受重点扶持政策），东西扶贫协作已涉及26个省区市。[②] 2013年2月4日，国务院办公厅发布《关于开展对口帮扶贵州工作的指导意见》（以下简称《指导意见》），就开展对口帮扶贵州工作提出指导意见。按照《指导意见》，对口帮扶的指导思想是紧紧抓住国家深入实施西部大开发战略的历史性机遇，加大支持西部欠发达地区经济社会发展力度，充分发挥对口帮扶双方积极性，以提升受帮扶地区自我发展能力、保障和改善民生为核心，帮扶工作重点向贫困地区、基层一线倾斜，着力改善当地群众生产生活条件，提升基本公共服务水平；着力促进双方经贸合作，支持受帮扶地区构建具有自身特色和比较优势的产业体系；着力加强人才培养与交流，强化科技、人才支撑能力；着力建立健全对口帮扶长效机制，形成共谋发展、共同进步的对口帮扶工作新格局，推动贵州努力走出一条符合自身实际和时代要求的发展之路，与全国同步实现全面建成小康社会目标。2014年11月11日，贵州省省外高校对口帮扶贵州省高校集体签约仪式在贵阳举行，贵州省教育厅和省内47所高校分别与省外

---

① 国务院办公厅转发国务院扶贫开发领导小组：《关于组织经济较发达地区与经济欠发达地区开展扶贫协作的报告》。

② 同上。

58 所高校签订了对口帮扶协议。

扶贫协作的主要内容就是“帮助”两个字。具体来说，一是培训和引进人才，引进技术和资金，传递信息，沟通商品流通渠道，促进物资交流。二是发展种植业，养殖业及相关产业，以帮助劳动密集型和资源开发生产的发展。三是经济发达地区的经济效益好的企业组织，指导和帮助企业发展贫困地区的生产。四是贫困地区剩余劳动力的组织，在经济发达地区工作。五是动员社会力量，捐赠钱、衣服、药品、医疗器械、文化和教育用品和其他生活用品。2001 年 6 月 13 日，国务院再次明确方向：“继续做好沿海发达地区对口帮扶西部贫困地区的东西扶贫协作工作。”这里，对口支援又有一个明显的称呼变化，即从 1996 年的“扶贫协作”变成了“对口帮扶”，而且可见，对口帮扶就是扶贫协作。

此外，对口帮扶作为一项扶贫政策和重要举措，被推广应用于中央事业单位结对帮扶贫困地区发展和贫困人口脱贫致富，以及省区内结对对口帮扶受灾地区等。

2016 年 12 月 30 日，中国中医科学院下属医院与山西省忻州市五寨县中医院、人民医院对口帮扶签约仪式在京举行。按照协议，中国中医科学院西苑医院、广安门医院、望京医院对口帮扶山西省忻州市五寨县中医院，眼科医院对口帮扶五寨县人民医院。① 2017 年 7 月 13 日，湖南省长沙市 20 个市直机关单位组成 10 个市直单位对口帮扶重点受灾乡镇工作组，对口帮扶宁乡县 10 个重点受灾乡镇。②

对口帮扶不同于对口支援，两者之间是有区别的。

首先，对口支援是有领导、有组织、有计划的、不以营利为目的帮助西部民族地区或国内其他欠发达地区加快发展而展开的支援和援助；而对口帮扶则是以促使贫困地区发展和贫困人口脱贫致富而实施的扶贫协作，重在扶贫。帮助的方式主要是动员大中型企业开展经济合作、技术服务、吸收劳务、扩散产品以及交流干部，发展与贫困地区在互惠互利的基础上的合作。

---

① 《中国中医科学院对口帮扶山西五寨两医院》，《中国中医药报》2017 年 1 月 4 日，http：//www. mzyfz. com/html/425/2017 - 01 - 04/content - 1243943. html。

② 红网：《20 个市直单位对口帮扶宁乡 10 个重点受灾乡镇》，http：//news. ifeng. com/a/20170716/51438506_ 0. shtml。

其次，对口支援的主体有东部沿海地区经济发达省市、中央部委、中央企事业单位以及一省区内发达地区；而对口帮扶的主体则主要是东部沿海地区经济发达的省市。

最后，对口支援主要表现为财政支援以及物资设备支援，并且以资金为主；而对口帮扶则表现为资金、项目和物质帮扶。对口帮扶资金，是指对口帮扶城市提供给被帮扶方的扶贫援助资金；对口帮扶项目，是指使用对口帮扶资金建设的项目；对口帮扶物资，是指对口帮扶地区捐赠的一切具有财产价值的物质资料。

2. 对口支援与对口合作

对口合作，是指随着对口支援的深入发展，进入21世纪以来东部沿海地区发达省市对西部民族地区欠发达省区、东北地区进行的新型跨地区合作模式。

对口支援、对口帮扶本身就包含着合作的成分。随着我国社会主义市场经济的快速发展，以营利为主要目的的企业主体的影响力逐渐增强，部分对口支援在转化为对口帮扶后又进一步转化为对口合作。这主要表现为，财政支援比例缩小，产业合作比重增多，双方经济地位越来越平等，并且签订了全方位的合作协议。这方面，典型的案例有内蒙古和北京的对口合作。

2010年8月29日，北京市、内蒙古自治区两区市政府签署了《北京市—内蒙古自治区区域合作框架协议》，双方本着“友好协商、优势互补、互惠互利、共同发展”的原则，为了全面加强经济社会合作，促进两区市经济社会的共同发展，将通过“政府主导、市场运作、企业参与”的方式开展全方位合作。京蒙两区市的合作主要在交通基础设施建设、生态环境建设、能源、工业、绿色农副产品产销、金融商贸、旅游、社会事业、对口帮扶等方向。从协议可以看出，以往的对口支援、对口帮扶现在已经变成京蒙双方合作的领域之一，而“友好协商、优势互补、互惠互利、共同发展”的原则，则说明双方地位的平等性。京蒙两地对口合作框架下的对口帮扶主要以两个文件为依据，即《“十二五”京蒙对口帮扶合作框架协议》和《北京市—内蒙古自治区“十二五”时期对口帮扶合作实施方案》。按照合作框架，北京市承诺按照略高于“十一五”支援规模，继续安排对口帮扶资金和政府贷款贴息，北京继续在干部挂职交流、人才交流、科技扶贫、助学帮教、送医送药、劳务培训等方面开展帮扶合作；京蒙两地政府围绕着北京市对口帮扶赤峰、乌兰察布为重点，在教育、文化、卫生、人才培训等领域进一步加强帮扶交流，在农业、工业、金融、商贸、旅游等领域全面促进经济合作。由此也看到，北京对内蒙古的对口帮扶已经存在相当程度的利益诉求，在京蒙双方看来，对口帮扶与对口合作已经混合在一起。

2016 年 10 月 18 日，李克强总理主持召开国务院振兴东北地区等老工业基地推进会议，明确提出国务院决定组织东北地区与东部地区相关省市建立对口合作机制，随后印发的《国务院关于深入推进实施新一轮东北振兴战略加快推动东北地区经济企稳向好若干重要举措的意见》（国发〔2016〕62 号文件）正式提出“组织辽宁、吉林、黑龙江三省与江苏、浙江、广东三省，沈阳、大连、长春、哈尔滨四市与北京、上海、天津、深圳四市建立对口合作机制”，并要求“2017 年 2 月底前将对口合作工作方案报国务院审定后实施”。2017 年 3 月 7 日，国务院办公厅印发了《东北地区与东部地区部分省市对口合作工作方案》（以下简称《方案》）。①《方案》按照国务院“关于组织东北地区与东部地区部分省市建立对口合作机制”的明确要求，对具体开展对口合作提出了 4 个方面共 18 项任务。《方案》重点引导对口合作省（市）在推进体制机制创新、加快产业结构调整、提升创新创业水平和搭建合作平台载体等四个方面开展合作交流。

对口合作不同于对口支援，两者之间是有区别的。

首先，对口合作是一种有别于对口支援、对口帮扶的新型跨地区合作模式。在政府引导带动下，充分发挥市场在资源配置中的决定性作用，促进资本、人才、技术等要素合理流动，通过市场化运作促进生产要素和产业有序、科学转移，吸引更多的项目、投资在民族地区欠发达省区、东北地区落地。

其次，对口合作的重点是注重发挥对口合作省市的比较优势，扬长避短、扬长补短，实现双方联动、协同发展。充分考虑资源禀赋、基础条件

① 《国务院办公厅关于印发〈东北地区与东部地区部分省市对口合作工作方案〉的通知》（国办发〔2017〕22 号），http：//www. gov. cn/zhengce/content/2017 - 03/17/content_ 5178294. htm。

等因素，因地制宜、分省（市）施策，结合各地实际，拓展合作领域、丰富合作形式、创新合作方式。同时，既要有项目产业等“硬合作”，更要有干部挂职培训、先进经验借鉴、思想观念和发展理念学习、体制机制创新等方面的“软合作”。

再次，明确地方政府在对口合作中的主体责任，相关省市政府要将对口合作工作纳入重要议事日程，精心组织、主动作为，积极探索、力求实效。国务院有关部门要强化协调指导，加大政策支持，为对口合作创造有利条件。

最后，明确合作目标。力争在“十三五”期间，对口合作取得实质性成果，包括建立工作机制、构建起多层次的合作体系、形成干部交流和人才培训机制、共建若干合作平台、实施一批标志性合作项目等。

二 “对口支援”政策的地位、功能

“对口支援”政策是党和政府在社会主义现代化建设时期，基于我国西部民族地区与东部沿海地区及中部地区在经济、文化和社会等方面发展水平存在的较大差距，以及地区之间资源分布的不均衡性和互补性的客观实际，为了控制和缩小地区发展差距，推动西部民族地区经济与社会较快发展，最终实现区域协调发展、民族团结和边疆稳定，制定、实施并不断完善的具有中国特色的东中部地区经济发达或实力较强的省市对西部民族地区经济欠发达或实力较弱的省区实施援助的一项政策。

（一）“对口支援”政策在中国区域政策体系中的地位

对口支援制度和政策是我国在社会主义现代化建设时期，基于各民族在政治、经济、文化和社会等方面发展水平存在着事实上的不平等以及地区之间资源分布的不均衡性和互补性的客观实际，为了控制和缩小汉族地区与少数民族地区之间的差别，推动少数民族地区经济社会较快发展，实现民族平等、团结和共同繁荣而制定的一系列规范性文件的总称，是我国民族区域自治制度的重要组成部分，也是我国区域政策的重要组成部分。党中央、国务院确立和倡导的东部发达地区支援西部欠发达民族地区的重要政策，旨在通过支援西部民族地区以控制和缩小地区发展差距，实现各地区、各民族的协调发展。

对口支援政策在中国区域政策体系中占有极其重要的地位，是中央政府的重要宏观调控手段。由于受历史、区位、政策等因素的影响，我国经济发展水平与资源分布极不平衡。西部少数民族地区地域辽阔、资源丰富，有着较好的发展潜力，但由于缺乏资金、技术、人才、管理体系等，在发展上始终落后于东南沿海地区。而我国东南沿海地区，则具有较高的生产力发展水平，交通便利，信息灵通，工业基础雄厚，商品经济发达，市场经济已初具规模，在人才、技术、设备、资金等方面具有很大优势。因此，东南沿海地区与少数民族地区在资金、技术、人才、资源和管理等方面具有很大的互补性。建立两类地区的对口支援与经济技术协作关系，可以实现优势互补，促进各种生产要素在空间上的合理布局和优化组合，形成更加科学的区域经济布局，使东中西部形成各具特色的产业结构，推动产品结构不断改造升级。这既有利于增强西部民族地区的自我发展能力，也有利于增强东部沿海地区的发展后劲。中央政府正是看到了东西部地区经济的互补性和两类地区相互依赖、相互合作的不断加深，希望通过对口支援政策的实施，来缩小地区间发展差距，最终实现全面协调可持续的发展目标。同时，中国的实践表明，对口支援不是单方面给予，而是双方合作共赢。对口支援既具有支援性，又具有互利性。从战略的高度讲，对口支援是国家赋予经济发达地区的光荣任务，是一项政治责任和义务，是落实中央区域发展政策的战略部署，各有关单位必须不折不扣地完成。这就要求经济发达省市要顾全大局，不要斤斤计较，要努力发扬风格，多讲贡献，使少数民族地区得到更多的支援和帮助，促进共同发展和富裕，让少数民族同胞也能享受到改革发展的成果，体会到祖国大家庭的温暖。支援又是互利的，要遵循市场经济规则，按价值规律办事，顺应产业转移规律，决不能违背市场经济原则搞“拉郎配”，双方合作还是要讲优势互补，互惠互利，共同发展，在促进少数民族地区经济文化发展的同时，也能给发达省市带来实实在在的经济利益，使经济发达省市在支援过程中自身也得到应有的补偿和发展。

既然对口支援在我国区域政策体系中占有重要地位，发挥着极其重要的作用，这就需要将对口支援由政策规范化走向法律规范化。现有的对口支援主要还是以政策规范化为主，缺乏必要的法律依据和法律保障。因此，要出台统一的指导性法律，明确对口支援政策的法律地位，以及何时、何种情形下，哪一级政府可以发起对口支援等问题，都需要法律来做出相应的规定。目前，对口支援和经济技术协作法律制度的体系主要是以《中华人民共和国民族区域自治法》《长江三峡工程建设移民条例》为主导，其他包括国家有关部门出台的法律法规和政策性文件以及参与这项活动的省、市、区制定的规范性文件，但是这些文件之间缺乏协调性和统筹性，需要进一步完善相关的法律法规，才能使对口支援政策更加顺畅有效地运行，并得到更加合理准确的定位。

（二）对口支援政策的价值目标

对口支援既有其现实目标，又有其根本目标，还有其功能目标。三者的有机结合，构成对口支援政策的价值目标。

首先，对口支援的现实目标是维护多民族国家统一和边疆安全、稳定。中国是一个统一的多民族国家，呈现出大杂居、小聚居的分布特点，在这样的环境中，实现国家的政治稳定是极其重要的现实问题。我国西部民族区周边与俄罗斯、哈萨克斯坦、吉尔吉斯斯坦、塔吉克斯坦、巴基斯坦、蒙古、印度、阿富汗、不丹、尼泊尔、缅甸、老挝、越南13个国家接壤，陆地边境线长达1.8万余公里，约占全国陆地边境线的91%，同时西部民族区更是多民族聚居和多宗教并存的地区，受国际国内多种因素的影响，这使得西部民族区成为维护中华民族领土完整的重点地区。一是西部民族地区，特别是新疆、西藏等存在着多股企图分裂国家的势力。这些地方民族宗教相对复杂，容易产生民族之间的纷争和矛盾。例如，新疆早在19世纪末20世纪初，就成为西方列强觊觎的宝地，他们有目的、有意识地支持“泛伊斯兰主义”和“泛突厥主义”在新疆的传播，扶持了一批民族分裂势力，并时不时地策划动乱，妄图分裂祖国，特别是20世纪80年代末90年代初以后，由于国际环境的变化，新疆的极少数民族分裂主义分子与宗教极端势力、暴力恐怖势力相勾结，在境内外兴风作浪图谋建立所谓“东突厥斯坦伊斯兰共和国”。为达到这一目的，“三股势力”不仅在境内外建立“东突”分裂恐怖组织，大肆进行暴力恐怖活动，而且力图使所谓“新疆问题”国际化，积极投靠西方敌对势力，破坏新疆的稳定和发展，与境外分裂中国的“台独”“藏独”等势力相勾结。二是西方敌对势力为达到“西化”“分化”我国的目的，积极利用和扶持新疆、西藏等分裂势力，企图分裂中国，阻碍中华民族的复兴。西方敌对势力在政治上以少数民族的“人权”问题为借口，向我国施压，把所谓“人权”问题与有关国际组织联系起来，制造所谓的“新疆问题”“西藏问题”，以干扰党和政府在少数民族地区的施政；在经济上为新疆、西藏等分裂势力“输血”，通过经费赞助或拨款，积极培植、扶持境外的民族分裂组织，进而直接操纵、鼓动在我国境内外进行分裂活动；在意识形态领域利用手中的宣传工具和技术、文化等优势，煽动民族分裂主义情绪，进行非暴力手段的渗透和颠覆活动。西部民族地区成为我国抵御西方势力渗透的前沿阵地。进一步加强和推进对口支援西部民族地区工作，是促进西部民族地区社会和谐稳定、实现长治久安的必要保证，西部民族地区发展和稳定是全国发展和稳定的重要保障。近年来，境内外敌对势力加紧利用分裂势力进行渗透破坏，西部民族地区就是他们企图重点破坏的地区。维护社会稳定和边疆巩固，始终是国家的核心利益所在。做好西部民族地区工作不仅是西部民族地区的事情，也是全党全国的事情。西部民族地区的问题归根到底要靠加快发展、科学发展来解决，通过对口支援可以促进西部民族地区发展，夯实西部民族地区稳定的物质基础。对口支援也是联结西部民族地区与内地的直接纽带，可以增强各民族的凝聚力和向心力，增强各民族作为中华民族一员的自豪感和荣誉感，增强“四个认同”，这是反分裂斗争的重要举措。对口支援政策的提出，从现实的角度出发，就是为了维护民族的团结，促进各民族共同发展，从而实现政治的稳定和国家的长治久安。对口支援大大增强了民族地区各民族群众战胜贫困的能力和信心。对口支援可以使少数民族群众认识到，面对贫困，他们不是孤军奋战，而是有发达省市的支援，这使得他们极大地增强了战胜贫困，走向富裕的能力和信心。

实践证明，对口支援西部民族地区工作，有利于统筹区域协调发展，促进西部民族地区社会发展，加快全面建设小康社会的发展步伐，使西部民族地区各族人民共享改革发展的成果；有利于密切西部民族地区与内地的联系，增强中华民族的凝聚力和向心力，打击境内外分裂势力的嚣张气焰，促进各民族大团结，维护西部民族地区稳定和国家安全；有利于西部民族地区干部与人才队伍增强活力、改善结构、提高素质；有利于培养锻炼内地干部，加深对国情社情和边疆民族地区的认识，增进与各族人民的感情，提高应对复杂局面、领导科学发展的能力。

对口支援增进了不同民族之间的交往，尤其是汉族与少数民族间的交往、沟通，可以加深对彼此的了解和信任，巩固我国平等、团结、互助的社会主义新型民族关系，巩固了民族团结的大好局面。由于我国少数民族地区大多处在边疆地区，对口支援对维护、巩固社会稳定和国家安宁意义重大。

其次，对口支援的根本目标是推动少数民族和民族地区经济社会发展。对口支援政策是为了促进和推动少数民族和民族地区的经济社会发展，实现当代中国区域协调发展而提出的，这是对口支援的根本目标。“发展是硬道理”，经济发展是解决西部民族地区各类社会问题和矛盾的基础、前提。没有建立起具有西部民族地区自身特色和优势的产业化经济，西部民族地区的发展只会是“无米之炊”。辽阔的西部民族地区具有充裕的人力资源优势、丰富的自然资源优势、便利的国际地缘优势以及开发潜力巨大的地理空间优势，但同时也存在产业基础薄弱、科技教育落后、人才与资金短缺、自然条件恶劣等发展瓶颈。当前，由于历史遗留问题和发展次序选择的现实原因，西部民族地区发展程度远远落后于国家核心区域，因此更加需要毫不动摇地把加快发展西部民族地区经济确立为西部民族地区治理的中心任务。首先，如何实现西部民族地区的跨越式发展，必须作为国家的重大战略议题予以顶层设计，打破常规发展思路和模式的束缚，在西部民族地区治理实践中创造出一条适合西部民族地区实际的发展新路子，真正把西部民族地区潜在的各种优势转化为特色产业优势、区域竞争优势和后发发展优势，走出一条具有西部民族地区特色的产业化、城镇化和农业现代化道路。其次，充分利用国家对口支援制度的支持、国内外投资的拉动和重大基础设施的推动，吸引外部更多的优质资源和生产要素汇集西部民族地区，助推西部民族地区经济的飞速发展。

1987年4月，中共中央、国务院同意并批转了中共中央统战部、国家民委提交的《关于民族工作几个重要问题的报告》（以下简称《报告》）。《报告》提出，要大力开展横向联系，并认为这是加快发展少数民族地区经济，促进民族交往和进步的重要途径。发达地区应当继续做好对少数民族地区的对口支援，这是一项历史使命，应当坚持做好。同时，在自愿结合、互利互惠的基础上，大力发展多方面、多层次、多渠道、多形式的横向联系。通过横向联系，互通有无，取长补短，促进资金、技术、人才的合理流动。鼓励各种人才特别是能工巧匠等适用人才到少数民族地区从事各种经济技术活动。这样做，就可以把少数民族地区的资源优势、原材料优势同发达地区的资金、技术优势结合起来，促进少数民族在竞争中不断进步，在联合互助中加快发展。[①] 最后，对口支援的功能目标是促进民族团结和各民族共同繁荣、共同发展。

对口支援政策的功能目标，是促进民族团结和各民族共同繁荣、共同发展和进步。民族团结是对口支援西部民族地区的“生命线”，是打击分裂势力嚣张气焰的最强武器，是维护祖国统一的铜墙铁壁。我国西部民族地区大多数“一身两任”，既是位于陆地边界线附近国家外围区域的边疆，又是民族区域自治地方，表明这是一块具有特殊性的区域。其特殊性不仅体现在地理区位条件和经济社会发展水平的客观差异，而且还体现在民族传统文化和风俗习惯差异，而存在民族差异就难免产生民族冲突和纠纷。中国共产党和中国政府在边疆治理中历来主张和推行民族平等、团结、互助政策，并最终使长期困扰历代王朝的民族关系问题在社会主义新中国时期得到了根本性解决，确立了各民族的平等地位，基本构建起了团结与和谐的民族关系。然而，局部地区在历史遗留问题和人为破坏的双重作用力下，民族冲突和纠纷仍然在一定范围内普遍存在，尤其是牵涉宗教信仰、民族利益、分裂思想在内的矛盾，仍然不同程度地普遍存在于陆疆民族地区，给西部民族地区社会稳定乃至国家安全造成了一定威胁。因此，构建团结与和谐的民族关系，仍然是对口支援过程中必须加以继续完成的一项重要而艰巨的治理目标。对民族团结与和谐目标的内涵，习近平总书记做了十分深刻而形象的阐述，即“各民族要相互了解、相互尊重、相互包容、相互欣赏、相互学习、相互帮助，像石榴子那样紧紧抱在一起”。要把团结与和谐民族的构建目标融入整个对口支援过程之中。在中央统筹协调下落实好对口支援政策，可以极大地增强民族的凝聚力和全国各族人民的向心力。在针对边境和少数民族的对口支援中，不仅在物质层

① 徐阳光：《对口支援与财政横向转移支付立法研究》，《经济法研究》（第 11 卷），北京大学出版社 2013 年版，第 234—239 页。

面帮助他们提高了生活水平，更重要的是增强了他们对政府和国家的认同感，为落实好各项民族政策、维护好多民族的团结发挥了重要作用。①

经过多年的发展与完善，我国的对口支援工作已经取得十分丰硕的成果，一个多领域、多层次、多形式、多内容的对口支援局面业已形成，并取得了良好的经济、社会效益。对口支援工作对于促进各民族共同繁荣，对于促进平等、团结、互助的社会主义民族关系的发展，对于促进民族地区经济发展和整个国民经济的发展都具有重要的推动作用和长远的历史意义。

（三）对口支援政策在中国区域治理中的功能与作用

对口支援政策及其实施，在当代中国区域治理特别是对于区域协调发展和社会和谐稳定方面，发挥了不可替代的作用。

第一，集中力量办大事。对口支援政策能够在中国顺利开展，有赖于这样几个前提：第一，中央政府具备较强的、行之有效的社会动员能力，可以在较短的时间内聚集起较多的社会资源和经济资源，从而集中解决某一时间内存在的突出问题，或用于建设某一重大项目。第二，相对发达地区的政府具备较强的资源汲取和分配能力。一般来说，对口支援的资金要列入本级政府预算，援助地没有较为充足的财政能力是不可能实现的。第三，适应适度梯度式发展战略的需要，可以充分利用有限的社会资源，在援助地和受援地都缺乏管理经验的情况下，在现有要素特有条件的基础上实现国家适度梯度发展战略，并在较短时间内在某些局部取得突破性进展。这些都体现了集中力量办大事这一优势。

第二，增强了社会和政府的抗风险能力。在汶川地震、玉树地震重建中，多个受灾市县面临繁重的重建任务，资金缺口巨大，仅靠本地力量是远远不够的。此时，启动对口支援计划，可以在最短时间启动和完成重建工作，使灾害的负面影响尽可能降到最低。这实际上是一种政府组织弹性的集中体现，实现了将外部事件对某一区域压力的分散，并逐步将其消化掉。

---

① 赵伦、蒋勇杰：《地方政府对口支援模式分析——兼论中央政府统筹下的制度特征与制度优势》，《成都大学学报》2009年第2期。

第三，弥补了财政收支的空间分布不均。对口支援政策在一定程度上平衡了区域间的基本公共服务供给，推动区域间的协调与可持续发展。由于中国区域间地理环境、经济基础和产业布局等诸多方面的差异，使得东西部地区之间存在着较大的经济落差。这必然导致西部地方政府的财政收入不足，从而造成经济建设资金不足和基本公共服务供给短缺。比如在西部大开发之前的 1999 年，西部地区 12 省对此的总收入仅为 1029.93 亿元，基本建设支出占财政支出比重持续下滑，1989—1999 年，这一比例仅为 8%—9%。[①] 这样一种对西部贫困地区和民族地区的特别支援，多少可以缓解受援地政府的财政压力，提高在其基本公共服务方面的供给能力。

第四，促进了民族团结。中国的地理条件、资源分布和人口布局状况，使得区域发展与民族问题很容易纠缠在一起，因此，对口支援制度肩负着推进区域协调发展和促进民族团结的双重任务。一方面，对口支援使得受援地的基础设施条件得到显著改善，为当地的后续发展提供了条件；将大量资金投入教育和医疗民生等领域，使得当地居民所享受的基本公共服务条件得到改进。比如，2009 年卫生部一次就推动相对发达地区的 900 个三级医院与受援地的 2000 个县级医院建立了长期对口支援关系。[②] 另一方面，对口支援在项目导向下，鼓励国有企业到受援地开发投资，还选派国有企业骨干直接参与受援地企业的管理。对口支援政策下的企业行为，不但有利于援助方企业扩大市场，同时也更有利于受援地的经济发展和财政收入能力的提高。这对于增进民族间的感情交流、促进团结，自然都具有正面的价值。

第五，发挥帮扶优势。事实证明，对口支援政策对于西藏、新疆的经济社会发展水平具有重大帮扶意义，如果没有中央政府和全国的对口援助，西部民族区的快速发展是绝对无法实现的。尤其是几次西藏工作座谈会和新疆工作座谈会的召开，在政策上，保证了中央政府和全国各地源源不断地援助西藏、新疆。从财政、科技、产业、干部、医疗卫生、教育等方面进行援助对西藏和新疆的发展注入新鲜的血液。在新的历史时期，西藏、

---

① 李含琳、魏奋子等：《中国西部财政供养人口适度比例问题研究》，《甘肃理论学刊》2002 年第 2 期。

② 陈竺：《切实推进城乡医院对口支援工作》，卫生部网站，2009 年 8 月 18 日。

新疆要实现全面小康和构建和谐社会的远景目标，就不能缺失中央政府和各个省区的大力援助。西藏、新疆可能在相当长的一段时间内，依赖财政援助、产业援助、民生援助以及智力援助来逐渐改变落后的局面。

三 “对口支援”政策研究现状及其视角

20 世纪 50 年代开始，在党中央和中央政府的引导下，我国地区间支援协作和交流不断开展，并且逐步形成了一定的规模。自 1979 年 4 月 25 日展开的全国边防工作会议上正式提出对口支援以来，国内学术界围绕“对口支援”的概念界定、价值目标选择、机制构建、绩效评估等展开了理论探讨，取得了较为丰富的研究成果。与此同时，国内学术界形成了对口支援研究的几个理论视角。

（一）国内对口支援研究现状

如上所述，我们就国内学术界关于对口支援的研究现状，作一梳理和评述。

1. 关于对口支援的概念界定

国内学者对于对口支援的界定，主要包括以下几种：一是认为对口支援就是东部经济发达地区、中央单位和国有大型企业与中西部欠发达地区在中央或省级政府协调下开展的、按照行政指令建立起来的区域互助帮扶关系，以加快欠发达地区发展；① 二是把对口支援看作是促进国内区域之间共同发展的政策性投资；② 三是把对口支援视为横向财政转移支付制度的雏形；③ 四是把对口支援当作边疆民族地区治理的基本方略；④ 五是认

① 汪阳红：《改革开放以来我国区域协调互助机制的回顾与展望》，《宏观经济管理》2011 年第 11 期。

② 靳薇：《西藏：援助与发展》，西藏人民出版社 2011 年版。

③ 伍文中：《从对口支援到横向财政转移支付：研究综述及未来研究趋势》，《财经论丛》2012 年第 1 期。

④ 吕朝辉：《边疆治理视野下的精准对口支援研究》，《云南民族大学学报》（哲学社会科学版）2016 年第 3 期。

为对口支援是一种特殊的府际关系现象；[①] 六是把对口支援界定为一种应急管理手段。[②] 这六类观点都是立足于某一学科领域，从各自不同的侧面来分析对口支援及其实践，进而提出改善对口支援效果的政策建议。

为了更好地理解对口支援的性质，也有学者提出并建立了一个“政治馈赠”的分析框架，试图把对口支援研究的焦点从实践效果转变到实践条件上来。他们指出，对口支援是一种“政治性馈赠”，并认为对口支援实践的中国特点有：一是政治性馈赠的主体由三方构成，与对外援助明显不同；二是政治性馈赠打破了传统馈赠结构，回赠义务不是由受赠方而是由发起方承担，因而激励结构发生了位移；三是作为政治性馈赠的对口支援实践在不同时期功能略有差别。随着社会主义市场经济体制的成熟以及中央财政能力的强大，对口支援方肩负的受援方的地方经济发展功能将会越来越弱。[③] 进入21世纪以来，一部分学者开始从府际关系角度探讨对口支援，认为，对口支援是一种府际关系。对此，我们将在后面论述。

2. 关于对口支援政策定位与价值目标的研究

在对口支援政策的定位上，有学者提出了对口支援的演变模式，即应变“输血”为“造血”、从“单边支援”向“双边合作”转变，体现着随着援助形式的多元化，对口支援的帮扶思路也有不同的拓展。[④] 也有学者则提出，从总体上看，对口支援在促进欠发达地区的发展、增强区域发展的协调性、加强地区间的经济交流以及促进民族团结等方面发挥了相当积极的作用，产生了良好的政治效益、经济效益和社会效益，但在政府与市场的关系、政策的评价体系以及政策工具上仍有待完善。因此，我国未来对口支援政策的主要创新方向是：政府与市场的关系上应更加注重发挥市场机制的作用；政策的评价体系上应该建立科学

---

① 郑春勇：《论对口支援任务型府际关系网络及其治理》，《经济社会体制比较》2014年第2期。

② 钟开斌：《对口支援灾区：起源与形成》，《经济社会体制比较》2011年第6期。

③ 李瑞昌：《界定“中国特点的对口支援”：一种政治性馈赠解释》，《经济社会体制比较》2015年第4期。

④ 俞晓晶：《从对口支援到长效合作：基于两阶段博弈的分析》，《经济体制改革》2010年第5期。

有效的评估机制；政策工具上应从简单化向精细化转变，多项政策工具配合使用。[1]

在对口支援的价值目标方面，有学者通过考察东部沿海地区与西部民族地区的对口支援历程，认为，对口支援是推动少数民族经济和社会发展的动力。[2] 有学者则进一步证实了对口支援是民族经济走出贫困恶性循环的第一推动力。[3] 也有学者指出，我国对口支援制度是中央政府缓解财政压力的需要，当然也有促进区域协调发展、民族团结及应对公共危机的需要。[4] 还有学者从多方面论证了对口支援是中央与地方秉持共同政治伦理价值和现实战略性的需要。[5] 更有学者则提倡对口支援应集中于改善民生方面，以提高人民的生活水平。[6] 这些研究说明了对口支援的必要性，但大多集中于强调对口支援的经济价值目标，未进行制度建设和长效机制角度的探讨。

3. 关于对口支援形式与内容的研究

有学者将对口支援分为：边疆地区对口支援、灾害损失对口支援和重大工程对口支援三种模式，对每一种模式及其内容进行了探讨，并从政府角色入手，对政府和市场的职能范围进行了界定，强化政府的市场引导职能，充分发挥市场和社会的力量。[7] 也有学者提出，从援助对象和方式的角度可以把对口支援划分为：以西部贫困地区和民族地区为主要援助对象的地域性对口支援、以援助重大工程为主要内容的项目性对口支援、以抗震救灾为主要内容的重大公共危机事件对口支援、以提升基本公共服务供给水平为主要内容的领域性对口支援。此外，在中央政府的组织下，省份

---

① 赵明刚：《中国特色对口支援模式研究》，《社会主义研究》2011 年第 2 期。

② 阿拉塔高娃：《关于东南沿海地区与少数民族地区的对口支援和经济技术协作发展的再认识》，《内蒙古社会科学》2000 年第 2 期。

③ 陈志刚：《对口支援与散杂居民族地区小康建设——来自江西省少数民族地区对口支援的调研报告》，《中南民族大学学报》2005 年第 3 期。

④ 李庆滑：《我国省际对口支援的实践、理论与制度完善》，《中共浙江省委党校学报》2010 年第 5 期。

⑤ 赵明刚：《中国特色对口支援模式研究》，《社会主义研究》2011 年第 2 期。

⑥ 董晔、安尼瓦尔·阿木提：《对口支援新形势下新疆资源开发的民生科技研究》，《新疆师范大学学报》2011 年第 1 期。

⑦ 《地方政府对口支援模式分析——兼论中央政府统筹下的制度特征与制度优势》，《成都大学学报》2009 年第 2 期。

范围以内的制度化对口支援工作也越来越普遍。① 还有学者认为，对口支援是在中国特定政治生态中孕育、发展和不断完善的一项具有中国特色的政策模式，根据受援客体的不同，对口支援模式可分为边疆地区对口支援、灾害损失严重地区对口支援和重大工程对口支援三种政策模式。② 更有学者探讨了“一带一路”战略下的对口支援政策创新，认为以往对口支援的内容和类型主要是灾难援助、经济援助、医疗援助和教育援助。提出，与“一带一路”战略衔接，要求东中部发达地区还要在体制机制方面加强对西部欠发达地区的对口支援。一是建立东中部地区、特别是东部沿海地区与西部民族地区各级党政主要领导双向交流、挂职制度，在工作中学习、引进和输入发达地区成熟的体制机制。对于西部民族地区来说，体制机制创新的过程，就是一个在工作中发现、学习、模仿和超越东部沿海地区的过程。二是西部民族地区各级党政部门、事业单位通过各种形式和途径将干部派往东中部地区、特别是东部沿海地区定期任职，在工作中感受、体验和学习发达地区成熟的体制机制。三是将干部教育培训工作纳入对口支援范畴，按照中共中央印发的《干部教育培训工作条例》规定，由东中部地区、特别是东部沿海地区有关干部培训机构负责培训西部民族地区干部。③

4. 关于对口支援绩效评估的研究

有学者提出要加强对口支援绩效评估与监督管理工作，并从政府行政体制的角度出发，强调加强资金的筹集和协调、后期管理、资金分配和评估机制的建立等。④ 也有学者通过分析援藏工作中出现的一些情况，呼吁要足够重视援藏政策的评估工作。⑤ 还有学者针对目前对口支援存在的项目管理不善问题，提出加强对项目的过程管理。结合上海市对口支援都江

① 朱光磊、张传彬：《系统性完善与培育府际伙伴关系——关于“对口支援”制度的初步研究》，《江苏行政学院学报》2011 年第 2 期。

② 赵明刚：《中国特色对口支援模式研究》，《社会主义研究》2011 年第 2 期。

③ 任维德：《“一带一路”战略下的对口支援政策创新》，《内蒙古大学学报》2016 年第 1 期。

④ 倪锋、张悦、于彤舟：《汶川大地震对口支援初步研究》，《经济与管理研究》2009 年第 7 期。

⑤ 董世举：《对口支援西藏发展的问题和对策》，《广东技术师范学院学报》2009 年第 11 期。

堰市灾后重建工程项目管理的实践，介绍了项目群管理的特点和主要方法。这些方法基于项目管理的理论，又针对项目群管理的特点，在援建工程项目管理中发挥了积极的作用。[①] 更有学者们针对实际案例进行了评估分析。郎永建等以重庆万州区为例进行实证分析，得出了对口支援是促进经济落后地区农业产业化经营的有效措施。[②] 花中东通过对汶川地震灾后恢复重建的实证分析，认为对口支援有利于基本公共服务均等化的实现。从总量上看，对口支援的政策实施对各地区间财政缺口的减轻起到了很大作用，不仅保证了受援地区的财政支出能力，而且也基本维持了各地间的财力均衡；从支出结构上看，短期内，基础设施的投入较大，而其他公共服务方面的投入不足，建立稳定的长效机制对促进基本公共服务均等化尤为重要。同时，针对政策实施过程中所存在的问题，提出了可行性建议。[③] 高芳、蔡文伯运用SWOT模型进行了高校对口支援的SWOT分析，以识别各种优势、劣势、机会和威胁因素，对支援高校与受援高校的综合情况进行客观公正评价，并对高校“对口支援”政策的障碍与问题进行了梳理。[④] 韦凤琴基于民族关系、社会稳定、经济发展等角度，分析概括了援疆工作，高度评价对口支援的伟大历史意义和作用。[⑤] 上述研究，虽然客观评析了对口支援的效果及作用，但都未能建立一个全面的绩效考核体系，包括绩效考核指标及设计准则等，因此这些绩效评估主观性较强。

（二）研究对口支援的几个理论视角

对口支援从20世纪90年代以来逐渐被国内学术界关注，尤其是2008年汶川地震后，对口支援研究呈现增长趋势。由于对口支援涉及主体多、内容广，给学者们提供了众多的研究视角。归纳起来，研究视角主

---

① 朱建华、郁勇、邓绍伦、叶臻、朱守江：《上海市对口支援都江堰市灾后重建工程项目群管理概述》，《建设监理》2009年第11期。

② 郎永建、胡际莲、熊建立：《对口支援是促进经济落后地区农业产业化经营的有效措施——以重庆万州为例》，《经济师》2004年第7期。

③ 花中东：《对口支援促进基本公共服务均等化效应分析——以四川地震灾区为例》，《西安财经学院学报》2010年第5期。

④ 高芳、蔡文伯：《“对口支援”：支援高校与受援高校的SWOT分析》，《兵团教育学院学报》2010年第3期。

⑤ 韦凤琴：《内地省市对口援建兵团模式的探讨》，《新疆农垦经济》2011年第12期。

要有政策制度及其实践视角、财政转移支付视角、府际关系视角三类。

1. 政策（制度）及其实践视角

国内相当一部分学者试图从本质上给对口支援作一个定性分析，把对口支援看作是有中国特色的一项政策、制度以及这一政策制度下的实践。认为，对口支援，作为一项具有中国特色的经济发达或实力较强的省市对经济欠发达省区实施援助的政策，在控制和缩小地区发展差距、推动西部民族地区经济与社会较快发展，以及实现区域协调发展、民族团结和边疆稳定方面发挥着极其重要的作用;[①] 对口支援作为一种制度，“支援是一种行为，对口则是对支援行为的一种规则约束”;[②] 我国的对口支援在发展中得到了不断的完善和丰富，已经从一种暂时性的政策演化为一种半常规化的制度。[③]

总之，对口支援是在中国特定的政治生态中孕育、发展和不断完善的一项具有中国特色的政策模式和制度模式。[④] 对口支援具有集中力量办大事的优势、具有诸多积极效应，应从多方面巩固已有成果、完善政策和制度。围绕对口支援的这一研究路径，国内学者们从政策制定和政策执行角度研究了经济技术对口支援、干部对口支援、医疗卫生对口支援、教育对口支援、重大工程对口支援和灾难对口支援等不同形式的对口支援，分析了对口支援政策、制度制定及其实施的绩效、存在的问题，相应地提出了各自完善对口支援政策和制度的对策与建议。

2. 财政转移支付视角

系统地从财政转移支付的角度对中华人民共和国成立以来对口支援的运作进行了定性分析，认为所有的对口支援都具有横向转移支付属性，是横向财政转移支付的雏形，但是缺乏相应的法律法规作为依据和进行规范。[⑤] 财政转移支付视角把对口支援与财政转移支付相结合，并纳入横向

---

① 任维德：《“一带一路”战略下的对口支援政策创新》，《内蒙古大学学报》2016 年第 1 期。

② 李庆滑：《我国省际对口支援的实践、理论与制度完善》，《中共浙江省委党校学报》2010 年第 5 期。

③ 赵伦、蒋勇杰：《地方政府对口支援模式分析——兼论中央政府统筹下的制度特征与制度优势》，《成都大学学报》2009 年第 2 期。

④ 赵明刚：《中国特色对口支援模式研究》，《社会主义研究》2011 年第 2 期。

⑤ 徐阳光：《财政转移支付法的公平正义理念解读》，《社会科学》2008 年第 1 期。

财政平衡制度中去，提出对口支援是具有中国特色的横向财政转移支付形式。[①] 国内学术界系统地探讨了对口支援财政横向转移支付过程中存在的问题及其原因，提出了完善对口支援的目标和建议。例如，根据我国地区间财力差距的实际，提出的“削峰填谷”式横向财政转移支付的构想，将财政资金从财力高的地区向财力低的地区转移；[②] 把对口支援这一临时性对策上升到国家法律层面，形成区域协调发展的长效机制；[③] 中央政府倡导的、地方政府正在做的对口支援是构建中国横向援助机制的现实基础；[④] 对口支援具有横向财政转移支付的本质，国家尽快规范应急性财政行为，将其固定为长期的财政均衡机制。[⑤]

3. 府际关系视角

由于对口支援中包含三大主体，即中央政府、受援地政府和支援地政府，因而，探讨主体间关系的研究成为对口支援研究中的重要视角，即府际关系视角。为此，将对口支援看作是具有明显中国特点的府际关系现象的观点相当具有代表性。这一视角提出，在对口支援过程中，有必要符合国情、政情，并吸收现代政治学与行政学中府际关系理论的精华部分，共同培育府际伙伴关系，不过要注意到中央政府在构建政府间伙伴关系过程中，依然要发挥不可替代的作用；政府间伙伴关系是一种多元、双向社会关系，有利于充分调动不同层级、不同区域政府的积极性。[⑥] 在当前国家实施“一带一路”战略背景下，探寻对口支援政策与“一带一路”战略的契合点，推进对口支援与“一带一路”的有机衔接，

---

① 花中东、刘忠义：《省际间对口支援政策促进地方经济增长效应实证研究——以四川灾区为例》，《滁州学院学报》2012年第1期。

② 王恩奉、汪文志：《“削峰填谷”式横向财政转移支付方法实证研究》，《地方财政研究》2008年第12期。

③ 路春城：《我国横向财政转移支付法律制度的构建——基于汶川震后重建的一点思考》，《地方财政研究》2009年第3期。

④ 王达梅：《构建横向援助机制，推进基本公共服务均等化》，《西北师大学报》2009年第2期。

⑤ 伍文中：《从对口支援到横向财政转移支付：研究综述及未来研究趋势》，《财经论丛》2012年第1期。

⑥ 朱光磊、张传彬：《系统性完善与培育府际伙伴关系——关于“对口支援”制度的初步研究》，《江苏行政学院学报》2011年第2期。

要求在培育和发展开放型经济中加强东中西部地区地方政府间的互动合作，实现由“单方受益型”对口支援向“双方共赢型”对口支援的政策转型。[①]

（三）对口支援研究的发展趋势

现有文献表明，国内学术界关于对口支援的研究，主要围绕对口支援的概念界定、价值目标选择、存在的问题及其原因、机制构建、绩效评估等展开了理论探讨，其研究视角主要有政策制度及其实践视角、财政转移支付视角、府际关系视角等。对口支援的研究现状，一定程度上规定着人们对这一问题进行研究的发展趋势。

第一，对口支援研究的理论视角不断增多。20 世纪 90 年代以来，从最初的政策制度及其实践研究，到财政横向转移支付研究，再到当前的府际关系研究，国内学术界对于对口支援的研究，已经突破了最初的研究视野，从“纯政策”及其实践的研究走向与财政学理论、府际关系理论相结合的研究，重视对口支援中的财政横向转移支付问题和地方政府间利益关系因素的探讨。随着对口支援政策的进一步实施，随着学科间的交叉渗透，我们完全有理由相信国内学术界对于对口支援的研究，其理论视角会越来越多，观察探讨的角度越来越丰富。

第二，对口支援研究的重心发生转移。从过去注重政策及其原则的总体宏观层面的研究转移到注重对口支援具体事件、案例微观层面的实证研究；从注重对口支援政策、制度的静态研究转移到注重地方政府间关系交互作用的动态研究；从“单方受益型”的对口支援研究向“双方共赢型”的对口支援研究转变；从注重对口支援的价值趋向研究转移到重视对口支援绩效的研究。此外，有学者开始从“一带一路”战略视角探讨对口支援及其政策创新。所有这些，都将成为新的历史条件下人们对于对口支援研究的重要选择。

第三，对口支援研究的新方法不断引进。学术界将广泛吸收和运用现

---

① 任维德：《“一带一路”战略下的对口支援政策创新》，《内蒙古大学学报》2016 年第 1 期。

代社会科学、自然科学的新方法，如统计学、行为科学和大数据技术等方法，研究对口支援。这些新方法的引进，使学者们可以运用不同的理论方法研究对口支援，进而推进国内对口支援研究的新进展。

（本章撰稿：任维德，内蒙古大学公共管理学院）

第二章　对口支援政策的演变

“对口支援”从最初表现为我国城乡之间、地区之间和行业部门之间的援助和协作，发展成为一项具有中国特色的东部沿海地区、中部地区经济发达或实力较强的省市对西部民族地区经济欠发达或实力较弱的省区实施援助的政策，自20世纪70年代末制定和实施以来，经过近40年的发展，从最初中央确定的省际间的对口支援——东部沿海地区、中部地区经济发达或实力较强的省市对西部民族地区经济欠发达或实力较弱的省区对口支援，发展到中央有关部委、企事业单位对西部民族经济欠发达地区或实力较弱的省区对口支援，并且推广延伸到一省区之内发达地区对落后地区的对口支援，对口支援政策的内容和类型不断丰富和完善，政策效应显著。

一　对口支援的基本史实

作为一种具有中国特色的政策行为，对口支援经历了一个较长的发展演变过程。以对口支援在不同历史时期的内涵、重点和表现形式上的差别为线索，大致可以把我国对口支援的历史过程划分为三个阶段，这三个阶段分别以中华人民共和国成立、实行改革开放和进入21世纪为时间节点。

（一）中华人民共和国成立后对口支援的萌芽

在我国，对口支援的早期表现形式及其实践可以追溯到中华人民共和国成立之初。这一时期，对口支援主要表现为全国范围内城乡之间、区域之间、行业之间和部门之间的援助。

中华人民共和国成立初期，每到农忙时节或遭受洪涝旱情之时，我国多数城市的组织部门就会分派党政机关职能部门去帮助乡村收割或抗旱抗洪。这个传统一直延续下来，并逐渐增加了支援农业建设、赴农村劳动锻炼等内容。20世纪50年代，工农协作、厂社协作已经成为城市与农村之间应用较为广泛普遍的支援形式。例如，当时的黑龙江省哈尔滨市太平城市人民公社采取“四级挂钩”“八行对口”的办法，组织各工厂分别与县、社的相应部门挂钩，实行对口支援，大力帮助农村人民公社进行农业技术改造。

1953年，华北地区农业丰收在望却遭受了涝灾，同时还有部分地区发生了旱灾及其他灾害。为了抗灾救灾，中共中央华北局发出指示，号召全区党政机关、全区人民紧急动员起来，积极支援灾区战胜灾害。这是较早见诸报端的支援灾区的行动。1955年，湖南省非灾区农民发扬互助友爱精神，支援洞庭湖灾区农民的春耕，开始出现了各省之间跨地域的支援。1956年9月，河北省的生产救灾得到了北京、天津、武汉、西安、包头、大同等地的许多支援。1960年，山东省遭受严重灾荒，浙江、江苏、福建、江西、安徽、上海等省市节约粮食大力支援灾区，并调运大批罐头、食品、药品、鞋袜以及棉花、棉布等大批物资，而且江西、福建等省还以负责干部为首成立了支援山东省灾区生产救灾的专门机构。[①] 20世纪五六十年代，边疆民族地区创办教育事业急需一些师资、设备等，中央政府紧急安排内地开展教育对口支援。1956年，国家教育部在《关于内地支援边疆地区小学师资问题的通知》中，要求“四川、陕西等省，对于接邻的边疆省、自治区需要外地支援的师资要有较多的支持”。

虽然对口支援作为一种工农结合、城乡结合、厂社结合的新形式，在20世纪50年代时就已成为个别地方的实践，但对口支援概念的提出却始于1960年3月20日《山西日报》发表的一篇社论。该社论以《厂厂包社 对口支援——论工业支援农业技术改造的新形势》为题，对山西经纬纺织机械厂与曙光公社采取“工厂包公社、对口支援、一包到底”的举措给予了充分肯定。[②] 同年3月23日，《人民日报》在转引《山西日报》

① 转引自李瑞昌《中国特点的对口支援制度研究——政府间网络视角》，复旦大学出版社2016年版，第93页。

② 《厂厂包社 对口支援——论工业支援农业技术改造的新形势》，《山西日报》1960年3月23日。

的社论时强调："对于厂社对口协作这一新生事物，如何看到它的主流，扶植它健康地发展、壮大，是我们的一项政治任务。"[①] 后来，由于厂社挂钩、对口协作存在不足，一些地区又用建立厂社协作支援网的综合支援取代了厂社挂钩。例如，1960 年 4 月下旬，山西省陵川县在厂社挂钩基础上实行的"多行组合、以片建网、以网包片、综合支援"，使得工业支援农业向前大大地推进了一步。[②]

"文化大革命"期间，我国经济社会发展几乎停滞，许多好的制度遭到破坏。直到 1978 年，才再次出现对口支援现象。在 1978 年的抗旱过程中，对口支援作为湖北省的抗旱经验被提出并通过《人民日报》在全国宣传。当时湖北全省划分出黄冈、孝感等 6 个抗旱战区，省委组织武汉、黄石等地的大型厂矿企业对口进行支援。同时，武汉市负责支援黄冈地区，全力以赴地支援浠水、新洲、黄冈等 8 县抗旱斗争。[③]

严格来讲，这一时期不论是中央政府还是地方政府，抑或理论界、学术界以及专家学者都没有明确提出"对口支援"的概念。因而，上述支援活动也不具有明确的"一对一"结对支援的性质。但是，这些不同形式和内容的支援帮扶活动确实存在，并不断得到传播和应用，为后来对口支援政策的正式提出和确立积累了经验。

（二）改革开放之初对口支援的正式提出及其发展

"文化大革命"结束后，我国各项工作都面临着拨乱反正、加快发展的任务，民族工作和边防工作也不例外。1979 年 4 月 25 日，中共中央在北京召开全国边防工作会议。时任中共中央政治局委员、中央统战部部长的乌兰夫在大会上作了题为《全国人民团结起来，为建设繁荣的边疆、巩固的边防而奋斗》的报告。乌兰夫在报告中指出："根据党中央的指示，国家将加强边境地区和少数民族地区的建设……国家还要组织内地省、市，实行对口支援边境地区和少数民族地区：北京支援内蒙古，河北支援贵州，江苏支援广西、新疆，山东支援青海，天津支援甘肃，上海支

① 《工农协作加速农业技术改造》，《人民日报》1960 年 3 月 23 日。

② 《厂社挂钩的新发展 支援农业的好办法》，《人民日报》1960 年 8 月 1 日。

③ 孙鸿宾、江绍高：《搬大水 抗大旱 旱多久 抗多久——湖北省抗大旱夺丰收纪事》，《人民日报》1978 年 11 月 11 日。

援云南、宁夏，全国支援西藏……党中央的巨大关怀，国家和内地省市的有力支援，将为边境和少数民族地区建设事业的发展，创造更为有利的条件。”① 这就是理论界和实际工作部门广泛使用的对口支援政策最初最权威的官方文件来源。1979年7月31日，中共中央以中发〔1979〕52号文件转发了乌兰夫的报告。从此，对口支援作为一项国家政策正式确立了。

1980年3月14—15日，中共中央总书记胡耀邦在北京主持召开了第一次西藏工作座谈会。同年4月7日，党中央总结过去的经验考虑到西藏的特殊情况，在《关于转发〈西藏工作座谈会纪要〉的通知》中指出，加快西藏建设，仍然应当主要依靠西藏党政军和各族人民，艰苦创业，共同努力。同时也强调指出，中央各部门也要加强对西藏工作的正确指导，并根据实际情况，组织全国各地积极给予西藏以支持和帮助。

1982年10月，中央委托国家计划委员会、国家民族事务委员会联合召开了经济发达省市同少数民族地区对口支援和经济技术协作座谈会，确定由国家经委牵头，国家经委、计委、民委共同负责对口支援工作，并提出了对口支援政策的指导意见，还确立了定期召开对口支援会议的惯例。

在第一次西藏工作会议召开四年之后，中央又于1984年2—3月召开了第二次西藏工作会议。会议确定了由北京、上海、天津、江苏、浙江、福建、山东、四川、广东九省市帮助西藏建设43项工程，作为西藏自治区成立20周年大庆的庆典工程，总投资达4.8亿元。

1984年9月17—21日，中央召开第二次全国经济技术协作和对口支援会议，研讨了对口支援开展几年来出现的问题。同年，通过的《民族区域自治法》第六十一条首次以国家基本法律的形式明确了上级国家机关组织和支持对口支援的法律原则。

1987年4月，中央转发了中央统战部、国家民委《关于我国民族工作几个重要问题的报告》，文件中规定对口支援是一项历史使命，发达地区应该坚持做好。

1991年12月，国家民委首次召开了全国部分省、自治区、直辖市对口支援工作座谈会，形成座谈会纪要，指出对口支援不同于一般的经济技

① 《国家民委民族政策文件选编（1979—1984）》，中央民族学院出版社1988年版，第242页。

术协作和横向联合，是有领导、有组织、有计划的，不以营利为目的而以帮助少数民族地区加快发展作为己任的一项既有经济意义又有政治意义的工作。会议提出了对口支援的十六字原则：支援为主，互补互济，积极合作，共同繁荣。这为中国特色对口支援体制的进一步形成奠定了坚实的基础。

为了推进实现三峡工程百万移民“搬得出、安得稳、逐步能致富”的搬迁安置目标，1992 年 3 月国务院办公厅发出了《关于开展三峡工程库区移民工作对口支援的通知》。国家有关部门和全国 20 多个省、市、区积极参与对口支援三峡工程移民搬迁安置工作。1993 年 8 月 19 日，国务院发布实施《长江三峡工程建设移民条例》，其中第三十三条规定：“国家鼓励和支持国务院有关部门和各省、自治区、直辖市采取多种形式，从教育、科技、人才、管理、信息、资金、物资等方面，对口支援三峡库区移民安置。”把对口支援三峡工程移民作为国务院有关部门和各省、市、区的义务。

1994 年 7 月，中央召开第三次西藏工作座谈会。江泽民同志在座谈会上指出：“密切内地与西藏的经济、文化、社会联系，加强对口支援，增强西藏自我发展的活力，是西藏发展的需要，也是全国各地发展的需要。”① 会议重申了援藏工作的路线、方针、政策，并进行了具体的分工，确定了“分片负责、对口支援、定期轮换”的政策。会议提出了“干部援藏为龙头、技术援藏为骨干、资金援藏为附体”的思路，明确了由北京、上海等 14 个省市分工援助西藏 7 个地市，使援藏任务进一步落实到具体的省市。除此之外，中央还决定建设 62 项工程，作为西藏自治区成立 30 周年的献礼。

1997 年，全国援疆工作正式开始实施。中央先后从北京、天津、上海、浙江、江苏、山东、河南等 7 个省市、部分中央直属机关和国家部委派出一批骨干力量到新疆 7 个地州和 17 个区直单位工作，初步确定了广东与哈密，北京、浙江与和田，山东与疏勒，上海与阿克苏，江苏与伊犁，天津与喀什的支援结对。1997 年后，遵照中央部署，各派出省市部门把对口援疆侧重点放在派得力干部、优秀技术干部和专业人才援疆，如

① 江泽民：《在第三次西藏工作座谈会上的讲话》，《人民日报》1994 年 7 月 27 日。

医疗卫生、科技教育等方面。

（三）21 世纪以来对口支援的巩固和完善

进入 21 世纪之后，我国的对口支援实践越来越丰富和多样化。民族地区对口支援、重大工程对口支援和重大突发事件对口支援成为这一时期的三大主要任务。

2001 年 6 月 25—27 日，中央召开了第四次西藏工作座谈会。这次座谈会决定继续加强对口支援，把对口援藏工作延长 10 年，同时加大对口支援力度，扩大对口支援范围。全国 18 个省市、中央国家机关 50 多个部委和单位、15 家国有重要骨干企业参与了对口支援，卫生、检察、教育等一些系统和行业的援藏工作也相继纳入对口支援范围。

从 2002 年开始，中共中央组织部和新疆维吾尔自治区党委将哈密市、霍城县确定为试点，开展援疆干部担任县市委书记试点工作。[①] 2004 年 4 月，中央下发中办发〔2004〕11 号文件，确定“稳疆兴疆、富民固边”的战略，明确指出要把新疆作为西部大开发的重点，进一步加大扶持力度。

2004 年 7 月 6—7 日，三峡库区经济发展暨对口支援工作会议在重庆市隆重举行，时任国务院副总理曾培炎在讲话中指出：要“从输血型向造血型转变，充分调动各个方面的积极性，实现双赢和共赢，开创全国对口支援三峡库区的新局面”[②]。2005 年 3 月，国务院三峡工程委员会颁布的《关于进一步加大对口支援三峡库区移民工作力度的通知》强调：“有关省、市要积极引导本地优强企业和多种所有制企业参与对口支援，要特别注重引进有市场、有效益、有技术的项目”，“要树立全国一盘棋的思想，并以高度的政治责任感和社会主义协作精神，切实加强对口支援工作的组织领导”。

2005 年 4 月，中共中央办公厅、国务院办公厅联合下发《关于确立有关省市、企业与新疆维吾尔自治区南疆四地州和新疆生产建设兵团在南

① 刘向辉：《援疆工作十四年实践与启示》，《新疆日报》2011 年 9 月 15 日。

② 曾培炎：《在三峡库区经济发展暨对口支援工作会议上的讲话》，《重庆市人民政府公报》2004 年第 15 期。

疆三个师对口支援关系的通知》，作出“以干部支援为龙头，实行经济、科技、文化全方位支援南疆四地州和三个兵团师”的决定。

2007 年 9 月，国务院 32 号文件《国务院关于进一步促进新疆经济社会发展的若干意见》要求，全国各省直辖市、自治区、中央国家机关和中央企业要对援疆工作更加重视，并加强了对这一工作的领导，从而使得援疆工作更顺畅、更有力度。2008 年，随着第六批援疆干部陆续进疆，又加大了对新疆 16 个重点学科所需人才的选派力度，使援疆的专业技术干部中的高端专业技术人员数量不断增加。

2008 年，“5·12”汶川特大地震爆发。这是中华人民共和国成立以来破坏性最强、波及范围最广、救灾难度最大的一次地震。灾后恢复重建不仅需要迅速重建城区住房，还面临着基础设施恢复重建、产业恢复重建、生态恢复重建和灾区群众精神恢复重建等繁重任务。面对这项庞大的系统工程，中央决定按照“一省帮一重灾县”的原则，建立对口支援机制。2008 年 6 月 8 日，国务院发布《汶川地震灾后恢复重建条例》。6 月 11 日，又发布了《汶川地震灾后恢复重建对口支援方案》，规定各支援省市每年对口支援实物工作量按不低于本省市上年度地方财政收入的 1% 考虑，连续支援三年。[①] 具体结对关系如表 2－1 所示。

2009 年，甲型 H1N1 流感疫情先后在墨西哥、美国等国家爆发。到 2009 年下半年，我国甲流患者骤增，聚集性疫情明显增多，重症与危重病例持续增加，死亡病例不断出现。为了统筹东西部地区医疗救治资源，2009 年 11 月 13 日，卫生部办公厅发出《关于加强甲型 H1N1 流感医疗救治工作的通知》，决定建立甲流医疗救治省际对口支援机制。对口支援的形式为技术支持，重点是重症与危重病例医疗救治技术指导。具体安排为：北京市对口支援内蒙古自治区、河南省、新疆维吾尔自治区（含新疆生产建设兵团）；天津市对口支援河北省；辽宁省对口支援宁夏回族自治区；上海市对口支援黑龙江省、云南省、西藏自治区；江苏省对口支援陕西省、甘肃省；浙江省对口支援贵州省、青海省；山东省对口支援安徽省；湖北省对口支援山西省；广东省对口支援江西省、广西壮族自治区、

---

① 《汶川地震灾后恢复重建对口支援方案》，《中华人民共和国国务院公报》2008 年第 18 期。

海南省。[①]

表 2-1　汶川特大地震灾后恢复重建对口支援结对关系表

支援方	受援方
山东省	四川省北川县
广东省	四川省汶川县
浙江省	四川省青川县
江苏省	四川省绵竹市
北京市	四川省什邡市
上海市	四川省都江堰市
河北省	四川省平武县
辽宁省	四川省安县
河南省	四川省江油市
福建省	四川省彭州市
山西省	四川省茂县
湖南省	四川省理县
吉林省	四川省黑水县
安徽省	四川省松潘县
江西省	四川省小金县
湖北省	四川省汉源县
重庆市	四川省崇州市
黑龙江省	四川省剑阁县
广东省（主要由深圳市）	甘肃省受灾严重地区
天津市	陕西省受灾严重地区

2010 年 1 月 18—20 日，中共中央、国务院召开的第五次西藏工作座谈会在北京举行。本次座谈会全面总结了西藏发展稳定取得的成绩和经验，同时强调，四川、云南、甘肃、青海省党委和政府要切实把本省藏区

① 卫生部办公厅：《关于加强甲型 H1N1 流感医疗救治工作的通知》，中央政府门户网站，http：//www. gov. cn/gzdt/2009 - 11/13/content_ 1464257. htm。

工作摆到重要议事日程，作为本省经济社会发展的重点任务来抓，动员全省各方面力量支持这些地区发展。

2010 年春季，我国西南地区的云南、广西、贵州、四川、重庆持续大旱，给当地群众的生产生活造成严重影响，5000 多万同胞受灾。这场少见的世纪大旱使 500 万公顷的农作物受到灾害影响，其中 40 万良田颗粒无收，2000 万人面临无水可饮的绝境。国家防总紧急组织北京、天津等 10 个省市进行抗旱救灾对口支援，最大限度地减少了灾害造成的损失。

2010 年 3 月 29—30 日，全国对口支援新疆工作会议在北京召开。中央决定，由 19 个省市党委、政府和有关部门组成新一轮的援疆队伍，开始全国援疆，确保十年内新疆全面实现小康社会。

2010 年 4 月 14 日，青海省玉树藏族自治州玉树市发生 6 次地震，最高震级 7.1 级。6 月 13 日，国务院发布《玉树地震灾后恢复重建总体规划》。6 月 20 日，国务院玉树地震灾后恢复重建协调小组在青海西宁召开会议，部署对口援建工作。根据玉树地震灾区的实际，中央决定这次灾后恢复重建主要采取对口援建的方式，在中央加大政策支持力度的基础上，组织有关单位进行对口援建，主要是北京和辽宁这两个省市，除此以外，还有四家中央企业，包括中国建筑工程总公司、中国铁路工程总公司、中国铁道建设总公司、中国水利水电建设集团公司。军队和武警部队参加部分项目的援建，承担部分运输任务，这是对口援建的总体安排。[①]

2013 年 8 月 22 日，国务院办公厅印发了《中央国家机关及有关单位对口支援赣南等原中央苏区实施方案》，决定从 2013—2020 年由中央国家机关 52 个单位对口支援江西省赣州市所辖的 18 个县市区和吉安市、抚州市的 13 个特殊困难县区。在结对安排上，考虑到发展改革委、中央组织部为对口支援工作牵头部门，负责对口支援工作的组织协调和统筹指导，并结合自身职能全面开展对口支援工作，不再安排具体对口支援关系。其他支援单位的结对安排如下：

工业和信息化部、公安部、国资委——章贡区（含赣州经济技

① 新华社：《玉树地震灾后对口援建为什么选择北京和辽宁》，搜狐网，http：//news. sohu. com/20100628/n273134776. shtml。

术开发区）

财政部、银监会——瑞金市

证监会、民航局——南康市

科技部、国土资源部——赣县

农业部、能源局——信丰县

新闻出版广电总局、安全监管总局——大余县

教育部、法制办——上犹县

环境保护部、体育总局——崇义县

交通运输部、供销合作总社——安远县

海关总署、食品药品监管总局——龙南县

保监会、台办——定南县

商务部、开发银行——全南县

人力资源社会保障部、水利部——宁都县

卫生计生委、粮食局——于都县

民政部、烟草局——兴国县

审计署、质检总局——会昌县

中央宣传部、统计局——寻乌县

司法部、扶贫办——石城县

税务总局——吉州区

旅游局——青原区

住房城乡建设部——吉安县

国防科工局——吉水县

人民银行——新干县

铁路局——永丰县

工商总局——泰和县

林业局——万安县

文化部——黎川县

农业发展银行——南丰县

国家民委——乐安县

文物局——宜黄县

中央统战部——广昌县[①]

2014年5月28—29日，第二次中央新疆工作座谈会在北京举行。习近平强调，社会稳定和长治久安是新疆工作的总目标。必须把严厉打击暴力恐怖活动作为当前斗争的重点，高举社会主义法治旗帜，大力提高群防群治预警能力，筑起铜墙铁壁、构建天罗地网。要并行推进国内国际两条战线，强化国际反恐合作。要加大扶贫资金投入力度，重点向农牧区、边境地区、特困人群倾斜，建立精准扶贫工作机制，扶到点上、扶到根上，扶贫扶到家。对南疆发展，要从国家层面进行顶层设计，实行特殊政策，打破常规，特事特办。对口援疆是国家战略，必须长期坚持，把对口援疆工作打造成加强民族团结的工程。[②]

2014年8月，国务院办公厅发布关于印发《发达省（市）对口支援四川云南甘肃省藏区经济社会发展工作方案》（以下简称《方案》）的通知。《方案》指出，发达省（市）对口支援三省藏区工作期限暂定为2014—2020年。2020年以后的工作，将根据实施情况另行研究。综合考虑东西扶贫协作基础、支援省（市）财力状况和三省藏区困难程度等因素，按照一省（市）对一州的原则，确定由天津市、上海市、浙江省、广东省（含深圳市）对口支援三省藏区4个藏族自治州和2个藏族自治县。具体结对关系为：天津市对口支援甘南藏族自治州和天祝藏族自治县、上海市对口支援迪庆藏族自治州、浙江省对口支援阿坝藏族羌族自治州和木里藏族自治县、广东省（含深圳市）对口支援甘孜藏族自治州。

2014年8月，国务院又印发了《全国对口支援三峡库区合作规划（2014—2020年）》（以下简称《规划》），部署进一步创新对口支援工作机制，加强对口支援合作，做好新时期全国对口支援三峡库区工作。《规划》要求，加强对口支援三峡库区合作工作的指导与协调，加大国家有关部门和中央企业支援库区合作力度，深化支援省（区、市）对口支援三峡库区合作工作，强化湖北省、重庆市和库区区（县）在受援工作中

① 国务院办公厅：《关于印发中央国家机关及有关单位对口支援赣州等原中央苏区实施方案的通知》，中央政府门户网站，http://www.gov.cn/zwgk/2013-08/30/content_2477417.htm。

② 新华社：《习近平在第二次中央新疆工作座谈会上发表重要讲话》，新华网，http://news.xinhuanet.com/photo/2014-05/29/c_126564529.htm。

的作用，保证对口支援机构稳定、人员到位、职责清晰，确保政策的连续性和与时俱进，确保对口支援合作工作持续开展。①

表2-2　三峡库区受援区县与支援省区市对口支援合作结对关系表

库区受援区县	重点结对支援省区市
夷陵区	黑龙江省、上海市、青岛市
秭归县	江苏省、武汉市
兴山县	湖南省、大连市
巴东县	北京市
巫山县	广东省、广州市、深圳市、珠海市
巫溪县	吉林省
奉节县	辽宁省
云阳县	江苏省
万州区	上海市、天津市、福建省、南京市、宁波市、厦门市
开县	四川省
忠县	山东省、沈阳市
石柱土家族自治县	云南省、江西省
丰都县	河北省
涪陵区	浙江省
武隆县	江西省、云南省
长寿区	广西壮族自治区
渝北区	安徽省
巴南区	河南省

注：1. 湖北省对口支援本省三峡库区各区县，重庆市对口支援本市三峡库区各区县。

2. 江津区属对口支援范围，未明确重点结对支援省区市。

2015年8月24—25日，中央第六次西藏工作座谈会在北京召开。习近平指出，依法治藏、富民兴藏、长期建藏、凝聚人心、夯实基础，是党

① 新华社：《国务院印发〈全国对口支援三峡库区合作规划（2014—2020年）〉》，中央政府门户网站，http：//www. gov. cn/xinwen/2014 -08/26/content_ 2739749. htm。

的十八大以后党中央提出的西藏工作重要原则。西藏工作的着眼点和着力点必须放到维护祖国统一、加强民族团结上来，把实现社会局势的持续稳定、长期稳定、全面稳定作为硬任务，各方面工作统筹谋划、综合发力，牢牢掌握反分裂斗争主动权。李克强强调，要进一步加大中央对西藏发展的支持力度，充实和完善特殊优惠扶持政策，继续执行“收入全留、补助递增、专项扶持”的财税优惠政策。增加中央投资，强化金融支持，加强对口支援。加大中央对四省藏区政策支持力度，统筹推进西藏和四省藏区协调发展，统筹推进四省藏区和本省协调发展，统筹解决交界地区突出问题。着力解决经济社会发展的瓶颈制约，切实维护社会和谐稳定，共同把西藏和四省藏区建设得更加美好。①

二　对口支援的横向延伸

对口支援政策在我国实施多年，产生了一定的积极效应。在此过程中，对口支援也开始延伸出一些新的形式和类型。我们认为，对口支援的延伸主要在两个方向上进行，即对口支援的横向延伸和对口支援的纵向延伸。对口支援的横向延伸，指的是在中央层面，对口支援政策被一些中央部门所借鉴和使用。对口支援的纵向延伸，指的是在地方层面，对口支援模式被应用到省内或市内。

对口支援横向延伸的主要表现是对口帮扶和对口合作。其中，对口帮扶是帮助落后地区发展和扶贫工作的重要手段；对口合作在中央的官方表述中主要是为了让东部部分省市帮助东北地区发展，但在学术界和地方层面，对口合作也被认为是对口支援演化的高级形态或趋势。

（一）对口帮扶

长期以来，我国边疆民族地区的发展问题都被看作是政治问题。然而，随着社会主义市场经济体制的逐步完善，中央开始慢慢把政治问题与经济问题区分开来。政治问题依然采用对口支援的形式常抓不懈，经济问

① 《依法治藏　富民兴藏　长期建藏　加快西藏全面建成小康社会步伐》，《人民日报》2015年8月26日。

题则主要依靠开发、开放和扶贫协作来解决。

1994年3月，国务院决定从当年起实施《国家八七扶贫攻坚计划》。《国家八七扶贫攻坚计划》明确规定："中央和地方党政机关有条件的企事业单位，都应积极与贫困县定点挂钩扶贫，一定几年不变，不脱贫不脱钩。""北京、天津、上海等大城市，广东、江苏、浙江、山东、辽宁、福建等沿海较为发达的省，都要对口帮助西部的一两个贫困省、区发展经济。动员大中型企业，利用其技术、人才、市场、信息、物资等方面的优势，通过经济合作、技术服务、吸收劳务、产品扩散、交流干部等多种途径，发展与贫困地区在互惠互利的基础上的合作。凡到贫困地区兴办开发性企业，当地扶贫资金可通过适当形式与之配套，联合开发。"同时，还明确了由国务院扶贫开发领导小组统一组织中央各有关部门和各省、自治区、直辖市具体实施计划。

1996年5月，国务院扶贫开发领导小组在京召开扶贫协作会议，具体部署经济较发达的九个省市和四个计划单列市分别帮扶经济欠发达的十个省（自治区）的贫困地区发展经济，加快扶贫攻坚进度。经与有关方面协商，国务院扶贫开发领导小组报经国务院领导同志批准确定：由北京市帮扶内蒙古自治区，天津市帮扶甘肃省，上海市帮扶云南省，广东省帮扶广西壮族自治区，江苏省帮扶陕西省，浙江省帮扶四川省，山东省帮扶新疆维吾尔自治区，辽宁省帮扶青海省，福建省帮扶宁夏回族自治区，大连、青岛、深圳、宁波四个计划单列市联合帮扶贵州省。

1996年7月6日，国务院办公厅根据《国务院扶贫开发领导小组关于组织经济较发达地区与经济欠发达地区开展扶贫协作报告》（国办发〔1996〕26号），将上述结对关系统称为"扶贫协作"。

1996年10月23日，中共中央、国务院发文《关于尽快解决农村贫困人口温饱问题的决定》，又把上述结对关系进一步明确为"对口帮扶"。从而实现了对口支援在部分地区的转变和延伸。

1999年6月28日的《中共中央、国务院关于进一步加强扶贫开发工作的决定》同时使用"对口帮扶"和"对口帮助"这两个词。这表明"对口帮扶"和"对口帮助"并无本质区别，两者都是扶贫协作的主要表现形式。

对口帮扶的主要内容包括：第一，培训和引进人才，引进技术和资金，传递信息，沟通商品流通渠道，促进物资交流；第二，发展种植业、养殖业及相关产业，以帮助劳动密集型产业和资源开发生产的发展；第三，经济发达地区的经济效益好的企业组织、指导和帮助贫困地区的企业；第四，组织贫困地区的剩余劳动力到经济发达地区工作；第五，动员社会力量，捐赠资金、服装、药品、医疗器械、文化和教育用品以及其他生活用品。

2001 年 6 月 13 日，国务院发布《关于印发中国农村扶贫开发纲要（2001—2010 年）的通知》，再次明确要“继续做好沿海发达地区对口帮扶西部贫困地区的东西扶贫协作工作”。

2011 年 12 月 23 日，中共中央、国务院又发布了《中国农村扶贫开发纲要（2011—2020 年）》，要求东西部扶贫协作双方在“资金支持、产业发展、干部交流、人员培训以及劳动力转移就业”等方面积极配合，做好对口帮扶工作。国务院要求所属部门的行业对口帮扶要与东西部扶贫协作结对关系联系起来，还特意强调要“积极推进东中部地区支援西藏、新疆”。这表明，对口支援西藏和新疆是一项长期延续的工作，与对口帮扶贫困地区有着明显的区别。

2013 年 2 月 4 日，国务院发布了《关于开展对口帮扶贵州工作的指导意见》，对原来的大连、青岛、深圳、宁波对口帮扶贵州的结对关系进行了调整。国务院综合考虑原有的东西扶贫协作关系、帮扶方财力状况、受帮扶地区困难程度以及双方合作基础等因素，确定了由辽宁、上海、江苏、浙江、山东、广东 6 个地区的 8 个城市分别对口帮扶贵州的 8 个市（州）的新方案。同时，还提出了对口帮扶的资金要求，即 2013 年各帮扶方安排的帮扶资金原则上不低于 3000 万元。

（二）对口合作

就目前的情况而言，对口合作主要有两类：一类是在对口支援和对口帮扶的过程中自然演化而成的对口合作；另一类是由中央直接安排的对口合作。前者现在已经较为普遍；后者主要体现在对东北地区的政策支持上。

1. 自然演化的对口合作

自然演化的对口合作大多是在地方政府的推动下从最初的对口支援和

对口帮扶逐渐演变而来的，譬如：北京与内蒙古的关系，新疆、西藏个别资源丰富的地区与东部支援方的关系，汶川大地震灾后恢复重建中支援方与受援方的关系，等等。在此，我们以汶川大地震灾后恢复重建过程中支援方与受援方关系的演变为例来探讨这类对口合作。

最初，支援方只是遵照中央的安排，对灾区进行项目援建和智力帮扶，重点工作是为灾区建设民生工程和城镇基础设施，并为灾区输送和培养医疗卫生、城乡规划、项目管理、施工监理等方面的人才。在对口支援实施一年后，各支援方开始按照“输血”与“造血”相结合的原则，把灾后重建的重点逐步放到帮助灾区进行产业重建上来。由于灾区农业比重较大，所以产业帮扶初始阶段主要是想方设法为受援方打开农产品销路，[①] 比如在支援方各省市举办灾区农产品展销会、组织开展灾区农产品“五进”（进超市、进集贸市场、进集体食堂、进社区、进餐饮企业）活动等。然后，在灾区一些工业基础较好的地方开始建设工业园区，一方面为当地原有企业提供设备、资金和技术援助；另一方面把支援方的优势产业项目引进来。至此，支援方与受援方的合作意向开始萌动。

2009年6月10日，苏州市与绵竹市签订了《经济援建和合作发展协议书》，并建立了苏州—绵竹产业发展促进会。根据协议，双方将通过产业发展促进会，大力宣传和介绍两地工业企业和产品等，全面促进两地经济合作往来。同时，两市还将定期举行联席会议制度，研究促进双方合作的行动方案。[②] 此后，从对口支援向对口合作转变开始成为一种新的趋势，各支援方与受援方纷纷签订各种合作协议，探索互利共赢的长效合作机制。据不完全统计，截至2011年6月，灾区各级政府先后与其他省市签订政府间合作协议34项，其中，省际合作协议6项，省（市）—市（县）合作协议17项，市（区）—市（县）合作协议8项，市（区）—乡（镇）合作协议2项，镇—镇合作协议1项。见表2-3。

---

① 刘铁：《从对口支援到对口合作的演变论地方政府的行为逻辑——基于汶川地震灾后重建对口支援的考察》，《农村经济》2010年第4期。

② 陈碧红：《苏州绵竹搭建合作发展平台》，《四川日报》2009年6月15日。

表 2－3 四川省各级地方政府与其他省市签署的合作协议一览表

合作类型	合作协议
省(市)—省合作	2010 年 3 月，山东省与四川省签署《山东—四川战略合作协议》
	2010 年 4 月，山东省与四川省签订《人才合作协议（2010—2014）》
	2010 年 4 月，广东省与四川省签署《广东—四川经济社会战略合作协议》
	2010 年 5 月，辽宁省与四川省签署《辽宁—四川经济社会战略合作协议》
	2010 年 9 月，江苏省与四川省签署经济社会发展战略合作协议
	2010 年 9 月，福建省与四川省签署《四川与福建经济社会战略合作协议》
省（市）—市（县）合作	2010 年 4 月，广东省与汶川县签署《粤汶长期合作框架协议》
	2010 年 6 月，湖北省与汉源县签署长效合作协议
	2010 年 6 月，江西省与小金县签署《江西小金对口合作长效机制框架协议》
	2010 年 7 月，重庆市与崇州市签署《重庆市与崇州市人才跨区域长期帮扶合作协议》
	2010 年 8 月，上海市与都江堰市签订对口合作长效机制框架协议
	2010 年 9 月，北京市与什邡市签订《北京—什邡 2010—2013 年合作框架协议》
	2010 年 9 月，重庆市与崇州市签署《关于建立重庆市对口支援四川省崇州市工作长效合作机制的框架协议》
	2010 年 9 月，辽宁省与安县签署对口合作协议
	2010 年 9 月，山东省与北川县签署《山东省—北川羌族自治县合作协议》
	2010 年 9 月，江苏省卫生厅与绵竹市签订《苏绵医疗卫生工作友好合作协议》
	2010 年 10 月，湖南省与理县签署《关于建立对口合作长效机制的框架协议》
	2010 年 10 月，山西省与茂县就建立对口合作长效机制签订了框架协议

续表

合作类型	合作协议
省（市）—市（县）合作	2010年10月，黑龙江省与剑阁县签署达成《黑龙江省与剑阁县长期合作框架协议》《黑龙江省与剑阁县教育长期合作协议》《黑龙江省与剑阁县医疗卫生长期合作协议》
	2010年11月，吉林省与黑水县签署长期合作框架协议
	2011年5月，安徽省与松潘县签订《安徽松潘关于建立对口合作长效机制的框架协议》
市（区）—市（县）合作	2009年4月，江苏省南通市与绵竹市签订《南通—绵竹教育合作发展协议》
	2009年6月，江苏省苏州市与绵竹市签订《经济援建和合作发展协议书》
	2009年8月，江苏省常州市与绵竹市就两市经贸合作达成协议
	2009年10月，福建省厦门市翔安区与崇州市签订《区域经济合作框架协议》
	2009年10月，山东省威海市与绵阳市签订《绵阳市、威海市关于加强产业合作的框架协议》
	2010年9月，重庆市南岸区与崇州市签订人才跨区域交流合作协议
	2011年2月，浙江省的金华市、衢州市分别与广元市签订经济战略合作框架协议
	2011年6月，山东省的济南、威海、潍坊、莱芜四市分别与绵阳市签订旅游合作协议
市（区）—乡（镇）合作	2010年10月，广东省广州市与汶川县威州镇签署《穗威合作协议》
	2011年4月，浙江省杭州市余杭区与青川县白家乡签订后续合作与帮扶框架协议
镇—镇合作	2010年9月，福建省龙岩市漳平市永福镇、新罗区铁山镇分别于彭州市隆丰镇、军乐镇签订长效合作框架协议

（资料来源：根据相关报道自行整理。）

汶川大地震灾后恢复重建中的对口合作具有以下几个特点：

第一，地方政府自发。根据中央确定的原则和指导思想，对口支援就是支援方对受援方的无偿援助，是一种单向付出。虽然《汶川地震灾后恢复重建对口支援方案》中也提出要“按照市场化方式运作，鼓励企业投资建厂、兴建商贸流通等市场服务设施，参与经营性基础设施建设”，但很明显是把合作主体限定在企业，而不是政府。所以，地方政府间关系从对口支援悄然转变为互利合作，显然是基于地方利益的考虑而对原有政策所做的一种适度变通。而且，这种从对口支援到对口合作的演变也是自1979年“对口支援”正式被提出和使用以来的首创，反映了地方政府在实践中推动制度变迁的积极努力。对此，中央政府并没有简单地予以否定，而是以宽容的态度给予认可并在后续部署中进行了强调。

第二，合作重点明确。灾区地方政府与其他省市地方政府签署的合作协议中有战略性合作协议，也有框架性合作协议，还有专项合作协议，涉及教育、卫生、经济、科技、人才、旅游等众多领域，并且已经深入到乡镇一级。但是，综观现有的这些合作协议之后可以发现，产业合作以及与产业直接相关的合作才是其重点。显然，这是有计划的人为选择的结果。2008年4月，四川省委、省政府发布了《关于加快承接产业转移工作的意见》。数月后，支援方对灾区的产业援建就开始了，承接产业转移与接受产业帮扶实现了正式接轨。例如，福建省所选择的20个与彭州市“结对子”的乡镇，在产业上都与彭州具有互补性，而彭州甚至还专门在福州设立了一个配有8名专职工作人员的驻闽投资联络处。①

第三，利益分成不对等。譬如，上海市组织1000户市民各出资1万元在都江堰市向峨乡帮助灾区农户培育1000亩爱心猕猴桃示范果园，其收益分成方式为：前10年的收益灾区农户占70%、上海市民占30%，10年后的收益灾区农户占80%、上海市民占20%，并且，每满5年上海市民增5%给农户。② 这种利益分成方式明显偏向于灾区农户。但这恰恰是灾区地方政府合作的一个重要特点，因为如果严格按照对口支援的要求，那么上海对灾区的扶助就应该是完全无偿的，而这种看似不公平的利益分成方式却能够同时满足双方的利益需求。尽管支援方的收益与其投入没有构成绝对的等价关系，但毕竟在完成帮扶任务的同时也获得了一定的回

---

① 杨华春：《彭州驻闽投资联络处在福州挂牌》，《成都日报》2011年3月23日。

② 陈松：《千户上海人援建爱心猕猴桃园》，《成都商报》2008年12月20日。

报，这就意味着双方在合作中形成了利益分享机制。

2. 中央安排的对口合作

目前，由中央安排的对口合作主要体现在东北地区与东部地区的合作上，其政策目的主要在于优化资源配置，实现东北等老工业基地振兴。

2017 年 3 月 17 日，国务院办公厅发布了《东北地区与东部地区部分省市对口合作工作方案》。在鼓励支持东北地区与东部地区开展全方位合作基础上，综合考虑相关省市资源禀赋、产业基础、发展水平以及合作现状等因素，明确以下对口合作关系：

东北三省与东部三省：辽宁省与江苏省，吉林省与浙江省，黑龙江省与广东省；

东北四市与东部四市：沈阳市与北京市，大连市与上海市，长春市与天津市，哈尔滨市与深圳市。

方案中明确了“政府引导、市场运作；地方主体、国家支持；互利共赢、突出特色；重点突破、示范带动”等原则。提出到 2020 年，东北地区与东部地区部分省市对口合作取得重要的实质性成果，构建政府、企业、研究机构和其他社会力量广泛参与的多层次、宽范围、广领域的合作体系，形成常态化干部交流和人才培训机制，在东北地区加快复制推广一批东部地区行之有效的改革创新举措，共建一批产业合作园区等重大合作平台，实施一批标志性跨区域合作项目，形成一套相对完整的对口合作政策体系和保障措施。①

截至 2017 年 9 月，双方的合作已经在多个方面取得进展：②

学习培训方面，黑龙江组织 13 个市（地）相关部门负责同志赴广东参加 2017 年广东—黑龙江电子商务与精准扶贫攻坚高级研修班；北京、沈阳两市研究确定了“供给侧结构性改革”“国有企业改革”等 14 个专题培训计划，沈阳已安排 35 名局处级干部赴京调训；哈尔滨选派 23 名市属国有金融投资企业负责人和孵化器建设负责人到深圳实地学习。

人才交流方面，哈尔滨拟选派市直部门和区县（市）党政部门“一

---

① 安蓓、何晓源：《国家明确东北与东部部分省市对口合作具体方案》，新华网，http://news.xinhuanet.com/politics/2017-03/17/c_1120649502.htm。

② 发改委：《发改委就宏观经济运行情况并回应热点问题举行新闻发布会》，中国网，http://www.gov.cn/xinwen/2017-09/15/content_5225259.htm#1。

把手”9 人赴深圳挂职，北京和沈阳已开展首批 58 名处级以上干部挂职交流，辽宁和江苏联合举办了辽—苏春季人才对口合作招聘大会。

招商引资方面，北京与沈阳、上海与大连集中签约一批合作项目，总投资额分别达 1210 亿元和 1704 亿元，上半年，吉林省累计引进浙资项目 32 个，投资总额 223 亿元。

经贸合作方面，黑龙江在广东深圳举办了黑龙江农民合作社优质农产品推介会；浙江与吉林就“粮源基地”和优质畜产品基地合作方面达成共识。

园区合作方面，天津与长春将在长春共建“津长产业合作园”和“津长双创示范基地”；深圳与哈尔滨正抓紧推进深哈合作高新技术产业园和深哈石墨烯产业园建设。

旅游合作方面，广东与黑龙江签署了《广东省与黑龙江省旅游合作协议》；吉林延吉至浙江宁波新开通旅游包机 4 班，推动两地旅游交流深度合作。

三　对口支援的纵向延伸

对口支援纵向延伸的主要表现是省内对口支援、省内帮扶协作。本质上属于中央特定治理经验的地方化，是地方政府主动学习中央的国家治理经验的表现。

（一）省内对口支援

省内对口支援的实践目前主要有内蒙古的省内对口支援、四川的省内对口支援藏区、湖北的“616”对口支援工程等。本部分以湖北省的“616”对口支援工程为例来描述我国的省内对口支援工作。

2006 年，湖北省委、省政府出台了《关于进一步加强民族工作加快少数民族和民族地区经济社会发展的若干意见》，决定在湖北省民族地区实施“616”工程，以进一步加大对民族地区的扶贫开发力度。2007 年 8 月，湖北省委、省政府制定下发了《省委办公厅、省政府办公厅关于在民族县（市）实施“616”工程的通知》（鄂办文〔2007〕43 号）。“616”对口支援工程的主要内容为：对民族地区 10 个县（市）实施对口支援，每个县（市）由 1 名省委、省政府领导同志负责，省直 6 个单位（4 个省直部门、1 个大中型企业、1 所大专院校或科研单位）开展对口支援，每年至少为对口支援县（市）办 6 件实事。

2009 年，根据“616”对口支援工程的深入实施以及湖北省民族地区经济社会发展的客观需要，湖北省民宗委积极建议增加 1 家三甲医院和 1 所重点高中分别对口支援民族地区 10 县（市）的县人民（中心）医院和县一中，以解决民族地区就医难和上学难等问题。对这一建议，湖北省委、省政府高度重视并予以采纳。2009 年 9 月，湖北省委办公厅、省政府办公厅正式下发了《关于调整“616”工程领导成员及增加对口支援单位的通知》（鄂办文〔2009〕74 号），增加 13 所三甲医院和 10 所省示范高中对口支援民族县（市），使“616”工程的内涵得到进一步深化和扩大。

与此同时，湖北省内有关市（州）也积极比照省里的做法认真开展对口支援工作，如宜昌市确定有关县（市）、市直单位及大型企业分别对口帮扶五峰土家族自治县的 8 个乡镇，从而使“616”工程外延得到进一步延伸，放大和辐射作用得到进一步强化。

“616”工程实施之后，对口支援每个县（市）的单位已由原定 6 个部门逐步扩展到十几个部门、甚至几十个部门。各对口支援单位竭心尽力，带着对民族地区的深厚感情，真扶贫、扶真贫，每年至少为每个县（市）办成了几件、甚至十几件较大的实事、好事，使“616”工程变成了名副其实的“N1N”工程。[①]

（二）省内帮扶协作

省内帮扶协作的实践主要有福建省和浙江省分别实施的“山海协作”、江苏省推行的苏南苏北帮扶合作战略、杭州市实施的“区县协作”等。在此我们重点介绍始于福建、浙江的“山海协作”以及可以视为其进一步的纵向延伸的“区县协作”。

1. 山海协作

山海协作的做法始于福建。1992 年，福建省提出了“南北拓展、中

---

① 湖北省民宗委：《湖北省“616”对口支援工程的主要内涵》，中国民族新闻网，http：//minzu. people. com. cn/GB/166030/194967/196108/12029470. html。

部开花、连片开发、山海协作、共同发展”的战略。1995 年，又提出了“以厦门经济特区为龙头，加快闽东南开放与开发，内地山区迅速崛起，山海协作联动发展，建设海峡西岸繁荣地带，积极参与全国分工，加速与国际接轨”的战略。其主要目的在于发挥闽东南沿海地区的经济优势带动山区发展。2001 年，福建省委、省政府又发布了《关于进一步加快山区发展推进山海协作的若干意见》。作为一项协调福建省内区域协调发展的重要政策，该做法一直沿用至今，并在实践中不断创新。

2002 年 4 月，浙江省正式开始实施山海协作工程。由于浙江的地形和经济形势与福建有所差别，所以在浙江“山”主要是指以浙西南山区为主的欠发达地区和舟山市，“海”则指沿海经济发达地区。浙江的山海协作工程以项目合作为中心，以产业梯度转移和要素合理配置为主线，推进发达地区的产业向欠发达地区梯度转移，组织欠发达地区的人力资源向发达地区合理流动，动员发达地区支持欠发达地区新农村建设和社会事业发展，实现全省区域协调发展。

山海协作工程不是一般意义上的“富帮穷”，而是发挥市场机制的作用，把“山”这边的资源、劳动力、生态等优势与“海”那边的资金、技术、人才等优势有机结合起来，充分调动发达地区与欠发达地区“两头”积极性，在优势互补、合作共赢中实现互动发展。换句话说，即是优化浙江全省生产力的布局。

2003 年，浙江省政府专题成立了山海协作工程领导小组，明确杭州、宁波、温州等发达地区与衢州、丽水、舟山等欠发达地区的 65 个县（市、区）结成对口协作关系。随后，先后出台了全面实施山海协作工程的若干意见、财政贴息管理办法、山海协作工程“十一五”规划等一系列政策文件，各有关部门也按照职能分工制定相应配套政策，组成了山海协作的政策指导体系。①

山海协作工程实施以来，浙江省委、省政府在全省欠发达地区各市轮流举办了多届山海协作工程系列活动，历届省委书记、省长均共同参加有关活动并召开专题会议作重要讲话。此外，还把山海协作工程融入浙江省内的义博会、西博会、工科会以及长三角地区的一些大型展会，也取得了

---

① 于莉娟：《山海协作的浙江经验》，《小康》2009 年第 7 期。

明显成效。

2015年12月31日，浙江省发布了《关于进一步深化山海协作工程的实施意见》，提出了在“十三五”时期山海协作工程要实现以下目标：推动以生态经济为主的现代产业体系建设，实施产业项目1200个以上，到位资金2300亿元以上，其中信息经济、环保、健康、旅游、时尚、金融、高端装备制造七大产业的项目数和到位资金均占65%以上；推动社会公共服务能力建设，实施教育、医疗、文化等社会事业和群众增收项目300个以上；推动劳动力素质提升和人才结构优化，完成劳务培训和转移就业人数26万人次以上；推动产业承接等平台建设，建成9个省级山海协作产业园，建设3—5个省级山海协作生态旅游文化产业示范区和11个市内结对共建园区、“飞地”园区，建成一批省级、市级和县级山海协作职业技能实训基地，创建若干个特色小镇和一批现代生态循环农业示范区，探索建设市级产业合作平台。同时，又对结对关系进行了调整。目前的山海协作结对安排如下：

衢州市—杭州市、绍兴市
丽水市—宁波市、湖州市、嘉兴市
衢州市柯城区—杭州市余杭区
衢州市衢江区—宁波市鄞州区
龙游县—宁波市镇海区
江山市—绍兴市柯桥区
常山县—慈溪市
开化县—桐乡市
丽水市莲都区—义乌市
龙泉市—杭州市萧山区
青田县—平湖市、嵊州市
云和县—宁波市北仑区、海宁市
庆元县—长兴县、嘉善县
缙云县—杭州市富阳区、德清县
遂昌县—诸暨市

松阳县—余姚市

景宁县—海盐县、绍兴市上虞区

淳安县—杭州市西湖区

永嘉县—温州市瓯海区

平阳县—乐清市

苍南县—温州市龙湾区

文成县—瑞安市

泰顺县—温州市鹿城区

武义县—永康市

磐安县—东阳市

天台县—台州市路桥区

仙居县—玉环县

三门县—温岭市①

2. 区县协作

与山海协作政策的扩散路径相反，区县协作是始于浙江杭州，后来又传播到福建福州。

2010 年 8 月，杭州召开由区（县、市）委书记、区（县、市）长参加的市委工作会议，作出“加强城乡区域统筹、加快形成城乡区域发展一体化新格局”的战略决策。由全市 8 城区和杭州经济开发区、西湖风景名胜区、市钱江新城管委会 11 家单位，以“两区（管委会）对一县（市）”的方式，按照地域相邻或产业相近的原则，围绕产业共兴、资源共享、乡镇结对、干部挂职、环境共保等方面内容，与 5 县（市）建立 5 个对口联系、抱团发展的协作组，对推进“三化同步”、统筹城乡区域协调发展作出全面部署，通过财政支持和实打实的对口支援、产业转移，逐步解决农业现代化滞后的种种问题，使城乡居民共享改革开放成果，走共同富裕道路。每个协作组的相关城区每年安排 5000 万元资金（含镇街资金）支持协作县（市）项目建设。同时，每个协作组要共建 2 个产业集

① 浙江省人民政府办公厅：《关于进一步深化山海协作工程的实施意见》，浙江省人民政府网站，http：//www. zj. gov. cn/art/2016/1/7/art_ 32432_ 256778. html。

聚平台，5 年内对口转移产业投资项目 20 亿元以上。[①]

通过区县（市）协作，杭州五县（市）经济增速不断提升，经济总量占全市比重有所提高。通过区县（市）协作这个平台，农产品进城和工业品下乡实现互动，城乡旅游资源得到互补，城区优质教育资源加快向农村延伸，农民就业空间得到有效拓展，基层医疗卫生水平不断提高，城乡交通一体化建设加快推进，城乡社会保障进一步趋向均等，农村文化事业发展步伐加快，农村社会管理得到进一步加强，"三江两岸"生态景观保护与建设成效显现，推动城乡区域资源配置更加合理化，促进全市城乡和区域全面、协调、可持续发展。

2012 年，福建省福州市也开始实施区县协作。其主要做法：一是按照"优势互补、合作共赢"原则，将 12 个县（市）区分成 4 个对口协作组，有效利用协作结对县在自然资源、劳动力、生态等方面优势，通过区域资源的优化配置，实现融合发展。二是以产业联动、资源共享、乡镇结对、干部挂职、扶贫开发、环境共保为重点，坚持重点突出、注重实效，创新机制，增强活力。三是财税政策扶持。市本级每年安排对口协作资金 2000 万元，用于扶持结对县产业协作项目。承担对口协作任务的县（市）区每年安排一定的协作资金，由市里统筹分配使用，重点用于帮助结对县搭建产业集聚平台，扶持产业转移和园区建设。税收政策方面明确企业转移税收分成，即协作县（市）区之间转移搬迁的企业其增量收入部分当年即归迁入地，基数部分按照企业前三年的税收收入平均水平核定，三年内由迁入地逐年按基数的 100%、70%、30% 归还迁出地，三年后全部归迁入地。[②]

四 对口支援的运行机制

长期以来，在中央层面并没有一个常设机构专门负责对口支援工作。通常情况下，对口支援都是由中央领导进行统一部署，然后由各个地方的

---

① 薛驹、许行贯：《关于杭州市城乡区域统筹协调发展的基本经验》，中国共产党新闻网，http://dangjian.people.com.cn/n/2012/1016/c117092-19282978.html。

② 财政部：《福州市建立县市区对口协作机制推进城乡统筹发展》，财政部网站，http://www.mof.gov.cn/xinwenlianbo/fujiancaizhengxinxilianbo/201203/t20120305_632679.html。

前方指挥部、发改委或者民宗委下属的具体部门予以执行。从2011年起，成立了对口支援新疆部际联席会议办公室，主要由国家发展改革委负责，共由中央组织部、中央新疆办、财政部、教育部等24个成员单位组成。目前，我国的对口支援虽然在法治化程度上有所不足，但也已经形成了一系列的较为完善的运行机制。

（一）对口支援的启动机制

1. 对口支援的发起

我国没有出台过关于对口支援的法律，对于何时启动对口支援以及把哪些地区纳入对口支援并没有明确的标准。但根据我国的具体实践，受援地区通常应具备下列条件之一：①事关民族团结、社会稳定和国家安全；②遭受严重自然灾害；③受到国家级大型工程项目影响；④长期特别贫困。实际上，哪些地区在何时应该得到怎样的援助，主要还是取决于当时的具体决策环境以及高层领导人的主观意愿。

从我国的历次对口支援实践来看，对口支援的发起者并不唯一。譬如：援藏、援疆、援助汶川大地震灾区是由党中央、国务院组织发起的；援助三峡库区是由国务院三峡办提出、报请国务院后由国务院办公厅发文下达的；援助青海藏区是经国务院同意、由国家发展和改革委员会发文下达的。但是，考虑到发起者均为党中央、国务院或其组成部门和直属机构，在不影响研究结论的前提下我们不妨将其统称为“中央（政府）”。

对口支援的发起过程一般是：首先，由中央召开重大的会议进行整体部署，确定总体援助方案和基本方向，出台相关援助标准和援助政策；其次，在认真学习中央会议精神的基础上，受援方和支援方分别组织召开动员大会，部署各自的工作重点；然后，支援方和受援方就援助事宜进行接洽和商谈，共同确定援助计划和实施方案；最后，由支援方派出干部，贯彻落实援助计划。

以2010年启动的那一轮援藏为例：2010年1月18—20日，中共中央、国务院召开第五次西藏工作座谈会；在其后的两个月内，西藏各界和各个支援方掀起了学习中央第五次西藏工作座谈会精神的高潮，不少援藏省份的主要领导纷纷部署新一轮援藏项目和对口援藏的启动事宜；2010年4月15—17日，西藏召开自治区党委工作会议，部署落实第五次西藏工作座谈会精神；同期，一些援藏省份多次到西藏进行实地调研，进行项目衔接，制定援藏规划；2010 年 10 月，湖北省援助西藏山南地区的新农村建设项目和湖北大道延伸项目启动，成为全国实施新一轮对口援藏项目行动最快的省份；[①] 随后，其他各个支援方的援藏项目也纷纷开始实施。从这个过程可以看出，自中央召开第五次西藏工作座谈会到新一轮的第一个援藏项目启动，前后总共历时约 9 个月就完成了从中央到地方再到合作项目的实施过程。这其中，中央和地方领导的高度重视是极为关键的促成因素。

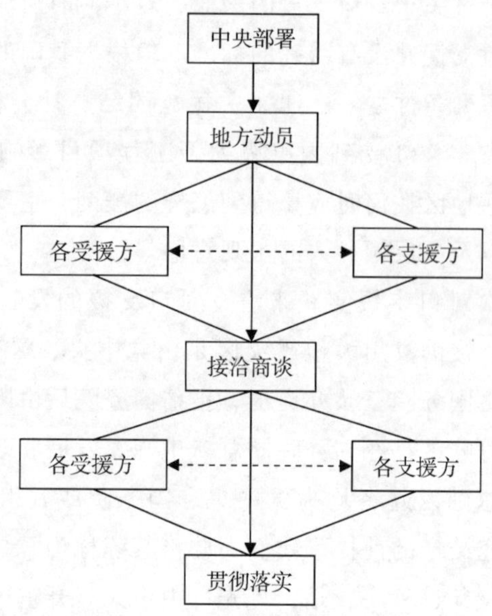

图 2－1 对口支援的发起过程

在我国几十年的对口支援实践中，被中央指派承担援助任务的支援方为数众多。譬如，在当前的对口支援活动中，参与援疆的省市共有 19 个，参与援藏的省市共有 18 个（外加 17 家央企），参与援助三峡库区的省市共有 21 个（外加 10 个大城市），参与援助汶川大地震灾区的省市共有 19 个（外加 1 个深圳市）。从这些经常承担援助任务的省份在四大区域板块

① 谭徽在：《在全省支援西藏新疆工作会议上关于援藏工作的汇报》，湖北省援藏网，http：//www. hbyzyj. com/more. asp？ id＝118。

中的分布来看，以东部、东北和中部地区为主，少数西部地区为辅。仅就西部地区而言，在援助任务较为繁重的时期，不仅重庆、四川这样的相对发达的省市要参与，就连广西、云南这样经济相对落后的省份都要纳入支援方案。

2. 对口支援的细化

从支援方来看，省级政府在接受援助任务之后，通常会进行全省动员，进一步细化对口支援安排。就像中央把原本属于自己的责任部分转嫁给省级政府一样，支援方省级政府也会把援助任务层层分解下去，并给本省的每一个地市明确援助对象和援助标准，就连本省最落后的地市都不例外。这种做法，类似于周黎安所说的"行政发包制"①。即把对口支援任务按照"分封"和"包干"的原则在政府组织内部逐级层层发包，同时辅之以适当的激励措施，从而保证各个支援方能够高效地完成任务。

从受援方来看，如同支援方各省级政府会逐级进行"行政发包"一样，受援方省级政府也会让所属地市级政府和县级政府逐级反映受援需求。由于对口支援事实上属于一种斜向府际关系，支援方通常为省级政府和地市级政府，受援方通常为地市级政府和县级政府，所以一般情况下最终的受援方其实是县区级政府，各种援助物资也主要由县区政府接受。

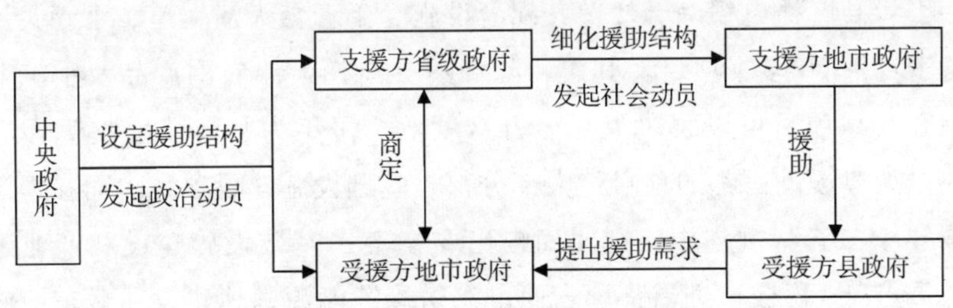

图 2-2　对口支援的基本过程示意图

3. 对口支援的内容

对口支援的具体内容主要包括人、财、物三种。其中，"人"是关键，因为几乎任何援助项目的实施都离不开援藏干部、援疆干部等的积极参与。相关统计显示，1997—2014 年，全国共分 8 批次向新疆选派干部

① 周黎安：《行政发包制》，《社会》2014 年第 6 期。

人才11000多名；[1] 1994—2014年，全国共分7批次向西藏选派干部人才5965名。[2] 这些干部人才以党政干部、教师、医生为主，其他各领域的专业技术人才为辅。“财”，即财政资金，其援助方式最为简单，只需要“交支票”即可。“物”，形式多样，其援助方式也相对多样化，主要有直接赠送（如设备）、建成后移交（如建筑物）等方式。从具体内容来看，广泛涉及农、林、牧、水、电、交通、能源、文化教育、医疗卫生、广播电视、城镇建设、基层政权建设、农房改造、人才培养等诸多领域。

需要指出的是，随着援助实践的不断深入，援助的重点也在不断发生变化。以天津对口支援昌都地区为例：1994—2010年，天津市先后筹集援藏资金、物资总计5.11亿元（含天津教育援藏的红光中学投资），重点投入昌都县、江达县和丁青县，用以改善农牧民基本生产生活条件、新农村建设以及基础设施项目。主要实施了地区会议中心、地区广电中心、地区西路环境综合整治、地区职业技术学校学员宿舍楼工程、地区萨王府维修工程、澜沧江天津广场建设与维修、昌都和丁青两县教学点改造、昌都县幼儿园一期工程、昌都县达修村、昌都县敬老院和江达县同普村新农村建设、江达县岗托天津农副产品及手工业交易中心、昌都县卡若镇天津大桥和江达县津江桥、江达县妇幼计生综合楼和县卫生服务中心二期工程、丁青县广播电视综合楼及其配套设施、丁青县天津大道、丁青县沙贡乡防洪堤等60多个项目。其中，除江达县岗托天津农副产品及手工业交易中心（该项目可以解决近百名群众就业，每年为县财政增收76万元）之外，天津援助昌都的项目绝大部分都是基础设施建设项目。而在天津市援藏“十二五”规划中，则明确提出要“突出基础设施建设和产业建设两个重点”“积极推进昌都国家西电东送接续能源基地建设和藏东地区有色金属产业基地建设，致力于建设藏东经济区”[3]。在这样的指导思想下，天津用于支援昌都地区基础设施领域的投资相对减少，同时，用于产业发展、社会事业发展以及干部和农牧民培训的项目投资大大增加，见表2

① 杜刚：《第八批援疆干部人才数量创新高》，新华网，http：//news.xinhuanet.com/politics/2014-09/17/c_1112522014.htm。

② 程真：《逾6000干部21年分7批援藏》，《东方早报》2015年9月3日。

③ 天津市对口支援工作领导小组办公室：《天津市对口支援西藏经济社会发展规划（2011—2015）》2012年1月。

-4。

表 2-4　天津市 2011—2015 年对口支援西藏昌都地区分领域资金分配表

投资领域	投资金额（万元）	占援藏资金比例（%）
城乡居民住房	9926	22.77
农牧区基础设施	8020	19.54
市政设施	13594	30.04
社会事业	2380	5.46
产业发展	3975	9.12
基层组织及阵地建设	1500	3.44
基层办公生活条件	3470	7.96
其他费用（修编规划）	80	0.18
备选项目工作费	650	1.49
合计	43595	100.00

数据来源：《天津市对口支援西藏经济社会发展规划（2011—2015）》。

（二）援助干部和人才管理机制

援藏干部、援疆干部以及各类到受援地工作的支援方干部（人才），是对口支援工作的具体承担者，也是对口支援的中坚力量。他们作为一个特殊群体，在各个时期的各类对口支援工作中都发挥了不可替代的作用，为国家的经济发展和社会稳定做出了历史性贡献。中央和各地方省委对援助干部管理工作高度重视，中组部 2011 年先后印发了《对口支援西藏干部和人才管理办法》《对口支援新疆干部和人才管理办法》，各个支援方和受援方也都分别制订了一系列的管理方案。

1. 选派条件

援助干部和人才的选派，由受援方根据工作需要，与派出单位组织人事部门沟通协调后，受援方省级党委组织部统一汇总，提出需求计划。中央主管部门在征求有关单位意见后，研究确定选派计划，指导有关单位组织实施。选派过程和方式通常是先由上级部门下发有关通知，然后各单位进行广泛动员。

选派原则一般是：组织推荐与个人报名相结合、发现考察与培养使用相结合、按需选派、好中选优。鼓励各有关单位切实把能力素质过硬、党性作风过硬的优秀干部人才选出来，鼓励党员干部和有志青年到艰苦、复杂的环境中去经受锻炼、接受考验。

综合现行的各类文件规定，可以发现，选拔援助干部的基本条件一般是：政治立场坚定、政治敏锐性强，坚定不移地贯彻执行党的路线方针政策；组织纪律观念强，坚决执行党的民族和宗教政策，维护祖国统一和民族团结；事业心和责任感强，勇于吃苦，甘于奉献；思想解放，作风扎实，有较强的工作能力和较丰富的实际工作经验，熟悉群众工作；年富力强，身体健康。

此外，根据具体工作的差异，还可能对选派对象增加其他限制条件。例如：有的要求选派对象原则上为后备干部；有的要求选派人选必须是男性；有的则会对年龄做出限制。根据中组部的要求，拟担任地厅级职务的援助干部，年龄一般在50岁以下；拟担任县处级及以下职务的援助干部，年龄一般在45岁以下；专业技术干部和人才，年龄一般在55岁以下。

援助干部和人才实行定期轮换制度。以援疆为例：援疆干部和人才在新疆担任党政职务的，在疆工作时间一般为3年多时间；任县市委书记的，在疆工作时间为5年；专业技术干部和人才在疆工作时间可根据实际情况灵活掌握，一般为一年半左右。

2. 管理权限

对于援助干部的管理，涉及多个管理主体，其职责权限分别是：

中央主管部门（中共中央组织部、人力资源和社会保障部）负责干部和人才对口支援工作的统筹协调，研究制定有关政策，审批选派计划，指导做好援助干部和人才的管理工作；根据派出单位与受援方共同管理、以受援方管理为主的原则，受援方省级党委组织部负责援助干部和人才的协调、管理、服务工作，各受援地区、单位党委（党组）及其组织人事部门、前方指挥部负责本地区、本单位干部和人才的日常管理、服务工作；受援方各级党委（党组）应把援助干部和人才作为本地区、本单位干部和人才队伍的重要组成部分，在政治上充分信任、工作上大力支持、生活上热情关心、管理上严格要求，为援助干部和人才创造良好的工作环境和必要的生活条件。同时，还要加强与援助干部和人才派出单位的沟通联系，及时汇报有关情况；派出单位组织人事部门应做好跟踪管理和服务保障等工作，及时掌握援助干部和人才在受援地的工作表现和思想动态；援助干部的领队和对口支援省市前方指挥部应切实加强援助干部和人才的自我教育、自我管理、自我监督和自我服务，协助受援地区、单位党委（党组）及其组织人事部门对援助干部和人才进行日常管理。

3. 职务任免

援助干部和人才进入受援地后的职务任命，由当地党委（党组）依据中央主管部门下达的选派计划，按照干部管理权限和有关法律、章程规定的程序办理，任职通知抄送派出单位组织人事部门。

援助干部和人才在受援地工作期间，受援地区、单位党委（党组）因工作需要提出平级调整职务或提任上一级职务的，由党委组织部研究并征得派出单位组织人事部门同意后，按照干部管理权限和有关程序办理，任职通知抄送派出单位组织人事部门。

援助干部和人才在受援地工作期间，原工作单位提出拟提拔任职的，由派出单位组织人事部门征得受援方党委组织部同意后，办理有关手续，任职通知抄送受援方党委组织部。

4. 考核方式

援助干部和人才的平时考核，按照干部管理权限，由受援方各级组织人事部门结合实际进行，重点考核援助干部和人才的政治表现、工作实绩和在岗率。

援助干部和人才的年度考核，与受援单位干部职工一同进行。被评为优秀等次的，占受援单位优秀等次比例，优秀等次比例可适当提高。受援方党委组织部在审核援助干部和人才考核等次时，应听取派出省市领队的意见。

援助干部和人才工作期满时，由派出单位组织人事部门会同受援方党委组织部共同进行考核。重点考核在受援地期间履行职责和廉洁自律等方面的情况。需进行经济责任审计的，按有关规定进行审计。期满考核材料由派出单位组织人事部门负责汇总，考核情况抄报中央主管部门，抄送受援方党委组织部。期满考核情况作为返回后工作安排的重要依据，考核材料归入本人档案。

5. 福利待遇

援助干部和人才在受援地工作期间，只转组织关系，不转户口和行政、工资关系，由原工作单位发放工资，享受原工作单位同类同级人员的各项福利待遇，同时享受受援地区同类同级人员艰苦边远地区津贴。原工作单位根据实际情况，可给予适当的生活补助，并办理人身意外伤害保险。

援助干部和人才依法享受国家规定的探亲和休假。按规定应休而未休探亲假的，可由受援单位报销其一名家属往来的交通费；因工作需要当年不能休年休假的，经受援单位主要领导批准，可由受援单位按规定发给年休假工资报酬。

受援单位应每年组织援助干部和人才体检一次。期间因病因伤发生的医疗费用，按本人医疗关系和有关规定办理，在受援地治疗的，由所在受援单位报销；在派出地治疗的，由原工作单位承担。

援助干部和人才在受援地工作期间表现优秀、作出突出贡献的，受援方党委组织部征求派出单位组织人事部门意见后，可按照有关规定给予表彰、奖励。表彰、奖励决定及有关材料抄报中央主管部门，并抄送派出单位组织人事部门。

（三）援助项目和资金管理机制

1. 计划管理

支援方应会同受援方结合当地国民经济和社会发展规划，组织编制援助综合规划和专项规划，按照程序经审核后，报本省（市）人民政府批准执行。

援助项目应当按照年度计划组织实施。年度计划应当包括：项目名称、项目性质、建设地址、起止年限、建设内容和规模、援建方式，总投资、援助资金、配套资金等，以及年度投资及其来源渠道、年度建设内容等。

列入年度计划的援助项目，固定资产投资类应当按国家有关规定完成有关审核手续。其中，采取直接投资方式的项目，需事先进行可行性研究报告或投资概算核定手续批准；采用投资补助或者贷款贴息方式的项目，需事先执行资金申请报告批准手续。非固定资产投资类应当事先完成项目实施方案批准手续。其中，涉及申请中央资金补助或受援方投入配套资金的项目，应报经相应的中央和国务院部门或受援方发展改革部门，与相关专项规划和计划进行衔接并落实资金后，方可纳入年度建议计划。

未列入年度计划的项目不得开工建设和安排资金。年度计划一经批准必须严格执行，不得擅自变更。

2. 固定资产投资类项目管理

固定资产投资类项目，重点用于改善受援地区各族群众基本生活条件、提高公共服务能力和水平、支持产业发展等方面。主要包括以下类别：城乡安居工程及配套设施项目；教育、科技、文化、卫生、民政，以及劳动就业、培养培训设施建设等社会事业项目；农村水利、乡村道路、市政公用、生态建设、环境保护等公共基础性项目；特色优势产业、服务业、高新技术产业和产业园区等项目。

固定资产投资类项目按援建方式可分为交钥匙项目、交支票项目和联合共建项目三类，由支援方、受援方（以下简称援受双方）协商确定。交钥匙项目，是指由支援方组建项目法人或作为项目建设责任主体（以下统称项目法人）的项目。交支票项目，是指由受援方组建项目法人的项目。联合共建项目，是指援受双方联合组建项目法人，共同承担建设及管理责任的投资项目。

固定资产投资类项目建设严格执行项目法人责任制、招标投标制、工程监理制和合同管理制。

交钥匙项目，由支援方依法组织招标，招标地点由支援方确定。不宜公开招标的项目，依法按程序报支援方省级人民政府批准。交支票项目，由受援方依法组织招标。联合共建项目，由双方协商后依法组织招标。严格禁止转包和违规分包工程。

固定资产投资类项目建成后，由受援方行政主管部门和支援方前方指挥部共同组织工程验收，对符合规定的项目出具竣工验收鉴定书。验收合格后，项目法人应按照规定向工程所在地建设行政主管部门或者其他有关部门备案。未经验收或验收不合格的建设项目，不得投入生产和使用，不得转为固定资产，有关方面不得办理移交手续。

3. 非固定资产投资类项目管理

非固定资产投资类项目，是指培养培训、人才交流、科技服务、经贸合作、文化交流、旅游合作、规划编制等援助项目。

牵头单位负责编制项目实施方案，在受援地组织实施的报受援方工作部门批复，在支援地组织实施的报支援方工作部门批复，在援受两地同时组织实施的，原则上报支援方工作部门批复。

非固定资产投资类项目完成实施方案批复后，按程序列入年度计划。牵头单位组织实施项目时，可向支援方前方指挥部直接提交资金申请报告。

五　对口支援的演化机制

我国的对口支援在几十年的实践中不断演化，已经初步呈现出一些规律。

（一）对口支援关系的精细化

对口支援工作在几十年的实践中不断探索、不断完善，越来越呈现出精细化治理的特点。以援藏为例：最初，参与援藏的只有4个省市；之后，又增加到14个省市；现在，又扩展为18个省市、61个中央部委和17家中央企业。再从西藏的受援地区来看，刚开始只是模糊的“全国支援西藏”，随后又具体到7个地市，如今又把西藏的73个县市区全部纳入对口支援范围。

另外，从援藏历史的演变规律来看，中央层面的战略部署和政治动员始终发挥着主导作用，支援方和受援方的互动基本上都是在中央的授意下进行的。援藏工作从一个阶段发展到另一个阶段，反映了中央在认识上的不断深化：20世纪70年代，援藏工作的主要出发点是建设边疆、巩固国防；20世纪80年代，援藏工作的重点是帮助西藏人民消除贫困（如图2-3所示）；20世纪90年代，援藏工作的重点是加快发展和维护稳定（如图2-4所示）；21世纪初，援藏工作的重点是促进西藏实现跨越式发展和长治久安（如图2-5所示）；现在，援藏工作的重点则是保障民族团结、改善民生和保护生态环境。这是一个自然的认识过程，是根据不同时期西藏经济社会发展状况所做的及时调整，同时也是用实际行动坚决反击民族分裂活动的体现。①

---

① 郑春勇：《论对口支援任务型府际关系网络及其治理》，《经济社会体制比较》2014年第2期。

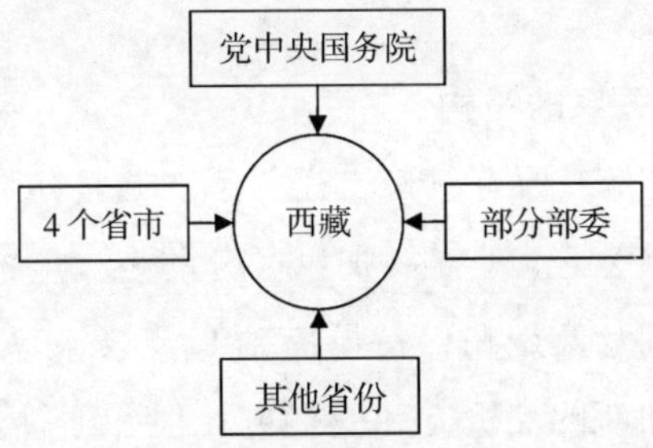

图 2-3　20 世纪 80 年代的援藏关系示意图

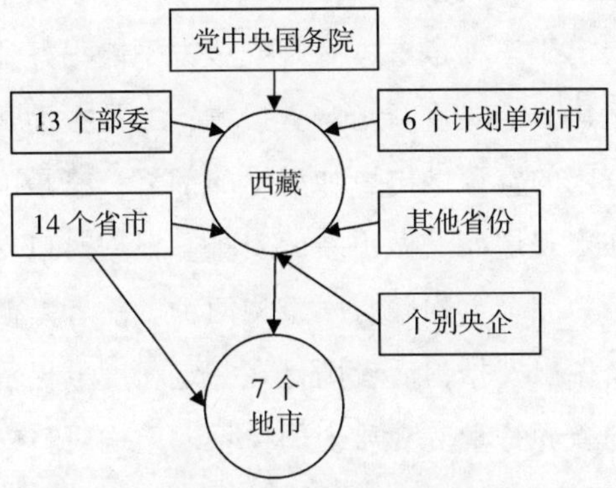

图 2-4　20 世纪 90 年代的援藏关系示意图

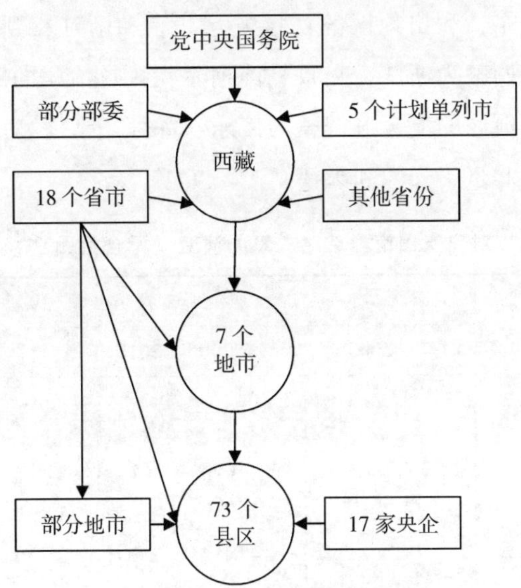

图 2-5　21 世纪初的援藏关系示意图

（二）对口支援关系的重构

所谓重构，其实是对原有对口支援关系的调整，特别是对支援方与受援方的结对关系进行变更。但需要加以区分的是，重构并不等同于补充和完善。因为，补充和完善是在保持既有对口支援关系的前提下所进行的“微调”，可能会增加新的支援方和受援方，但并不触及原来的结对关系；而重构则是对所有支援方、受援方的结对帮扶关系重新进行组合，虽然也可能会增加一些支援方和受援方，但原有的结对关系将不复存在。重构对口支援关系，主要出于三种考虑：一是支援方不能很好地完成援助任务或者援助效果长期不佳，需要重新指定支援方；二是援助重点和援助对象发生变化，需要对有限的资源做出更加科学的部署；三是国家发展战略出现重大调整，需要在宏观层面上做出新的安排。根据对口支援关系的重构力度，可以把重构分为完全重构和有限重构两种。前者是彻底打破原有的对口支援关系后重新做出安排；后者则是在一定程度上保留部分原有的对口支援关系。两者的差异是量变和质变的关系。重构对口支援关系的一个典型案例是援疆。仅以南疆四地州为例：1997年时，阿克苏地区的支援方为上海、河南，克孜勒苏柯尔克孜自治州的支援方为江西，喀什地区的支援方为天津和山东，和田地区的支援方是北京和浙江；到2010年，阿克苏地区的支援方调整为浙江，克孜勒苏柯尔克孜自治州的支援方调整为江西和江苏，喀什地区的支援方调整为广东、深圳、上海、山东，和田地区的支援方调整为北京、安徽和天津。

表2-5 对口支援南疆结对关系的演变（不含兵团）

受援方	支援方		
	1997—2005年	2005—2010年2月	2010年以后
阿克苏地区	上海、 河南	上海、河南、 国家开发投资公司、 中国国电集团公司、 中国海运（集团）总公司	浙江

续表

受援方	支援方		
	1997—2005 年	2005—2010 年 2 月	2010 年以后
克孜勒苏柯尔克孜自治州	江西	江西、辽宁、中国华能集团公司	江西、江苏
喀什地区	天津、山东	天津、山东、中国南方电网有限责任公司、中国华电集团公司、中国五矿集团公司、中国通用技术（集团）控股、有限责任公司、中国网络通信集团公司、鞍山钢铁集团公司	广东、深圳、上海、山东
和田地区	北京、浙江	北京、浙江、中国长江三峡工程开发总公司、中国电子信息产业集团公司	北京、安徽、天津

资料来源：根据相关文件整理。

（三）对口支援关系的互利化

近年来，从对口支援、对口帮扶转向对口合作的现象越来越多。特别是产业合作的大量涌现，使得支援方和受援方的关系从单向“政治馈赠”演变成了双向“礼尚往来”。可以认为，以前的无偿援助型对口支援关系正在向互惠互利的方向演化。其演化动力主要表现在以下三个方面。

第一，支援方的谋利冲动。在经济增速换挡、地方政府压力猛增的新常态下，让一些省市长期承担援助任务并非长久之计。实际上，支援方索求援助回报的冲动一直存在，只不过近年来表现得更加突出。大体来讲，支援方积极推动互利合作的原因主要有三个：一是从受援方获得回报比从获得中央的肯定更加容易。对口支援启动之初，依靠的是鼓动地方的激情和给予潜在的政治承诺。然而，对口支援毕竟是一项长期而又艰苦的工作，要想真正搞好它，就不能急功近利，必须老老实实地从一件件平凡的小事和惠民的实事做起。如此一来，最初的激情便会逐渐转化为现实的诉求。久而久之，在讲奉献的同时也会考虑回报。但很明显，最终能够得到中央肯定并予以适当奖励的省市和干部都是少数。于是，这种支援方投入和收益极其不对等的关系结构也就不停积蓄着内部压力，而对口合作恰恰给双方的关系转型提供了一个良好的契机。毕竟，支援方通过互利合作来获取经济回报要比从中央获取政治收益容易得多。二是支援方企业逐利的本性驱动。改革开放以来，我国各省市经济建设都取得了巨大成就，尤其是享受政策倾斜的东部沿海地区，30 多年来积累了巨额财富，率先实现了强省富民的目标。伴随着这一过程，国有资本和民间资本也得到了长足发展，但与此同时它们在本地的增值空间却越来越小。于是，这些资本纷纷跨出省界，到全国各地去寻找商机，流向投资回报率更高的领域和地区。这个趋势与对口支援的硬性任务不谋而合。支援方地方政府运用税收、贷款等优惠政策鼓励本地企业到受援地区投资，既能够实现援助模式创新，又能够减轻财政负担，同时还能为本地企业谋利，可谓一举多得。三是支援方产业转移和转型升级的需要。几十年来，我们走的都是依靠“三高一低”产业的粗放式增长道路，转型升级压力颇大。对于沿海地区政府来说，既要大力发展高新技术产业，淘汰落后产能，同时也要通过产业转移的方式为新兴产业的发展腾出空间。就部分低端产业中的企业而言，由于土地成本、劳动力成本、能源成本、原材料成本等急剧上涨，已经难以为继，不得不转移到中西部地区去。在此背景下，广东、浙江、上海、江苏等地都倾向于根据本省产业结构调整规划，引导本地衰退产业向受援地区转移。

第二，受援方日益具备回馈的可能。虽然不少受援方经济基础较为落后，但资源禀赋都非常好，在中央和受援方多年的帮助下，已经初步建立现代产业体系，具备了跟支援方开展互利合作的条件和回馈支援方的可能性。一是受援方资源丰富。仅以新疆的矿产资源为例：截至 2014 年年底，已发现的矿产就有 142 种，占全国已发现矿种的 82.56%；查明资源储量的矿种有 99 种，其中储量居全国首位的有 8 种，居前五位的有 41 种，居前十位的有 63 种；石油预测资源量 209.2 亿吨，占全国陆上石油资源的 30%；天然气预测资源量 11 万亿立方米，占全国陆上天然气资源的 34%；煤炭预测储量 2.19 万亿吨，占全国预测储量的 40%。此外，铁、铜、金、铬、镍、稀有金属、盐类矿产、建材非金属等蕴藏也非常丰富。[①] 如此庞大的储量，开发前景广阔，跟支援方合作空间巨大。二是受援方基础设施日趋完善。以自然条件最为恶劣的西藏为例：截至 2014 年，在交通领域，拥有已通航机场 5 个，已建成通车铁路 2 条（青藏铁路和拉萨至日喀则铁路）、在建铁路 1 条（拉萨至林芝铁路），公路通车里程达 7.5 万公里，乡镇公路通达率 99.7%；能源领域，全区发电装机容量达 169.7 万千瓦，全年发电量 32.12 亿千瓦时，基本满足生产和生活需求；水利领域，先后建成日喀则满拉、山南雅砻、拉萨墨达 3 个大型灌区，新建旁多、拉洛水利枢纽等水源工程，解决了产粮区灌溉问题；通信领域，全区电话用户普及率达 107 部/百人，村通宽带率 72.5%，互联网用户达 217.6 万人。[②] 可以说，通过对口支援，很多受援地区的基础设施从一无所有到应有尽有。三是受援方招商引资政策利好。资本对于地方经济发展的重要性不言而喻，许多受援的落后地区往往会由于当地原始资本积累不足而被“锁定”在低水平发展轨道上。为了打破路径依赖，争取实现跨越式发展，大规模招商引资就成为必然选择。显然，受援方到支援方去招商引资相对容易，双方可谓一拍即合。此外，在国务院于 2014 年 12 月和 2015 年 5 月先后发布两个关于规范地方政府优惠政策的专项清理文件之后，新疆、西藏由于其特殊性并未受到影响，反而成为全国招商引资优惠力度最大的地区，客观上形成了吸引内地企业投资的聚合效应。

第三，中央乐于回归相对“超然”的地位。中央能够默认并逐渐肯定支援方与受援方的关系从对口支援转变为对口合作，至少是出于两方面考虑：一是优化激励结构，充分调动支援方的积极性。发起靠政治动员，维持靠政治激励，这是对口支援的天然缺陷。其结果，对口支援关系的维持会随着时间的推移变得愈发困难。就此而言，双方对口合作的出现，可谓恰逢其时。因为互利合作意味着对口支援从外生性变成了内生性。表现在激励结构上，则是从“中央—地方”的垂直激励变成了“地方—地方”的平行激励，从以政治激励为主变成了以经济激励为主。既能够减轻自身

---

① 办公厅：《2014 年新疆维吾尔自治区概况》，新疆人民政府网，http：//www.xinjiang.gov.cn/xjgk/xjgk/2014/243259.htm。

② 刘洪明：《半个世纪以来西藏基础设施发展扫描》，新华网，http：//news.xinhuanet.com/politics/2015－08/12/c_1116230858.htm。

负担又可以调动地方的积极性，这显然是中央乐意看到的结果。二是摆脱“援助依赖”，以地方合作促进区域协调发展。理论上，对口支援的力度应当随着受援方经济社会发展水平的不断提高而逐步降低，实则不然。我国当前的情况是：一方面，受援方的社会福利水平远远高于当地经济发展水平且继续逐年提高；另一方面，已经建成的援助项目，无论效益好坏，都反映资金紧张，呼吁进一步加大投入。[①] 这种“援助依赖”现象，导致中央陷入了进退两难的被动局面。对口合作，变“输血”为“造血”，为今后中央摆脱困境提供了可能。淡化援助色彩，突出地方之间的长效合作，用经济手段代替政治手段，契合当前国内区域经济合作潮流，有利于实现区域协调发展。

综上可见，在对口支援关系从无偿援助逐步演变成互利合作的过程中，支援方、受援方以及中央都发挥了一定的推动作用。

（本章撰稿：郑春勇，浙江工商大学公共管理学院）

① 靳薇：《援藏项目效益调查报告》，《中国藏学》2000年第3期。

第三章　对口援藏

我国的藏区主要包括西藏自治区全部，青海省海北、海南、黄南、果洛、玉树等5个藏族自治州和海西蒙古族藏族自治州，甘肃省甘南藏族自治州和天祝藏族自治县，四川省阿坝藏族羌族自治州和甘孜藏族自治州、云南省迪庆藏族自治州。由于历史、地理和人文因素的影响，我国藏区的发展水平普遍低下。中华人民共和国成立以来，为了加快西藏和其他藏区的经济与社会发展及其现代化建设，在中央人民政府的动员和组织下，形成了“分片负责、对口支援、定期轮换”的对口援藏模式。对口援藏主要以财政资源横向转移为途径，以干部交流挂职为载体而展开。对口援藏极大地改善了我国藏区的基础设施条件，促进了藏区的经济发展和社会进步，增进了民族团结，边疆稳定。由于对口援藏主要以单向度的无偿援助为主，因此也导致了一些负面的影响，比如发展心态上的“依赖性”，部分援助项目效益不高等。总结对口援藏的成就以及存在的问题，探寻影响对口援藏的因素，对于我们进一步做好援藏工作具有极其重要的意义。

一　对口援藏概述

1979年召开的全国边防工作会议上，中央确定了北京支援内蒙古、河北支援贵州、江苏支援广西和新疆、山东支援青海、上海支援云南和宁夏、全国支援西藏的政策方针。随后，在1984年通过的《中华人民共和国民族区域自治法》第六十一条中又首次以国家基本法律的形式规定了上级国家机关组织和支持对口支援的法律原则。为了更好地推动援藏工作，中央先后于1980年、1984年、1994年、2001年、2010年和2015年召开了六次西藏工作座谈会，确定并逐步调整了参与援藏的省市、部委和中央企事业单位，明确了援藏的基本任务和工作要求。

（一）对口援藏的缘起

为了加快包括藏区在内的我国少数民族地区社会经济发展，中央在1979 年 4 月召开的全国边防工作会议上提出“要组织内地省市实行对口支援边境地区和少数民族地区”，要求内地一些省市对口支援内蒙古、贵州、广西、新疆、青海、云南和宁夏，并决定全国支援西藏。1982 年 10 月，国家计划委员会、国家民族事务委员会召开了经济发达省市同少数民族地区对口支援与经济技术协作工作座谈会。会议肯定了对口支援和经济技术协作对于加快少数民族地区经济文化建设，是一条投资少、见效快、受益大的重要途径，并进一步明确对口支援少数民族地区的工作方向和任务。1983 年 8 月，国务院做出了“在坚持全国支援西藏的方针下，由四省（市）重点对口支援西藏”的决定，确定重点对口支援西藏的四个省市：四川、浙江、上海、天津。1987 年 6 月，邓小平在会见美国前总统卡特时指出：“中央决定，其他省市要分工负责帮助西藏搞一些建设项目，而且要作为一个长期的任务。……我们帮助少数民族地区发展的政策是坚定不移的。”①自此，对口援藏作为一项重要战略措施，成为我国推动藏区社会经济发展的重要手段。

对口援藏总体上可以分为两类：一是省际对口支援，主要是内地发达省市支援藏区；二是省内对口支援，主要是省内发达地区支持发展相对滞后的藏区。例如，四川、云南、甘肃三省藏区有 43 个县，被国家和三省确定的贫困县就有 24 个，占总县数的 55.8%。2008 年 10 月，青海省向国务院上报了《关于对口支援青海藏区建议方案的请示》。随后中央确定了北京、上海、天津、江苏、山东、浙江 6 个发达省市对口支援青海玉树、果洛、黄南、海北、海南 5 个藏族自治州和海西蒙古族藏族自治州；中央国家机关及中央企事业单位对口支援青海藏区的 33 个县、市（含行委）。按照中央的要求，“十一五”期间上海启动了对口支援青海果洛藏

---

① 参见中国西藏网《集中力量推动西藏实现跨越式发展——新时期党关于“全国支援西藏”战略思想的丰富与发展》，http://www.tibet.cn/newzt/yuanzang/yzlt/201003/t20100326_558016.htm。

族自治州的工作；2014 年国务院又出台《发达省（市）对口支援四川云南甘肃省藏区经济社会发展工作方案（2014—2020）》。

除了全国的对口援助，各省也组织辖区内经济发达的地区对口援助藏区。1981 年，四川省组织成都、重庆、自贡、渡口等市对省内阿坝藏族自治州、甘孜藏族自治州进行对口支援；2012 年，四川省开始实施“7 + 20”（即成都、攀枝花、泸州、德阳、绵阳、乐山、宜宾 7 个发达市对口支援 20 个藏区困难县）和“9 + 12”（即由自贡、遂宁、内江、南充、广安、达州、雅安、眉山、资阳 9 个经济较发达市对口支援 12 个藏区相对困难县）的对口援藏工作。其中，成都市锦江区、青羊区、金牛区、武侯区、成华区、龙泉区、温江区、双流区、郫都区、高新区 10 个区对口援建甘孜州 10 个县；2016 年 8 月，成都在原有支援任务上，新增新都区等 10 个区（市）县对口支援甘孜州、阿坝州等 9 个藏区县（市）。成都还以“飞地园区”的模式，先后与阿坝州、甘孜州共建“成阿”“成甘”工业园区，分别承接对口支援两州的浙江省和广东省的产业支持。目前成都市 10 个区县对口援助甘孜州 10 个县，财政援藏资金 4.32 亿元；培训各类干部人才 1789 人次；确立援助项目 190 个，已启动 98 个，完成并交付使用 15 个。2017 年，成都专门就支持阿坝、甘孜两州产业发展研究制定十条政策措施，包括加强产业园区合作共建、引导企业跨区域合作发展、推动旅游产业协同发展、支持涉藏企业上市融资、参与两州政府投资公司组建运营、共同开展产业招商推介、鼓励农业产业化龙头企业投资、促进农牧产品流通销售、提供优质电子商务服务资源、加强产业人才培训培养等。据悉，十条政策均“含金量”十足。例如，成都将鼓励各政府投资公司参与阿坝州、甘孜州政府投资公司的组建、出资和管理运营，并按有关规定探索共同建立产业发展基金。[①] 绵阳市每年安排资金 60 万元对口支援阿坝州红原县人才培训项目，并计划开展项目管理、创新社会管理、旅游服务、教师业务、卫生业务、农业实用技术、车辆维修等 7 个培训子项目，为当地培训党政干部及专业技术人才 340 余名。成都郭县援助甘孜州道孚县，投入 500 余万元实施了八美雀尔旅游新村建设项目及藏家

① 胡敏、罗向明：《助推深度贫困地区打赢脱贫攻坚战——成都确定对口援藏六大重点》，《四川日报》2017 年 8 月 18 日，第 7 版。

乐项目，2013年国庆“黄金周”接待游客达2306人（次），旅游收入18万余元，同比分别增长32.6%和28.9%。[①]

（二）对口援藏的推进：六次“西藏工作座谈会”

对口援藏主要是按照中央的部署，围绕六次“西藏工作座谈会”展开的。西藏工作座谈会专门研究西藏经济社会发展的重大问题，对口支援西藏工作的指导思想、基本要求、工作方法对四川、云南、甘肃、青海四省藏区也是适用的。

1980年3月，中央召开了第一次西藏工作座谈会。座谈会形成的《西藏工作座谈会纪要》（以下简称《纪要》）指出，要有计划、有步骤地使西藏兴旺发达，繁荣富裕起来。《纪要》强调中央各部门，特别是计划、经济、文教、卫生部门，在制订长远规划和年度计划时，要照顾西藏的特殊需要，尽可能地满足西藏的合理要求，在物质、技术等方面给予积极的支援，并要求全国各有关地方和单位认真做好支援西藏的工作。第一次西藏工作会议之后，中央根据西藏的实际情况和国家的经济情况，加大了对西藏的援助，并相应制定了对于西藏的各种优惠政策。例如，年均定额补助增加到4.96亿元，各种专项拨款0.9亿元，基本建设投资2.622亿元。

1984年3月，中央在北京召开第二次西藏工作座谈会。会议从西藏实际出发，对正在执行的方针进行了回顾，研究了如何进一步放宽政策，尽快把西藏的经济搞上去，并决定从1985年起在内地省、市创办西藏班（校）。会上，还决定成立西藏自治区经济工作咨询小组，协助西藏自治区党委和人民政府在经济建设方面制定决策方针，组织、推动全国各地方和中央各部门的援藏工作。中央还决定由北京、上海、天津、江苏、浙江、福建、山东、四川、广东等省市和水电部、农牧渔业部、国家建材局等有关部门，按照西藏提出的要求，分两批帮助建设43项西藏迫切需要的中小型工程项目，包括电站、旅馆、学校、医院、文化中心和中小型工业企业。九省市为建设这43项工程共投入了1.9万人，在一年多的时间

① 贺贵成：《“输血”变“造血”“有限”变“无限”——我省第二批对口援藏干部人才助推藏区跨越发展纪实》，《四川党的建设》（城市版）2014年第6期。

里完成了这些工程，为西藏提供了一些经济和社会发展的基础项目。[①] 例如，拉萨饭店、西藏人民会堂、体育馆等都是那时兴建的。

1994 年 7 月，中共中央、国务院在北京召开了第三次西藏工作座谈会。会议以邓小平建设有中国特色社会主义理论和党的基本路线为指导，围绕西藏的发展和稳定两件大事，研究新情况，解决新问题，进一步明确加强西藏工作的指导思想，落实加快发展和维护稳定的各项措施，努力开创西藏工作的新局面。会议确定了“一个中心、两件大事、三个确保”的新时期西藏工作指导方针，即“以经济建设为中心，紧紧抓住发展经济和稳定局势两件大事，确保西藏经济的加快发展，确保社会的全面进步和长治久安，确保人民生活水平的不断提高”。在援藏问题上，会议做出了“中央关心西藏，全国支援西藏”的决策，确定了新形势下支援西藏的范围、方式、方法。会议指出，党中央、国务院各部委和各省区市应在经济开发、教育卫生、干部交流等方面与西藏建立相对稳定的、各方面配套的对口支援关系，可采取内地两三个省市对口支援西藏一个地市的方法，对口支援关系总体上由国家进行统一协调，做到突出重点，长短结合，形式多样，讲求实效。当时，国家安排 14 个省市（重庆 1997 年改为直辖市后，对口支援西藏的省市增加到 15 个）与西藏 7 个地市建立了对口援藏关系（见表 3 - 1）。1994 年中央召开第三次西藏工作座谈会确定了各地支援西藏建设，这些项目涉及农牧林、交通、能源、邮电、通信等方面，累计总投资超过 48.6 亿元人民币。

2001 年 6 月，中共中央、国务院在北京召开了第四次西藏工作座谈会。座谈会提出 21 世纪西藏工作的主要任务是紧紧抓住实施西部大开发战略和西藏社会局势基本稳定的良好机遇，着眼于西藏的繁荣进步和长治久安，集中力量解决事关西藏发展稳定全局的重大问题，促进西藏经济从加快发展到跨越式发展，促进西藏社会局势从基本稳定到长治久安。在这次座谈会上，还将全国支援西藏与实施西部大开发战略结合起来，确定西藏是实行特殊扶持政策的重要地区。另外，还决定将原订 10 年的“对口援藏”计划再延长 10 年，对口支援关系基本保持不变，并新增 3 个省、

---

① 参见新华网西藏频道《第二次西藏工作座谈会》，http://tibet.news.cn/misc/2008-10/18/content_14671404.htm。

表3-1 全国各省及直辖市对口支援西藏各地区一览表

支援地方	对口支援受援地区	主要项目
北京市	拉　萨	兴建了北京中路、拉萨北京中学等重点工程
江苏省	拉　萨	兴建了拉萨江苏路、拉萨师范学校师资培训中心、西藏藏药厂、拉萨市急救中心等重点工程
上海市	日喀则地区	兴建了日喀则上海广场、日喀则上海路、日喀则上海体育场等重点工程和一批标志性市政建设项目
山东省	日喀则地区	兴建了日喀则山东大厦、日喀则山东路、日喀则高原明珠雕塑等重点工程和一批标志性市政建设项目
湖北省	山南地区	兴建了措美县当巴水电站、西藏湖北大厦、泽当镇湖北路、山南地区广播电视中心等重点工程和一批标志性市政建设项目
湖南省	山南地区	兴建了湖南大道、湖南体育场等重点工程和一批标志性市政建设项目
广东省	林芝地区	支援兴建了广东文化中心、深圳广场、八一镇、深圳大道、广州大道等重点工程和一批标志性市政建设项目
福建省	林芝地区	兴建了林芝福建公园、八一防洪堤；修筑城镇道路8条、乡村道路12条；建立水电站12个等重点工程
重庆市	昌都地区	主要援助昌庆街建设
四川省	昌都地区	主要援建项目为昌蜀大桥
天津市	昌都地区	昌津桥
浙江省	那曲地区	兴建了申扎甲岗水电站等工程
辽宁省	那曲地区	兴建了聂荣县水电站等工程
河北省	阿里地区	兴建了河北会堂、阿里藏医院、阿里地区群艺馆等工程
陕西省	阿里地区	兴建了狮泉河镇陕西路、延安宾馆等工程

数据来源：根据中国西藏网公布数据自行整理。

17 家中央直属企业对口支援西藏。对原未列入受援范围的西藏 29 个县，根据不同情况，以不同方式纳入对口支援范围。至此，西藏 73 个县（市、区）全部纳入对口支援的范围。考虑到西藏的特殊情况，中央在第四次西藏工作座谈会上决定，西藏的重点建设项目资金主要由国家来承担。国家投资和中央财政扶持，主要用于农牧业、基础建设、科技教育、基层政权相关设施建设以及生态环境保护和建设，着重解决制约西藏发展的瓶颈和突出困难。中央在增加直接投资的同时，还实行特殊的扶持政策。增加了一些新的优惠政策。此外，对口支援方面也有所加强，先后确定各省市对口支援建设项目 70 个，总投资约 10.6 亿元，项目涉及城市基础设施、文化教育科技、医药卫生、能源和工业等领域。中央第四次“西藏工作座谈会”是全国援藏政策形成并演化完善的标志。

2010 年 1 月，中共中央、国务院召开了第五次西藏工作座谈会。座谈会明确了在科学发展的轨道上推进西藏跨越式发展的基本思路，提出了“七个更加注重”：更加注重改善农牧民生产生活条件，更加注重经济社会协调发展，更加注重增强自我发展能力，更加注重提高基本公共服务能力和均等化水平，更加注重保护高原生态环境，更加注重扩大同内地的交流合作，更加注重建立促进经济社会发展的体制机制，实现经济增长、生活宽裕、生态良好、社会稳定、文明进步的统一。座谈会上还提出，要继续保持中央对西藏特殊优惠政策的连续性和稳定性，进一步加大政策支持和资金投入力度。继续执行并完善“收入全留、补助递增、专项扶持”的财政政策，加大专项转移支付力度，对特殊民生问题实行特殊政策并加大支持。继续实行“税制一致、适当变通”的税收政策。加大金融支持力度，继续维持西藏金融机构优惠贷款利率和利差补贴等政策。加大中央投资力度，继续扩大专项投资规模，中央投资要向民生领域倾斜，向社会事业倾斜，向农牧业倾斜，向基础设施倾斜。加大人才培养力度，培养更多当地急需的各类专业人才。落实西藏干部职工特殊工资政策，完善津贴实施办法，并按全国规范津贴补贴的平均水平相应调整西藏特殊津贴标准。加大对口支援力度，继续坚持分片负责、对口支援、定期轮换的办法，进一步完善干部援藏和经济援藏、人才援藏、技术援藏相结合的工作格局。座谈会上，中央提出将对口援藏工作延长至 2020 年。明确 17 个对口支援西藏自治区（市）年度援藏投资实物工作量，在现行体制下，按该省（市）上年度地方财政一般预算收入的千分之一安排。中央企业也要加大对口支援投入力度。“十二五”时期，对口支援西藏的总体布局按照17个省（市）和7个地（市）结对关系继续保持不变，各省（市）规划安排总投资141.25亿元，1609个项目。同时会议还对加快四川、云南、甘肃、青海省藏区经济社会发展做出全面部署，要求深化对口援藏机制，推动四川、云南、甘肃、青海四省藏区发展。比如，明确由6个发达省市、21个中央国家部门和13家中央企业对口支援青海藏区6州、33个县。

2015年8月，中央第六次西藏工作座谈会在北京召开。习近平在讲话中指出，西藏工作关系党和国家工作大局。党中央历来高度重视西藏工作。在60多年的实践过程中，我们形成了党的治藏方略，这就是：必须坚持中国共产党领导，坚持社会主义制度，坚持民族区域自治制度；必须坚持治国必治边、治边先稳藏的战略思想，坚持依法治藏、富民兴藏、长期建藏、凝聚人心、夯实基础的重要原则；必须牢牢把握西藏社会的主要矛盾和特殊矛盾，把改善民生、凝聚人心作为经济社会发展的出发点和落脚点，坚持对达赖集团斗争的方针政策不动摇；必须全面正确贯彻党的民族政策和宗教政策，加强民族团结，不断增进各族群众对伟大祖国、中华民族、中华文化、中国共产党、中国特色社会主义的认同；必须把中央关心、全国支援同西藏各族干部群众艰苦奋斗紧密结合起来，在统筹国内国际两个大局中做好西藏工作；必须加强各级党组织和干部人才队伍建设，巩固党在西藏的执政基础。习近平强调，依法治藏、富民兴藏、长期建藏、凝聚人心、夯实基础，是党的十八大以后党中央提出的西藏工作重要原则。依法治藏，就是要维护宪法法律权威，坚持法律面前人人平等；富民兴藏，就是要把增进各族群众福祉作为兴藏的基本出发点和落脚点，紧紧围绕民族团结和民生改善推动经济发展、促进社会全面进步，让各族群众更好共享改革发展成果；长期建藏，就是要坚持慎重稳进方针，一切工作从长计议，一切措施具有可持续性；凝聚人心，就是要把物质力量和精神力量结合起来，把人心和力量凝聚到实现“两个一百年”奋斗目标、实现中华民族伟大复兴的中国梦上来；夯实基础，就是要标本兼治、重在治本，多做打基础、利长远的工作，把基层组织搞强，把基础工作做实。

习近平强调，同全国其他地区一样，西藏和四省藏区已经进入全面建成小康社会决定性阶段。要牢牢把握改善民生、凝聚人心这个出发点和落脚点，大力推动西藏和四省藏区经济社会发展。要大力推进基本公共服务，突出精准扶贫、精准脱贫，扎实解决导致贫困发生的关键问题，尽快改善特困人群生活状况。要把社会主义核心价值观教育融入各级各类学校课程，推广国家通用语言文字，努力培养爱党爱国的社会主义事业建设者和接班人。要实施更加积极的就业政策，为各族群众走出农牧区到城镇和企业就业、经商创业提供更多帮助。要坚持生态保护第一，采取综合举措，加大对青藏高原空气污染源、土地荒漠化的控制和治理，加大草地、湿地、天然林保护力度。今后一个时期，要在西藏和四省藏区继续实施特殊的财政、税收、投资、金融政策。西藏和四省藏区要坚持自力更生、艰苦奋斗，全面深化改革，不断增强各族群众的发展参与度和获得感。会议强调，要进一步加大中央对西藏发展的支持力度，充实和完善特殊优惠扶持政策，继续执行“收入全留、补助递增、专项扶持”的财税优惠政策。增加中央投资，强化金融支持，加强对口支援。加大中央对四省藏区政策支持力度，统筹推进西藏和四省藏区协调发展，统筹推进四省藏区和本省协调发展，统筹解决交界地区突出问题。着力解决经济社会发展的瓶颈制约，切实维护社会和谐稳定，共同把西藏和四省藏区建设得更加美好。中央第六次西藏工作座谈会要求，开展扶贫攻坚、扩大就业、优先发展教育事业、大力发展医疗卫生事业、强化社会保障等方面的重点工作，指明了西藏建成全面小康的新路径。第一，全力推进精准扶贫。通过中央制订实施西藏特殊连片贫困区域专项计划，同等条件下国家扶贫政策优先向西藏倾斜，对贫困村、贫困户建档立卡，支持贫困对象自主创业等有力举措，确保贫困人口到2020年如期全部脱贫。第二，千方百计扩大就业。通过中央提供就业专项资金，以市场为导向，鼓励大学生到基层就业和自主创业，实施农牧民工职业技能提升计划，大力培养少数民族产业工人，有条件的家庭至少有一人掌握一门实用技术，购买护林护草、乡村道路协管等公益性岗位、鼓励“请进来”就业和“走出去”创业，创造更多就业机会。第三，优先发展教育事业。实施15年免费教育，提高“三包”经费标准。每个地市办好一所特色中职学校，普及高中教育，办好一批工、农、医等紧缺学科专业。搞好双语教育，提高农牧民子女接受高等教育比例。制定教师队伍建设专项规划，加大教育援藏力度。第四，大力发展医疗卫生事业。公共卫生服务体系、医疗服务体系要加强，农牧区医疗卫生基础设施、重大疾病防控能力要提升。高原多发疾病医疗费困难的进行财政补助，加大医务人员定向培训力度和援藏力度，医务人员分配向县乡倾斜。支持地市、县区医院高压氧舱建设。第五，强化社会保障。实施“一个计划”，即全民参保登记计划。加强“两个建设”，即社会养老、社区服务体系和儿童福利设施建设。完善“三个体系”，即覆盖城乡居民的社会保险体系、社会救助体系、地市、县区两级残疾人综合服务体系。提高“一个标准”，即城乡低保、特困人员供养标准。中央第六次西藏工作座谈会统筹国际国内两个大局，在总结成功实践、分析面临形势、指出存在问题的基础上，科学概括了“六个必须”的治藏方略，明确了以“一个高举、一个指导、两个坚持、一个着眼点着力点、四个坚定不移、四个确保”为主要内容的西藏工作指导思想，开辟了党的治藏方略的新纪元。

（三）对口援藏的演变

首先，从农牧业和基础设施为主的无偿援助向文化、教育、卫生等多个领域的援助扩展。中华人民共和国成立初期，鉴于当时西藏地区经济衰败的状况，中央人民政府确立了以经济和技术帮助西藏地区的政策，并动员全国对西藏的经济和社会发展予以支持，这一时期对于西藏的援助方式主要是完全无偿的援助。西藏和平解放至改革开放前，中央主要通过无偿援助的方式，对西藏的农牧业生产、交通基础设施、财政、生产生活物资进行了大力度的援助，帮助西藏提供了基本的生产条件、为西藏的进一步发展奠定了基础。1951 年开始，中央拨给大批无息贷款，帮助农牧民解决困难，发展生产。1952 年进藏部队发放了第一笔无息农贷，一些极端贫困的群众能够安定下来，从事农业生产。至 1956 年年初，中央人民政府在西藏发放农业贷款 138.6 万块银元。此外，中央人民政府还通过西藏工委向贫苦农牧民和手工业者发放了大量无息贷种、贷粮和无偿农具，解决农牧民的实际困难。1959—1963 年，国家给西藏发放的贷款达 954 万元。据山南、昌都两个专区统计，5 年内受贷户共占贫苦农牧民总户数的 90% 以上。1963—1964 年，国家拨款 140 万元，对农牧民进行无偿投资，使 3000 多户农牧民有了自己的牛羊。1961 年，国家调拨给西藏 10 万件各式农具，调拨给西藏农牧业生产用钢材1100吨。截至1965年8月，国家直接供给西藏农牧民粮食1650多万公斤，调进各类农具140万件套，发放种子上千万斤。同时，调拨大批科技设备，帮助自治区、各地（市）和部分县建立科研机构、农业试验场、农业技术推广站等。[①]

西藏基础设施非常薄弱，针对这种情况，中央人民政府从基础设施的建设入手，帮助西藏地方发展电力、工矿企业、交通等最基本的基础设施。1955年9月，中央人民政府为了促进西藏地方建设事业的发展，通过了《关于帮助西藏地方进行建设事项的决定》，决定拨款并派遣技术人员，帮助西藏地方进行经济建设。中央陆续修通了拉萨—日喀则—江孜—亚东，那曲—阿里，拉萨—泽当，日喀则—定日，曲水—江孜，拉孜—普兰等公路。1956—1957年，新藏公路逐步通车。1965年中尼公路通车。1976年滇藏铁路通车。此外，在中央的帮助之下，西藏航空事业开始起步，并于1956—1965年开通了拉萨至成都、拉萨至北京的航线，现代交通运输的规模开始了初步的发展。

相关研究数据表明，从1984—2005年8批次共987个援藏项目的投资结构来看，投资额度排名前四位的分别是交通类项目（42.03%）、农林牧水类项目（19.80%）、能源类项目（12.26%）和文教卫生类项目（8.52%）。随着中国经济的发展和中央援藏方略的转变，近年来援藏领域不断扩展，已经广泛涉及农、林、牧、水、电、交通、能源、文化教育、医疗卫生、广播电视、城镇建设、基层政权建设、农房改造、人才培养等诸多领域。以天津对口支援西藏昌都地区为例：1994—2010年，天津市先后筹集援藏资金、物资总计5.11亿元（含天津教育援藏的红光中学投资），重点投入到昌都县、江达县和丁青县，用以改善农牧民基本生产生活条件、新农村建设以及基础设施项目。主要实施了地区会议中心、地区广电中心、地区西路环境综合整治、地区职业技术学校学员宿舍楼工程、地区萨王府维修工程、澜沧江天津广场建设与维修、昌都和丁青两县教学点改造、昌都县幼儿园一期工程、昌都县达修村、昌都县敬老院和江达县同普村新农村建设、江达县岗托天津农副产品及手工业交易中心、昌都县卡若镇天津大桥和江达县津江桥、江达县妇幼计生综合楼和县卫生服

① 《西藏自治区概况》编写组：《西藏自治区概况》，民族出版社2009年版，第657页。

务中心二期工程、丁青县广播电视综合楼及其配套设施、丁青县天津大道、丁青县沙贡乡防洪堤等 60 多个项目。近年来，天津的援助已经扩展到市政设施、产业发展、社会事业等领域，见表 3－2。

表 3－2　天津市 2011—2015 年对口支援西藏经济社会发展规划分领域资金分配表

投资领域	投资金额（万元）	占援藏资金比例（%）
城乡居民住房	9926	22.77
农牧区基础设施	8020	19.54
市政设施	13594	30.04
社会事业	2380	5.46
产业发展	3975	9.12
基层组织及阵地建设	1500	3.44
基层办公生活条件	3470	7.96
其他费用（修编规划）	80	0.18
备选项目工作费	650	1.49
合计	43595	100.00

数据来源：《天津市对口支援西藏经济社会发展规划（2011—2015）》。

广东省第六批援藏投入资金 11.75 亿元，安排 124 个项目，其中：改善城乡居民住房条件，7 项，投入 2528.8 万元，占 2.2%；农牧区基础设施，26 项，投入 23755.7 万元，占 20.2%；市政设施，3 项，投入 13909 万元，占 11.8%；社会事业，31 项，投入 12177 万元，占 10.4%；产业发展，38 项，投入 53295 万元，占 45.4%；生态建设，3 项，投入 3750 万元，占 3.2%（见表 3－3）。

近年来，北京先后投入 10 多亿元援藏资金建设了拉萨群众文化体育中心、德吉罗布儿童乐园、牦牛博物馆、拉萨文化大厦、拉萨电视台、拉萨歌舞团剧场、拉萨人民艺术宫、数字文博等 10 多个文化项目。2012—2016 年，天津市对口支援甘肃省甘南藏区资金达 2.36 亿元，在地震灾后重建、基础设施建设、特色产业开发、人才教育培训、经贸合作交流、医疗卫生服务、民生保障改善等领域实施援建项目 86 个，有效解决了甘南

表 3-3 广东省第六批援藏项目类别与投资实施情况

类别	项目数	投入资金（万元）	所占比例（%）
城乡居民住房	7	2528.8	2.2
农牧区基础设施	26	23755.7	20.2
市政设施	3	13909	11.8
社会事业	31	12177	10.4
产业发展	38	53295	45.4
生态建设	3	3750	3.2
基层办公生活条件	11	2574.5	2.2
培训费用	1	2954	2.5
其他费用	4	2540	2.2
总计	124	117484	100.0

数据来源：广东省第六批援藏工作队提供。

资料来源：王达梅：《公共服务横向援助满意模式与机制改进研究》，第 45 页。

经济社会发展中的短板、不足。天津提出在今后对口帮扶工作中，持续加大对口帮扶甘南力度，加强产业、教育、卫生、劳务、人员培训等方面的支援，加大对甘南教育、医疗、科技、文化等领域的人才支持，开展医疗专家对口支援甘肃藏区医疗卫生事业工作，每年为甘南培养党政干部、各类专业技术人才不少于 200 人，促进受援地区的经济发展和民生改善。[①] 2010—2017 年，山东省先后投入 926 万元为青海海北州 46300 户农牧民实施了直播卫星“户户通”；投入 200 万元更新了海北电视台设备设施；投入 1800 万元实施了西海镇全民活动中心配套建设；投资 1000 万元实施了海北州民族传统加工技术的抢救及传承项目；投入 2000 万元实施了海晏县文化产业园区基础设施建设项目；投入 300 万元编排了歌舞话剧《草原之子》；投入 360 万元开展了两地之间非物质文化遗产巡展和优秀剧目巡演活动。帮助摄制了《美丽海北》系列专题片、《梦幻海北——心里家

① 李建舟：《全面推动天津甘南两地合作交流向更大范围更宽领域更高层次发展》，《甘南日报》（汉文版）2017 年 6 月 14 日，第 1 版。

园》形象宣传片和《代号221——原子城往事》专题片、大型歌舞话剧《草原之子》等一系列精品文化项目。[①]

对口援藏省市和中央企业还有序推进就业援藏工作。截至目前，3家央企和11个省市共提供就业岗位5629个，其中事业单位岗位233个。对到区外就业并签订1年以上劳动合同的西藏高校毕业生一次性给予1500元路费补贴；对签订3年以上劳动合同或聘用协议的，按每人每月500元标准给予1年的生活补贴。[②]

其次，对口援藏的主体日益增多。根据中央的安排，参与对口援藏的主体有三大类：经济条件相对较好的省市、实力雄厚的中央企业和有关部委。目前，共有北京、江苏、上海、山东、黑龙江、吉林、湖南、湖北、安徽、广东、福建、天津、重庆、四川、浙江、辽宁、河北、陕西等18个省份（见表3-4）。

2010年，为贯彻落实中央第五次西藏工作座谈会精神，落实中央对口支持重大举措，根据中共中央、国务院《关于加快四川云南甘肃青海省藏区经济社会发展的意见》（中发〔2010〕5号）、《国务院关于支持青海等省藏区经济社会发展的若干意见》（国发〔2008〕34号）精神，经青海省委、省政府积极争取和衔接，国家已确定由北京、上海、天津、江苏、山东、浙江6个发达省（市）分别对口支援青海省玉树藏族自治州、黄南藏族自治州、果洛藏族自治州、海南藏族自治州、海北藏族自治州和海西蒙古族藏族自治州；21个中央国家机关、13家中央企业对口帮扶和支援青海藏区的33个县、市（见表3-5）。以及宝钢集团、中化集团、中粮集团、东风汽车公司、中国一汽、中国电信、中国远洋、中国铝业、武汉钢铁、神华集团、中石化、中信集团、中海油、中石油、国家电网、中国移动、中国联通17户中央企业和60个国家部委（包括历次国务院机构改革中调整变动的部门）参与对口援藏。

① 州援办：《山东对口支援提升我州文化内涵》，《祁连山报》2017年8月10日，第2版。

② 刘庆顺：《就业援藏为西藏籍毕业生提供岗位5629个》，《西藏日报》（汉文版）2016年12月2日，第5版。

表 3－4　　对口援藏省市名录

序号	支援方	受援方
1	北京市	拉萨市
2	江苏省	
3	上海市	日喀则地区
4	山东省	
5	吉林省	
6	黑龙江省	
7	湖南省	山南地区
8	湖北省	
9	安徽省	
10	广东省	林芝地区
11	福建省	
12	天津市	昌都地区
13	四川省	
14	重庆市	
15	浙江省	那曲地区
16	辽宁省	
17	河北省	阿里地区
18	陕西省	

资料来源：根据相关文件整理。

2012 年 3 月 2 日，国务院国资委与西藏自治区联合举办的央企对口援藏工作座谈会上提出：“央企要从党和国家工作全局出发，以高度的政治责任感和强烈的历史使命感，深刻认识援藏工作的特殊重要性和极其紧迫性，进一步做好援藏工作，为推进西藏跨越式发展和长治久安发挥更大的作用。”座谈会决定央企通过对口支援、资金支持、产业扶持、民生保障、专项帮扶、人才支援等多种方式开展援藏工作。2013 年 6 月在西藏林芝国务院国资委与西藏自治区政府联合召开了央企就业援藏工作座谈会，将央企就业援藏作为援藏的重点并进行统筹协调。国务院国资委成立了援藏援疆领导小组及办公室，作为国资委的专门机构，并在协调统筹援

表3－5 对口支援青海藏区具体工作划分

援助方	受援方
北　京	玉树藏族自治州
上　海	果洛藏族自治州
天　津	黄南藏族自治州
山　东	海北藏族自治州
江　苏	海南藏族自治州
浙　江	海西蒙古族藏族自治州
21个中央国家机关、13家中央企业	青海藏区的33个县、市（含行委）

资料来源：根据相关文件整理。

藏上发挥重要作用。央企对口援藏的具体安排如表3－6所示。

2003—2016年，国家电网公司对口援助阿里地区措勤县项目建设98项，安排援助资金合计2.45亿元。2016年12月，国家电网公司印发的《关于进一步加强支援西藏工作的意见》。目前，国家电网公司在藏帮扶人员已达330人，帮扶人员总量及规模均达到历史之最。[①]

部门对口支援，包括中央各职能部委如财政、农业、工业、卫生、文教、科技等部门。2016年第四次全国农业援藏工作会议上，农业部确定落实援藏资金6000万元，其中，农产品质量安全监管经费1245万元；331个乡镇农牧综合服务中心建设补助经费1655万元；7个县级质检站项目建设投资2100万元；区域生态循环农业示范项目投资1000万元。截至目前，农业部已经落实援藏资金7630万元，比原计划还超出1630万元。[②]

水利部对口援藏20年来，累计为西藏安排、协调水利项目1000余个，投资近300亿元，有力推动了西藏水利跨越发展。一大批水利重点项目的建设，有效地改善了西藏地区水利设施基础落后的局面，初步形成了供水、灌溉、发电、防洪等较为完备的水利功能体系。目前，西藏拥有

① 党亚利：《国家电网公司援藏工作二三事》，《国家电网报》2017年2月28日，第1版。

② 参见中国西藏网《农业援藏大礼包　农业部落实援藏资金7630万元》，http：//www.tibet.cn/aid－tibet/news/1507599250764.shtml。

表 3－6 对口援藏中央企业名录

序号	中央企业	对口援助地点
1	中国中化集团公司	日喀则地区岗巴县
2	上海宝钢集团有限公司	日喀则地区仲巴县
3	中国粮油食品（集团）有限公司	山南地区落扎县
4	中国电信集团公司	昌都地区边坝县
5	中国第一汽车集团	昌都地区左贡县
6	东风汽车公司	昌都地区贡觉县
7	武汉钢铁（集团）公司	昌都地区八宿县
8	中国铝业公司	昌都地区察雅县
9	中国远洋运输（集团）总公司	昌都地区洛隆县
10	中国石油天然气集团公司	那曲地区双湖行政区
11	中国石油化工集团公司	那曲地区班戈县
12	中国海洋石油总公司	那曲地区尼玛县
13	神华集团有限公司	那曲地区聂荣县
14	中国中信集团公司	那曲地区申扎县
15	国家电网公司	阿里地区措勤县
16	中国联合通信有限公司	阿里地区荣吉县
17	中国移动通信集团公司	阿里地区改则县

资料来源：根据相关新闻报道及文件整理。

县乡水电站 314 座，总装机 16.09 万千瓦，解决了 85.3 万人的用电问题。波密、亚东、林芝等县已迈入电气化县行列。[①]

2016 年 9 月 12 日，第四次全国科技援藏工作座谈会在拉萨召开，签署《科技部、西藏自治区人民政府工作会商制度议定书》，研究部署新时期科技援藏工作，明确今后几年部区协同推进科技创新发展的若干重要任务。

2007 年 6 月，教育部、中央统战部、国家民委联合出台了《关于进

① 赵永平：《水利部援藏 20 年投入 300 亿元 239 万农牧民喝上放心水》，《人民日报》2014 年 8 月 22 日，第 6 版。

一步加强教育支援西藏工作的意见》，安排 18 个省（直辖市）重点保障西藏 15 所普通中学和 7 所中等职业学校建设，安排 35 所内地高校分别支援西藏 6 所高校发展等，为西藏职业教育和农牧民技能培训提供了很好的条件。2016 年 4 月，教育部、国家发改委、财政部、人社部联合制定了《“组团式”教育人才援藏工作实施方案》，确定“每年选派 800 名教师进藏支教、组织 400 名教师到内地培训”。根据这一方案，2016 年起北京、江苏等 17 省市和教育部直属高校附属中小学将每年选派 800 名援藏教师，组成 20 个团队，对口支援西藏的 20 所中小学，以加快西藏教育事业发展。继续做好高校团队对口支援西藏高校工作，由北京大学、中国人民大学、北京中医药大学、西北农林科技大学、东北师范大学、中国人民公安大学等 27 所高校团队对口支援西藏 6 所高校。鼓励更多的高水平大学与西藏和四省藏区高校建立对口支援关系。援受双方共同协商制定对口支援规划，支援高校通过多种方式帮助受援高校培养、培训在职教师，着力提升受援高校教师的教学科研水平，并可向相关部门申请定向培养博士、硕士研究生单列招生指标，用于受援高校现有师资队伍的培养。①

教育部对其他藏区的教育事业也十分支持。第五次西藏工作座谈会以来，教育部在校安工程、学前教育试点项目、师资培训、“两基”攻坚、初中建设工程、特殊教育项目、藏区高中建设工程、教师周转房建设项目等方面给予了大力支持，加大了投入力度。截至目前，总投入约 10 亿元。目前，教育部正在全力协调安排青海藏区教育项目工程。

为了支援西藏文化事业的发展，1998 年 10 月，文化部在拉萨召开了第七次全国万里边疆文化长廊建设现场会暨第二次文化援藏工作会议。此次会议要求与会各单位、各省市“根据西藏发展需要和各地支持能力，确定并落实文化援藏项目，采取多种形式，搞好文化援藏工作”，会议期间，文化部和西藏自治区文化厅签订了“文化部倡议并帮助设立文化援藏发展基金”等 8 个项目落实责任书。现在文化部在财务司内设有一个专门的办公机构，负责援藏业务的规划、管理。

国家旅游局日前印发《关于加强旅游援藏工作支持西藏旅游业加快

---

① 教育部：《教育部关于加强“十三五”期间教育对口支援西藏和四省藏区工作的意见》，2016 年 12 月 29 日。

发展的指导意见》（以下简称《意见》），《意见》提出加强旅游援藏工作的主要目标是通过进一步加大旅游援藏工作力度，到2020年实现西藏旅游基础、配套设施等支撑体系明显改善，旅游产业体系更加完备，旅游产品体系更加健全，“人间圣地天上西藏”旅游品牌更加响亮，服务质量、投资环境明显提升，旅游业富民强区功能明显增强，旅游产业素质全面升级，着力推进使西藏成为重要的世界旅游目的地建设。《意见》强调，加强旅游援藏工作的主要任务有：支持西藏打造重要的世界旅游目的地，支持西藏旅游综合基础设施建设，提升西藏旅游服务整体水平，推进西藏乡村旅游提档升级，支持西藏拓展特色旅游新业态，加大旅游投融资政策支持力度，加强旅游智力援藏，支持西藏旅游形象宣传推广。①

2014年10月，习近平总书记指出要“动员社会各方面力量共同向贫困宣战”；随后召开的全国对口支援工作会议提出，要广泛动员民间企业、社会团体、公益组织和志愿者等一切可以动员的力量，积极投身到受援地区的发展建设中来。此后，参与援藏的主体已经开始日益多元化，除了中央指定的一些省份、中央企业和部委之外，越来越多的社会组织、企业以及社会人士加入援藏队伍中。根据西藏自治区工商联提供的资料，2012年西藏首家异地商会——福建商会在拉萨成立，该商会有50多家会员企业。县级异地商会——四川富顺商会成立之初便拥有会员企业50家。江苏商会、浙江商会等一批异地商会正在筹建中。近年来，行业协会、商会、基金会等社会组织和民间团体在推动西藏与内地省市的互利合作中发挥着重要作用。比如，北京市工商联物流商会促成了北京旗舰集团与西藏神猴药业有限公司、西藏春光食品公司等合作开发功能性保健食品和青稞等土特产项目。川滇藏旅游业协会、饭店协会、旅行社协会等在推进川滇藏经济合作方面成绩显著。

2011年6月底，拉萨市有关单位、园区、县（区）和自治区工商联共同组成了六个登门工作小组，分别赴北京、上海、重庆、浙江、江苏等省市进行登门拜访和项目推介工作，以重点打造文化旅游产业、生物产业、能源产业、优势矿产业、建筑建材业、民族产业六大产业为支撑，向

① 沈仲亮：《国家旅游局印发〈关于加强旅游援藏工作支持西藏旅游业加快发展的指导意见〉》，《中国旅游报》2017年9月11日，第2版。

各地民营企业积极推介。[①] 福建、上海、北京、重庆等工商联组织积极配合，组织了当地民营企业参加本次活动。[②] 参加本次大会的全国民营企业达到 140 家，其中包括全国民营企业 500 强 41 家，世界 500 强企业 2 家。此次活动在项目上取得了丰硕成果，签约项目 29 个，总投资 322.17 亿元；开工项目 16 个，总投资达 130 亿元；意向签约项目 35 个，总投资 183.3 亿元。[③]

上海市修订了《上海市对口支援与合作交流专项资金管理办法》（沪合组〔2014〕2 号），把其中的第九条“企业投资补助项目”修订为“社会力量对口支援项目”。在原来《上海市对口支援与合作交流专项资金资助企业投资项目实施细则》的基础上，修订出台《上海市对口支援与合作交流专项资金引导社会力量参与对口支援工作实施细则》。

2017 年，天津市积极推动与青海省黄南州在群众团体和社会机构层面的对接合作，着力挖掘工会、妇联、青联、残联、工商联、慈善协会六大组织潜力，携手民营企业、社会慈善、志愿者组织等共建“爱心捐助”工作平台，广泛开展以助困、助医、助学、助孤、助残、助老为主要内容的系列帮扶活动。[④] 北京、山西、湖北、安徽等省市先后成立了建藏援藏工作者协会。北京等九省市援藏组织在北京市成立了“九省市援藏组织北京联谊会”。这些非官方组织发挥了政府所不能发挥的作用，特别是交流援藏经验、总结援藏教训，在一定程度上起到统筹援藏资金资源的作用。

再次，对口援藏逐渐走向科学化和规范化。一是确定了援藏的金额比例。通过援藏干部招商引资，获得物质和资金是藏区十分重视的工作，能够获得多少支援资金，主要取决于援藏干部的活动能力和支援方地方政府

① 参见中国西藏新闻网《30 多家中国 500 强企业到拉萨考察》，http：//www.customs.gov.cn/tabid/399/ctl/InfoDetail/InfoID/381976/mid/60432/Default.aspx。

② 参见福建省民营企业商会网《关于参加“全国民营企业家西藏行”活动的通知》，http：//www.fjficc.com/NewsView.asp？ID =183。

③ 卓玛拉姆：《我市隆重召开全国民营企业家拉萨行活动总结部署大会》，《拉萨晚报》2012 年 8 月 6 日，第 1 版，http：//www.lasa.gov.cn/Item/43066.aspx。

④ 参见中华人民共和国国家发展和改革委员会地区经济司子站《天津市“五位一体”结对帮扶青海省黄南州之社会组织结对》，http：//www.ndrc.gov.cn/fzgggz/dqjj/dkzy/201707/t20170731_ 856770.html。

领导的重视程度。长期以来，“多数援藏干部的工作重心基本上是围绕着项目的内引外联，牵线搭桥，担当受援地方与支援单位之间的沟通者”[①]。第五次西藏工作座谈会召开后，明确17个对口支援西藏省市年度援藏投资实物工作量，在现行体制下，按该省市上年度地方财政一般预算收入的千分之一进行安排。新的援藏政策要求不仅要定下援藏资金规模，而且各项目要写入各省市援藏五年规划，援藏干部从此无须再跑项目、找资金了。

二是规范资金管理，按照国家确定的对口支援资金量标准，做好援藏资金的筹集和拨付。包括制定援助资金的管理办法，落实财政支持专项专户，加强项目资金安排的审核管理。跟踪项目建设和资金使用情况，确保项目的进度、实物工作量和资金拨付工作的匹配等。比如北京市“十二五”时期对口支援西藏经济社会发展规划要求严格项目管理，制定出台《对口援藏项目管理办法》，严格执行项目法人、招投标、工程监理、合同管理、竣工验收等基本建设制度，严格工程质量管理，坚决杜绝豆腐渣工程。加强项目的稽查和检查力度，确保项目顺利实施。[②] 上海市也先后出台《上海市对口支援与合作交流专项资金管理办法》《关于进一步加强上海市对口支援项目资金管理的若干规定》等一系列制度规范，从立项到审批到资金拨付等方面进行了规范，对援助项目立项、援助资金拨付等重大事项进行动态、全程监管。各区也根据实际情况制定了对口支援专项资金项目的管理办法，以制度管事管人。[③] 中央第五次西藏工作座谈会以来，天津在新一轮援藏工作中，为进一步做好新时期援藏资金和项目的科学管理，在以往援藏资金和项目科学管理基础上，由市纪检委、市财政局、市审计局与市对口支援工作领导小组办公室共同印发了《天津市对口支援资金、项目管理暂行办法》，进一步完善了援藏资金筹措、使用和项目管理办法。《浙江省对口支援西藏那曲地区项目管理办法》要求有关部门要加强对全额投资项目的监督管理。省发改委、省财政厅和省监察厅

---

① 参见中国西藏新闻网《援藏干部三年轮换 主要任务为招商引资》，中国西藏新闻网，http://www.chinatibetnews.com/yuanzang/2011-12/08/content_833693.htm。

② 参见北京市经济和信息委员会《北京市“十二五”时期对口支援西藏经济社会发展规划》，http://www.chinatibetnews.com/2014/0509/1334808_6.shtml。

③ 曹溢：《上海全程监管对口支援专项资金》，《中国纪检监察报》2017年8月23日，第2版。

等部门要根据《浙江省政府投资项目管理办法》（省政府令第 185 号）规定，认真履行职责，切实加强对全额投资项目的监督管理。省审计厅要根据《浙江省国家建设项目审计办法》（省政府令第 146 号）规定，依法对援藏项目财务收支的真实、合法和效益情况进行审计监督。省援藏指挥部要会同相关部门对全额投资项目的工程质量、进度、投资控制和安全管理等情况开展不定期的监督检查。全额投资项目建成后，按照国家有关规定，由省援藏指挥部和当地有关部门组织竣工验收。重大项目可由项目管理单位会同当地有关部门组织初步验收后再进行竣工验收。[①]

最后，对口援藏从单纯的无偿援助开始强调互惠互利。长期以来，中央对西藏的发展基本上采取的都是援助政策。考虑到西藏特殊的发展环境，近年来中央更是强调将对口支援作为一项长期战略坚持下去。另外，中央在政策导向上出现一些新的变化，强调在坚持对口援助的同时提升西藏的自我发展能力，强调援助方与受援方形成平等互利的合作关系。2002 年胡锦涛在参加九届人大五次会议西藏代表团讨论时强调，我国经济发展的体制环境已经发生了重大变化，西藏的发展不能再走计划经济体制下的老路，不能再重复过去那种政府大包大揽的做法，必须坚持按经济规律办事，引入新机制、建立新体制，走出一条符合西藏区情的发展新路子。[②] 2010 年第五次西藏工作座谈会提出西藏发展要“更加注重增强自我发展能力”和“更加注重扩大同内地的交流合作”。2011 年习近平在拉萨召开的对口支援西藏工作座谈会上再次强调对口帮扶需要确立“优势互补、互利双赢”理念，要“坚持国家支持与提高自我发展能力相结合，坚持对口帮扶与互利合作相促进，积极挖掘合作潜力，拓展合作领域，提升合作水平，努力实现互利共赢、共同发展”[③]。这是“互利合作”“互利共赢”“共同发展”首次出现在中央高层领导关

① 浙江省人民政府公报：《浙江省人民政府办公厅转发省发改委关于浙江省对口支援西藏那曲地区（那曲、比如、嘉黎三县）项目管理办法的通知》，浙政办发〔2012〕29 号（总第 981 期）。

② 中共中央文献研究室、中共西藏自治区委员会：《西藏工作文献选编（1949—2005）》，中央文献出版社 2005 年版，第 614 页。

③ 参见新华网《对口支援西藏工作座谈会召开习近平出席并作讲话》，http://news.xinhuanet.com/2011-07/20/c_121696862.htm。

于西藏问题的讲话中。随着中央的政策导向从单纯强调发达省市对西藏单向度的援助向推动双向互利合作过渡，西藏地方政府的发展理念也开始由被动受援向主动合作转变。一些对口支援的发达省份也在调整传统的援助思路，试图促进互惠互利式的合作。例如，《广东省援藏工作五年规划（2005—2009年）》提出援藏工作要实现由注重财政资金援助向注重运用市场机制加强企业合作转变，由注重财政资金援助向促进当地增强自我发展能力转变，探索合作新路、实现粤藏双赢。上海将“援藏工作领导小组”调整为“市合作交流与对口支援工作领导小组”；湖北在对口援助山南地区的过程中逐步探索互利合作的新模式，得到了贾庆林等中央领导的充分肯定。①

二　对口援藏的措施和特点

“所谓对口支援是指在上级政府的统一领导下，组织和安排经济发达地区和各政府部门对指定的欠发达地区或民族地区给予人、财、物方面的帮助和支持。”② 对口援藏的内容是多方面的，主要包括人、财、物等。对口支援的形式多种多样，既有省际之间的对口支援，也有省内的对口支援，还有多省市对口支援一省区或一省市对口支援多省区。

（一）对口援藏的主要措施

一是资金、物质和项目扶持。1955 年 11 月 28 日，毛泽东在致刘少奇、周恩来、邓小平等人的信中，指出：“西藏不能和新疆、内蒙古相比，那是一个很特殊的地方，要用特殊的办法解决。而目前行得通的办法，就是经济上长期补贴的办法。”③ 1952—1954 年运往昌都以西的物资就达 1265 万多公斤，极大改善了藏区人民的生活。④ 1952—1958 年的 6

① 西藏自治区发改委汇编：《援藏会刊》2010 年第 5 期。

② 王玮：《中国能引入横向财政平衡机制吗？——简论“对口支援”的改革》，《财贸研究》2010 年第 2 期。

③ 中共西藏自治区委员会党史研究室：《中国共产党西藏历史大事记（1949—2004）》第一卷，中共党史出版社 2005 年版，第 87 页。

④ 西藏自治区人民政府办公厅、西藏自治区党委党史研究室：《全国支援西藏》，西藏人民出版社 2002 年版，第 3 页。

年间，支持西藏地方财政达 35717 万元，占西藏全部财政收入的 91%。中央对西藏的财政支持，减轻了农、牧、商业的负担，刺激了经济的发展。1959—1965 年，中央先后支持西藏地方财政 59023 元，占其财政收入的 69%。在改革开放之前的 1966—1976 年，中央给西藏财政补助年平均增长 9.09%。[①] 西藏不仅得到了党中央、国务院的大力支持，而且全国各个省、市、区也积极投入到援助西藏经济社会发展中去。20 世纪 50 年代初，西藏本地生产的粮食、副食品、手工业品只能满足需求的 15%，其余 85% 要从内地调入。生产建设需用的钢材、水泥、汽车、成品油、化工原料等大部分也需从内地调入。[②] 为了保障西藏的市场稳定和经济发展，国家有关部委对供应西藏的商品物资在政策上予以优惠，在生产上周密安排到各省市区的生产厂家。除全国性的综合物资调拨外，国家还根据西藏物资的需求分类，将需求多、用量大的物资，提出就近区域或者便于统一采购的地方向西藏直接供应。20 世纪 50 年代初，全国正处于经济恢复时期，国家为了支援西藏建设，动员全国各省支援西藏经济建设必需的物资。中央有关部委安排粮油的主要生产地——四川、湖南、湖北、江西、江苏、山东、陕西和河南等地，主要负责供应西藏粮食和食用油；针纺、百货、五金交电化工行业较为发达的上海、天津、广州等地，主要负责供给西藏日用工业品；首钢、包钢、武钢、鞍钢、兰州钢铁公司、第一汽车制造厂、第二汽车制造厂、北京吉普车制造厂、上海大众汽车制造厂等重点企业，主要负责供应西藏的钢材、水泥、汽车、机电等物资；新疆维吾尔自治区则重点供应西藏民族用品。除西南、西北源源不断的粮食和物资供应外，还有东北的钢材，华东、华北的机械，华南的各种罐头，华北的毛皮，华东的布匹，这些来自全国各地的无偿支援的物资，保障了西藏建设的需要（见表 3－7）。

---

① 《西藏自治区概况》编写组：《西藏自治区概况》，民族出版社 2009 年版，第 324—325 页。

② 参见中国共产党新闻网《六十年的历史伟业——中国共产党领导西藏革命和建设的历史综述》，http://cpc.people.com.cn/GB/64093/64387/14714184.html。

表 3－7　　　20 世纪 50 年代各省市区援助西藏物品列表

供应内容	供应提供省市（单位）
粮食、食用油	四川、湖南、湖北、江西、北京、上海、江苏、山东、陕西、河南
日用工业品（针纺、百货、五金交电化工等）	上海、天津、广州
副食品供应（边销茶、冻猪肉、食糖、烟草等）	四川、广东、上海、广西、云南、贵州
物资供应（钢材、水泥、汽车、机电等）	首钢、包钢、武钢、鞍钢、石景山钢铁公司、兰州钢铁公司、一汽、二汽、北京吉普、上海大众
民族用品	新疆

数据来源：整理自西藏自治区人民政府办公厅：《全国支援西藏》，西藏人民出版社 2002 年版。

西藏的日常行政管理开支和基本建设投资等主要依靠中央政府和内地省市的支持及援助。仅中央政府在西藏就需要支付行政费用以维持西藏地方政府及所属机构的日常运转；供养近 20 万的政府干部和职工（其中 60% 左右是藏族）；支付经费以支持和发展西藏的免费教育、免费医疗、各项社会福利、公共事业和城乡建设以及投资为城市待业青年创造就业机会；提供经费和物资以促进农牧业发展；维持地方工业的生产，尽管其亏损严重；提供经费重建部分寺庙并向喇嘛提供津贴等，可谓事无巨细。① 据国务院新闻办 2015 年发表的《西藏发展道路的历史选择》白皮书，60 多年来，中央财政不断加大对西藏的财政转移支付力度。1952—2013 年，中央政府对西藏的各项财政补助达 5446 亿元，占西藏地方公共财政支出的 95%。②

从第六批援藏工作开始，支援省市将财政预算收入的 0.1% 作为对口援藏资金。从实际执行看，绝大多数支援省市按此标准确定援藏资金，有

① 潘久艳：《全国援藏的经济学分析》，四川大学出版社 2009 年版，第 215 页。

② 参见中央政府门户网站《西藏发展道路的历史选择》白皮书，http://www.gov.cn/xinwen/2015-04/15/content_2846718.htm。

的支援省市还超过该标准。依照此标准，从 2010 年第六批援藏开始，援藏资金出现“飞跃式”增长。例如，广东省第一批至第五批共投入援藏资金 15.1 亿元，呈现缓慢增长，而第六批则出现迅猛增长，投入财政资金达 11.75 亿元，接近前五批的总和，第七批投入财政资金进一步增加，达到 14.79 亿元（见图 3－1）。

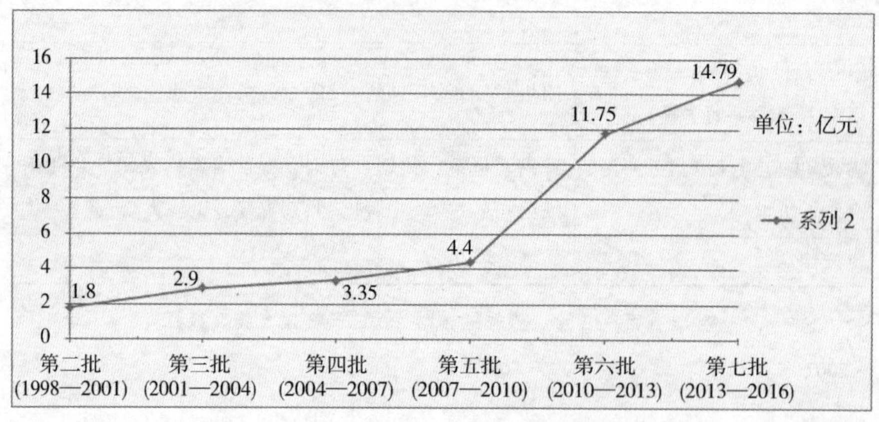

资料来源：王达梅：《公共服务横向援助满意模式与机制改进研究》，第 42 页。

图 3－1 广东省第二批至第七批援藏资金数额

据西藏自治区发改委的统计，2012—2016 年，17 个对口援藏省市累计实施援藏项目 2190 个，完成投资 151.7 亿元；17 家对口援藏央企，实施援藏项目约 530 个，完成投资 14.13 亿元。①

在长期的项目援藏实践中，援藏项目的安排和审批形成了两条基本路径：一是由中央统一出台，项目的选定和援建的实施主要来自国家财政投资，并集中于财政补助。具体而言，西藏自治区的相关部门和各地区的政府机构提出项目要求，由中央政府相关部门负责审定西藏提交的需求报告和项目名单，安排投资。二是由各援助单位自行协商和安排。即藏区地方政府或部门根据地方发展的实际需求提出自己的援助要求，援助方经过沟通和协商后确立援助项目。在资金、项目管理上，采取“交钥匙”和“交支票”两种做法，分开运作。“交支票”工程以当地政府为项目建设

① 琼达卓嘎：《西藏人均预期寿命将达 70 岁——对口援藏资金向贫困地区民生倾斜》，《人民日报》2017 年 7 月 12 日，第 14 版。

主体，项目组织、实施主要依靠当地政府部门来操作，施工依靠当地的建设力量，援藏工作队主要负责引导、协助、监督。“交钥匙”工程从设计、施工到室内一切设备用具及管理人员的培训等，均由承建单位包干，竣工后交出钥匙，即可投入使用，产生效益。“对技术要求不高的援建项目探索实行‘交支票’方式实施，对部分技术难度大的标志性项目探索‘交钥匙’方式实施。”① 以天津援藏为例，对于能够突出体现援藏特色，投资额在1000万元以上（含1000万元）的单体建设项目，采取“交钥匙”的方式，由天津市援藏工作前方指挥部负责资金的划拨、管理和项目的组织实施。在项目的组织实施上采取代建制，通过招投标确定项目建设单位，在设计、建设等方面把关，以充分体现天津市的援藏效果。对于投资额在1000万元以下的单体建设项目采取“交支票”的方式，由天津市援藏工作前方指挥部负责资金的划拨、管理和项目的组织实施。按照财政部要求的划拨时限，天津市财政部门将年度项目计划资金划拨到西藏自治区财政厅，自治区财政厅在5个工作日内，将对口支援资金转拨到昌都地区财政部门。昌都地区财政部门会同天津市援藏工作前方指挥部，根据援藏项目进展情况，按照规定及时、足额将对口支援资金支付至项目单位（或最终收款人）。

一般而言，“交钥匙”方式对于支援省市来说责任更大，任务更重，其优点在于能够发挥支援省市的积极性，满足其意愿和利益要求；发挥支援省市项目建设的先进理念和经验；保障援助项目建设质量；为支援省市企业提供更多的机会。缺点在于不利于发挥受援地政府与部门积极性，不能很好满足其意愿和利益要求；在经济、技术、环境等方面难以很好满足受援地要求；不容易符合受援地民族、宗教习俗的要求；容易形成“漏斗效应”；援助干部工作量较大。“交支票”方式对于支援省市来说责任小一些，任务轻一些，对于受援地来说责任比较大，其优点在于：能够充分发挥受援地政府与部门积极性，满足其意愿和利益要求；援建项目能够符合受援地经济、技术、环境要求；符合受援地民族、宗教习俗；能够为受援地企业提供更多机会，为受援地提供更多的就业岗位；援助干部工作

① 王洪波、何思南：《对口支援是极具中国特色的制度安排》，《经济研究参考》2011年第14期。

量较小。缺点在于不利于发挥支援省市的积极性，难以满足其意愿和利益要求；不能够有效发挥支援省市项目建设的先进理念和经验；尽管支援省市也参与质量监管，但难以保障援助项目建设质量；难以为支援省市企业提供更多的发展机遇。从公共服务援助项目建设实际情况看，两种建设方式各有其适用条件，“交钥匙”方式适用于资金规模大、建设标准高、技术难度高、展示援助成效的标志性项目等情况；“交支票”方式主要适用于如下项目，即资金规模小、建设标准低、技术难度低、点多面广、民生补贴类项目。两种建设方式各有其优缺点及适用条件，一个具体的公共服务援助项目究竟选择何种建设方式，既需要考虑其适用条件，又要充分权衡两种建设方式的优缺点，及其可能带来的正面效果和负面效果。在此基础上选择建设方式，有利于避免项目建设过程中出现的种种问题，使得公共服务援助项目建设符合满意模式的要求，既使得支援省市政府、部门、企业、援助干部满意，又使得受援地政府、部门、企业、民众满意（见表3-10）。

二是人力资源扶持。西藏和平解放初期，全区仅有干部2200名（主要是从四川、青海、云南随军进藏的藏族干部和军转地方工作的一些干部），1959年3—9月中央先后下发了《关于抽调干部赴西藏工作的通知》等9个文件，先后从北京、四川、河南、甘肃、青海等省市和国家有关部委抽调3000多名干部进藏支援西藏建设，1963年中央再次下发了《从内地抽调干部到西藏的通知》，决定从北京、上海、天津、山东、江苏、河北等24个省市抽调392名干部和财贸、邮电、交通、农牧、教师等专业技术干部进藏支援，充实到西藏各个对口单位。[①] 针对西藏提出的“实行内地各省对口包干、干部轮换进藏”的要求，1979年1月，党中央下发《关于抽调干部支援西藏和在藏干部内返问题的通知》，从北京、上海、天津、江苏、四川、山东、云南、辽宁、陕西、河南、河北、安徽、山西、湖南、湖北等省市和中央国家机关抽调3092名干部进藏工作，其中党政干部和专业技术干部各占一半。1988年，中央下发了《关于为西藏选派干部的通知》，决定从北京、天津、河北等14个省市和国务院选派

① 西藏自治区人民政府办公厅、西藏自治区党委党史研究室：《全国支援西藏》，西藏人民出版社2002年版，第93—94页。

表 3—9　“交钥匙”与“交支票”建设方式的优缺点及其适用条件比较

<table>
<tr><th></th><th colspan="2">主体责任</th><th>优点</th><th>缺点</th><th>适用条件</th></tr>
<tr><td rowspan="2">交钥匙</td><td>支援省市</td><td>1. 立项；
2. 资金投入；
3. 项目设计；
4. 施工；
5. 监理；
6. 竣工验收；</td><td rowspan="2">1. 发挥支援省市的积极性，满足其意愿和利益要求；
2. 发挥支援省市项目建设的先进理念和经验；
3. 能够保障援助项目建设质量；
4. 为支援省市企业提供更多的机会</td><td rowspan="2">1. 不利于发挥受援地政府与部门积极性，不能很好满足其意愿与利益要求；
2. 难以很好地符合受援地经济、技术和环境要求；
3. 难以很好地符合受援地民族、宗教习俗；
4. 容易形成“漏斗效应”；
5. 援助干部工作量较大</td><td rowspan="2">1. 资金规模大；
2. 建设标准高；
3. 技术难度高；
4. 展示援助成效的标志性项目</td></tr>
<tr><td>受援地</td><td>后续管理</td></tr>
<tr><td rowspan="2">交支票</td><td>支援省市</td><td>1. 立项；
2. 资金投入；
3. 资金监管；
4. 质量监管</td><td rowspan="2">1. 发挥受援地政府与部门积极性，满足其意愿和利益要求；
2. 更符合受援地经济、技术和环境要求；
3. 更符合受援地民族、宗教习俗；
4. 为受援地企业提供更多机会，为受援地提供更多就业岗位；
5. 援助干部工作量较少</td><td rowspan="2">1. 不利于发挥支援省市的积极性，难以满足其意愿和利益要求；
2. 不能有效发挥支援省市项目建设的先进理念和经验；
3. 援助项目建设质量难以得到保障；
4. 难以为支援省市企业提供更多的发展机遇</td><td rowspan="2">1. 资金规模小；
2. 建设标准低；
3. 技术难度低；
4. 点多面广、地点分散、距离较远；
5. 民生补贴类项目</td></tr>
<tr><td>受援地</td><td>1. 项目设计；
2. 施工；
3. 监理；
4. 竣工验收；
5. 后续管理</td></tr>
</table>

资料来源：王达梅：《公共服务横向援助满意模式与机制改进研究》，第 175 页。

400 多名党政干部和专业技术干部进藏工作，规定专业技术干部在藏工作时间为 3 年，党政干部在藏工作时间为 5 年。

在援藏干部选拔方面，地方援藏干部选拔由有援藏任务的各省市的省直、市直有关单位和各市承担，针对在西藏的岗位、职位需求决定选拔范围，其中省直单位选派一部分，各地、市选派一部分。“按照自愿报名、单位推荐、逐级遴选、组织决定的方式进行选拔。”① 县处级及县处级以下的援藏干部年龄一般不超过 40 岁，县处级以上一般不超过 45 岁。具体人选经体检、考察合格后，由省委组织部好中选优，优中选强，做最后决定。援藏干部的选派条件是：政治上靠得住，思想政治素质过硬；身体健康，适应高原环境，能坚持长期在藏工作；具有胜任本职工作的组织领导能力和业务水平。根据西藏近几年的发展状况，近几批援藏干部的选拔更加注重基层经验，要求熟悉党务和经济工作，实际工作经验丰富，有较强的统揽全局能力和组织领导能力，能够应对突发事件和复杂局面；熟悉“三农”和县乡基层工作情况，善于做群众工作；有吃苦精神，能够较长时间留在西藏工作。

在援藏干部的组织关系和待遇方面，干部援藏期间，只转组织关系，不转户口和行政、工资关系，由西藏和派出省市共同管理，以西藏地方党委管理为主；援藏干部享受派出单位同类同级人员的各项福利待遇和受援地区同类同级人员的地区津贴；干部援藏期间的生活补助及节日慰问、配偶子女探亲、医疗费报销、休假等事宜，按有关文件规定办理。一般进藏前，由省、市财政发给援藏干部一次补助费数千元不等；进藏工作期间每人每月均有数百元的补助；援藏干部的休假按西藏现行规定执行（每年可回内地休假 3 个月），各省市委一般会为援藏干部统一办理人身意外伤害保险。

2011 年 12 月，中央印发《对口支援西藏干部和人才管理办法》开始实施，从管理权限、选派轮换、职务任免、待遇奖励、纪律监督等方面进行了明确规范，为进一步加强援藏干部管理、推进干部援藏工作顺利开展提供了制度保障。据统计，从第一批对口援藏干部的 600 多人，到第七批

---

① 参见人民论坛《援藏干部如何选拔》，http：//www. rmlt. com. cn/News/201006/201006011252024835. html。

的1195人，全国共有18个省市、70个中央和国家机关部委、17家中央企业先后选派7批近6000名援藏干部赴西藏工作。根据受援地要求，2014年湖北选派了60名涵盖卫生、水利、农牧、环保等12类专家赴藏开展短期援助工作，2015年又选派了87名各类专家技术人才赴藏工作。[①]四川安排经济发达市选派干部人才对口支援省内藏区，截至目前已经向藏区选派1377名援藏干部人才。

人力资源扶持的另一个重要措施是干部培训。1985年党中央、国务院决定在全国发达的省市举办内地西藏班，这是加快培养少数民族干部和人才的重大举措，27年来办学取得了历史性的成就，为西藏的经济社会发展输送了大批合格人才。据西藏自治区教育厅统计数据，内地办学得到加强，已累计为西藏培养输送各类中专以上人才近3万人，成为西藏现代教育体系的重要组成部分（见表3－11）。2010年8月27日西藏自治区人民检察院与西北政法大学签订《西藏自治区人民检察院与西北政法大学合作协议》，2010—2015年的6年时间里，西北政法大学每年定向从西藏检察机关招录20名法律硕士研究生，学制3年，招生计划由最高人民检察院商国务院学位委员会办公室每年单独下达；建立西藏自治区检察实务研究中心暨西北政法大学研究生研究实习基地；聘请西北政法大学专家学者担任西藏人民检察院专家咨询委员会委员；建立西藏法治论坛；西北政法大学选派优秀教师进藏支教培训。[②]

三是优惠政策扶持。为推动西藏经济社会发展，中央政府根据西藏经济社会发展的实际，制定了许多特殊优惠政策，涉及金融、财税、投资、基础设施建设、产业发展、农牧业和农牧区、环保、教育、卫生、科技、文化、体育等各个方面，并在财力、物力、人力上给予大力支持和帮助。与内地税收政策相比，在西藏投资的内地企业所得税优惠10%以上；在信贷融资方面，投资企业贷款利率低于内地2个百分点以上。各地政府在自治区政策的框架下又作了适当放宽。例如，《林芝地区招商引资若干优惠政策》第二条规定：国家产业政策和法律法规允许经营的投资行业

① 庄辉锦：《不断创新抓实援藏工作 着力推动西藏快速发展——湖北省对口支援西藏山南工作回眸》，《民族大家庭》2015年第4期。

② 马疆虎：《区检察院与西北政法大学在拉萨签署合作协议》，《西藏日报》2010年8月28日，第2版。

表 3－10　教育部指定的 8 所高校 2008—2012 年培养西藏在职干部计划

招生高校	培养人数（人）		按民族分配情况（%）	
	本科生	硕士生	汉族	少数民族
中国人民大学、北京师范大学、西南财经大学、四川大学、西北农林科技大学、天津大学、中国政法大学、吉林大学	1550	430	40	60

数据来源：钟慧笑：《教育部、中央统战部、国家民委决定进一步加大教育对口支援西藏力度》，载《中国民族教育》2007 年第 2 期，第 6 页。

和领域，投资者自由投资、自主经营，不受发展速度、发展比例、经营方式、经营规模、股权比例等具体条件的限制；第三条规定：凡到林芝地区投资兴办企业和其他项目的投资者，除享受中央、西藏自治区赋予的各项优惠政策外，还可享受本地区的财政扶持返还政策、工业、商业用地政策、金融优惠政策等。政策优惠为藏区吸引了大量的投资。根据我们的问卷调查结果，76% 的企业责任人投资建厂的首选因素就是西藏特殊的优惠政策。一些援助方也制定优惠政策扶持藏区发展。例如，安徽合肥制定了游客进藏奖励政策，规定旅行社组织合肥市民到西藏旅游，享受外地游客进入合肥一样的奖励补贴政策，参照《合肥市旅游宣传促销奖励暂行办法》执行，对组织包机、专列赴藏旅游分别给予 0.8 万元、2 万元的奖励，对组织大巴一次性招徕人数在 500 人以上的，奖励 1 万元，鼓励旅行社“多组团、组大团”。①

此外，近年来在援藏中还有一些新的技术和手段被应用。例如，湖北省宜昌市第四批援藏工作队 2016 年 7 月进藏后在深入受援地西藏加查县开展广泛调研的基础上，结合农牧区交通不便、信息物流不畅等实际，确立精准援藏工作思路，着力实施“互联网＋远程医疗＋远程教育＋农村电子商务＋智慧生态旅游”的“互联网＋精准援藏”方案。据悉，目前，在宜昌市第四批援藏工作队的积极推动和西藏自治区商务厅的大力支持

① 参见国家旅游局网《合肥市积极探索援藏新形式 大力推进旅游援藏工作》，http://www.cnta.gov.cn/html/2011－8/2011－8－23－11－39－54637.html。

下，西藏加查县还与江苏南京点石集团签订了电商人才培训方案，利用邮政“邮乐网”平台，建立起两个线上线下结合的试点店。下一步，电商扶贫工作将在西藏加查县及农牧区有条不紊地全面启动。[①]

（二）对口援藏的特点

第一，外生性。所谓外生性，是指援助的动力主要来自中央政府。1979 年“全国边防工作会议”首次确定组织内地省市实行对口支援边境地区和少数民族地区，并决定全国支援西藏。1983 年国务院要求“在坚持全国支援西藏的方针下，由四川、浙江、上海和天津重点对口支援西藏”。1994 年第三次西藏工作座谈会提出采取内地两三个省市对口支援西藏一个地市的办法。国家安排 14 个省市与西藏 7 个地市建立了对口支援关系。对口支援的期限由中央政府决定。2010 年第五次西藏工作座谈会上中央将对口支援政策在原有基础上延长 10 年。在援助项目的实施过程中，中央政府的动员和协调至关重要。对此，中央曾在第四次西藏工作座谈会上特别强调：“西藏工作座谈会精神的落实，其难度不可低估……牵扯面广。如何协调各方、减少扯皮推诿现象，使援藏工作形成一个有效的整体，如何调动大家的积极性、主动性、自觉性，需要做大量艰苦细致的工作。”[②] 在对西藏自治区对口援藏办公室的访谈中我们了解到，目前内陆省市对西藏的援助主要以中央指令的形式展开，双方基本没有正式协议。援助资金量也由中央确定。第五次西藏工作座谈会明确从第六批援藏工作开始 17 个援藏省市每年拿出财政收入的千分之一支援西藏。援助过程一般是：首先，由中央召开重大的会议进行整体部署，确定援助西藏的总体方案和基本方向，出台相关援助标准和援助政策；其次，在认真学习中央会议精神的基础上，西藏和支援方分别组织召开动员大会，部署各自的工作重点；然后，支援方和受援方就援助事宜进行接洽和商谈，共同确定援藏计划和实施方案；最后，由支援方派出援藏干部，贯彻落实援藏计划。

---

① 庄辉锦、李广进：《湖北省宜昌市第四批援藏工作队着力精准援藏》，《民族大家庭》2017 年第 3 期。

② 参见人民网《“李瑞环：重在落实”》，http://theory.people.com.cn/GB/11595673.html。

第二，无偿性。所谓无偿性，是指支援方的一切援助都不需要受援方付出任何代价或给予其他形式的补偿。对口援助的内容是多方面的，包括人、财、物等。早在20世纪50年代初，中央就动员全国各省无偿支援西藏经济建设必需的物资。除西南、西北的粮食和物资供应外，还有东北的钢材，华东、华北的机械装备，华南的各种食品罐头以及华北的毛皮、华东的布匹等。根据自治区对口援藏办公室提供的资料，目前内地对西藏的援助大体可概括为资金的无偿援助和物资的无偿援助。前者比较简单，大多通过地方间的财政转移支付进行，这种方式被称为“交支票”援助；后者则相对复杂，包括直接赠送（如设备）、建成后移交（如建筑物）等多种方式，被称为“交钥匙”援助。此外，援藏干部带来的项目、资金大部分用于建造房屋、购置办公设备、改善办公和生活条件等，均为无偿调拨或赠送。根据我们的了解，无偿援助项目一般不经过双方的谈判和协商，援助多少、如何援助均由支援方决定，受援方完全处于被动地位。“交钥匙”项目建成后便交给西藏地方政府部门管理，援建方基本与这些项目没有后续联系，导致很多项目运行效益低下。

第三，政治性。对口支援具有鲜明的政治性。改革以来，我国保持了较快的经济增长速度，社会、政治局面稳定。近年来，由于国内外诸多因素影响，西藏地区的社会局势不容乐观。与国内其他地区相比，由于地理上的特殊环境和文化差异，西藏与全国社会、经济的融合程度相对较低，这决定了维护西藏稳定、实现长治久安这一过程的艰巨性和复杂性。2001年6月，江泽民同志在中央第四次西藏工作座谈会上指出：“西藏的发展、稳定和安全，事关西部大开发战略的实施，事关民族团结和社会稳定，事关祖国统一和安全，也事关我们的国际形象和国际斗争……必须着眼于党和国家的工作全局，增强政治意识、忧患意识、大局意识、责任意识，深刻认识做好西藏工作的极端重要性。”① 从中华人民共和国成立以来中央政府的治藏诉求与“全国援藏”的目标逻辑可以看出，实现政治安全、经济发展、社会稳定、民族团结和可持续发展，维护国家领土完整和经济社会一体化发展等基本理念，是中国政府一直集中全国人力、物

① 参见新华网《中共中央国务院召开第四次西藏工作座谈会 江泽民发表重要讲话》，http://news.xinhuanet.com/ziliao/2001-12/03/content_498969.htm。

力、财力支援西藏发展的决策出发点,[①] 也决定了西藏在发展战略的设计、发展策略的选择上与国内外区域开发方式的不同。对中央而言，地方能否积极开展对口支援是考察地方政府贯彻中央精神、顾全发展大局的重要指标。对发达地区而言，援助西藏是一种政治责任和义务，也是“讲政治”的具体体现。[②] 在现行制度下，地方政府或可通过经济援藏而获得一定的政治收益。“对于地方政府而言，积极完成中央的帮扶任务和支援，其工作得到中央的肯定，进入对地方政府的政绩评价。因而这类地方合作的进行可以使得支援一方的地方政府官员在政治上获益，也就因此而获得维持的动力。”[③]对口支援式的地方合作还具有特殊的政治功能。因为“在一个既定社会中，处于劣势的民族群体，对于他们的不利处境会感到不满……如果他们能够争取用特别的扶助计划来改变社会中通常存在的经济与政治分配状况，那么，公开的力量冲突与冲突扩大的趋势就可能避免”[④]。中央第三次西藏工作会议要求各级党委、政府深刻认识全国支援西藏决策对国家发展、稳定和安全的深远意义。从对口支援的运行机制上看，基本属于政府调控型。

三 对口援藏的成效和问题

对口援藏有力地改善了藏区的发展条件，使藏区形成了较为完整的现代国民经济体系，藏区人民的生活水平有了大幅度提升。另外，援藏过程中也出现了一些问题，导致援藏项目的效益没有得到充分的发挥。统计表

---

① 潘久艳:《治藏诉求与“全国援藏”的目标逻辑》,《西南民族大学学报》(人文社科版)2008 年第 4 期。

② 1992 年江泽民在中央民族工作会议上指出:“要加强比较发达地区对不发达地区的对口支援，大力开展多层次、多渠道、多形式的横向经济联合，包括经济合作和教育、科技文化等方面的支援。这是比较发达地区的义不容辞的历史责任。”参见中华人民共和国国家民族事务委员会网《江泽民在 1992 年中央民族工作会议上的讲话》, http://www.seac.gov.cn/art/2005/7/23/art_3094_69842.html。1994 年第三次西藏工作座谈会上江泽民强调指出“重视西藏的工作实际上就是重视全局工作；支持西藏的工作就是支持全局的工作”。参见《江泽民文选〈西藏工作要抓好稳定和发展两件大事〉》第一卷 。

③ 杨龙:《地方政府合作的动力过程与机制》,《中国行政管理》2008 年第 7 期。

④ M. M. Gordon:《种族和民族关系理论的探索》，载马戎《西方民族社会学的理论与方法》，天津人民出版社 1997 年版，第 128 页。

明，至2009年对口援藏单位累计建成援藏项目6300个，但超过70%运转困难。[①]

（一）对口援藏的成效

交通设施得到明显改善。长期以来，对口支援主要以基础设施建设为主，援建项目主要集中在交通设施、通信条件改善、农牧民安居工程和城市生活设施改造以及河道整治、水坝、桥梁修建等方面。通过援建，很多原本交通闭塞的地方扩大了与外部经济的联系。比如，广东、福建两省先后改建林芝机场、川藏公路国境线，建设八一二桥、南伊电站、雪卡电站，扩建八一电厂，修建广州路、深圳路、福建路等。随着交通设施的完善，林芝地区对外经济交流不断加强。1991年林芝地区运输物资总量仅为5021吨，2003年上升到408772吨，增长了81倍。同时出藏物资由1991年的10吨增加到2003年的14421吨，增长了1442倍，增长速度惊人。[②] 这表明林芝与区外的经济联系已经非常频繁。

藏区基础设施和生产条件的改善极大地提高了人民的生活水平。据统计，2015年西藏全区实现生产总值1026.39亿元，比上年增长11.0%，高于全国6.9%的增速。人均地区生产总值由2010年的17027元增长到2015年的31999元。省内援藏的效果也很明显。地处川滇藏三省交界的四川省甘孜州巴塘县，是全国的藏区贫困县，基础设施落后、产业支撑乏力、民生问题突出。2012年以来，成都市双流区根据四川省委对口支援藏区决策部署，援建巴塘县。双流区先后投入援建资金1.33亿元，实施援建项目28个大项、60个小项，使得巴塘县经济增长速度和发展质量实现“双提升”，2017年全县地区生产总值达到9.9亿元，是2010年的两倍；财政一般预算收入由2010年的3243万元增加至2016年的1亿元，是2010年的3倍；城镇居民、农牧民人均可支配收入增幅也位于甘孜州

---

① 靳薇在调查中发现很多无偿援助项目实施过程中体现出“无计划的计划经济”特征以及投资无计划造成的“生产能力过剩”和“投产即亏损”现象。具体案例可参见靳薇《西藏：援助与发展》，西藏人民出版社2010年版，第127—140页。

② 参见杨明洪等《西藏经济社会跨越式发展的实证研究》，中国藏学出版社2006年版，第464页。

前列。

产业结构逐渐完善。长期以来，西藏的产业结构失调，一、二、三次产业均处于较低的发展水平。西藏和平解放前，一家125千瓦的小型水电站、一个小型铸币厂和一个小型机械厂构成了西藏工业的全部内容。当时全西藏仅有工业从业人员120人左右，其规模与产值可忽略不计。目前，在中央政府的大力扶持下，西藏已经建立起包括能源、轻工、纺织、机械、森工、采矿、建材、化工、制药、印刷、食品加工等20多个门类的富有西藏地方特色的现代工业体系。1978年以前，西藏的旅游业几乎没有任何实质性收益。1980年，西藏仅有一家可接待海外旅游者的招待所，床位不足100张。目前，西藏旅游接待能力大幅度提高，全区拥有各级各类旅行社93家，星级饭店62家，旅游行业固定资产达17.8亿元，直接从业人员12032人。2008年，全年接待国内外游客224.64万人次，全年旅游总收入达到22.59亿元。目前，西藏已形成了以拉萨为中心，日喀则、山南、林芝地区相衬托，辐射那曲、阿里和昌都地区的旅游资源格局。上海市和山东省援建的上海宾馆和山东大厦成为日喀则市旅游接待的主要设施。

教育卫生和社会保障事业全面发展。西藏在全国率先实现学前教育、城乡义务教育和高中阶段教育15年免费教育，小学学龄儿童入学率达99.59%，初中毛入学率达到98.75%，高中阶段毛入学率达到72.23%。人口素质明显提升，基本扫除了青壮年文盲，15周岁以上人口人均受教育年限达到8.1年。基本医疗卫生服务体系基本建立，现有医疗卫生机构6660个（含村卫生室）。以免费医疗为基础的农牧区医疗制度覆盖全体农牧民，在全国率先实现城乡居民免费健康体检。西藏人均基本公共卫生服务经费由2010年的27元提高到了2015年的50元，城乡居民免费享受12大类45项基本公共卫生服务。根据西藏“十三五”卫生计生规划，西藏自治区“十三五”末的人均预期寿命将达到70岁，比1951年的35.5岁提高了近1倍，显示出西藏卫生医疗事业的巨大全面进步。在对口支援下，其他藏区的社会卫生事业也得到很大的发展。比如，山东省卫生计生委派员赴青海海北州藏医院及刚察县、祁连县藏医院实地指导远程会诊中心建设，截至2016年年底，投资180万元的三家藏医院远程会诊中心已全部完成建设，实现了海北州远程会诊全覆盖。[①]

促进了藏区和全国的经济融合发展。中国国际金融有限公司 2010 年发布的《宏观经济周报》指出，中国各地区之间开始出现经济趋同效应，驱动因素包括政府政策投入、基础设施改善和沿海企业转移等，主要受益省区为西藏、新疆和安徽。[②] 同时，援藏的社会政治效益也很明显。从经验看，“当边远集团开始参与全国的经济体系时，它的结构关系将导致现代的以实效为中心的普遍主义的价值”[③]。通过对口支援，各民族之间的交流更加密切，架起了一座象征兄弟情谊的桥梁。自这项政策实施以来，基于民族身份的公民之间的各种差异越来越小，民族问题也随之淡化，增进了民族团结。“和平解放以来的援藏工作无可辩驳地证明，正是中央扶持和全国支援，才使西藏在民族区域自治的发展中不断增强自我积累和发展的能力，现代化建设实现由快速发展到跨越式发展，经济、文化落后状态得到根本改变，人民生活水平普遍提高，社会主义民族关系和谐发展。”[④] 然而，主要以无偿援助方式主导的对口援助也产生了一些消极的影响。

（二）对口援藏存在的问题

首先，对口援藏缺少权威性、约束力较强的、统一的法律法规，容易导致援助项目的低效益，也不利于援藏的整体管理。1984 年我国通过的《民族区域自治法》第六十一条明确规定了上级国家机关组织和支持对口支援的法律原则。这意味着对口支援已成为我国民族区域自治法律制度的一项重要内容，并上升到法律的层面。但这只是一个原则性的规定，对口支援实施过程中缺乏其他相关法律法规的协调。2011 年，国务院批准下发了《关于开展支援新疆发展资金和项目审计的工作方案》，对援疆干部经济责任强化了审计，但尚没有专门对对口援藏资金和项目的审计政策。[⑤] 缺

① 参见中华人民共和国国家发展和改革委员会地区经济司子站《山东省医疗援青实现青海省海北州远程会诊全覆盖》，http：//www. ndrc. gov. cn/fzgggz/dqjj/dkzy/201703/t20170302_840213. html。

② 中国国际金融有限公司：《宏观经济周报》2010 年 1 月 25 日第 96 期。

③ 包胜勇：《论赫克托的“国家发展模式”》，《西北民族研究》2000 年第 2 期。

④ 宋月红：《中央扶持和全国支援西藏》，《当代中国史研究》2008 年第 4 期。

⑤ 杨明洪：《对口援藏有效性的理论认识与实现路径研究》，《中国藏学》2014 年第 3 期。

乏有效的监督检查制度。目前，各级发改、财政、建设、审计等政府主管部门在对口支援工作中的重点是项目前期的审批和投资的分配方面，对建设项目实施阶段缺乏必要的监控。国家审计署相关报告表明，有的中央企业在援藏重大决策、财务核算和内部控制方面还不够规范，这一现象更加突出反映在对口援藏项目管理上。建设项目立项缺乏必要的审批，项目实施过程中发现资金不足，需要追加资金，缺乏必要的审批程序，建设项目招标、投标和验收中也存在不规范，当地政府碍于情面基本上不愿插手监管，当地人大、政协对之也缺乏监督，而央企派出援藏干部也很少接受当地纪检、检查部门的监督。①

项目援藏的法制化程度低。比如，重大项目的验收程序怎么进行的，是否经过民众的质询，项目的经济效果和社会效果是否经过评估，什么机构来承担评估工作，援藏项目出现问题后是如何处理的，等等；都需要完善的法律规范和引导。目前对口支援的政策法规体系尚不完善，有些甚至是空白，实践中常因现实问题的复杂性而缺乏可操作性和客观衡量标准。这使得各支援省市主观随意性增强，在“面子工程”和“绩效考核”的激励下相互攀比，造成资源浪费。

其次，缺乏统一的机构设置。目前对口援藏具有“多龙治水”的特点。长期的省际对口支援的归口领导部门在中央有国家民委、国务院扶贫办、教育部、卫生部等，而关于省际对口支援的领导部门、执行部门、支援内容、支援方式和资金调拨、使用、监督目前尚未有统一的系统的规定。在地方援藏方面，各省份主管省际对口支援的单位也有很多。有的省市专门成立对口合作机构，如上海市人民政府合作交流办公室、浙江省人民政府经济合作交流办公室；而有的省市则由发展和改革部门内设机构负责，如山东省发改委下设对口支援办公室、江苏省发改委下设对口支援处、经济合作处，还有的设有相关工作领导小组进而设置办公机构，如北京市对口支援和经济合作工作领导小组下设办公室和新疆、西藏、青海玉树三个前方指挥部。由于缺少统一的统筹协调机构，藏区作为受援方的角色极其被动，导致项目执行成本高，效果不明显，而且容易诱发利益冲突。有学者的调查表明，西藏地方政府的干部对无法控制的援藏工作屡有

① 杨明洪:《市场化背景下的央企对口援藏制度研究》,《中国藏学》2015 年第 3 期。

抱怨，因为内地各省对口支援的单位和企业，从援助项目的选定、资金的筹措、项目的实施等各个方面都各行其是，西藏当地政府部门的发言权和掌控权较弱，完全处于被动的地位。①

缺乏有效的组织协调机构，导致援藏各单位之间的协调困难。对口援藏工作涉及17个省份、9个国家机关、17家中央企业，牵涉面较广。一个受援地区有两三个支援省市，形成“多对一”的支援模式，比如西藏日喀则地区，对口支援的就有上海市、山东省、吉林省、黑龙江省和中国石化集团公司、上海宝钢集团有限公司4个省市2个企业；对口支援西藏昌都地区的有重庆市、天津市两个直辖市和6个中央企业（见表3－12）。目前中央部委、各支援省市、中央企业都各自成了“对口支援工作领导小组”，这个小组负责统一协调各自系统内部的对口支援的项目与资金。由于中央政府目前没有全面而具体协调的机构和机制，西藏的政府部门则无力主持协调，因为不具备号令各地省市政府的权威性。导致“多方援助，钱出各门”，基本上是各自为政。

表3－11　　对口支援西藏省市（单位）一览表

序号	援助省市	受援地区
1	上海市、山东省、吉林省、黑龙江省、宝钢、中国中化集团公司	日喀则市
2	湖北省、湖南省、安徽省、中粮集团有限公司	山南地区
3	天津市、重庆市、中国第一汽车集团公司、东风汽车公司、中国远洋运输（集团）总公司、中国中信集团公司、中国铝业公司、武汉钢铁（集团）公司	昌都市
4	浙江省、辽宁省、中国石油天然气集团公司、中国石油化工集团公司、中国海洋石油总公司、神华集团有限责任公司、中国中信集团公司	那曲地区
5	河北省、陕西省、中国联合网络通信集团公司、中国移动通信集团公司、国家电网公司	阿里地区

① 靳薇：《西藏：援助与发展》，西藏人民出版社2010年版，第245页。

由于缺乏统一的管理协调机构，导致对口支援的资源配置效率低下。由于支援方政府的财力具有巨大差异，导致财政资金投入量和支持力度不同，对受援地的经济带动作用就不一样，使得受援地各地区之间产生发展差距和贫富差距。如表 3－12 所示，由广东和福建共同支援的林芝地区被誉为西藏的“经济明星”，林芝地区在 1994—2009 年和 2011—2015 年之间人均接受援助资金达到由天津市和重庆市支援的昌都地区的 10 倍以上（见表 3－12）。[①] 由于支援方政府的财力存在较大差异，长此以往便导致受援方接受援助的总量出现巨大差异，扩大受援地之间的发展差距，容易引发受援地政府之间的利益冲突。目前中央已经意识到这个问题，从 2016 年 1 月开始，福建省将由对口援助林芝市调整为援助昌都市，北京市、江苏省和广东省 3 省市每年将从援藏资金中调出四分之一用于昌都市各受援县。2014 年中央对口援藏 20 年工作会议后，为帮助昌都加快推进跨越式发展和长治久安，确保与全区全国同步建成小康社会，国家发展改革委、中央组织部等部门根据西藏工作实际，按照“大稳定、小调整”原则，经过研究做出了这次调整。[②]

再次，缺乏有效的受援地民众参与机制。在制定援藏规划和实施方案时，政府占主导作用，没有广泛征求群众意见，导致部分项目与当地民众实际需求和发展的脱节。如西藏扎囊县由株洲援建的株洲宾馆入住率并不高，服务态度等宾馆管理上的情况并没改变。德吉新村的沼气项目由国家无偿提供，本意是利用饲草等产生沼气，既可有效缓解村民薪材煮饭问题，又可有效减少树木砍伐。但德吉新村的耕地和草地少，饲草不多，粮食也仅能自给，草料、牛粪等用于沼气发酵后，冬天牛羊的饲草缺乏，烧火取暖又没了牛粪，结果沼气设备在实际上成为不少农牧民家的摆设。[③] 农牧民参与项目的程度越低，项目设计就越不可能充分考虑到农牧民的需求，造成一些项目在当地的适应性较差。例如，西藏日喀则萨迎县当地一

---

① 丁忠毅：《对口支援边疆民族地区中的府际利益冲突与协调》，《民族研究》2015 年第 6 期。

② 闰党恩：《全国援藏格局将再次进行微调 福建省从明年开始对口支援昌都市》，《西藏日报（汉）》2015 年 7 月 9 日，第 10 版。

③ 王永莉：《对口支援与西部民族地区自我发展能力培育：以西藏扎囊县为例》，《华西边疆评论》2014 年第 00 期。

表3－12 1994—2015年西藏各地市受援资金情况简表

	拉萨	昌都	日喀则	山南	那曲	阿里	林芝
1994—2009年	17.41	9.92	29.71	16.98	16.19	5.84	26.84
2011—2015年	30.44	7.47	32.63	12.96	21.37	9.81	26.57
人口数（人）	559423	657505	703292	328990	462382	95465	195109
人均受援额（元）	8553	2645	8864	9100	8123	16393	27374
主要援助省市	北京、江苏	天津、重庆	上海、山东、黑龙江、吉林	湖北、湖南、安徽	浙江、辽宁	陕西、河北	广东、福建

条的引水管是2001年由国家投资50万元，外地包工队修建的引水管道。仅维持了一年便作废。先是水管被冬天的严寒冻裂，换了新水管后水源又枯竭了。饮水工程设施很快废弃，引起了当地居民的反感和不满。①

此外，由于地方援藏模式主要采取了“分片负责、对口支援、定期轮换”的方式，导致一些援藏干部更加注重“短、平、快”的形象工程和标志性建筑，而对一些基层的、较难解决的民生问题有所忽视，一些建成的项目与地方发展脱节的现象屡见不鲜。有调查表明，一些援建工程对民族地区经济发展的带动和促进作用十分有限，而一些建成项目普遍自我积累能力差，资金供需缺口大，有些甚至到了难以为继的地步（见表3－13）。

第四，缺乏激励机制和制度安排，互利互惠不明显。援助方付出大量人力财力，而回报有限，激励机制也不健全，援建的积极性受到影响；受援方依赖性强，民众的自主发展意识有待增强，很难在短期内提升其自我发展能力。“输血”式的援助方式使西藏地区形成了所谓的“投资拉动

① 靳薇：《西藏：援助与发展》，西藏人民出版社2010年版，第153页。

型”“项目拉动型”“政策拉动型”的经济发展模式，也形成了西藏特殊的会议经济周期。一般的规律，是开一次会，给一笔钱，上一批项目，就是一个周期。学者们观察到，每一次西藏工作会议之后都是西藏经济的一次加速期，而后期则增速减缓。这些会议召开的时间并没有固定的期限，因此不可避免地带来西藏经济的波动。而且这种经济模式日益强化西藏地方经济的投资依赖，弱化了西藏的自我发展能力。西藏的经济社会运行和发展，如日常行政管理的财政开支、社会基本建设的投资来源、社会管理的人力资源等方面，目前仍然要依靠中央政府和内地省市的支持及援助。以致有些学者认为“在今后相当长的一段时期内，想改变西藏的经济状况，变‘输血’为‘造血’，变‘依赖’为‘自立’，变‘供给’为‘内生’，甩掉‘输血型’帽子是不太现实的”①。一些支援方政府为维护其利益，倾向于优先使用支援方的企业和人员，以缓解本省市的就业压力，增加本省市的利税。这使受援地政府在培育本地企业、促进本地就业

表 3－13　　早期阶段公共服务横向援助项目建成后的运行情况

项目名称	建成时间	运行状况	社会效益	1995—1997年经济效益	困难和问题
那曲医院住院部	1985 年	困难	缓解那曲地区群众看病难、住院难问题	亏损	由于免费医疗，经济上透支。 亟须资金进行维修
西藏体育馆	1985 年	一般	西藏第一个大型现代化体育馆	利润 4.15 万元	无维修资金
拉萨剧院	1985 年	困难	接待区内各种会议，每年一次的人民代表大会，各种工作会议，专业会议等	收入 95 万元	入不敷出，不能解决正常的行政开支和维修费用，无法解决职工工资。 处于闲置状态，收益减少

① 潘久艳等：《“全国援藏”：改革路径与政策回应》，《中共四川省委省级机关党校学报》2010 年第 2 期。

续表

项目名称	建成时间	运行状况	社会效益	1995—1997年经济效益	困难和问题
山南群艺馆	1985 年	一般	活跃当地群众的文化生活	不详	缺乏维修经费
那曲群艺馆	1985 年	较困难	为当地群众提供艺术活动、娱乐休闲场所	不详	房屋破损严重，无维修经费
拉萨少年活动中心	1985 年	一般	为拉萨少年儿童提供课外活动场所	不详	缺乏更新维修经费
布达拉宫广场	1995 年	较困难	美化拉萨市容，使布达拉宫更为美丽壮观，为拉萨的大中型集会提供一个理想场所	亏损 65.3 万元	亏损严重，政府的补贴和广场出租收入无法支付维修和设备费用。 亟须进一步投资
拉萨市环形路	1995 年	一般	改善了市容市貌，美化城市环境，更多地保障交通安全	无具体收入	亟须进一步投资，修完尚未完成部分
日喀则市二中	1995 年	一般	缓解了当地学生升中学难的问题	无具体收入	经费不足：需进一步投资
日喀则市自来水厂	1995 年	困难	使日喀则 90% 的城镇居民，70% 的机关单位用上自来水。日喀则市结束过去饮用井水或河水的历史，改变了城市面貌	收益不详，预计今后每年亏损 200 万元	生产能力过剩、资金困难

续表

项目名称	建成时间	运行状况	社会效益	1995—1997年经济效益	困难和问题
生育健康培训中心	1995年	较好	为接待、培训西藏全区计划生育及卫生干部创造条件	利润29.8万元（1996年投入使用）	资金困难，购置设备的85万元欠款无法偿还。 受企业和行政双重管理，无法自我定位
拉萨人民医院住院部	1995年	良好	基本上解决拉萨市群众看病难、住院难的问题，同时也改善医护人员的工作环境	利润102万元（1996—1997年）	资金困难，现收入主要用于保证职工工资和财政差额部分。 亟须进一步投资，用以完善和改造现有设施

注：1985年建成的为“43项工程”项目，1995年建成的为“62项工程”项目。

资料来源：靳薇：《援藏项目效益调查报告》，《中国藏学》2000年第3期，第3—28页。

等方面的利益诉求很难实现，也使其辖区内企业和劳动力难以分享对口支援的红利，不利于增强受援地的内生发展能力。还有一些援建省市忽视受援地的生态环境承载能力和经济发展的长远利益，将本地产能过剩、资源能源消耗过大或低附加值的产业转移到受援地。部分承担着援藏任务的省份，辖区内也有很多贫困人口，扶贫任务本来就较重。2012年3月19日，国务院扶贫开发领导小组办公室发布了《国家扶贫开发工作重点县名单》。全国592个贫困县，涉及援藏省份有9个。其中，河北省有39个，吉林省8个，黑龙江省14个，安徽省19个，湖北省25个，湖南省20个，重庆市14个，四川省36个，陕西省50个，并且，这些省份中每一个省省内都有集中连片特殊困难地区。[①] 2004年，四川提出自己省内也有藏区需要援助，因而退出对西藏的支援。黑龙江对口支援日喀则地区农牧局的一位副局长就曾向调查者反映：“支援农业的援藏资金是从农业发展资金中一个口一个口扣下来的，较困难，资金到位率有问题。”国家机关的一位援藏干部则表示部委的援藏资金筹措很困难，过去各单位都有“小金库”，同时还可以向所属企业摊派。近年改革了，政企分开，“小金库”也没了，资金来源成了问题，让他们犯愁的是“今后到哪里去筹措援藏的钱呢?”[②] 目前592个国家级贫困县涉及9个援藏省份，其中湖北省有25个。2010年成都召开的“经济对口支援西藏工作座谈会”上，湖北省援藏调研员提出援藏资金的一次性拨付到位存在很大困难。[③] 近年来，中国地方政府之间的合作主要依靠利益驱动，促进经济增长、增加财政收入是地方政府合作最主要的动力。有学者分析了138份地方政府间的合作协议，其中76份约定了双方合作应当遵守的原则，在这些原则中，互惠互利原则居于首位的有53份，互补原则位居第二位，有45份。[④] 随着地方经济自主性程度的提升，对口支援制度已经出现了地方间关系的问题。“在对口支援边疆民族地区过程中，尽管府际协作关系占据主导地位，各级政府的根本利益具有兼容性和一致性，但府际利益冲突仍然在一定范围内存在，并可能导致一系列负面影响。”[⑤]

第五，干部援藏的制度设计有待完善。援藏中实行的干部挂职、互相交流与学习是一种较好的制度安排，可起到开拓西藏地方官员视野的作用和提高官员的模仿能力，但仍存在诸多问题，比如挂职时间仅为三年，而对口援藏的央企在处理派出干部上更是缩短干部援藏时间，有的是1.5年，有的只有1年。援藏时间过短，不免存在走马观花的嫌疑。由于时间

---

① 参见人民网《国家扶贫开发工作重点县名单发布　共包括592个县》，http：//politics.people.com.cn/GB/1026/17430646.html。

② 靳薇：《西藏：援助与发展》，西藏人民出版社2010年版，第242页。

③ 西藏自治区发改委汇编：《援藏会刊》2010年第5期。

④ 叶必丰等：《行政协议：区域政府间合作机制研究》，法律出版社2010年版，第27页。

⑤ 丁忠毅：《对口支援边疆民族地区中的府际利益冲突与协调》，《民族研究》2015年第6期。

短，在有限的援藏周期内，将项目、资金放在高楼大厦和广场等领域更能凸显援藏的效果，因此，“政绩工程”“面子工程”往往更容易受到援藏干部的青睐。此外，由于时间短，援藏干部与当地农牧民之间的交流也少。现在的对口援藏基本上是以县为单位，干部基本上都在县城住着，很少到村子里与农牧民同吃同住，心理上的相互认可度不高。少数援藏干部还给当地民众留下了“候鸟”的称呼和印象。[①] 目前援藏干部的考核和管理主要由援藏工作队掌控，这种管理模式也不利于援藏干部全面融入受援地，也影响干群关系。比如，一些藏区民众对于媒体宣传表彰援藏干部事迹、援建项目标明的“感谢碑”和“某某路”等命名方面存在反感和不适应。[②]

按照干部援藏的要求，一般应由援藏省市根据地区实际，因地制宜设定标准，按照自愿报名和择优录取相结合的原则确定援藏干部人才。但在实际选拔过程中，大多是自上而下、“一刀切”的行政命令，对受援地实际需要的干部人才缺乏深入了解，援助方的干部人才供给与受援方人才需求在结构上出现了偏差，主要反映在行政干部偏多，而医生、教师、工程师等专业技术人员却严重不足。我们在调研中发现，尽管援藏省市为藏区购买了大量先进的设备，但因为缺乏技术人员，很多设备长期闲置，没有发挥应有的功能。

第六，没有把握好对口援藏的“度”。有学者指出，我国持续推行的对口援藏等对少数民族的照顾政策表现出明显的“民族主义”倾向。这样的政策取向在一定的历史时期发挥了很大的作用，推动了少数民族的发展。但是，随着这种民族政策逻辑的不断延伸，一系列问题也逐步暴露出来。比如，过度的扶持和优惠可能导致民族意识的增强，从国家认同的角度来看，迅速增长的民族意识很可能在促进民族认同增强的同时改变民族认同与国家认同之间的对比关系。对多民族国家的国家认同来说，民族意

---

① 张营为：《关于对口援藏问题的调查与思考》，《西藏研究》2016 年第 1 期。

② 孙宏年：《“文化援藏”的实践、成效与展望初探》，《中国边疆学》（第六辑）2016 年第 2 期。

识有可能成为一种消解性的力量。[①] 因此，在对口援藏的过程中要对民族意识的增长保持必要的警惕，要对民族意识的过快增长采取必要的应对手段。

（本章撰稿：柳建文，南开大学周恩来政府管理学院）

① 周平：《边疆治理视野中的认同问题》，《云南师范大学学报》（哲学社会科学版）2009年第1期。

第四章　对口支援新疆

1979 年 4 月 25 日在北京召开的全国边防工作会议上，中共中央政治局委员、中央统战部部长乌兰夫作了题为《全国人民团结起来，为建设繁荣的边疆，巩固的边防而奋斗》的报告，提出国家将加强边境地区和少数民族地区的建设，增加资金和物资的投入，并组织内地省、市对口支援边境地区和少数民族地区。同年 5 月，中央政治局讨论通过了这个报告，并将其转发全国。报告要求组织内地省、市实行对口支援边境地区和少数民族地区，并确定江苏对口支援新疆，至此对口支援新疆作为国家援疆制度正式开始实施。2010 年 3 月 30 日，全国对口支援新疆工作会议在北京召开。会议传递出中央通过推进新一轮对口援疆工作加快新疆跨越式发展的信号，确定北京、天津、上海、广东、辽宁、深圳等 19 个省市承担对口支援新疆的任务。根据会议精神，19 个援疆省区市建立起人才、技术、管理、资金等全方位对口援疆的有效机制，把保障和改善民生置于优先位置，着力帮助各族群众解决就业、教育、住房等基本民生问题，支持新疆特色优势产业发展，提高新疆自身的“造血”功能。总结对口支援新疆的成就以及存在的问题，探寻影响对口援疆的因素，对于我们进一步做好援疆工作具有极其重要的意义。

一　对口支援新疆概述

从 1979 年 4 月 25 日全国边防工作会议第一次明确提出江苏对口支援新疆，到 1996 年颁布《中共中央关于新疆稳定工作的会议纪要》揭开全国性对口支援新疆的序幕，再到 2010 年 3 月 30 日全国对口支援新疆工作会议确立推进新一轮对口援疆工作、加快新疆跨越式发展，对口支援新疆历经近 40 年，经历了不同发展阶段并相应取得了巨大的成就。

（一）新疆概述及对口援疆

新疆位于我国西北边陲，面积 166 万平方公里，占中国国土面积六分之一，是中国陆地面积最大的省级行政区。新疆地处亚欧大陆腹地，陆地边境线 5600 多公里，周边与俄罗斯、哈萨克斯坦、吉尔吉斯斯坦、塔吉克斯坦、巴基斯坦、蒙古、印度、阿富汗八国接壤，在历史上是古丝绸之路的重要通道，现在是第二座“亚欧大陆桥”的必经之地，战略位置十分重要。新疆全称为新疆维吾尔自治区，是我国五个少数民族自治区之一，现有 46 个少数民族，包括维吾尔族、哈萨克族、回族、蒙古族、柯尔克孜族、锡伯族、塔吉克族、乌孜别克族、满族、达斡尔族、塔塔尔族等，少数民族人口约占总人口 60%。

改革开放以来，新疆经济、社会、文化取得较快发展，居民生活水平得到较大提升，民族安定团结，但是新疆不安全、不稳定、不确定的因素依然存在，维护民族团结和社会大局稳定的任务异常艰巨繁重。为了进一步促进新疆各民族团结、维护边疆稳定和国家统一，我国开展对口支援新疆行动。对口支援新疆是指国内经济发达或实力较强的省市对新疆实施无偿援助的一种政策性行为。经济发达或实力较强省市通过与新疆某个地区结成“一对一”（即一个支援省市援助新疆的一个地区）、“一对多”（即一个支援省市援助新疆的多个地区）或者“多对一”（即多个支援省市援助新疆的一个地区）、“多对多”（即多个支援省市援助新疆的多个地区）等帮扶关系开展支援，对口支援新疆内容包括经济援助、医疗援助、教育援助、基础设施建设援助等。从性质上看，对口支援新疆属于一种无偿性的援助行为，即支援省市响应中央号召，为新疆无偿提供经济、医疗、教育和基础设施方面的支援。

（二）对口支援新疆的缘起与发展演进

改革开放初期，我国就开展对口支援新疆行动。初期的对口支援新疆是“小范围、小规模”援助，包括江苏援疆、山东援疆等，这种对口支援不稳定，变动较大，成效也小。1996 年颁布的《中共中央关于新疆稳定工作的会议纪要》揭开全国性的对口支援新疆的序幕，1997 年 2 月九个支援省市和中央政府有关部委选派的200多名援疆干部抵达新疆，援疆进入正式实施阶段。1996年以来对口支援新疆大体经历三个发展阶段，即从干部援疆阶段（1996—2004）到干部援疆与经济援疆为主、公共服务援助为辅阶段（2005—2010）再到继续开展干部援疆与经济援疆、强调公共服务援疆阶段（2010年至今）。

第一阶段：干部援疆阶段（1996—2004）。针对新疆管理人才和专业技术人员非常缺乏的现状，1996年开始的对口支援新疆以干部援疆为主。这里“干部”有双重含义，既包括向新疆派出优秀的党政管理干部，又包括医疗卫生、科技教育等专业技术人才。通过援疆干部和专业技术人员向新疆带去先进党政管理经验和专业技术经验，弥补新疆在党政管理经验和专业技术方面的不足。初期到新疆援疆干部没有在当地担任领导职务，为了提高干部援疆效果，从2002年开始，中共中央组织部和自治区党委将哈密市和霍城县作为援疆干部担任县市委书记试点地，2005年扩大到阿图什、疏勒县和和田市，援疆干部担任县市委书记的地区有5个。援疆干部平均每两年派出一批，北京、天津、上海、山东、江苏、浙江、江西、河南、河北9省市1997—2004年共派出四批援疆干部，共计约1206人；广东、福建、湖南、湖北4省1998—2004年共派出三批援疆干部，共计约372人。1997—2004年13个援疆省市合计派出援疆干部约1578人。1997—2004年共有13个省市参与支援新疆，新疆有10个地区和州作为受援方接受援助，各省市结对关系情况如表4－1所示。这个阶段属于对口支援新疆的探索阶段，主要是以派出援疆干部为主，没有资金和项目的要求。

表4－1　1997—2004年对口支援新疆结对关系

支援省市	受援方	支援省市	受援方
北京、浙江	和田地区	江西省	克孜勒苏柯尔克孜自治州
上海、河南	阿克苏地区	湖北省	博尔塔拉蒙古自治州
天津、山东	喀什地区	福建省	昌吉回族自治州
江苏省	伊犁州哈萨克自治州	广东省	哈密地区
河北省	巴音郭楞蒙古自治州	湖南省	吐鲁番地区

第二阶段：干部援疆与经济援疆为主、公共服务援助为辅阶段（2005—2010）。2005年对口援疆政策有较大调整，同年4月，中共中央办公厅、国务院办公厅联合下发《关于确立有关省市、企业与新疆维吾尔自治区南疆四地州和新疆生产建设兵团在南疆三个师对口支援关系的通知》，作出“以干部支援为龙头，实行经济、科技、文化全方位支援南疆四地州和三个兵团师”的决定。这意味着对口援疆由原来单纯的“干部援疆”转为“干部援疆+经济援疆+公共服务援疆”模式。2007年国务院颁布的《国务院关于进一步促进新疆经济社会发展的若干意见》再次强调经济援疆和公共服务援疆（包括科技、教育、医疗、文化援助）工作，尽管开展“多方位援疆”，但干部援疆依然处于核心地位。中央的对口援疆政策有调整，支援省市与受援地的结对关系在原来基础上略有变动，主要是增加辽宁省对口支援克孜勒苏柯尔克孜自治州，这样就有14个支援省市参与支援新疆。由于重视经济援疆，增加了十多家国有重要骨干企业参与援疆，包括中国电子信息产业集团公司、中国三峡总公司、中国网络通信集团公司、中国南方电网公司、中国五矿集团公司、鞍山钢铁集团公司、中国华电集团公司、中国通用技术集团公司、中国华能集团公司、国家开发投资公司、中国国电集团公司、中国海运（集团）总公司等，这些国有企业分别对口支援新疆不同地区。

2005年以来援疆干部基本固定为每三年派出一批，2005—2010年派出2批，共派出援疆干部约为1386名。杨富强统计出自1997—2010年，14个省市派出援疆干部2918人，[①] 而我们计算出的总数是2964人（1578+1386），两数仅相差46，因此推算出的援疆干部人数的准确度在95%以上。中央调整援疆政策后，支援省市和援疆干部的责任不再是仅在新疆从事管理工作和专业技术工作，而是有项目和资金要求，即要求支援省市与援疆干部要为新疆引进一定的项目和资金。2005—2010年，14个支援省市为新疆带来较多的项目和资金，但中央政府与支援省市没有明确的数据公布，难以确定14个支援省市援疆项目和资金总数。只能通过记者报道

① 杨富强：《“对口援疆”政策回顾及反思——以1997—2010年间政策实践为例》，《西北民族大学学报》（哲学社会科学版）2011年第5期。

和援疆干部的博客等网络途径掌握相关数据，下面以广东省第四批和第五批援疆项目和资金情况为例来推算14个支援省市6年来援疆项目和资金的情况。广东省第四批援疆（2005—2008）共确定11个援疆项目（其中4个为后来追加），省财政投入资金4580万元；3年来争取社会无偿援助项目79个，项目资金达7603.7万元，援疆干部派出单位及广东各界无偿援助资金和物资达8440.1万元，援建希望小学资金256.2万元，无偿援助资金与物资合计超过1.63亿元。广东省援疆工作队通过帮助哈密地区组团参加广东举行的各类博览会、交易会和洽谈会等方式，促成粤哈两地企业签订合作项目合同20个，合同金额20多亿元。[①] 广东省第五批援疆工作2008—2010年底（由于中央政府于2011年重新确定各省市对口援疆关系，第五批援疆工作队提前半年结束工作），第五批援疆共确定7个项目，省财政投入5060万元；累计争取各类无偿援助资金、物资总额1.66亿元；促成粤哈两地企业签订合作项目合同15个，合同金额达20.1亿元。[②] 第四批、第五批广东省援疆中，共有援助18个项目，省财政投入9640万元，筹集社会援助资金3.29亿元，促进经济合作项目35个，合作金额为40.1亿元。如果以广东省作为基本参照的话（广东省的各项数据乘以14），那么2005—2010年，14个支援省市的援疆项目和资金为：援助252个项目，省级财政投入13.49亿元，筹集社会援助资金46.06亿元，促进经济合作项目490个，合作金额为561.4亿元。当然，这个算法略显简单，误差较大，因为各支援省市的财政能力与积极性不同，援疆项目与资金数量也会有较大差异。但是，在2005—2010年的援疆中，广东省援疆处于中游略上的水平，不是最好的，也不是末尾的。从统计意义上讲，广东的各项数据属于14个支援省市数据的中位数，因此，以广东省的各项数据乘以14得出总的援疆项目和资金数，还是具有一定的可信度的。

① 孙建兵：《使命——广东赴哈密第四批援疆工作队纪事》，《南方日报》2008年6月19日。

② 孙建兵：《明月天山，粤哈情深——广东省第五批援疆工作队纪事》，《南方日报》2010年7月14日。

第三阶段：继续开展干部援疆与经济援疆，强调公共服务援疆阶段（2010 年至今）。2010 年以来对口支援新疆有重大的政策变化，其标志是两次规格非常高的会议的召开：2010 年 3 月召开第一次全国对口支援新疆工作会议；2010 年 5 月召开中央新疆工作座谈会。两次会议召开后，自 2011 年开始实施新的对口援疆政策，对口援疆的干部人数、资金和项目有显著增长，对口援疆进入强力援疆的发展阶段。与前两个阶段的对口援疆相比，本阶段对口援疆呈现四个主要特点：

首先，大幅度调整对口援疆的结对关系。在新一轮对口援疆中，新增安徽、山西、黑龙江、吉林 4 省和广东深圳市，支援省市由原来的 14 个增加到 19 个。根据支援省市经济发展水平和财政能力，以及受援方的困难程度，对结对关系进行较大调整，形成新的结对关系（见表 4－2）。例如，广东省由支援哈密地区转为支援喀什地区，上海市由支援阿克苏地区转为支援喀什地区，天津市由支援喀什地区转为支援和田地区，浙江省由支援和田地区转为支援阿克苏地区。随着支援省市的增加，援疆干部人数大幅度增长，第七批援疆（2010—2013，有些省市是第六批援疆，新增的支援省市则是第一批援疆）派出援疆干部 2600 余人，[①] 接近于作者计算出的前 13 年援疆干部总数 2964 人。

表 4－2　2010 年以来新一轮援疆的结对关系

支援省市	受援方	支援省市	受援方
广东省	喀什地区：疏附县、伽师县、兵团农三师图木舒克市及团场	江苏省	伊犁哈萨克自治州：伊宁市、霍城县、奎屯市、伊宁县、新源县、察布查尔锡伯自治县、尼勒克县、巩留县、昭苏县、特克斯县、兵团农四师团场、兵团农七师团场

① 《小康》杂志社：《新一轮援疆干部达过去十年总和，对口援建省市翻一倍》，《小康》2010 年第 6 期。

续表

支援省市	受援方	支援省市	受援方
深圳市	喀什地区：喀什市、塔什库尔干塔吉克自治县	河北省	巴音郭楞蒙古自治州：库尔勒市、和静县、焉耆回族自治县、和硕县、博湖县、且末县、若羌县、轮台县、尉犁县、兵团农二师团场
上海市	喀什地区：莎车县、泽普县、叶城县、巴楚县	湖南省	吐鲁番地区：吐鲁番市、鄯善县、托克逊县
山东省	喀什地区：麦盖提县、疏勒县、岳普湖县、英吉沙县	河南省	哈密地区：哈密市、巴里坤哈萨克自治县、伊吾县、兵团农十三师团场
北京市	和田地区：和田市、和田县、墨玉县、洛浦县、兵团农十四师团场	湖北省	博尔塔拉蒙古自治州：博乐市、精河县、温泉县、兵团农五师团场
天津市	和田地区：民丰县、策勒县、于田县	福建省	昌吉回族自治州：昌吉市、玛纳斯县、呼图壁县、奇台县、吉木萨尔县、木垒哈萨克自治县
安徽省	和田地区：皮山县	山西省	昌吉回族自治州：阜康市、兵团农六师五家渠市及团场
江苏省	克孜勒苏柯尔克孜自治州：阿图什市、乌恰县、阿合奇县	辽宁省	塔城地区：塔城市、乌苏市、额敏县、和布克赛尔蒙古自治县、托里县、裕民县、沙湾县、兵团农九师团场、兵团农八师石河子市及团场
江西省	克孜勒苏柯尔克孜自治州：阿克陶县	吉林省	阿勒泰地区：阿勒泰市、哈巴河县、布尔津县、吉木乃县

续表

支援省市	受援方	支援省市	受援方
浙江省	阿克苏地区：阿克苏市、阿瓦提县、温宿县、新和县、沙雅县、拜城县、库车县、乌什县、柯坪县、兵团农一师阿拉尔市及团场	黑龙江省	阿勒泰地区：青河县、富蕴县、福海县、兵团农十师团场

其次，援疆重点以南疆为主，兼顾北疆。由于支援省市的增多，援疆范围明显扩大。受援方由原来的10个地州、56个县市和新疆生产建设兵团3个师，扩大到新疆12个地州、82个县市和兵团12个师。对口援疆基本覆盖整个新疆，除了乌鲁木齐市、克拉玛依市、北屯市、铁门关市、双河市外，其他的地、州、自治区下辖县级市都纳入受援范围。援疆重点是南疆，广东省、上海市、山东省、北京市、天津市、浙江省等经济发达和财政实力较强的支援省市集中支援南疆的喀什地区、和田地区、阿克苏地区等。但在援疆中也兼顾北疆，湖南省、福建省、山西省、辽宁省、吉林省、黑龙江省等经济发展和财政实力中等的支援省市分别支援北疆的吐鲁番地区、昌吉回族自治州、塔城地区、阿勒泰地区等。

再次，对口援疆资金来源有保障，且规模庞大。新一轮对口援疆对资金的来源做出明确规定，即纳入支援省市的财政预算支出项目中，规定援疆资金占支援省市"地方财政一般预算收入"的0.3%—0.6%，但中央政府对各支援省市的要求不同，例如要求天津援疆资金按0.5%计算。2011年对口援疆资金以2009年地方财政一般预算收入为基数进行计算；2012—2015年，上年地方财政一般预算收入增长率高于8%的，当年对口援疆资金按8%递增；低于8%的，按照实际增长率递增。2016—2020年的对口援疆资金比例，根据实际情况另行研究确定。从2011年各支援省市援疆资金投入来看，有些支援省市已经超过0.6%，例如北京市安排援疆资金17.9亿元，占2009年预算收入（2026.81亿元）0.88%，已经超过0.6%；上海市安排援疆资金17.15亿元，占2009年预算收入（2989.65亿元）0.67%，亦超过0.6%。其他支援省市援疆资金基本都在0.3%—0.6%之间，如江苏投入15.65亿元，占预算收入0.48%；吉林省投入1.83亿元，占预算收入0.37%；广东省投入10.78亿元，占预算收入0.3%。2011年19个支援省市共安排援疆资金为130多亿元。据作者估算，2005—2010年14个支援省市的援疆资金投入为13.49亿元，而2011年一年就投入130多亿元，是2005—2010年6年总和的10倍左右，对口援疆资金“井喷式”增长。不仅如此，随着我国经济增长，地方财政收入也随之增长，那么援疆资金也随之增长，如果按地方财政预算收入年增长10%计算的话，2011—2015年对口援疆资金将达到800亿元，2016—2020年将超过1000亿元，10年累计约1800亿元。这将是一笔规模十分庞大的对口援疆资金。

最后，继续开展干部援疆与经济援疆，强调公共服务援疆。新一轮对口援疆继续开展干部援疆和经济援疆，但在援疆内容上发生重大变化，把教育、医疗、住房、就业等基本民生问题放在援助的优先地位，突出公共服务援疆的中心地位，这是本阶段对口援疆最显著的特征。2011年19个支援省市安排援疆资金130多亿元，其中70%用于民生工程建设，[①]建成城乡住房、学校、医院、公共基础设施等一大批民生工程项目，有效解决了受援地老百姓生活中的实际困难。

与两个阶段的“局部性”对口援疆相比，2010年以来开展的对口援疆是一种“整体性”援疆，无论资金、项目、援疆干部人数都有“井喷式”增长，被认为是“支援地域最广、涉及人口最多、资金投入最大、援助领域最全面、支援力度最强”的对口援疆。新一轮对口援疆特别强调公共服务援助，将对提高新疆公共服务发展水平发挥积极作用。

二　对口支援新疆的内容、措施及其特点

对口支援新疆，主要涉及经济援助、公共服务援助和基础设施援助，通过建立结对关系、派出援助干部、拨付资金、开展培训以及政策优惠等措施，从而建立起人才、技术、管理、资金等方面援助新疆的有效机制，优先保障和改善民生，帮助新疆各族群众解决就业、教育、住房等基本问题，同时支持新疆相关特色产业的发展，提高新疆自身的

① 靳薇：《关于援疆问题的调研报告》，《科学社会主义》2012年第4期。

"造血"功能。

（一）对口支援新疆的内容

1. 经济援助

经济援助是支援省市通过向新疆投入资金、物资，设立投资项目等促进新疆经济发展。经济援助既有直接的经济援助也有间接的经济援助，总体目标是实现新疆地区的脱贫，推动新疆各个产业发展。

目前，在经济援助新疆中，产业援疆是经济援助的重点，发展产业可以带动就业，提高居民收入，推动对口援疆从"输血"到"造血"的转变。在产业援疆过程中，各支援省市建立工业园区、产业园区以承接支援地区的产业转移。2012 年 5 月，中共新疆维吾尔自治区委员会办公厅印发《新疆维吾尔自治区关于推进产业援疆工作的指导意见》，确定产业援疆的重点领域：（1）依托煤炭开发，积极推进准东、伊犁、吐哈等五大煤炭示范区建设；（2）结合市场需求，促进矿产资源开发利用；（3）促进传统产业改造升级，发展现代农副产品和轻工产品加工业；（4）坚持产业带动，加快发展先进装备制造业；（5）加大研发力度，全面推进战略性新兴产业；（6）切实优化配置，大力发展现代服务业；（7）强化资源整合，做大做强旅游业；（8）加快喀什、霍尔果斯两个经济开发区建设。

产业援疆工作具体内容包括援建工业园区、产业园区，以及建设农业示范园、建设经贸合作交流平台等。工业园区一般由受援地区政府建设，然后通过招商引资吸引支援地企业入驻的方式，北京、天津、广东、深圳等省市在援疆过程中都建立工业园区，北京的和田工业园区、喀什深圳产业园、广东省援疆的伽师工业园等工业园区。一些援疆地区采取与受援地区的产业园区建立结对关系的方式，如江苏的援疆。江苏地区的 15 个园区与伊犁、第四师、第七师的 12 个园区建立结对关系，江苏地区的 8 个开发区与伊犁地区的 6 个开发区建立了合作关系。截至 2015 年，19 个援疆省市的 48 家国家级开发区与新疆地区的 39 家产业聚集园区建立了结对支援关系。[①] 2013 年广东第七批援疆工作开展以来，共落实援疆项目 111

① 天山网：《"十二五"期间 19 个援疆省市落地经济合作项目 4880 个》。

个，投入援疆资金44.1亿元，建设草湖纺织服装产业园等多个重点项目。鉴于新疆地区的农业发展落后，在对口援疆中注重通过建设现代化的农业示范园发展现代农业，如山东五征集团与喀克夏勒村合作开发建设万亩现代农业示范园；天津援助和田地区的有机肥红枣示范种植基地、援助于田县大芸、玫瑰花种植基地建设等。河南省在2013—2016年第七批援疆中，促成签约产业援疆项目100多个，落地实施项目40多个，到位资金约260亿元，产业援疆工作位列全国前列。

2. 公共服务援助

新疆地区经济发展相对滞后，公共服务水平也相对比较低。公共服务援助成为对口支援新疆的重要内容之一。公共服务援助是指支援省市对新疆进行教育、医疗、卫生、住房、就业等方面的援助，以提高新疆公共服务水平，使得居民能够享受更加优质的公共服务。各支援省市通过各种方式对新疆开展公共服务援助。例如，浙江援助新疆和田地区，2000—2003年在和田市建设浙江中学、科技文化活动中心、嘉兴幼儿园、安吉中学、义乌小学等学校，截至2010年年末，浙江省在和田市援助希望小学有29所，投入总金额898.1万元。上海援助阿克苏市，在2006年9月—2007年10月所援助的项目中，援建学校就占了其中的43%。[①] 根据广东省新一轮援疆总体规划，2011—2015年将投入资金63.27亿元，安排援建项目122个，其中直接用于学校、医院、安居房、棚户区改造、劳动就业、基础设施以及其他公共服务等民生项目的资金将占援助资金总额的75%以上。2010年新一轮援疆以来，山东省仅在2011年就在喀什地区四个县投入3.5亿元安居富民资金，建设特色各异、形式不同的2.11万套农民新居。[②] 上海市对口支援新疆喀什地区，将富民安居工程作为援疆工作重点，2011—2013年已经完成15万套安居房建设，受益面覆盖四县160万人口中的60万农牧民。[③]

① 杨富强：《“对口援疆”政策回顾及反思——以1997年至2010年间政策实践为例》，《西北民族大学学报》（哲学社会科学版）2011年第5期。

② 杨新才：《山东援疆把安居富民房建在农民心坎上》，天山网，http://www.tianshannet.com，2011-11-11。

③ 《上海援疆全力推进安居工程》，《新闻晨报》2014年5月28日。

3. 基础设施援助

基础设施是指为社会生产和居民生活提供公共服务的物质工程设施，是用于保证国家或地区社会经济活动正常进行的公共服务系统。它是社会赖以生存发展的一般物质条件。[①] 基础设施援助是指对新疆进行行政办公楼房、道路、供（排）水、供气、供电、污水与垃圾处理、环境生态等基础设施的援助。基础设施具有先行性和基础性的特征，是生产和生活不可缺少的基础性条件。基础设施援助主要为实现两个目标：一是为改善居民的生活水平，发展各类民用基础设施；二是为当地的产业发展打好基础，发展产业建造的基础设施。在具体作用方面，民生类基础设施和发展产业类基础设施有重合之处，如道路、供水、供电、通信等基础设施既具有改善民生的作用，又是产业发展不可缺少的前提。例如，国家电网表示，"十二五"期间，投入120亿元援助天山南北的电力建设，解决当地百万人缺电问题。各支援省市在对口援疆中，比较重视基础设施援助工作。例如，辽宁省援助的裕民县委党校综合楼建设项目，福建省援助呼图壁县呼图壁镇的综合办公大楼等。再如，在2011—2012年广东省援助新疆两年中，共投入援疆资金9.21亿元用于城乡水、电、路、气、暖、生态绿化等公共基础设施配套建设，受援地新增城乡道路达120多公里，新增通水户数41840户，新增通气5000余户，新增垃圾处理点72个，新增给水管网644.05公里、排水管网长度119.75公里。疏附县新增污水处理能力400吨/日，垃圾处理能力13吨/日，新增110kV和220kV变电站各1座；伽师县新增垃圾处理能力30吨/日。随着基础设施工程的实施，通过疏附县广州新城、伽师县城市生活示范区、第三师41团和50团的城镇化示范团场、疏附县兰干乡、伽师县夏普吐勒乡、第三师夏河营3个示范乡镇及受援地共105个新农村示范村（点）等现代化基础设施示范工程的建设，受援地水、电、气、路、绿化等城乡基本公共服务配套基础设施更加完善，受援地群众的生活环境质量明显提升，城乡建设面貌焕然一新，逐步呈现出"新城区、新乡镇、新农村、新园区、新社区"的面貌，城镇化建设明显加快。

---

① 国家民族实务委员会研究室：《"十一五"时期中国民族自治地方发展评估报告》，民族出版社2012年版，第326页。

（二）对口支援新疆的措施

1. 建立结对关系

建立结对关系有利于实现精准帮扶，促使援疆的效力更大地发挥。结对关系有几种形式：支援方和受援方的地区间建立“一对一”的结对关系；援疆干部与受援地家庭结对认亲；支援地企业与受援地人民建立结对关系。

支援方与受援方建立地区间的结对帮扶关系是中央确定的，包括省市支援，如安排北京、天津等 19 个省市与新疆地区的 12 个地州、82 个县市和兵团 12 个师建立结对支援关系；中央部委的支援，中央各部委也承接国家的援疆任务，如工信部、国家卫计委、民政部等都承担着各自领域内的援疆任务；央企援疆，2005 年开始安排中国长江三峡工程开发总公司、中国电子信息产业集团公司等 15 家央企对口支援新疆地区 12 县、3 师，建立结对关系。

援疆干部与受援地家庭结对认亲即开展“民族团结一家亲”活动，建立援疆干部与受援地家庭间的援助关系，每个援疆干部与 1 户基层少数民族群众结对认亲。由每个援疆干部具体帮助解决一个家庭的困难，做到“七个一”，即：每个月联系一次，每两个月见面交流一次，每季度共同劳动一次，每年帮助办实事、解难事一两件，每年邀请结对认亲户走亲戚一次，重要节日问候一次，援疆干部亲属来疆探亲联谊一次。同时要确保结对认亲关系不受援疆干部的流动性和时限性影响，一批援疆干部人才完成任务离开后即由新一批援疆干部人才对接结对关系，倡导援疆干部人才完成援疆任务返回原来的工作地区后，依然保持结对关系，并倡导回到原工作地的援疆干部人才继续与在援疆省市的新疆籍少数民族学生、务工人员等建立结对认亲关系。“民族团结一家亲”的结对关系不仅在于帮助新疆地区人民解决生活、工作中的困难，更重要的是以援疆干部人才为纽带建立新疆地区与内地的感情联系，提升新疆人民对内地、对祖国的认同感。

对口援疆是动员全社会参与的活动，各支援省市纷纷动员本地的企业、社会组织参与援疆，如 2017 年 5 月天津援疆前方指挥部号召天津企业家来和田结对认亲，得到迅速响应，短短一个月的时间，天津 105

家企业出资830多万元，与策勒县、于田县、民丰县550户贫困户结对帮扶。

2. 派出援助干部

派遣援疆干部是对新疆地区的人才支援，通过选派各行各业的优秀人才支援新疆地区的发展，为新疆发展提供人才支持。援疆干部有不同的类型，有国家选派的援疆干部，也有各援疆省市选派的援疆干部；有行政管理型援疆干部，也有专业人才型的援疆干部。1996年国家开始选派援疆干部援助新疆发展，至2014年共选派了8批援疆干部，共达到11000多名干部、人才到新疆工作。这种类型的援疆干部是国家派遣的、行政管理型的援疆干部。专业型的援疆干部是选拔各行各业的人才到新疆支援当地发展的干部，如2004年启动的“博士服务团”选派工作，即是选派高级人才的专业型援疆干部，至2014年共选派11批，共选派81名博士到新疆工作。

从时间上分析，援疆干部主要经历了两个阶段：单独援疆阶段和组团式援疆阶段。单独援疆阶段是各个援疆干部各自分布在自己的岗位上，相互之间少有交流沟通的机会，难以形成合力。为了把分散的力量集中起来，2014年开始干部援疆开创了组团式援疆的新模式，如兵团第十二师的援疆干部成立了跨界组团援疆工作组，把援疆干部分配到专题调研、招商引资、咨询工作、扶贫与民族团结四个小组中，每个小组有自己的工作目标与重点，专题调研组援疆干部主要根据相关知识和专长，针对党建、企业建设、干部队伍建设等问题建言献策；招商引资组在分析产业结构的基础上，确定招商方向，有针对性地联系相关部门开展招商引资工作；咨询工作组针对受援地企业的实际情况，提供综合性服务和系统解决方案；扶贫与民族团结组主要实施相关民族团结和扶贫任务，以现金帮扶、知识帮扶、资源帮扶等方式实施精准扶贫。这样各援疆干部之间形成了优势互补，大大提高了援疆干部工作的效率。

3. 拨付资金

拨付资金是最直接的支援方式，属于“输血”型的援疆方式，是为了给新疆的发展提供资金支持，同时，“输血”型的支援方式是“造血”型支援的基础，新疆地区的发展水平低，自我发展能力低下，需要先为其发展提供必要的资金条件。援疆的资金来源包括中央拨付的资金和援疆省市拨付的资金，对口援疆中国家的援助是重点，国家财政每年对新疆的援助资金超过了所有支援省市的资金总和。例如，2010—2014 年，中央财政资金对新疆的援助达到 10616.5 亿元，19 个援疆省市对新疆拨付的援疆资金累积为 536 亿元，中央的援疆资金是 19 个援疆省市累积援助的 19.8 倍。

各援疆省市都建立了专门的援疆资金管理办法，实行援疆资金的专户管理，一般都设置单独的银行账户。援疆资金的使用一般遵循专款专用的原则，如山东省把援疆资金分为产业扶持资金、教育人才专项资金和劳动力技能培训专项资金。产业扶持资金包括项目投资补助和贷款贴息，项目投资补助用于企业厂房建设、基础设施配套和设备购置等，贷款贴息用于补贴企业固定资产投资项目使用银行贷款发生的利息支出。教育人才专项资金主要用于引导对口支援地教师自主提升，支持双语教师培训和实施优秀教育人才培养工程，吸引教育人才到受援地服务等。劳动力技能培训专项资金主要用于支持新投资劳动密集型产业项目的劳动力技能培训。上海市的援疆资金划分得更细致，分为安居富民工程资金、社会事业资金、产业发展资金、人力资源培训等项目资金、规划与编制项目资金和统筹项目资金。

4. 开展培训

培训是快速掌握相关技能的有效方法，人才的引进与培训是人才援疆、智力援疆的重要途径。专业型援疆干部的支援是有时限的，还需要培养一批当地的实用型、技能型的人才。新疆地区技术工人缺乏，在承接支援省市的产业转移时必须培养出相应的技术工人。培训分为工作技能培训和干部培养。工作技能培训是为了提高受援地区劳动力的专业技能素质，转变成为具有一定技能的产业工人，如湖北省援疆开展的刺绣培训。干部培训是为新疆地区的发展培养专业的干部队伍，如选派少数民族干部到中央国家机关和经济相对发达地区挂职锻炼。

培训的方式主要包括组织受援地的党政干部、各领域的专业人才到支援地省市进行专项培训；组织援受双方的党政干部、专业人才在两地进行双向的挂职锻炼；援疆干部与受援地区的受训者建立结对的培训关系等。目前援疆人才培训主要是“传、帮、带”模式，采取师傅带徒弟的教学方式，在实践中学习；援受双方派遣干部和人才挂职锻炼；派遣干部实地考察等。

从培训的层次区分，包括国家开展的培训和各援疆省市开展的培训。国家对新疆的人才培训计划，如开办内地高校新疆班、内地新疆高中班，实施“少数民族高层次骨干人才计划”和“西部之光”访问学者培养计划，国家卫计委为新疆定向培养本科医学生等。援疆省市开展的培训主要是通过援疆干部、人才进行，由援疆干部、人才培训受援地的干部、人才，或选派受援地的干部、人才到支援地接受培训。

5. 政策优惠

国家的一系列产业政策为新疆地区的产业发展提供了条件。2015年1月1日起新疆的油气和煤炭资源开始实施从价计征资源税，执行6%的煤炭资源税适用税率，改变以往的煤炭资源税实行从量定额征收的方式。[①] 从价计征的征税方式有利于新疆地区增加税收，如新疆地区2014年的煤炭产量为1.6亿吨，按从量计征每吨3元的标准，可征收4.8亿元的税，从价计征的标准下按照乌鲁木齐长焰煤每吨200元的价格核算，1.6亿吨的煤炭可征收资源税19.2亿元，可以增加14.4亿元的税收。

2010年财政部、国家税务总局、国家发展改革委、工业和信息化部联合发布《新疆困难地区重点鼓励发展产业企业所得税优惠目录（试行）》，对新疆困难地区的重点企业实行所得税优惠政策。

2011年财政部、国家税务总局发布《关于新疆喀什霍尔果斯两个特殊经济开发区企业所得税优惠政策的通知》，规定从2010年1月1日至2020年12月31日在新疆喀什和霍尔果斯特殊经济开发区内新办的属于《新疆困难地区重点鼓励发展产业企业所得税优惠目录》范围内的企业，自取得第一笔生产经营收入所属纳税年度起，五年内免征企业所得税。对新疆困难地区符合条件的企业给予企业所得税“两免三减半”优惠，符合条件的企业从开始获利的年度起，第一年和第二年免征企业所得税，第三年至第五年减半征收企业所得税。

2012年5月6日国家发改委出台了《关于支持新疆产业健康发展的若干意见》，指出新疆的产业发展要采取差别化的产业政策，发展新疆产

① 中国新闻网：《2015年起新疆煤炭资源税从价计征 税率为6%》，http://www.chinanews.com/ny/2015/02-02/7027431.shtml。

业时要综合考虑新疆地区的资源、能源、市场条件和环境承载能力，对钢铁、电解铝、水泥、多晶硅、石油化工、煤炭、煤化工、火电、可再生能源、汽车、装备和轻工纺织等12个新疆发展的重点产业实行差别化的产业政策。

除了国家的政策优惠，各援疆省市也出台了各类财税、金融、流通等领域的优惠政策，建立各种招商平台，鼓励本地企业到新疆发展。浙江、山东、广东等省市陆续出台了支持企业到新疆投资的意见、制订产业援疆工作方案等，给予援疆企业资金、制定优惠政策等优惠。

（三）对口支援新疆的特点

1. 民生优先

对口援疆体现出民生优先的特点，援疆资金的使用、援疆项目向民生方面倾斜，首先解决的是与新疆地区人民息息相关的民生目标。新疆地区是我国经济发展水平比较低的地区，新疆地区一直是我国脱贫攻坚的主战场，贫困发生率高，衣食住行等与人民生产、生活息息相关的领域是人民最关心的问题。国家也出台了《关于进一步加强和推进对口支援新疆工作的实施方案》，提出了对口援疆的原则包括“统筹兼顾，突出重点；全面支持，民生优先”。援疆资金主要投资在安居富民、游牧民定居搬迁、中小学和农村学前双语幼儿园、乡镇标准化卫生院建设等民生项目。2014年，19个援疆省市的援疆资金使用中，73%的援疆资金被安排在民生项目建设中；2016年19个对口援疆省市计划援疆资金合计144.3亿元，计划援疆项目1872个，其中民生类项目101亿元，占援疆资金的70%。民生类项目包括促进就业类项目、教育类项目、安居富民、定居兴牧、卫生、文体等其他社会事业项目。

各援疆省市的项目建设、援疆资金的使用也体现出民生优先的情况，如天津援疆，从2013年8月天津市第八批援疆干部进驻新疆到2016年，共实施援疆项目166个，投入援疆资金110612万元，其中民生类项目126个，资金使用占援疆资金的89.6%；2017年广东援疆将计划内88%的援疆资金向民生领域倾斜；吉林省2014—2016年共安排161个援疆项目，其中民生类项目116个，使用援疆资金4.33亿元，占资金总量的83.4%。同时，新疆维吾尔自治区结合本区实施的“民生建设年”和“访惠聚”

活动，推动援疆资金向民生倾斜、向基层倾斜。

2. 援助规模逐渐扩大

一是结对关系逐渐增多。1997 年，安排北京、天津、上海、浙江、江苏、山东、河南、江西 8 个省市与新疆建立了结对关系。北京、浙江支援和田地区；上海、河南支援阿克苏地区；天津、山东支援喀什地区；江苏支援伊犁哈萨克自治州；江西支援克孜勒苏柯尔克孜自治州。1998 年开始增加了河北、湖南、广东三个支援地区，河北支援巴音郭楞蒙古自治州；湖南支援吐鲁番地区；广东支援哈密地区。1999 年开始增加了湖北、福建两个支援地区，湖北支援博尔塔拉蒙古自治州；福建支援昌吉回族自治州。2002 年开始增加了中央国家机关和央企支援新疆生产建设兵团。2005 年以后增加了辽宁支援克孜勒苏柯尔克孜自治州的阿图什市和乌恰县，而且增加了央企援疆，中国长江三峡工程开发总公司、中国电子信息产业集团公司等 15 家央企与新疆地区 12 个县、3 个师建立结对关系。至此，支援新疆的省市增加到 14 个，受援地区增加到新疆地区的 10 个地州、56 个县市和新疆生产建设兵团 3 个师。2010 年新一轮援疆政策启动，结对关系继续扩大，支援省市中除原有的 14 个省市外，新增了安徽、山西、黑龙江、吉林 4 个省和广东省的深圳市，受援地区扩大到新疆 12 个地州、82 个县市和兵团 12 个师。

二是援疆资金拨付逐渐增多。对口援疆政策实施以来对新疆地区的援助规模与援助幅度是不断扩大的，特别是新一轮援疆政策实施以来援助的规模大幅度扩大。到 2010 年新一轮援疆活动开展之前，13 年的援疆过程中，14 个援疆省市、中央和国家机关、中央企业累计援助资金、物资折合人民币 43 亿元，实施合作项目 1200 多个，到位资金 250 多亿元。[①] 2010 年以来援疆资金大幅度增长，以最近四年的援疆资金为例，2014 年 19 省市援疆资金累积 110.1 亿元；2015 年 19 省市计划安排援助资金 113.75 亿元；2016 年 19 个对口援疆省市计划援疆资金合计 144.3 亿元；2016 年 19 省市的累积援疆资金达到 193.5 亿元。19 个援疆省市的援疆资

① 中央政府门户网站：《高歌新时代的“边塞曲”——对口省市 13 年援疆工作纪实》，http：//www.gov.cn/jrzg/2010－05/24/content_ 1612501.htm。

金呈逐年增长的趋势。

国家对省市援疆资金的额度作出了占支援省市“地方财政一般预算收入”的0.3%—0.6%的规定，但很多支援省市的援疆资金都超出了国家的规定，且援疆资金呈逐年增长的趋势。如“十二五”期间北京市除了完成国家规定的支援任务资金外，还额外安排12.1亿元支持19个援疆项目的建设。吉林省2014—2016年对新疆的援助中投入计划外资金2.81亿元。浙江省2016年安排援疆资金12.5亿元，2017年投入援疆资金增加到14.25亿元。

三是援疆干部派遣逐渐增多。以中央和国家机关、中央企业选派的援疆干部为例，第五批派遣援疆干部273名；第六批派遣援疆干部323名（其中兵团110名）；第七批派遣援疆干部439名；第八批派遣援疆干部540多名；第九批派遣援疆干部573人。同时，各援疆省市派遣的援疆干部也是呈逐年增加的趋势，1997—2002年，中组部、国家人事部先后从中央国家机关91个单位和北京、天津等13个援疆省市分4批共派遣了1739名援疆干部，而到2017年各支援省市派遣的援疆干部就达到了4066名。

3. 援疆的内容与手段不断丰富

1996年3月，《中共中央关于新疆稳定工作的会议纪要》中指出“培养和调配一大批热爱新疆，能够坚持党的基本理论、基本路线和基本方针，正确执行党的民族宗教政策的汉族干部去新疆工作”。揭开了全国对口援疆工作的序幕，可以看出最初的对口援疆以干部援疆为主，目的是培养新疆地区的管理人才和专业技术人才。2005年4月，中共中央办公厅、国务院办公厅联合发布《关于确立有关省市、企业与新疆维吾尔自治区南疆四地州和新疆生产建设兵团在南疆三个师对口支援关系的通知》，指出“以干部支援为龙头，实行经济、科技、文化全方位支援南疆四地州和三个兵团师”的决定。从此，对口援疆的内容开始调整，依旧以干部援疆为主，但经济与科教文卫的全方位援疆开始发展起来。2010年以来开展新一轮的对口援疆，对口援疆的领域与内容进一步扩展，公共服务、民生援疆是重点，但援疆领域覆盖新疆地区发展的方方面面。

三 对口支援新疆的成效与问题

对口援疆政策实施以来取得了巨大的成绩，显著地改变了新疆地区的经济、社会现状。特别是新一轮援疆政策开展以来，援疆的规模是前所未有的。

（一）对口支援新疆的成效

1. 经济援助的成效

首先，提高了新疆地区的综合实力。新疆是我国综合实力比较落后的省份，新疆地区土地面积大、资源丰富，但地处内陆、气候条件恶劣，经济发展的自然条件与人文社会条件都不足，依靠自身的发展短时期内必然是难以有所突破的，援疆的外力是发展的重要推动力。特别是对口援疆从“输血”向“造血”转变后，对新疆的援助与促进新疆地区自身发展能力更紧密地结合起来，新疆地区的发展水平与发展能力都得到了极大的提高。根据中国统计年鉴的数据，2010 年新疆地区的生产总值为 5437.47 亿元，到 2015 年增长到 9324.8 亿元；新疆地区的人均生产总值从 2010 年的 25034 元上升到 2015 年的 40036 元。

其次，提高了居民的生活水平。援疆过程中各类产业支援与扶贫措施提高了居民的收入水平。通过新一轮援疆政策实施以来到 2015 年的各类反映居民生活水平的指标对比发现援疆政策对提高新疆人民生活水平的影响是巨大的。新疆地区城镇居民的消费水平从 2010 年的 12486.0 元上升到 2015 年的 20532.0 元；农村居民的消费水平从 2010 年的 3590.0 元上升到 2015 年的 7693.8 元。城镇居民的恩格尔系数从 2009 年的 36.3% 下降到 2014 年的 31.3%，农村居民的恩格尔系数从 2009 年的 41.5% 下降到 2014 年的 34.5%。2010 年城镇居民人均可支配收入为 13643.8 元，2015 年城镇居民人均可支配收入 26274.7 元。2010 年城镇居民人均消费支出 10197.1 元，2015 年城镇居民人均消费支出上升为 19414.7 元，农村居民人均消费支出由 2010 年的 3457.9 元上升到 2015 年的 7697.9 元。新一轮援疆工作实施后的 5 年时间里新疆地区的生产总值、居民收入、居民的消费水平与消费能力都大大提高了，同时失业率下降、失业人口减少，居民的生活水平得到了巨大的改善。

再次，扩展了就业渠道，提高了就业率。产业援疆不仅开发了新疆地区的资源，而且创造了大量的劳动岗位，扩大了就业渠道。2010 年新疆地区的失业人员为 11 万人，失业率为 3.2%，2015 年失业人员降到 10.3 万人，失业率下降到 2.9%。新疆地区产业不发达，有大量的闲置劳动力，但新疆地区的劳动力大多缺乏专业的技能。各援疆省市转移的产业大多是劳动密集型的，适合新疆地区的劳动力结构。如天津市援疆的"援助和田地区东三县万副地毯架工程"，主要吸纳妇女就近就业，既利用了当地的闲置劳动力，创造了更多灵活的就业岗位，又发展了当地的特色产业。各类援疆项目的落地，现代化的工业园区的建成促进了众多的农牧民转化为现代化的产业工人。

支援省市把产业促就业作为援疆的重要目标，援疆的项目建设中都加入了解决就业的目标，如浙江援疆提出了"十三五"时期"百亿十万"的目标，要达到百亿元的投资，解决十万人的就业。一些援疆省市与受援地建立了劳务对接机制，对吸纳受援地劳工就业的企业实施优惠政策以扩大受援地人民就业的渠道，如安徽支援皮山县，为促进就业，安徽出台政策对接纳皮山籍职工的企业从援疆资金中拨出专款给予补助，目前安徽各企业共吸纳 235 名新疆籍务工人员稳定就业。

产业援疆的最大成效在于正在逐渐改变当地人民的生产模式，改变了居民的生产观念，使受援地人民从一家一户的生产方式中解放出来，接受现代化的生产方式，进入标准化的生产流程。

最后，优化了新疆地区的产业结构。由于受发展水平的限制，新疆地区以初级产业为主，产业机构不合理。援疆的产业类型多样，弥补了很多新疆的产业空白，如大众汽车、三一重工、湖北宜化等知名企业落户新疆，多项技术和产品填补了新疆空白。新疆地区资源丰富，由于受技术、资金等条件的限制，很多资源没能得到很好地开发。新疆地区的矿产资源、地热资源、森林资源、生物资源、旅游资源等都很丰富，援疆过程中支援的人力、物力、财力为新疆特色资源的开发奠定了基础，如广东省支援喀什过程中发展了当地的特色养殖业和传统手工业。

新一轮援疆政策启动以来，加大了对新疆地区的产业援助，产业结构发生重大调整，据新疆维吾尔自治区的数据显示，"十二五"期间新疆经济结构出现关键拐点：非石油工业比重超过 60%，彻底扭转石油工业“一业独大”的格局。第三产业比重十几年来首次超过第二产业，对经济增长贡献率超过 55%。这意味着新疆经济摆脱了单一石油产业的格局，产业结构更趋健康、均衡。五年间，新疆加快转变发展方式，着力推进经济转型升级，现代农业生产、经营、产业体系基本形成，新型工业化逐步向中高端迈进，以信息、金融、电商为代表的现代服务业快速成长，具有新疆特色的现代产业体系初步形成。

2. 公共服务援助的成效

首先，从住房建设援助看，明显改善了新疆各族群众的居住条件。从纵向发展看，未开展住房建设援助的 1990 年，新疆城镇人均住房面积 18.07 平方米，农村人均住房面积 14.04 平方米，处于较低水平。开展住房建设援助之后城镇人均住房面积和农村人均住房面积稳步增长，截至 2012 年，城镇人均住房面积增加到 29.03 平方米，农村人均住房面积增加到 27.18 平方米。其中，新一轮援疆开始后，增长速度明显加快，2010 年城镇人均住房面积和农村人均住房面积分别为 28.92 平方米和 26.14 平方米，2011 年分别增长到 28.92 平方米和 26.14 平方米，分别增长 1.67 平方米和 2.14 平方米，与往年相比，这是较快的增速。住房条件和质量明显提高。上海市援助新疆喀什地区的农村居民住房建设，新建住房“厨、卫、地暖、电一应俱全”；在新建住房中，划分“居住区、种植区、畜养区”，方便居民种植瓜果蔬菜和养殖家禽牲口；同时有效解决“进出口”问题：厨房采光增强，厕所简便实用。①

其次，从教育援助看，办学效果和教学质量明显提高。教育援助效果体现为两个方面，一方面是办学条件显著改善。新疆教育投入不足直接导致办学条件非常简陋，而教育援助的最直观效果就是明显改善新疆的办学条件。大量教学楼的援建使学生可以在宽敞明亮的教室上课，先进教学设备设施购置使得学生享受到现代化的教学手段。另一方面是明显提高新疆的教学质量。这是教育援助最有意义的效果，意味着新疆教育发展正逐渐发生质的变化。支援省市通过对新疆教师进行培训和派遣援疆教师任教来

① 秦武平：《首批上海援疆“样板房”安民四千》，《新民晚报》2010 年 10 月 3 日。

提高教学质量。例如，2010 年，浙江省在全国率先启动双语教师培训工作，投入 1.71 亿元援助了两个双语教师培训中心（阿克苏地区培训中心和库车县培训中心），选派 317 名双语援疆教师到阿克苏工作。从 2010—2016 年来，对阿克苏地区、兵团一师 5072 名少数民族教师开展双语培训。教育援疆取得较大成绩，譬如，自湖北援疆教师到博州援教以来，博乐高中已先后有 5 人考取清华、北大。2007 年博州高考再创历史最好水平，本科上线比例达 44.58%。

最后，从医疗援助看，医疗条件和质量效果明显。医疗援助效果取得两方面的效果，一方面，医疗条件显著改善。通过开展医疗援疆行动，新疆的医疗卫生机构数稳步增加，新疆的医院卫生院数量由 1990 年的 1049 个增长到 2012 年的 1759 个，增加将近 1 倍。随着医疗卫生机构数增加，医院床位数也稳步增加，新疆的床位数由 1990 年的 60707 个增加到 2012 年的 125064 个（见表 4－3），增长 1 倍多。医疗卫生机构数和床位数增加，有效地缓解受援地公众“看病难”“住院难”问题。据统计，2012 年新疆医疗卫生机构门诊总诊疗人次数是 8386.56 万人次，入院人数 4467178 人。[①] 社区卫生服务中心是最贴近、最方便居民看病的卫生机构，新疆社区卫生服务中心（站）的诊疗人数由 2002 年的 76.84 万人次增加到 2012 年 330.09 万人次，10 年间增加约 5 倍；入院人数由 2002 年的 0.16 万人增加到 2012 年的 4.85 万人（见表 4－4）。

表 4－3　　1990—2012 年新疆医院卫生院及其床位数

年份	医院卫生院	床位数	年份	医院卫生院	床位数
1990	1049	60707	2008	1629	93253
1995	1292	66696	2009	1669	102620
2000	1352	65916	2010	1712	109851
2005	1516	76002	2011	1742	118781

① 新疆维吾尔自治区统计局：《新疆统计年鉴（2013）》，中国统计局出版社 2013 年版，第 634—635 页。

续表

年份	医院卫生院	床位数	年份	医院卫生院	床位数
2006	1560	80090	2012	1759	125064
2007	1629	87131			

数据来源：新疆维吾尔自治区统计局：《新疆统计年鉴（2013）》，中国统计局出版社，第 634—635 页。

表 4-4　　2002—2012 年新疆社区卫生服务中心（站）工作量

年份	诊疗人数（万人次）	入院人数（万人）	年份	诊疗人数（万人次）	入院人数（万人）
2002	76.84	0.16	2008	156.05	0.94
2003	88.10	0.60	2009	232.95	2.36
2004	85.62	0.03	2010	298.47	4.24
2005	67.04	0.03	2011	323.93	4.37
2006	107.49	0.35	2012	330.09	4.85
2007	105.73	0.24			

数据来源：新疆维吾尔自治区统计局，《新疆统计年鉴（2013）》，中国统计局出版社，第 643 页。

另一方面，医疗质量明显提高。支援省市为新疆购置先进医疗设备设施，选派医生、医疗专家开展医疗服务和培训工作等援助，明显地提高了新疆医疗水平和医疗质量。原来很多不能看的病，不能做的手术，都可以做了，治愈很多病人。浙江省嘉兴市援助新疆阿克苏地区沙雅县，2014 年 5 月援疆医疗专家在沙雅县人民医院开展首例血液灌流项目。血液灌流是比血液透析更加成熟的一种治疗急、慢性肾功能衰竭等病症的方法。但一直以来，沙雅县的医院不具备血透条件，血透患者要跑到距离沙雅 280 公里的阿克苏或 60 公里的库车做血透，每周 2—3 次透析，来回极不方便。血液灌流项目极大地方便了当地血透患者接受治疗。[①] 浙江省在医疗援疆中不仅培养当地的医疗人员，提高其医疗技

① 《嘉兴医疗援疆帮带作用显现，沙雅县昨开展首例血液灌流项目》，《嘉兴日报》2014 年 5 月 8 日。

术。在治疗过程中，还可以与支援方医疗专家进行电话和视频沟通，从而很好地解决各种较为棘手的治疗问题，新疆患者能够享受到发达地区的先进医疗技术服务。再如，浙江金华市在援疆过程中，促成金华眼科医院与温宿人民医院开展深度合作，在全地区率先开展“慈善光明行”活动，连续5年都拿出125万专项资金，为温宿县贫困和边远农牧民白内障患者免费进行白内障复明手术，已先后帮助1000多位白内障患者重见光明。同时，金华市十分注重本地人才的队伍建设，在师徒结对帮带的基础上，每年安排专项资金选派温宿县医生到金华培训锻炼，帮助温宿县人民医院打造眼科品牌。目前，温宿县人民医院已培养出了以五官科副主任徐敏为带头人的眼科专业医生团队，已能独立开展白内障手术，2017年又开展较为先进的白内障超声乳化手术，帮助温宿县白内障手术技术始终处于阿克苏地区前列。

3. 基础设施援助的成效

首先，改善了居民的生活设施。2010年开始的新一轮对口援疆以来各支援地区纷纷启动安居富民、定居兴牧、城镇保障性安居工程等项目建设，改善了居民的住居条件。根据《新疆各民族平等团结发展的历史见证》白皮书的数据，新疆地区从2010—2014年累计有超过480万的农牧民和207万的城镇中低收入居民迁入新居，城市居民户均拥有住房面积达85平方米，农村居民户的户均住房面积达105平方米。100%的城镇住户、72%的农村住户有供暖设施，城镇供水普及率达96.3%。截至2016年年底，19个援疆省市累计安排援疆资金193.5亿元，支持新建改建安居富民房145万套、定居兴牧房8.84万套，使超过600万城乡群众住房条件明显改善。

公共交通车辆运营数由2010年年末的7353辆，增加到2015年年末的9587辆。2010年综合供水生产能力为373.1万立方米/日，2015年综合供水生产能力上升到574.3万立方米/日，供水管道由2010年年末的6507公里上升到2015年年末的9330公里。新疆地区的燃气管道由2010年的7298公里增加到2015年的12969公里，天然气供气量由2010年的134711万立方米增加到2015年的447797万立方米。新疆地区的供热管道长度由2010年的6119公里增加到2015年的9754公里，供热面积由2010年的19162万平方米增加到2015年的30728万平方米。

其次，改善了生产设施。新疆地区地处内陆，气候干旱、雨水少，是全国降水量最少的地区，农业发展比较落后与原始。农业援疆注重发展现代农业，建设现代化的农业生产设施。如针对新疆地区原有的灌溉技术与设施不能满足农业发展的需要，原有的灌溉渠道大多面临着年久失修、河道堵塞等问题。昌吉市六工镇受福建泉州的援助，开展干渠改造工程，使六工镇地表水的利用率提高了10个百分点，同时节约了地下水的开采，使地下水的开采率由以往的70%下降到30%，每年节约地下水600万立方米。[①] 一些援疆省市在支援地区建设现代化的温室大棚，并承包给当地农户，如山东省支援英吉沙县城关乡喀什艾日克村建设现代化的温室大棚；上海市支援喀什地区四县现代农业示范园项目，建设玻璃智能温室、蔬菜大棚；江苏省支援阿图什市阿扎克乡库木萨克村建设农业科技示范园，建成一座占地5000平方米的现代智能温室。

最后，改善生态环境质量。新疆地区生态环境脆弱，粗放的发展模式下更加大了当地的生态环境的承受量，对口援疆过程中国家和各支援省市投入资金发展绿色产业，优化当地的产业结构，减轻了生态环境的压力。截至目前新疆地区有国家级自然保护区15个、自治区级自然保护区14个，创办了国家级生态县（区）1个、生态乡镇35个，自治区级生态县11个、生态乡镇162个、生态村1201个。[②] 城市固体废弃物处理利用情况，2010年工业固体废弃物的产生量为3914万吨，利用量为1877万吨；2015年一般工业固体废弃物产生量为7263万吨，一般固体工业废弃物的利用量为4133万吨。

2010—2015年的生活垃圾清运量从303.3万吨增加到380万吨，无害化处理厂从17座增加到23座，无害化处理量从214万吨增加到307万吨，无害化处理能力从6295吨/日增加到9205吨/日。污水集中处理率达78.6%，生活垃圾无害化处理率达63%。城镇建成区绿化覆盖率34.9%，人均公园绿地面积10.7平方米。在农村地区实施了环境连片整治项目和农村环境综合整治示范工程，使200多万农牧民逐步享受到干净、整洁的

---

① 援疆网：《援疆项目助力昌吉市民生改善》，http：//yuanjiang. ts. cn/content/2017 - 07/18/content_ 12740856. htm。

② 天山网：《森林草场成片拓展绿染新疆》，http：//news. ts. cn/content/2017 - 09/18/content_ 12827042. htm。

村容环境。

（二）对口支援新疆存在的问题

首先，支援省市投入不均导致受援地产生发展差距。对口支援是一种全新的社会治理试验，其深层次意义在于“以全国之力来创造一个地区的平等、和谐的发展”[①]，缩小社会贫富差距，促进社会公正。从现实看，对口支援确实发挥出缩小贫富差距的作用，但这种作用有特定范围，即缩小新疆与中部、东部省份的差距。但是，当新疆与全国其他地区的差距在缩小的同时，新疆内部各地区之间却产生新的贫富差距。这是值得注意的现象，也是对口支援新疆产生的非预期负面效应。广东、江苏、山东、北京等省市经济发达，财政实力雄厚，对口援疆资金投入非常大，而经济相对落后，财政实力较为薄弱的支援省市，投入资金则相对比较少。例如，广东省第七批（2013—2016）援助新疆喀什地区和新疆生产建设兵团第三师，3 年来共落实援疆项目 111 个，投入援疆资金 44. 1 亿元。2013—2016 年河南省援助新疆哈密地区和兵团十三师共投入资金 25. 94 亿元，实施 62 个援疆项目。河南省援疆资金和项目都比广东省少将近一半。接受援疆资金和项目多的地区，发展比较快，而接受援疆资金和项目少的地区，发展相对慢些。

其次，产生援助依赖症。对口支援新疆对于促进新疆经济发展和提高公共服务水平发挥积极作用，但却在一定程度上产生援助依赖症。援助依赖症主要有两种：一种是心理依赖。心理依赖形成是一个长期的过程，偶尔的一次援助，不会产生心理依赖，例如汶川地震恢复重建的援助，时间比较短，受援地不会产生援助的心理依赖。但长时间的、重复性的援助，则不可避免产生援助心理依赖，因为受援地政府和居民已经产生了援助的心理适应性，习惯了援助行为。对口支援新疆到现在已经有 20 多年，先后开展 7 批次援疆工作，新疆政府和居民已经产生援助心理依赖，总是期待着援疆持续下去。另一种现实依赖。现实依赖源自于现实的客观需要，对口援疆援助项目往往按照“双高标准”（高标准、高质量）建设，当这

① 付玉翡：《对口援疆政策的回顾与思考——以 1997—2010 年间政策实践为例》，《新疆生产建设兵团党校学报》2012 年第 6 期。

些“双高标准”的项目建成后，需要大量的后续资金和专业人员来维持其正常运作。这些项目建成后需要当地政府的财政拨款来维持。项目建成越多，当地政府的财政负担就越重。受援地财政收入本来就不足，难以支撑越来越多的项目运维经费支出，而没有运维费用的话，一些援疆项目和设备设施就可能成为“摆设”。无奈之下，不得不向支援省市申请和呼吁，请求支援省市在项目运维上投入资金，旧项目需要追加运维费用，新建项目亦需要投入运维费用。援助资金越大，援助项目建成越多，援助依赖度就越高。

对于新疆而言，对口支援本来是一件求之不得的好事，但援助会产生依赖。援助依赖症造成较大的经济与社会成本，一旦援助依赖症形成，并陷于“锁定”状态，那么受援地将在很大程度上丧失内在的发展动力，自我发展能力日渐萎缩。一旦没有援助，受援地的公共服务水平将可能停滞不前，甚至倒退。援助依赖症还造成受援地政府和居民较大的心理成本，由于他们对援助产生了心理适应性，一旦援助终止，他们在心理上难以接受这种“残酷”的现实，认为自己被“抛弃”。如何恰当处理援助与自我发展关系？如何激发而不是限制受援地内在发展动力？从而走出援助依赖，是对口援疆中不得不认真面对和处理的问题。

最后，援疆项目实施过程的管理和监督有待进一步完善。新疆本身存在特殊的自然区域特征，受各种因素的影响，在援疆项目实施过程中存在诸如部分项目管理不够规范、中央和广东援疆资金统筹不够、部分项目计划安排不够科学等一些亟待加强和改善的问题。同时，受援地作为生态脆弱地区，水资源和生态和人文环境也是其经济社会发展的强制约因素。但是，援疆项目实施过程中，个别基建工程项目为赶工期，在未取得环境影响评价批复、建设用地规划许可证、土地使用证、施工许可证的情况下先行开工建设；个别项目投资控制不严，资金概算和预算审核不够严谨，财政部门预算审核与实际造价存在较大差距，导致施工招标推进困难；个别项目存在招投标环节及合同管理不规范问题，施工合同中工程内容与招标文件及中标通知书内容不符，施工中标主体（联合体）和合同主体（单一主体）不一致；由于对当地自然条件和施工周期考虑不足，个别项目存在合同工期滞后的问题；有的甚至在没有取得发改委的立项批复的条件下就开工甚至已经完工。个别项目档案管理不够规范，一些实施过程的材料没有妥善收集保管，以至于影响对项目绩效的评价和总结。另外，部分非基建类项目的实施方案比较粗放，特别是资金预算不够细化，对实际操作的指导性意义不够强。

（本章撰稿：王达梅，广东外语外贸大学政治与公共管理学院）

第五章　部委及中央直属企事业单位对口支援

部、委及中央直属企事业单位对口支援西部民族地区，是指中央有关部、委及其中央直属企事业结对帮扶、支援西部民族地区、欠发达省区或其他地区。1994 年 7 月，中央召开第三次西藏工作座谈会，为迎接西藏自治区成立 30 周年，作出了由中央 13 个部委、全国 29 个省、直辖市、自治区和 6 个计划单列市共同援助西藏经济建设和社会发展所需要的 62 项工程的决策。中央和国家有关部委承担 30 项，安排投资 18.02 亿元，占投资总额的 75.7%，援建项目涉及能源、交通、通信、工业、农业、牧业、林业、水利、文化、教育、卫生、广播电视和市政建设等方面。[①]新一轮对口援疆工作开展以来，新疆上下各有关部门主动与国家有关部委及对口支援省市有关部门联系沟通，积极推进全方位援疆工作向纵深发展。自治区党委、政府先后促成了住建部、国资委、教育部、科技部、卫生部、农业部等多个部委，分别召开了本系统的援疆工作会议，进一步深化了部区合作。[②] 本章以教育、医疗、科技对口支援为例，分析我国中央部委及其直属事业单位对口支援西部民族地区。

一　教育对口支援

教育对口支援是对口支援的重要组成部分。20 世纪 50 年代，我国开

---

① 《全国对口支援西藏的现状》，http：//politics. people. com. cn/GB/8198/50050/52280/3636709. html。

② 王玉召：《中央和国家机关、中央企业援疆工作综述》，《新疆经济报》2017 年 7 月 11 日。

始启动教育对口支援民族地区工作。1956 年，教育部要求“四川、陕西等省对接邻的边疆省、自治区需要外地支援的师资要有较多的支持”。1974 年，国家又安排内地 6 省、市对口支援西藏的 8 所中学和 1 所师范学校。此后，无论是在内容、范围，还是在规模和途径上，教育对口支援都在不断扩大和加强，对少数民族地区的教育改革和发展，起到了积极的推动作用。

（一）教育对口支援的内涵及原则

教育对口支援并非仅仅是资金的投入，而是在政府的统筹下，以项目为依托，紧紧抓住基础教育和高等教育两个重点，逐步扩大到职业教育、民族教育以及远程教育等领域，初步构建起具有中国特色、体系完备的协助体系。围绕受援地区教育发展的实际，支援方投入大量物质财富和人力资源，将援助重点放在基础能力建设和增加自身发展能力上，着力在教育发展的关键环节和重要领域破解难题，力图从根本上改变受援地区教育发展滞后的局面，培养大批当地社会经济发展急需的高素质劳动者和专业技术人才。

所谓教育对口支援，是根据我国东部沿海地区、西部民族地区之间文化教育事业发展水平还存在着的巨大差距，以及自然资源的分布和经济、社会发展的不平衡的客观实际，为更好地促进少数民族地区的教育事业发展，同时也为更好地促进经济发达省市的经济得到更大的发展，政府在发达地区和不发达地区机构、行业或者部门之间建立一种比较稳定的支援关系，以干部支援为纽带，支援不发达地区教育事业的发展，缩小区域间差距，实现区域协调发展、增进民族团结、达到共同富裕、共同繁荣的一种政策模式，实现东西部地区的共同发展。

“发掘优势、共谋发展、长期合作、互利互助”这四条原则，是深化教育对口支援，促进落后地区教育事业发展，促进当地人文环境改善的基本原则。发掘优势，即发掘落后地区的优势资源，培养一支优秀的教师队伍以及相应的教育基地的建设，从而带动当地的教育事业发展；共谋发展，是指文化落后地区与支援方的行为效果关系，是开展教育对口支援的目的，也是落后地区通过教育对口支援得以深入持续发展的重要因素；长期合作，是教育落后地区与支援方关系在时间上的反映，是教育对口支援工作深入持久的重要标志；互利互助，是教育落后地区与支援方的效率利益关系，是保持教育对口支援旺盛生命力的核心。无论从理论还是从实践来看，四条原则是深化教育对口支援，促进文化教育落后地区教育发展的基础。

（二）教育对口支援的政策法律依据

1.《中华人民共和国宪法》《中华人民共和国民族区域自治法》

《宪法》第一百二十二条规定："国家从财政、物资、技术等方面帮助各少数民族加快发展经济建设和文化建设事业。"《民族区域自治法》第五十五条规定："上级国家机关从财政、物资和技术等方面，帮助各民族自治地方加快发展经济文化建设事业。"第五十六条和第六十五条也明确规定："国家设立各项专用资金，扶助民族自治地方发展经济文化建设事业"，"上级国家机关帮助民族自制地方加速发展教育事业，提高当地各民族人民的科学文化水平。"

2.《中华人民共和国教育法》

《教育法》第十一条明确规定："国家根据各少数民族的特点和需要，帮助各少数民族地区发展教育事业，扶持边远贫困地区发展教育事业。"

3. 教育部"十三五"期间对口支援西藏和四省藏区工作意见

教育部发布了关于加强"十三五"期间教育对口支援西藏和四省藏区工作的意见。在该意见中提出实施好"组团式"教育人才援藏工作、帮助提高教师和管理人员素质、加强学校之间的结对帮扶等九项重点任务，其中涉及教育部及其直属事业单位的有：（1）实施好"组团式"教育人才援藏工作。定期从对口支援省市和教育部直属高校附属中小学选派800名左右教师进藏支教，每10—50名教师组成1个团队集中对口支援西藏一所中小学，"十三五"期间共计援助西藏20所中小学。（2）帮助提高教师和管理人员素质。落实"万名教师支教计划"中的西藏项目，做好"组团式"教育人才援藏工作的同时，鼓励对口支援省市和学校多渠道、多形式开展"送培上门""送教上门"等支教活动，接收西藏和四省藏区教师和管理人员跟岗培训。（3）帮助提高双语教育质量。对口支援省市和教育部直属单位要帮助西藏和四省藏区建立和完善从学前到中小学教育教学相衔接、师资与教学资源相配套、教学模式与学生学习能力相适应的双语教学体系，切实提高少数民族学生适应社会发展和就业创业能力。（4）帮助提高教育信息化水平。对口支援省市、高校和教育部直属单位要帮助西藏和四省藏区加快教育信息化平台建设。推动对口支援城市优质学校与受援学校依托互联网探索远程同步课堂和植入式课堂等新型对口支援方式，促进优质教育资源共享。帮助开展教师信息化应用培训，提高教师使用现代信息化教学设备的能力、提高信息化应用水平。（5）继续做好高校对口支援工作。继续做好高校团队对口支援西藏高校工作，由北京大学、中国人民大学、北京中医药大学、西北农林科技大学、东北师范大学、中国人民公安大学等 27 所高校团队对口支援西藏 6 所高校。鼓励更多的高水平大学与西藏和四省藏区高校建立对口支援关系。（7）加强教育部直属单位对口援藏工作。教育部直属的中国教育科学研究院、职业技术教育中心研究所、科技发展中心、语言文字应用研究所、国家开放大学、中央电化教育馆、中国教育电视台、民族教育发展中心、中国教育报刊社、考试中心、学位与研究生教育发展中心、中国教育出版传媒集团所属的人民教育出版社、高等教育出版社、语文出版社，以及学生体育协会联合秘书处等 15 个单位负责对口支援西藏自治区教育厅所属有关单位以及西藏自治区藏语委办。

（三）教育对口支援的类型

目前，我国正在实施的教育对口支援形式主要有七种：一是对口支援西藏和四省藏区教育。中央第五次西藏工作座谈会以来，教育部落实中央决策部署，明确了东中部 17 个省市、教育部 15 个直属单位对口支援西藏教育，6 个省市对口支援青海省藏区教育。2014 年，国家确定了由天津、上海、浙江、广东对口支援其他三省藏区的 4 州 2 县。二是对口支援新疆教育。中央新疆工作座谈会以来，明确了东部沿海地区和中部地区 19 个省市对口支援新疆 82 个县市教育工作。三是利用东西扶贫协作关系加强教育对口支援。如北京对口支援内蒙古，上海对口支援云南，天津对口支援甘肃，福建对口支援宁夏等。四是高校对口支援。为贯彻落实国家西部大开发战略，2001 年教育部启动实施了“对口支援西部地区高等学校计划”，开展了形式多样、内容丰富的支援活动。五是中职教育对口支援。2014 年起，教育部建立了 17 个职教集团和 33 所民办本科学校对口支援西藏和四省藏区中等职业学校的新机制。六是内地办班项目。从 1985 年举办内地西藏班起，目前已办有内地西藏班、内地新疆高中班、内地西藏中职班和内地新疆中职班，为西藏、新疆培养了一大批人才。另外，有关省份也利用对口支援机制举办了民族班，招收少数民族学生。七是本地组织的教育对口支援工作。各省市充分利用本地相对发达城市的优质教育资源，开展对本地区民族教育的各种援助活动，取得了显著成绩。

（四）教育对口支援取得的成就

20 世纪 50 年代，我国开始启动教育对口支援工作。此后，无论是在内容、范围，还是在规模和途径上，教育对口支援都在不断扩大和加强，对少数民族地区的教育改革和发展，起到了积极的推动作用。一是改善了民族地区教育基础设施。从过去帮助实现“两基”，到现在帮助改善薄弱学校办学条件，为民族地区学校办学条件的改善起到了很大的作用。二是促进了交往交流交融。对口支援方向受援方选派支教教师和管理人员、接受教师跟班培训，开展学生、学校之间的交流活动，有力地促进了各民族师生的交往交流交融，夯实了中华民族共同体思想基础。三是提高了教师队伍素质。支援方向受援方选派优秀教师，开展教学理念和教学方法的培训及巡讲活动，把先进的教学理念和方法送到民族地区，开阔了民族地区教师的视野，提高了民族地区教师队伍素质。四是培养了各类人才。内地西藏班、新疆班培养了 5 万多名人才，高校对口支援帮助民族地区高校培养了一大批硕士和博士，提升了受援高校的人才队伍水平。五是提升了专业建设水平。支援高校对受援高校的教学科研、学科建设提供多方面援助，职教集团和民办本科学校紧紧围绕受援地培养技术技能型人才的目标，帮助受援中职学校建设特色专业，提升了受援学校学科专业质量。下面我们分别以对口支援西藏、青海、新疆为例，来说明教育对口支援取得的效果。

首先，援藏、援青，加快了高原教育的发展。西藏是我国重要的边疆民族地区，在维护国家统一、民族团结和边疆稳定方面具有十分重要的战略地位。党和国家历来十分重视西藏的稳定和发展，作出了全国共同帮助西藏加快发展的重大决策。从 1985 年举办内地西藏班开始，逐渐开展了全方位的教育援藏工作。1987 年、1993 年、2002 年、2007 年，教育部先后召开了四次全国教育援藏工作会议。根据西藏经济社会发展及对人才的需求，明确教育援藏的指导思想、基本原则、目标任务和政策措施，先后制定了“重点加强基础教育、优先发展师范教育、积极发展职业教育和成人教育、巩固提高高等教育”“长期坚持、努力搞好、不断完善”以及实行“对口、定点、包干责任制”的政策，帮助西藏实施了“两基”工程、寄宿制中小学建设工程、中小学远程教育工程、西藏中小学“三包”和“两免一补”计划以及加强西藏大学建设和高校计算机网络建设等项目。通过共同努力，西藏基础教育办学条件显著改善，教师队伍的素质明显提高。

第五次中央西藏工作座谈会以来，根据中央决策部署，教育部会同有关部门出台了一系列推进西藏和四省藏区教育发展的政策文件，教育对口支援西藏和青海藏区工作全面展开。“十二五”期间援藏规划教育资金 7.55 亿元，占规划总投资的 5.33%。2011—2014 年，17 个省市实施了教育援藏项目 148 个，已投入资金 5.95 亿元，包括学校基础建设、实验室建设、教学仪器设备和图书资料捐赠、教师支教、教师和管理项目 116 项。

与此同时，教育援青工作全面展开。6 省市在青海 6 州共落实教育援助项目 86 个，援助资金近 2.8 亿元。2014 年为推进西藏和四省藏区职业教育发展，建立了 17 个东中部职教集团、33 所民办本科学校对口支援藏区 17 个地州中职教育的帮扶机制。

通过教育援藏、援青，对口支援省市把党中央、国务院的关心、内地人民的支援送到了西藏和四省藏区千家万户，极大地增强了党的感召力、祖国的向心力和中华民族的凝聚力，平等、团结、互助、和谐的社会主义民族关系得到进一步巩固和发展。在中央大力支持、对口省市无私援助、西藏和四省藏区各族干部群众以及广大教育工作者的积极努力下，西藏和四省藏区各级各类教育取得了显著成绩。截至 2014 年，西藏共有各级各类学校 1696 所，在校生 60.85 万人，专任教师 4.08 万人，高等教育毛入学率为 27.76%，青壮年文盲率为 0.57%，人均受教育年限为 8.6 年。四省藏区有各级各类学校 3757 所，在校生 95.07 万人，专任教师 6.67 万人，均比 2010 年有了显著增长。

其次，对口支援新疆，缩小了教育发展差距。新疆位于中国西北边陲，面积166万平方公里，占国土总面积的六分之一，陆地边境线5600多公里，周边与8个国家接壤，战略位置十分重要。教育部从国家发展战略全局和实施西部大开发战略的实际出发，组织实施一系列对口支援新疆教育的工程，切实帮助新疆解决教育发展的突出问题和困难，推动了新疆教育事业快速发展。

2000—2008年，通过“东部地区学校对口支援西部贫困地区学校工程”，山东、北京、广东等14个省市和15家国有大中型企业与新疆各地州建立了对口支援关系。累计选派2000余名中小学教师赴新疆支教，投入援建资金4.67亿元，新建、改扩建中小学404所。同时，“十五”和“十一五”期间，教育部组织实施了“对口支援西部地区高等学校计划”和“援疆学科建设计划”，北京大学等内地16所重点大学与新疆大学等12所本专科院校全面建立了对口支援关系，通过干部挂职、教师支教、专家讲学、教师访学等方式，显著提升了新疆高校学科建设、科研能力和管理水平。目前，新疆共有硕士授权单位9个，博士授权单位4个，并在2007年结束了没有工科博士学位点的历史。自2010年中央新疆工作座谈会以来，教育部加大了援疆工作力度，制定了一系列推进新疆教育发展的政策措施，并以双语教育和中等职业教育为重点，深入推进教育援疆工作。截至2014年年底，19个援疆省市已实施教育项目386项，投入资金85亿元。

在各方共同努力下，新疆教育整体水平与全国的差距正在逐步缩小，部分指标已高于全国平均水平，教育整体水平稳步提升。2014年新疆有各级各类学校9231所，在校生473.5万人，专任教师33.9万人。学前三年毛入园率为72.4%，高于全国平均水平；小学学龄儿童净入学率为99.8%，与全国持平；初中毛入学率为116.4%，高于全国平均水平；初中毕业生升学率达到90.7%，高等教育毛入学率达到31.1%。

最后，内地办学，教育对口支援的有效形式。1984年，针对西藏教育落后、人才匮乏的状况，中央决定在内地创建西藏学校、举办西藏班。同年11月，确定在京、津、沪等全国18个省市开办内地西藏班（校）。1985年开始招收初中学生，当年招收1300人。1989年起开始招收高中学生，当年招收300人。2010年举办内地西藏中职班，年计划招生3000

人。截至2014年，全国20个省市的18所学校举办内地西藏初中班、67所学校举办内地西藏高中班、41所中等职业学校举办内地西藏中职班，在校生1.89万人，已累计招收初中生4.64万人、高中生3.45万人、中职生0.84万人。2000年，在借鉴内地西藏班成功经验的基础上，在北京等8个省市举办内地新疆高中班，首届招生1000人。经过3次大规模扩招，截至2014年，全国14个省市93所学校举办内地新疆高中班，年招生规模达1万人，在校生3.2万人，累计招收高中学生7.1万人。2011年起，在9个省市33所学校举办内地新疆中职班，年计划招生3300人，累计招收1.32万人，涉及15个专业大类，50余个专业。30年来，内地西藏班、新疆班培养了5.5万名各级各类人才，绝大多数学生毕业后回到县以下基层一线，艰苦奋斗，建功立业，成为西藏、新疆教育、医疗、交通、部队等各行各业的骨干力量，为当地经济社会稳定发展作出了积极贡献，赢得了社会的广泛认可，受到各族人民群众的热烈欢迎。

通过教育对口支援和举办内地民族班，开创了生动实践党的民族政策的新道路。一方面，通过内地相对发达省市、高校和单位的教育对口支援，帮助民族地区改善了办学条件，加强了教师队伍建设，促进了各级各类教育事业的发展；另一方面，促进了各民族的交往交流交融，增强了中华民族的凝聚力、向心力和中华民族共同体意识，切实维护了平等团结互助和谐的社会主义民族关系，促进了民族团结进步和共同繁荣发展，产生了广泛而深远的政治和社会影响。

（五）教育对口支援需要改进之处

民族地区教育基础差、底子薄，对口支援工作还存在一些需要改进的地方。

首先，教育对口支援工作机制有待进一步完善。从规划制定到执行过程，各级教育部门参与不足、发挥作用不够；相关部门之间、部门与地方之间、援受双方之间的沟通协调有待进一步加强。

其次，教育对口支援项目与当地教育规划缺乏有效衔接，与受援地区教育发展需求有一定差距，部分教育对口支援项目按照内地发达地区模式设计，不完全符合民族地区实际。

再次，总体上教育项目资金所占比例偏低。如“十二五”期间，全国对口援藏项目投入中教育约占6.7%左右，援藏教育资金比例偏低。

最后，存在重“硬件”轻“软件”的现象。部分受援地区受传统观念影响，希望援助资金主要用于基础设施建设和设备购置，对送出学生就读高中、大学的积极性较高，对于引进先进的教育理念和教学方法、提高当地的教学水平积极性不够、效果不明显。

二　医疗对口支援

医疗资源集中在大城市，导致经济不发达或偏远地区的患者就医不便，国家对这一问题高度重视。2006年党的十六届六中全会通过的《中共中央关于构建社会主义和谐社会若干重大问题的决定》，明确提出整合城乡医疗卫生资源，并首次提出建立对口支援制度。

（一）医疗对口支援的概念及主要模式

医疗对口支援是对口支援制度中的关键一环，最常见的有城乡对口支援和区域对口支援。2009年国家出台了《城乡医院对口支援工作管理办法》，提出了对口支援的具体实施办法，并作为新医改的一项重要任务在全国范围内铺设开来。2014年国务院在指导意见中再次提出要加大城市大医院对县乡基层医院的对口支援力度，帮助其提升医疗水平和能力。区域对口支援主要针对经济不发达的西部民族地区，如西藏、新疆、甘肃、青海等地，医疗支援的政策附属于区域对口支援大方针之下，如援疆政策中关于医疗技术、人才、设备等方面的支援举措。目前，国内多家医院陆续开展的组团式援藏、援疆医疗队，即为各级医院对区域对口支援政策积极响应的结果。

医疗对口支援的形式多样，大部分是在国家政策引导下形成的合作关系，也有医院之间自发形成的交流合作。最常见的模式为医联体模式，医联体的组织形式自由，有紧密型医联体、半紧密型医联体和松散型医联体三种形式。与上述三种类型对应，按照合作范围和合作程度不同医联体的具体表现形式有医院托管、区域医疗协作和远程医疗平台等。

紧密型医联体是指联合体内的医疗机构由核心医院直接举办或者通过购买、兼并等多种形式由联合体直接经营管理。医联体内部所有医疗机构的人、财、物统筹管理，在核心医院和其他各层级医院、基层社区卫生服务中心之间，形成利益共同体和责任共同体，以实现优质医疗资源的合理流动。但由于紧密型医联体涉及产权重组、体制机制改革等问题，操作起来较难，成本较大，因此在实际应用中案例较少。

半紧密型医联体是指在联合体内部医疗机构资产所属关系不变的前提下，由医联体核心医院与各医疗机构签订经营管理合同，负责医联体内所有医疗机构的运营管理。医院托管是半紧密型医联体的典型表现形式。医院托管是以托管契约的形式约定双方责任与权利，保障了技术、人才等优质医疗资源从大型医院向中小型医院流动。国内成功的医院托管模式有上海仁济托管模式和山东省立医院托管模式。仁济托管模式是由上海仁济管理公司以公司运作的模式来管理医院的托管行为，同时向被托管医院输出大型医院的品牌、管理、技术和资金，在保障被托管医院独立法人、性质、功能、资产权属不变的前提下，使员工的工资、福利待遇获得提升，医院的发展空间得到拓宽。

松散型医联体模式较为普遍，是指医联体内核心医院与其他医疗机构无经营管理上的联系，仅仅采取合作联营的模式，在技术、设备、人才培训等方面资源共享，共同发展。这种医联体的作用主要是核心医院向下级医院提供专家和技术支持，实现联盟内的信息互认、转诊等，但在人员调配、利益分配等方面并未统一，相对独立。区域医疗协作和远程医疗平台都是松散型医联体模式的具体表现形式。

（二）组团式医疗对口支援

本部分我们以组团式医疗对口支援西藏为例进行分析，以北京市医疗人才组团式援藏为例，对口支援拉萨市人民医院建设的做法与经验进行分析总结。我国政府对医疗对口援藏工作高度重视，2015 年 8 月中组部、人力资源与社会保障部、国家卫计委决定组织开展医疗人才“组团式”援藏工作。

1. 医疗对口援藏历史沿革

1951 年西藏和平解放以后，中央人民政府在西藏投入了大量的人力、物力和财力，以促进西藏社会经济的发展。医疗卫生方面，自 1950 年人民解放军进军西藏时起，人民解放军和国家卫生部选派大批医务人员进藏，克服各种困难，全心全意为群众防治疾病，积极创建卫生机构，培养民族卫生技术队伍，积极开展群众工作，扩大党的影响。1994年党中央、国务院召开第三次西藏工作座谈会，正式作出了对口援藏决策，号召全国各地方和中央各部门都要大力支持西藏的建设。2009年3月发布的《中共中央国务院关于深化医药卫生体制改革的意见》中指出：建立城市医院对口支援农村医疗卫生工作的制度；发达地区要加强对口支援贫困地区和少数民族地区发展医疗卫生事业；城市大医院要与贫困地区和少数民族地区的县级医院建立长期稳定的对口支援和合作制度，采取临床服务、人员培训、技术指导、设备支援等方式，帮助其提高医疗水平和服务能力。[①] 截至2014年，中央国家部委和对口支援省市先后选派7批414名医疗卫生干部人才援藏，遍布西藏7地市，为西藏医疗卫生事业发展提供了有力的人才支撑。随着中央和援藏省市的不断投入，西藏医疗硬件设施和服务水平显著提高。数据显示，1994—2013年，西藏各级各类医疗机构由1068个发展到1413个，床位由5042张发展到11036张，卫生人员由10424名发展到14335名。

2015年，在国家开展援助西藏工作21周年之际，医疗领域出现了一个新词，那就是“组团式”援藏。医疗人才“组团式”援藏工作，是党中央为进一步促进西藏医疗卫生事业发展、改进援藏医疗人才选派方式、改善西藏各族人民就医条件，由国家卫计委和有关对口援藏省市指派医院，成批次组团派遣医疗骨干，支持受援医院学科建设和医疗人才队伍建设的援藏新方式，充分体现了以习近平同志为核心的党中央对西藏人民的特殊关怀，体现了社会主义制度集中力量办大事的优越性。

2. 医疗人才组团式援藏模式

西藏作为我国的边疆省区和重要的少数民族地区，对我国政治有着重要的意义。第六次西藏工作座谈会上提出，治国必治边、治边先稳藏的治国执政理念。西藏由于地处边疆，地域面积广阔，但人口稀少，平均海拔4000米以上，经济欠发达，GDP总量位居全国各省市末位，财政收入以中央财政转移支付为主。2015年全区每千人拥有卫生技术人员4.4人、

① 徐秋云：《城市医院对口支援农村医疗卫生机构制度研究》，《中国卫生质量管理》2010年第3期。

执业（助理）医师 1.9 人、注册护士 0.98 人，低于全国发展人均水平。期望寿命仅为 68.17 岁。全区有自治区人民医院和军区总医院两家三甲医院，但技术水平与内地三甲医院仍有不小差距。

以往医疗人才援藏大多由相关部门单方面选派，组织不够统一、分配不够科学、力量不够集中，解决实际问题的能力有限。为进一步做好西藏医疗卫生发展事业，改进援藏医疗人才的选派方式，2015 年 8 月中组部、人社部、国家卫计委联合发文，决定组织开展医疗人才“组团式”援藏工作，提高援藏工作的针对性、有效性、可持续性。医疗人才组团式援藏，是指由国家卫计委和有关对口援藏省市指派医院，成批次组团选派医疗骨干，支持西藏受援医院的科室建设和医疗人才队伍建设。根据受援医院的评估情况，每批次确定若干重点学科和具体工作目标。援助医疗队员由专业技术人员和综合管理人员组成。专业技术人员的主要任务是提升受援医院的科室建设水平，一对一帮教受援医院相关科室医务人员。综合管理人员的主要任务是提升受援医院的管理水平，其中至少有一人担任受援医院的副院级以上领导职务。

一是团队式支援，临床与管理并重。组团式援藏改变了以往单兵作战的局面，由一个省选派一支覆盖管理和各临床学科的医疗队，集中支援一个医院。相较于以往支援力量更强，学科范围更广，同时涵盖了管理团队，不仅提高了医疗技术水平，还提升了医院整体的管理水平。[①] 北京市对口支援拉萨市人民医院建设，从 2015 年 8 月开始，从北京市属 15 家医院中，选派了两批次 30 人次专家进行组团式援藏，涉及管理、临床各个科室。第一批组团式医疗队以医疗专业技术人员为主，管理人员 1 人，专业技术人员 14 人。根据创建三级甲等医院的任务目标，第二批组团式医疗队管理和医疗专业并重，调整为管理人员 6 人，专业技术人员 9 人。

二是任务明确，重点突出。北京市医疗人才组团式援藏的目标主要包括：其一是拉萨市人民医院作为自治区大病不出藏兜底医院，到 2020 年实现“大病不出藏、中病不出市、小病不出县乡”。其二是实现“两降一升，一增加”，即降低孕产妇和婴儿死亡率、提高住院分娩率。其三是

① 孙文娟：《聚焦目标任务发挥团队优势　确保医疗人才组团式援藏工作高质高效》，《西藏日报》2015 年 12 月 3 日。

2017 年在全区各地市中率先成功创建三级甲等医院。

三是设立考核机制，加强成果评价。医疗组团式援藏工作加强了对结果的考核，各级组织部门、卫生行政部门出台了援藏考核评价办法，考核支援、受援双方工作完成情况，重点考核受援医院服务能力、管理水平、师傅带徒弟等受援效果，特别是徒弟掌握危急重症抢救能力、手术能力、科研方法等带教成效。同时，最终对目标实现情况进行考核。

四是以省（市）包院，以院包科。医疗人才组团式援藏要求每个省（市）对口支援一家地市人民医院，支援力量更强，可以调动整个省（市）不同医疗机构的优势学科，分别援助受援医院的学科。同时，中组部和国家卫计委还要求每个省（市）明确一家牵头医院，负责受援医院整体规划、基础建设、制度建设、重点科室援建任务，其他参与医院要负责援助受援医院一个或几个科室，确定结对关系，精准发力，发挥不同医院特色学科优势，打造受援医院特色学科专科。北京市 3 家医院作为拉萨市人民医院以院包科的单位，北京友谊医院作为牵头医院，负责拉萨市人民医院的管理、三甲创建等任务，及其他所需科室建设。北京妇产医院负责拉萨市人民医院的妇产科建设，首都儿科研究所负责拉萨市人民医院的儿科建设。

五是明确资金支持力度，软硬件同步支援。与以往仅技术上对口支援不同，组团式援藏同样对财政支持做出了明确要求。援助地市人民医院所需经费从各对口支援省市的援藏资金中列支，主要用于购置、维护必要的医疗设备以及基建改造、人员培训等。支援方式从单一软件支持，变为软件、硬件同步支持。北京市 2015 年医疗人才组团式援藏以来，北京市援藏资金投入 6600 万元用于拉萨市人民医院的设备采购、基础设施建设、门诊楼装修改造、导视系统建设等方面。

六是组织部门牵头，强化责任意识。西藏自治区将组团式援藏工作作为部长工程，从中组部到西藏自治区组织部再到地市级组织部门领导亲自挂帅。组织部门牵头、协调能力更强，在政策支持力度上也一般的对口支援力度更大。给予受援医院用人自主权、干部任免权、中级职称聘任权，同时为各地市增加了人员编制数量，各级财政也加大了支持力度。自治区财政专门给予自治区医院 1 亿元、7 个地市 5 千万元的能力建设专项资金。组团式援藏以来，西藏自治区、拉萨市为拉萨市人民医院新增编制

120人，医院通过引进、选调、公开聘任等方式自主选聘医务人员114名。医院自主聘任中层干部15人，35名初级职称的医生晋升为中级职称，15名中级职称的医生晋升为高级职称。

七是导师制援助，针对性更强。组团式援藏采取“团队带团队”“专家带骨干”“师傅带徒弟”等形式，根据“组团式”援藏专家的业务特长，结合目标科室的实际，确立了导师制培养模式，并要求援藏专家制订科学规范的培养方案。同时为援藏队员遴选出本地优秀医务工作者作为学员，包括临床、护理、管理等专业，结成对子，在日常工作的各个方面虚心学习，定期考核和评估，及时调整培养方案，提高了医务人员的全面工作能力。拉萨市人民医院遴选40名本地优秀医务工作者与援藏队员结成对子，通过“专家带骨干”“师傅带徒弟”等方式，组织开展专题讲座90次、手术带教152次、99疑难病例讨论14场次，已有25名徒弟熟练掌握专业和管理技能。

八是请进来与走出去相结合。组团式援藏模式不仅是将内地的专家请进西藏工作，还注重将本地医务人员送出去培养，请进来与走出去相结合，全面提升受援医院的服务能力。受援医院每年要从重点科室选派3—5名专业技术人员和管理人员外出学习。北京友谊医院作为援助拉萨市人民医院的牵头单位，创新性地提出了组团式培训的概念，所有拉萨市人民医院的中层干部、业务骨干、新进重点人员都将到北京友谊医院进行培训。

3. 医疗组团式援藏取得的主要成效

首先，医疗服务效率显著提高。经过两批组团式医疗队和拉萨市人民医院全体医务人员的不断努力，拉萨市人民医院服务效率较过去稳步提高。2016年较2013年组团式援藏前，门诊急诊人次增长79.3%，住院人次增长25.3%，平均住院日减少2.9天，手术台次增长25.4%。

其次，医疗服务能力不断提升。组团式援藏工作开展以来，拉萨市人民医院在原来仅有内科（心内、消化）、外科（普外、骨科）、儿科、妇产科的基础上，增加了肾内科、呼吸科、风湿免疫科、内分泌科、老年医学科、心脏重症监护科（CCU）、重症医学科（ICU）、高压氧舱科、泌尿外科、疼痛科、包虫病专科、康复科等，全院开放床位从256张增加到336张，服务能力显著提升。“组团式”援藏医疗专家到来后，与本地医务人员一起，共开展手术 300 余台，先后开展了 30 多项新技术和多例疑难手术，填补了西藏自治区和拉萨市的多项空白。

最后，成功通过三级甲等医院预评审。组团式援藏工作开展以来，国家卫计委、北京市卫计委等组织专家多次到拉萨市人民医院进行创三甲评审指导。对照评审标准，2016 年 1 月、2016 年 11 月，北京市卫计委组织专家对拉萨市人民医院两次评审打分。指标合格率（C 级）由 44.22% 提升到 60.4%；良好率（B 级）由 6.1% 提升到 14.2%；优秀率（A 级）由 2.2% 提升到 3.3%。2017 年 7 月拉萨市卫计委组织北京、江苏、西藏三地医院评审专家 12 人对医院进行了预评审，A 级（优秀）指标达到 33.95%；B 级（良好）指标达到 70.82%；C 级（合格）指标达到 98.41%，顺利通过预评审。比较三次结果发现，按照医院等级评审要求，医院达标率已大幅提高，达到了三级甲等医院的要求。

4. 医疗人才组团式援藏对口支援经验启示

党中央、国务院历来高度重视民生工作，医疗卫生工作是民生工作的重要部分，人民健康是关系到国家振兴、民族兴亡的大事，尤其对于边疆地区，是立党之本、执政之基。西藏和平解放以来，医疗援藏工作从未间断，保障了西藏地区人民的健康水平稳步提高。组团式医疗援藏政策与原有政策相比，支援力量更集中，政府人事、财政支持力度更大，重点更突出，所以取得了较好的成绩。这一方面得益于原有的工作基础；另一方面在于时代的发展，我国综合国力不断提升，最重要的在于社会主义制度的优越性，在于中国共产党以人为本的执政理念，在于全面建成小康社会以及中华民族多元一体，各民族交往交流交融，共同团结进步、共同繁荣发展、共同实现中华民族伟大复兴中国梦的理想。

第一，组织保障是支撑。组织保障和政府的支持是组团式援藏对口支援模式成功的重要保障。从中组部、西藏自治区以及各地市组织部门牵头组团式援藏工作，这与传统医疗对口支援工作有很大不同。将组团式援藏工作作为组织部门部长工程，对于各项工作落实和协调起到了至关重要的作用。在人事政策、财力支持方面给予了大力支持，力度是历史上绝无仅有的。由组织部门抓落实，可以保证工作执行力。医疗人才组团式援藏工作已经成为西藏对口支援工作最重要的任务，把卫生工作也提到了前所未有的高度，这都是这项工作顺利开展和成功的保证。

第二，资金保障是基础。硬件设施建设是医院发展的基础，包括基础设施建设和设备的购置。现代医学发展，在依靠经验的同时，更多依靠了先进的设备。没有硬件设施的支持，技术再高超的医生也无法施展。组团式援藏工作明确了支援省市的财政支持力度，同时西藏自治区和各地市财政也都给予大力支持，使各受援医院硬件水平不断提升，也为组团式援藏工作提供了硬件保障。

第三，人才培养是核心。人才是医院发展的核心和第一要义，没有人才的支撑，一切工作都是无源之水。只有强大的人才队伍支撑，医院才可能发展。既要足量，又要保质。组团式援藏工作高度重视人才培养和引进工作，以组团式援藏为契机，在本地人才引进、选调方面下大力气，为各个受援医院增加了人员编制，给予优惠条件，引进了一批本地优秀医务人员，长期在藏工作。在人才培养方面，请进来与走出去相结合，加强与援助省市联系，着力培养本地医务人员，真正实现变“输血”为“造血”，使组团式援藏工作的成效得到最大的发挥。

第四，质量和技术提升是实质。在硬件建设和人才保障的基础上，提升医疗技术和质量水平、提升医疗服务能力是组团式援藏工作的实质。技术和质量是医院最核心的两条主线，组团式援藏工作最重要的目标就是提升当地受援医院的学科专科水平，提升服务能力，这也是对口支援工作的本质与最终目的。因此，其他一切工作都是手段，最终的目标还是学科发展和质量提升。

三　科技对口支援

科技对口支援与教育对口支援、医疗对口支援等方式形成我国目前对口支援的基本形式和内容。特别自2000年以来，在西部大开发战略背景下，国家有关科技管理部门、科研单位、东部沿海地区科技较先进的省市以及科技型企业都进行了大量卓有成效的科技对口支援实践。

（一）科技对口支援的界定与内涵

科技对口支援是指拥有科技资源优势、科技人才优势和科技成果优势的支援方与有科技发展需求的受援方，在相关法律、法规、政策或契约的基础上，围绕科技资源转移共享、科技产业结构调整、科技人才引进培养、科技项目合作研发、科技成果转让生产等内容开展的一系列行为、活动和组织形式。从现实看，科技对口支援的支援方主要涉及中央科技管理部门（科技部）、国家级科研单位（中国科学院等）、科技社团（中国科协），以及科技相对发达省市的相关科研院所、高新技术企业等；受援方是指科技发展相对落后、有科技援助需求的民族地区和欠发达地区的科技管理机构、科研院所及企业等。科技对口支援的目的是帮助受援助地区提高当地的科研投入、产出、管理和支撑经济社会发展的科技结构自组织能力，构建起符合受援方地区经济、政治、社会以及文化特征的区域科技创新支撑体系。

现阶段我国科技对口支援的主要形式与内容普遍集中在科技基础设施援建、科技产权转让、科技人才帮扶培养等单项输入型、线性支援型等模式，与我国提出的到 2020 年建设创新型国家的目标和现代科技发展规律所需的创新体系构建及集群优势、网络优势、溢出效应的产业创新发展趋势相比有明显差距。2012 年召开的中国共产党第十八次代表大会，进一步明确提出实施科技创新驱动战略，指出科技创新是提高社会生产力和综合国力的战略支撑，必须摆在国家发展全局的核心位置，要深化科技体制改革，加快建设国家创新体系，着力构建以企业为主体、市场为导向、产学研相结合的技术创新体系。这个战略目标的提出，不仅需要东部发达地区进一步加快科技创新的投入力度，拓展科技创新的领域。更需要广大西部欠发达地区、民族地区加大改善科技基础实施，培养更多科技人才，建设与当地经济、文化和社会发展相协调的科技创新体系。

科技对口支援的内涵通过系统化、模型化分类建立三个由核心到外围的科技对口支援子系统（核心子系统、支撑子系统、外围子系统）来实现受援方区域科技创新体系的构建，以及形成受援方自身科技创新能力的可持续发展机制，在每个子系统形成的过程中需要支援方和受援方进行合理规划、科学实施、密切合作，形成创新要素聚集、创新能力增强、创新成果涌现的动态互动合作网络。科技对口支援三个子系统的构成和作用分别如下：一是核心子系统。是基于受援方区域创新体系构建、科技创新能力提升的网络互动对口支援模式的关键构成部分，支撑子系统和外围子系统的功能都是在核心子系统的功能基础上而实现的。核心子系统是科技对口支援的基础和关键，该子系统内的主体是从事科学研究、技术创新、工程设计等直接创新活动的组织，包括支援方和受援方开展技术合作的高新技术企业、科研单位和研究型大学等。二是支撑子系统。是指科技对口支援中对受援方科技创新活动产生间接作用或辅助支撑的组织和行为，较为常见的如风险投资服务、科技成果转化服务、科技法律咨询服务等。受援方的产业发展技术需求和对现代生产生活方式改善需求是科技对口支援的原动力，科技金融、科技人才、科技中介等是受援方提升自主研发能力、逐步建立区域科技创新体系的催化剂。三是外围子系统。外围子系统与核心子系统、支撑子系统的不同之处在于，该系统属于软环境建设范畴，包括受援方区域的科技创新文化、政策法规和社会对创新的总体认知等，是持续支持受援地区科技创新能力提升的环境要素。外围子系统的合作主体是支援方和受援方政府部门间、社会公益组织间的合作，合作的目的是为区域创新体系构建提供文化氛围、法律规范和制度保障等，从环境角度促进科技产业的发展和人们对创新的理解和支持，这是一个长期的系统合作过程。因此，该系统的建设与合作需要逐步、持续地推进，不能急功近利，制度设计过于先进或过于落后都不利于民族地区科技创新产业的发展。

随着我国经济社会的发展以及社会主义市场经济体制的不断完善，对口支援的运行机制和模式也在发生改变。现阶段，科技对口支援的行为特征正从“以道德合法性支撑、政治号召力推动、受援方被动援助、行政指令为运作机理的单边输入式对口援助”转向“以支援方、受援方相互协商，政府、企业和科研单位多元主体参与，提高受援方地区科技创新能力为目的，政府调控和市场机制共同作用为调节机理的双向合作式模式”。

（二）科技对口支援主体

2000 年党的十五届五中全会通过《中共中央关于制定国民经济和社会发展第十个五年计划的建议》，并提出实施西部大开发、促进地区协调发展的战略任务。西部大开发战略提出之后，各级政府部门、企业、科研单位为响应国家号召，纷纷根据自身优势制订相关对口支援行动计划，各类科技对口支援主体也深入、持续地开展了大量富有成效的科技对口支援工作。下面我们对科技对口支援的主体及行为进行分析。科技对口支援的主体是指拥有科技资源优势、科技人才优势、科技成果转化优势的支援方与有科技发展需求的受援方。

1. 科技对口支援方主体

国家层面涉及科技对口支援方主体主要有：科技部承担科技管理宏观政策、法规的制定工作，国家民委承担科技对口支援在民族地区实施的综合协调工作，中国科学院是基础科学研究的国家最高科研机构，中国科协是开展科学普及的主要社会力量。

科技部作为国务院组成部门，其重要职能就是研究提出我国科技发展的宏观战略和科技促进经济发展的方针、政策和法规，研究确定科技发展的重大布局和优先领域，推动国家科技创新体系的整体建设。民族地区的科技事业发展和科技创新体系建设作为国家科技创新体系的重要组成部分，科技部理所当然有义务、有职责通过政策支持、法律引导、计划实施和财政转移支付等手段向科技欠发达地区、民族地区发展科技事业进行倾斜和安排。从国家“十五”计划开始，科技部在国家科技攻关计划中设立“西部开发科技行动”，“十五”期间共安排 3.5 亿余元经费，支持了 200 多个项目。其他国家科技计划也面向西部地区、民族地区相继推出了星火西进、西部火炬、西部新材料、西部新能源、缩小数字鸿沟等专项行动。“十一五”时期，科技部进一步加大了对西部科技不发达地区的政策支持力度，在项目立项评审中适当降低了对西部等欠发达地区的要求。特别是在 2001 年，科技部就明确了“西部大开发，科技要先行”的指导思想，并科学研判了当时我国民族地区的科技发展水平与经济发展水平，提出我国民族地区科技受援地区基本有三类的理论：第一类是科技与经济都不发达的地区，包括贵州、宁夏、西藏、青海、新疆、内蒙古和广西等民族地区；第二类是财政状况较好、科技相对滞后的地区，如云南、海南的一些民族地区；第三类是经济不发达、科技相对超前的地区，如四川等。基于此分析，在西部科技创新能力建设方面，科技部重点加强了西部科研基础设施的建设工作，相继投资近百亿元，建设和改造了一批西部地区的国家重大科学工程、国家工程研究中心、国家重点实验室等科技基础设施项目，并对部分科研院所的改扩建给予了有力支持。

国家民委具有协调推动或配合有关部门实施民族地区科技发展、对口支援和经济技术合作等有关工作的职能。国家民委内设有教育科技司，专门负责与有关部门协调推进科技对口支援在民族地区的实施工作。国家民委为促进民族地区科技事业发展，在2008年牵头科技部、农业部、中国科协等部门共同制定了《关于进一步加强少数民族和民族地区科技工作的若干意见》（民委发〔2008〕245号），该意见是全面实施《国家中长期科学和技术发展规划纲要（2006—2020年）》《全民科学素质行动计划纲要》和《少数民族事业“十一五”规划》，进一步推动少数民族和民族地区科技事业发展，提高群众科学素质，帮助民族地区提高自主创新能力，更好地实施科技对口支援，促进民族地区经济社会发展的一项系统性、持续性措施。此外，在国家民委一系列发展规划和行动计划中，例如少数民族事业“十二五”规划、兴边富民行动“十三五”规划等，都有专门支持民族地区科技事业发展的专题或内容。

中国科学院是我国在科学技术领域的最高学术机构和全国自然科学与高新技术的综合研究与发展中心。为更好地实施科技扶贫、科技对口支援工作，中国科学院在2000年专门制定了《中国科学院西部行动计划纲要》，行动计划分期进行，每期五年。目前已经进入第三期，每年投资1000万元用于西部地区急需的科学研究和科技攻关项目。在组织机构设置方面，在院地合作局专门设立西部处负责协调推进科技对口支援、科技扶贫项目，组织实施科技援藏、支黔、支青、支甘、支新等院地合作工程。此外，中国科学院在西部地区设立了新疆分院、兰州分院、西安分院、成都分院和昆明分院，整合科研力量与所在地区共建技术研发与转化组织和技术转移中心。近些年，中国科学院坚持“知识援助、科技援助、人才援助”的方针，先后实施了“科技支新（新疆）”“西部之光人才项目”“少数民族高层次计划新疆博士班”“天山南北院士行活动”等科技对口支援西藏、新疆和青海等活动，并与新疆、西藏、青海等民族地区政府签署了科技合作协议，针对民族地区生态建设、水资源综合开发利用、特色植物资源的开发、煤制剂开发利用等重大选题进行了科技咨询，为实现民族地区经济社会稳步和谐发展，提供了科技和人才支持。①

中国科学技术协会作为人民团体是党和国家联系科技工作者的桥梁与纽带，其宗旨是为经济社会发展服务、为提高全民科学素质服务、为科学

① 资料来源于中国科学院院地合作局网站。

技术工作者服务。进入 21 世纪，作为开展学术交流与科普活动的重要社会力量，中国科协为配合国家实施西部大开发战略，成立促进农村和少数民族地区发展专门委员会，负责推进西部地区和少数民族地区科普工作。从 2000 年开始，组织全国性学会和地方科协，在内蒙古、重庆、广西、西藏等省、自治区、直辖市实施了“西部科普工程”和“科普富民兴边行动”。2004 年，又与国家民委联合印发了《关于加强少数民族地区科普工作的意见》等支持西部地区和民族地区发展科普事业的政策文件。这些政策文件和行动计划都是紧紧围绕党中央、国务院确定的西部开发全局性的重点工作，集中力量重点在少数民族群众科学素质提高、民族地区生产生活方式转变、生态建设及环境治理、传统产业升级改造四个方面开展科普工作，并取得阶段性的成效。另外，中国科协不断加强西部地区专群结合的科普队伍建设，培养大批实用农村科技人才，推动农业产业化；促进西部少数民族地区的科技进步和经济发展。

此外，涉及科技领域的其他部门如中国工程院、全国自然科学基金委员会等也都根据本部门的业务职能和优势开展了相应科技对口支援工作。中国工程院组织院士对受援地区生态治理与环境改善等课题进行了长期研究，为西藏、新疆等地方党委和政府提供了科技咨询建议；全国自然科学基金委在科学研究项目申报与资金支持方面对来自西部地区和民族地区的申报都给予了适当倾斜。

2. 科技对口支援的受援方主体

受援方是相对于支援方而言的，即科技发展水平相对落后的地区。根据 1996 年中央扶贫工作会议部署，东部 15 个经济较发达省、市与西部 11 个省（区、市）开展东西扶贫协作工作。按此原则，11 个西部省区市属于受援方范畴。受援方主体希望通过支援方的科技设施、科技项目、科技人才和科技成果等持续援助，建立起适合所在地区自然资源条件、人口地理环境以及产业发展现状所需的技术创新体系，即从基础研究、应用研究到开发研究的科研结构本地化能力逐步提升，能够独立形成科技运行体制的区域创新体系。

受援地区政府及科技管理部门（科技厅、科技局）是协调联系对口支援方，宏观指导受援方整体推进科技对口支援的单位。主要职责有：调查研究、统计分析本地区企业发展、产业发展所需要的技术需求和科研成果需求，定期向支援方反映；及时了解掌握并向支援方提出本地区科研单位、大学和企业的科技人才需求和培训需求；协调联络支援方相关单位，共同协商制订科技对口支援工作计划，推进科技援助项目的实施，制定科技对口支援的政策措施，统筹分配科技支援方提供的资金、技术、科研设备等。

受援地区的科研单位和大学作为当地提升自主创新能力和解决行业和地区共性技术的核心部门，是科技对口支援实现由“输血”向“造血”转变，由技术引进和科技成果引进到自主研发转变到最主要载体。受援地的科研单位和大学具有熟悉受援地区技术特征、掌握受援地区技术需求、了解当地民族文化、群众科学素养与现代科技发展的兼容性和契合度等独特优势。支援方的科研单位、企业如果想尽快实现科技对口支援的经济效益与社会效益，与受援地区科研单位开展合作共同进行技术研发、新产品试制和市场推广，是缩短援助周期、节约支援成本、优化支援流程的最佳选择。而在双方合作的过程中，受援方要充分与支援方共同研究应对因技术引进差距和技术积累差距而产生的技术不适应问题，提出具体解决方案。同时，受援地区科研单位要发挥自己熟悉当地经济、政治、社会、文化系统和科技的历史关系与现状，最大限度、最短时间促进新技术、新工艺、新产品在当地得到认同，并转化为现实生产力。

企业作为技术创新的主体以及地区经济发展的核心力量在促进受援地区工业化、信息化、城镇化以及现代化的过程中起着至关重要的作用。在科技对口支援领域，受援地区的企业作为市场经济的主体应在平等协商、资源共享、优势互补、合作共赢的原则基础上与东部沿海发达地区的企业、科研单位以及大学开展科技项目合作，其目的是通过技术引进、转化和共同研发提供有市场潜力的产品，为企业和所在地区创造更多经济效益和社会效益。但现阶段，受援地区企业由于历史、资源禀赋等多方面原因发展程度相对缓慢，特别是纯科技创新领域更是明显落后于东部沿海地区，往往在合作中处于劣势地位。此外，由于受援地区市场环境、金融环境、中介服务业成熟度、市场经济配套的相关法律法规、有利于创业的舆论环境等都相对落后于东部沿海地区，甚至处于空白领域。以上多种因素造成东西部企业在科技合作过程中，西部企业更多是以“市场换技术”“资源换技术”等手段获取了一些东部地区企业价值不高甚至已经过时的技术。

（三）科技对口支援的基本内容

科技对口支援的基本内容可以确定为以下几个方面：一是关于科学研究和技术研究基础条件的援建和援助，即中央科技管理部门或科技发达地区的有关机构根据欠发达地区和少数民族地区开展基础研究、应用研究和开发研究所需的实验仪器、设备、基础设施等硬件开展对口支援，体现政治性、计划性和公益性；二是科技支援方利用自己熟悉或掌握的若干科学原理和技术原理的方式方法，通过传播、扩散、培训、转让等方式，满足受援方获得某一领域或几个领域的科学实验方法、思维模式、操作规则、技术工艺和技术手段等科技创新能力提升所需软件的需求，在这一过程中政府调控、市场机制均发挥着重要作用；三是支援方帮扶受援方建设有利于区域创新体系建设的各类科技人力资源，即符合受援方科技结构和区域创新体系构建。科技对口支援的基本内容，主要有以下几个方面。

第一，援助科技基础设施，提升科技创新能力。科技对口支援的一项重要任务就是提高受援地区的科技发展及科技创新能力，大力改善受援地区的科技软、硬件环境。因此，通过国家科技基础条件平台建设、强县富民科技专项行动、东西部科研机构和大学之间的定向帮扶计划等多种渠道的大力支持，为受援方地区建设相应的科技基础设施和配套服务体系；扶持一批适应受援地区科技发展需求的大学学科，重点实验室、工程技术研究中心、野外试验台和信息服务中心等；建设若干生产力促进中心、企业孵化器等科研配套服务体系；逐步加强受援地区基层科技管理的信息化能力，改善网络科技环境，拓宽信息流通渠道，为促进民族地区科技的快速发展服务。例如 2010 年教育部在新一轮部署支持新疆科技基础条件建设时，要求 10 所高校分别对口支援新疆大学政治与公共管理学院、电气工程学院、经济与管理学院、新闻与传播学院等 17 个学院，目的是促进新疆大学相关学科建设、科研基础条件建设、师资队伍建设、人才培养、科学研究、干部挂职锻炼等，这些工作的开展为新疆大学提升服务当地经济社会发展能力起到了极大的促进作用。[①] 上海市科委于 2004 年与新疆科

① 资料源于 2010 年全国科教援疆工作会议会议资料。

技厅、乌鲁木齐市政府等合作成立了上海新疆科技合作基地。截至2010年，基地孵化面积增加到8000平方米，孵化企业数量发展到61家，创造就业岗位300多个，累计争取项目扶持资金1164万元，完成东西部技术转让34项，引进资金2756万元，被国家科技部授予“国家技术转移示范机构”，极大地促进了受援方科技创新服务体系的发展，为当地科技型企业寻找技术、项目发挥了重要作用。①

第二，转移科技知识与成果，发展特色优势产业。依靠科技进步发展受援地区特色优势产业，促进资源优势转化为经济优势是科技对口支援的重要内容。因此，调动全国的科技力量，通过多种途径的合作研究，重点围绕受援地区的特色产业，如农牧业及农产品精深加工、高原特色生物资源开发、民族医药研制、太阳能等新能源利用，推广一批先进适用技术，攻克一批关键技术，建设一批产业基地，培育一批企业和新兴产业是很多受援方地区发展科技产业的思路和主攻方向。东部沿海地区各省市科技管理部门、企业在与受援地区合作过程中，也是将各自的技术优势、产业优势与受援地区的资源等优势结合起来，通过技术推广转化，经过若干年的建设，至少帮助当地建设一个具有一定经济规模的现代化新兴产业基地。另外，由于多数受援地区农业机械化程度差，很多农村依然依赖于传统人力生产模式，因此为了帮助受援地区尽快摆脱贫困状况，各级民委和科技部门都把科技扶贫与科技致富工作摆在重要的位置，通过综合研究和可行性技术论证，向当地党政领导机关提出有计划地开发当地经济和扶持贫困户发展生产、增收致富的规划和具体办法。这些方式在很多科技援藏、援疆工作中也是作为一个重要考核指标来考核的。除以上方式外，还有依靠科技，积极开展对当地特色旅游资源的有效保护和科学利用等工作。以中国科学院为例，在全国援疆大形势下，中国科学院围绕新疆推进新型工业化、农牧业现代化和新型城镇化进程的科技需求，动员组织全院力量实施科技援疆工作，截至2011年年底，已有中科院35个研究所120余项涉及生物医药、现代化农业、电子信息、化工轻工、生态环境、新材料以及惠民科技等领域的科技成果在新疆实现转移转化或产业化。2011年新疆分院开展的院地合作绩效统计显示，这些项目为新疆企业带来年度利税超过

---

① 资料来源于上海市科委对口支援工作总结。

2亿元，产生社会效益9亿多元。①

第三，共同研发高新技术，发展战略新兴产业。2010年9月，国务院审议并原则通过《国务院关于加快培育和发展战略性新兴产业的决定》，同年10月，中央十七届五中全会通过的《国民经济社会发展第十二个五年规划建议》，将节能环保、新一代信息技术、生物、高端装备制造、新能源、新材料和新能源汽车等七大战略新兴产业作为我国经济发展的重要基点。创新驱动战略和发展新兴产业的两大战略部署，为西部地区尤其是民族地区实现产业升级和经济转型发展迎来了战略机遇期。面对战略机遇，许多民族地区都提出发展战略性新兴产业，但是在民族地区发展战略新兴产业不仅需要加大科研投入，争取国家政策、资金和项目支持，还需要东部沿海地区有关科研机构在民族地区建设或与民族地区科研机构共建一批公益性、行业性研发机构以及产学研相结合的科研基地。因此，科技对口支援过程中很多科研项目和科技设施的建设都是围绕民族地区发展战略新兴产业这一思想建设的。例如2010年工业和信息化部与新疆维吾尔自治区人民政府签署合作协议，明确提出“将大力支持新疆发展新能源、新材料、生物医药等战略性新兴产业，同时科学引导产业转移，规划好中央企业和内地中小企业在疆投资领域，防止落后产能转移新疆。此外，还要大力支持新疆对外开放和节能减排工作”②。中国科学院在实施科技援疆过程中，根据国务院战略部署，大力支持新疆等地区发展战略新兴产业。以中科院所属的科研院所为例，新疆生态与地理研究所通过增加科研投入、人才引进等手段研发了一批资源与环境重大关键技术，全面提高对区域发展、新疆及周边资源与环境监测与决策能力，实现了干旱区资源、生态、环境基础理论突破，并建成了亚洲中部国际资源与生态环境研究基地；新疆理化技术研究所围绕新疆资源转化战略、新型工业化发展战略、战略性新兴产业发展、民生和社会发展的需求，在新能源、新材料、电子信息、生物制药、环境工程、普惠健康（医疗卫生）、现代服务业等方面发挥科学院整体优势，为新疆跨越式发展提供了有力的技术支撑，成为支撑和引领新疆高技术发展的“火车头”。

---

① 《中科院在疆转化成果 年销售收入逾27亿元》，《中国科学报》2012年3月21日。

② 《工业与信息化部、新疆自治区人民政府战略合作协议》，2010年。

第四，加强受援地区科技人才引进和培训。受援地区科技力量普遍不足，科技人员知识老化以及外流严重等是普遍存在的情况，各地政府在开展科技对口支援合作中，都把科技人才引进、培训工作作为重中之重来推动。受援地区利用科技对口支援政策，努力创造良好的用人机制和环境，将更多的优秀科技工作者凝聚到该地区来。合作中，受援方往往坚持科技人才“请进来、走出去”的方针，一方面通过科技援建项目和科技人员挂职锻炼等形式从支援方有关单位选派优秀科技人员和管理干部到受援地区工作；另一方面通过选派受援地区的科技人员到东部地区、内地进修学习和安排民族地区科技管理干部到内地挂职锻炼等方式，培养本地的优秀人才。科技部还通过举办培训班、派遣科技特派员等形式，加大受援地区基层技术人员培训力度，进一步壮大受援地区科技人员队伍，提高劳动者素质。

与此同时，在加强高端科技人才引进和培养的工作之外，坚持大力培训本地区的技术骨干也是重要的科技对口支援内容。很多支援方与受援方共同商议，采取因地制宜、讲求实效的方针，大力加强受援地区群众性的技术培训活动，帮助受援地区培养各种技术骨干。例如，中国科协与国家民委合作，加强民族地区回乡中学毕业生和具有相当初中文化水平及一定技术专长的中青年农牧民的培训工作，以短期培训为主。在内容上以传授农、林、牧、副、渔各业的实用技术和当地自然资源的开发、利用技术，采取基础知识与操作技能相结合的方式，并注意与当地新开发的生产领域相结合。师资主要依靠内地科技人员、大学生志愿者以及在民族地区挂职的科技干部等。

第五，援助科普工作，提高公众科学文化素质。只有做好科普工作，不断提升受援地区人口的科学文化素质，才能为区域创新体系建设营造良好社会氛围。因此，在很多科技对口支援的合作协议中，都可以看到“采取多种途径，支持和促进民族地区科普设施建设和科普人才培养，提高农牧民科学文化素质”等内容。现阶段，科技对口支援实践中帮助受援地区开展科普工作主要内容包括：通过农村信息平台援助建设，逐步形成较为完整的科普网络传播体系；在加强“双语”科普人才培养的基础上，结合受援地区生产、生活、生态特征，大力开展生态环境保护建设、林业草业知识、健康卫生知识、科学文明和健康生活方式等方面的科普宣传活动；面向受援地区公众，在民族节日等重要活动中开展民族特色科普，传播科学思想，破除迷信，普及科学知识；把广大农村、牧区的科技工作者和群众中的技术能人组织起来，因地制宜地建立和发展各种科普组织；大力帮助边远山区和高原牧区建立科普工作队，充分利用科普宣传车、流动科技馆等声像设备积极开展形象的科普活动。

（四）科技对口支援的运行机制

现行科技对口支援运行机制主要有两类：一类是以政府调控为核心的对口支援机制；一类是以市场机制为基础的对口合作机制。以政府调控为核心的科技对口支援机制，主要以计划指令、制度安排以及资源再分配为主要方法，体现政府在促进区域科技发展过程中的公平性、计划性和引导性；以市场调节为基础的对口合作机制，主要以利益驱动、供求关系、竞争制度等为主要方法，体现科技合作过程中市场配置科技资源的效率性、灵活性和竞争性。

第一，以政府调控为核心的科技对口支援运行机制。这类运行机制的起源是支援方为了积极响应国家政治号召，尽快完成支援任务，基于自己现有科技资源而向受援方提供科技援助的一种手段，通常以政府部门、公共财政支持的大学、科研机构等主体对口支援建设科技基础设施、科技创新环境等区域创新中采用的方法，具体体现在科技对口支援的计划指令、制度安排和资源再分配等过程中。

所谓计划指令，是指中央政府或上一级政府，通过会议、文件、行政命令等形式，要求科技管理部门、发达地区政府、国有资本的科研单位等向受援地区或欠发达地区实施科技援助、援建、帮扶等行为。计划指令在对口支援的早期阶段是最为常用的方式，也是响应速度最快、实施启动最快的方法。如近年来中央召开的全国对口支援新疆工作会议、全国对口支援西藏工作会议、全国科教援疆工作会议等，中央领导同志都是在会议上发表重要讲话直接部署对口支援的内容、方式和定向援建单位等，会后各相关省区市及有关部门在第一时间安排对口支援的内容和实施方案，充分体现了举国体制在援助落后地区建设，促进区域经济社会协调发展中的巨大优势。

制度安排，是指执行科技对口支援任务的管理部门利用法律赋予的职能职责，通过制定有利于开展科技对口支援的宏观法律法规以及财政、金融、税收政策制度等，来激励、促进科技对口支援主体更好地完成援建、援助任务或科技合作项目。例如，2008 年国家民委、科技部、农业部、中国科协制定《关于进一步加强少数民族和民族地区科技工作的若干意见》，明确提出："加强少数民族和民族地区科技人才培养，提升自主创新能力；加强民族地区科技基础设施和服务网点建设，科技公共服务平台建设明显改善，提高科技信息服务能力；大力普及科学知识，推广先进适用技术，提高科技成果转化和推广能力；加强科技投入，扶持少数民族语言文字科普宣传品的翻译出版、广播电视网站的建设，建立更加广泛的科技传播渠道；加强少数民族科普工作队建设，建立科普工作的长效机制。"① 以上制度安排为相关单位开展科技对口支援指明了方向和支援重点。另外，科技部、全国自然科学基金委员会等在相关资助科学研究和技术研究的政策中，提出对西部地区科研单位或个人独立申请，或以东部地区与西部地区相关单位合作申请的科研项目给予适当政策倾斜和资金倾斜。这样的制度安排在一定程度上引导相应的科研人才、科技资源向西部地区、民族地区流动，巩固了科技对口支援的成果。

资源再分配，在科技对口支援实践中是指中央政府在全国公共财政收入及资源合理利用的基础上，通过公共财政转移支付、科技资源倾斜分配、科技人才定向培养等各种渠道直接促进现金、实物、人才、信息转移的一种资源再次分配过程。资源的再分配是中央宏观管理部门特别是科技管理部门直接执行的任务，这也是与制度安排手段的区别，有利于受援地区加快发展科技事业，缩小与发达地区科学研究和技术创新的差距。例如，《国务院关于实施西部大开发若干政策措施的通知》（国发〔2000〕33 号）中提出的"加大各类科技计划经费向西部地区的倾斜支持力度，逐步提高科技资金用于西部地区的数额；围绕西部开发的重点任务，加强科技能力建设，组织对关键共性技术的攻关，加快重大技术成果的推广应用和产业化步伐；建设西部地区远程教育体系，加强对农村基层干部和农民的科学文化知识教育培训"。2010 年，科技部出台支持新疆科技发展的

---

① 2008 年国家民委、科技部、农业部、中国科协制定的《关于进一步加强少数民族和民族地区科技工作的若干意见》。

政策措施，内容基本都是科技资源的再次分配。此外，科技部编制了《全国科技援疆规划（2011—2020）》，这也是科技部第一次编制援疆规划。以上资源再分配的手段体现出中央有关部门利用行政手段将有利于受援地区科技事业发展和创新体系建设的资源直接分配给了受援助地区，而国内的其他省市并不能享受到再分配的资源。同时，中央给受援地的资源转移传输渠道畅通，无中间障碍和环节，也有助于中央科技精神在受援地区的贯彻落实。

以政府调控为核心的对口支援，其优点是支援方主动性强，科技资源、科技成果转移时间快，能够及时向受援方提供若干科技设施、人才和科技成果等。然而，其缺点也非常明显，支援方提供的援助项目与受援方的当地科技需求有可能不匹配，造成科技对口支援效率低下。

第二，以市场调节为核心的科技对口合作运行机制。以市场调节为核心的科技对口合作机制是基于受援地区科技需求调研基础上的双方科技对口合作，突出了受援地区的主动性和平等性，强调受援地区所需的科技设施、人才和科技成果等，通过与支援方合作，能够很快地将科技支援成果转化为当地经济社会发展的效益。支援方和受援方的科技型企业、高校和科研机构是利用该运行模式的主体，其优点是双方科技合作的内容针对性强，效率较高，双方利益共享；其缺点可能是支援方利用自身的技术壁垒优势长期处于科技合作的有利地位，而受援方由于技术环境、人才和金融等科技服务体系不完善在技术引进和吸收过程中遇到障碍，有的甚至失败。科技对口合作运行机制的核心由利益驱动、供求关系等共同组成。

利益驱动，是指在中央企业、科研机构等与受援地区企业、科研机构的科技合作中首先考虑的都是如何实现最大利益，这也是市场经济环境下，企业作为独立主体的基本特性。在市场经济环境中，技术、资金、劳动力以及自然资源既是生产要素，又是市场上可供销售的产品，它们的供给与需求同样受到价值规律和市场经济规律的影响。例如，中国石化集团是作为央企，在资金、科研实力方面属于一流，尤其在勘探开发、炼油化工、煤化工、外输天然气管道及油品技术研发以及相关装备制造业方面优势明显，而新疆是我国重要的能源化工基地。因此，在科技对口支援新疆过程中，中石化在“十一五”投资450亿元的基础上，“十二五”期间将在新疆投资超过1400亿元，用于加强新疆石化产业、能源产业的技术革新和产品升级。中石化与新疆的科技合作不仅能为新疆创造出更多的经济价值和社会价值，也将给中石化带来丰厚的利润收益。

供求关系规律，是指市场经济中商品供给与需求之间的相互联系、相互制约的关系，它是生产和消费之间的关系在市场上的反映。在经济全球化、信息化的时代，一些自然资源、民族文化资源等逐步体现出全世界稀缺的状况，例如我国少数民族地区的医药、文化、服饰等，已经受到全世界的关注。在这样的市场需求环境下，民族地区政府以及企业都希望民族传统产业通过技术引进和技术创新，实现规模化、产业化生产，一方面满足全世界市场需要；另一方面可以为当地创造更多的经济价值和就业空间，造福少数民族群众。在这样的市场需求背景下，拥有技术开发优势的中央企业、科研机构也纷纷将投资领域、技术转移重点转向西部地区，特别是有独特资源的少数民族地区。

实施科技对口支援是为了尽快提升受援地区的科技实力，为受援地区经济社会发展提供内在动力和创新活力。提升科技实力，主要是引导科技资源、科技人才等创新要素向受援地区合理有序流动，使全国范围内存在的地区科技发展“差序格局”演变为各具区域特色的科技创新发展“均衡格局”。在实现这一格局转变过程中，一方面，要发挥政府作为宏观调控者在引导科技资源向受援地区有序转移、营造良好创新创业环境、提供研发公共服务、构建新兴产业发展支撑保障体系等方面的关键性作用，同时又要防止过度行政干预，导致政府对微观科技运行的“越位”和“错位”；另一方面，要重视和充分发挥市场机制在科技资源流动和配置中的基础性作用，按照“开放、流动、竞争、协作”的科技合作原则，构建受援地区科技资源要素总量增长及结构优化的体制机制，促进引进的“科技链”与受援地区原生的“产业链、经济链”有机结合。

四　其他部委对口支援

2010年1月，党中央、国务院作出对口支援四省藏区的重大决策部署。七年多以来，32个中央国家机关、18家中央企业、6个发达省市给予了青海大力支持和无私帮助，有力促进了青海藏区经济发展、社会进步和民族团结。无私的帮扶使青海各族群众更加深切地感受到了社会主义制度的优越，共享到了改革发展的成果。

（一）国家部委、国有企业对口支援青海

自2010年国家部委、央企对口支援海西以来，援受双方进一步完善工作机制，坚持发展主线，顾全生态和社会两个稳定，突出向民生和基层倾斜、向软件提升倾斜、向智慧服务倾斜，坚持项目与需求、硬件与软件、产业和就业、建设和运行相结合，对口支援工作迈上新台阶。

首先，通过项目、产业和干部人才对口支援，助推海西发展。在项目援助方面，国家部委、央企实施援建项目30个，其中：华电集团建成了都兰县香日德镇大风车双语幼儿园、都兰县蒙藏医院等项目；中石化集团建成了茫崖综合农贸市场和文体活动中心；中石油建成了冷湖安全饮水工程、天然气入户工程、中学生物地理教学园和农业种植园项目；中化集团建成了大柴旦2个社区服务中心、中心学校综合教学楼等项目；科技部重点扶持了乌兰县恒泰农业开发有限公司等5家科技型企业；工信部重点扶持了格尔木瑶池种植公司枸杞枝叶饲料加工等2个项目。在产业援助方面，中石化集团积极引进上海荷芙达、青海水利水电等企业，成功签约项目5个，签约金额9.38亿元，项目涉及文化旅游、风电、装备制造等领域。在干部人才队伍援助方面，自对口援建以来，中石油、中化、铁路总公司通过不同渠道、不同形式，加大对受援方的医疗、教育等薄弱环节的人才培养，通过人才智力援助，积极培养海西本土专业技术人才。

其次，着力增强海北自我发展能力。2010年以来，中粮集团、五矿集团、神华集团、中国铝业股份有限公司四家央企分别对口支援海北州所属门源、祁连、刚察、海晏四县。近年来，央企与海北州共互访50余次、共900余人次参与，通过援受双方的共同努力，援建工作取得了实质性进展。五矿集团在祁连县实施了游牧民定居工程、特色示范村等项目建设。神华集团在刚察县实施了牧区危房改造及环境整治工程、游牧民定居小区配套基础设施建设等工程。中国铝业公司实施了海晏县寄宿制小学运动场建设项目、民政福利院建设项目、海晏县行政服务中心项目、海晏县游客服务中心建设项目。中粮集团实施了门源县公共卫生设施配套建设项目、

文化体育设施建设。中国五矿投资2亿元的集住宿、餐饮、娱乐、休闲、会议为一体的五星级祁连天境大酒店已于2016年8月8日正式运营；神华集团20万千瓦风电开发项目已完成可研预审，目前相关申报材料提交至青海省能源局；神华集团与刚察县初步建立了猪牛羊肉采购常态化机制；中粮集团“我买网”与门源县5家畜产品加工企业进行了电商业务的对接，门源蜂产品已通过“我买网”渠道对外销售。援青干部牢记使命，把藏乡当故乡，在推动援建项目、搭建援建平台、促成干部人才培养、推动经济社会发展等方面做了大量实实在在、富有成效的工作，赢得了全州广大干部群众的欢迎和赞许。同时，严于律己、注重团结、服从管理、坚守岗位、慎独慎微，做到了“受住艰苦、耐住寂寞，抵住诱惑、守住阵脚”，树立了援青干部的良好形象。

再次，开启黄南后发赶超的发展历程。自2010年以来，国家农业部、中国人民银行、华能集团、国务院扶贫办、中国石化集团公司等援建单位积极响应党中央号召，开启了对黄南无私援建的爱心征程，同时也开启了黄南州后发赶超的发展历程。国家农业部、中国人民银行、华能集团、国务院扶贫办、中国石化集团公司等援建单位，落实援助资金，立足职能优势，帮助黄南编制园区规划、扩大特色产业宣传推介等，河南蒙古族自治县被评为“国家级农业技术推广示范县”，在泽库县实施了防灾减灾青干草生产基地扩建、牛羊繁育产业基地等产业化项目，引进青海省金泰公司参与泽库县有机牛羊肉销售，等等。几年来的对口支援工作，有力地推动了黄南的发展，也为我们进一步做好对口支援工作积累了很多好经验、好做法。

最后，聚焦果洛脱贫攻坚主战场。2010年，国务院确定由国家环保部、国家交通部、国家林业局、国家旅游局等国家部委和中国电网公司、中国移动公司等中央企业对口支援果洛藏族自治州六县。七年来，央企对口支援项目42个。这些项目的实施，为有效改善果洛州农牧民生产生活条件、增强基层公共服务能力、加强生态建设和环境保护、提供科教智力支撑、推动特色优势产业发展起到了积极作用。这些多层次、全方位的培训，不仅使受训干部开拓了视野、增长了知识，关键是转变了观念、拓展了思路、更新了知识结构，提高了能力和素质，为实现果洛州经济社会持续健康发展提供了智力支持。国家电网公司创新对口支援模式，在格尔木市建成玛多县光伏电站扶贫项目，建成投产后可实现年创收900万元，为全县4531名建档立卡贫困户户均增收1986元，从而达到实施异地扶贫产业，增加贫困群众收入的目的。

（二）财政部、中国银监会对口支援瑞金市

财政部、中国银监会对口支援瑞金，倾力帮扶瑞金市振兴发展，争取了一系列特殊优惠政策和资金援助，助推民生、金融等经济社会事业取得发展。

首先，深入调研，找准着力点实现良好开局。财政部、中国银监会派出多批次调研组，深入瑞金城乡，开展对口支援专题调研，“把脉”发展中的薄弱环节、困难问题等，厘清一批急需支持的项目事项，抓住一批急需解决的症结问题，真正找准支援着力点，确保对口支援工作做到有的放矢、对症下药。“我们是满怀亲情来瑞金的，因为这里有我们的‘根’，帮助这里的群众同步奔小康是我们义不容辞的责任。”财政部副部长刘昆率队在瑞金调研时表示。中国银监会副主席郭利根率队在瑞金调研时也表示，将按党中央、国务院要求扎实做好对口支援瑞金的工作。正是有了领导的高度重视、深入实地的调研，才促成《财政部对口支援瑞金市工作方案》《中国银监会对口支援赣南等原中央苏区振兴发展工作实施方案》等文件迅速出台。财政部、中国银监会为瑞金“私人定制”的系列“输血”与“造血”相结合的特殊优惠扶持政策，在瑞金先行先试，越来越多的项目挤进国家、省、市的规划盘子，奠定了该市实现赶超发展的坚实根基。

其次，情牵民生，上下联动夯实发展基石。由于财力有限，加之历史原因和自然条件的制约，瑞金一直以来在农业、交通、科教文卫事业等民生基础设施方面投入严重不足。为此，解决民生难题、破除发展瓶颈，成为财政部、中国银监会对口支援瑞金的一项重要任务。财政部充分发挥自身优势，先后下拨中央专项彩票公益金、中央教育资金帮助该市启动体育中心、乡村健身广场和中心光荣敬老院建设项目等系列民生工程建设。油茶示范基地建设、中等职业学校改造、农村乡镇卫生院改扩建、口岸作业区建设、贫困村基础设施建设、日东水库和陈石水库饮用水源地环境保护……一个个民生项目在财政部的协调下正有序推进。引进金融机构，活

跃金融事业，是银监会对口支援瑞金的发轫之作。南昌银行、招商银行瑞金分支机构开张营业；帮助壬田镇成功打造农村普惠金融样板镇；发起创办民营瑞金银行；促成中国银行瑞金支行转为省重点支行……推动“赣州市金融机构支持瑞金振兴发展项目对接活动”成功举办，促成 12 家银行与瑞金市企业签订项目协议，总金额达 19.625 亿元。金融发展已成为瑞金振兴的重要内容和强劲支撑。

最后，务实创新，奉献金色年华彰部委风采。为加强沟通联络，做实对口支援工作，财政部、中国银监会分别选派优秀干部周杰和张顺尧同志到瑞金挂职，专门负责对口支援等工作。他们为推动财政部、中国银监会及时出台系列支援政策、拨付扶持资金等勤勉尽责。两年来，对口支援干部主动融入红都，以饱满的热情、火热的激情、十足的干劲为瑞金振兴发展贡献着自己的力量。瑞金被列为国家历史文化名城；“共和国摇篮”旅游区创建国家 5A 级旅游景区；《漫画红都》被文化部列入“2015 年弘扬社会主义核心价值观动漫扶持计划”，成为江西省唯一入选的扶持项目；北京科学教育促进基金会捐助瑞林镇水口小学首批 143 万元资金建设教学楼，并大力推动北京中小学名校与瑞金学校开展“手拉手”活动；推动民生银行、中信银行、光大法人村镇银行进驻瑞金，推动创建民营瑞金银行；沟通协调财政部为瑞金免费培训干部……这一桩桩、一件件瑞金振兴发展的重要成果，无不凝聚着对口支援干部的心血，展示着对口支援干部的务实创新精神，彰显了他们为瑞金人民服务，为红都儿女谋福祉的决心和大爱。

（三）国台办、中国保监会对口支援定南

国台办、中国保监会对口支援定南以来，帮扶老区人民，助力县域经济发展，增进民生福祉。

第一，高位推进，不遗余力谋发展。2015 年 5 月，定南在东莞举行了招商环境推介会，会上分别与台湾长天科技有限公司、环基电子科技有限公司等 14 家企业签约投资项目，签约内资 12 亿元、外资 2.96 亿美元。这是在国台办挂职干部邓壮的积极协调联系下取得的成果。国台办、中国保监会对口支援定南以来，高位编制项目，积极向上争资争项。同时，努力搭建平台招商引资，大力推动该县县域经济发展。为持续做好对口支援

工作，国台办、中国保监会充分发挥部门的职能优势，多轮驱动，广泛带动，招商引资和“险资入县”并驾齐驱，通过出台系列对口支援工作方案，倾情帮扶，硕果累累。国台办坚持“走出去”与“请进来”相结合，积极协调台资企业协会，努力搭建好招商引资平台，先后邀请多家企业到定南考察投资。2015年9月10日，国台办副主任龚清概率台湾顶新集团董事长魏应行到该县考察油茶产业发展，当天，台湾顶新集团确定了在定南投资2亿元建立油茶生产基地的投资意向。截至目前，共邀请了7批50多人次台湾企业家到定南考察投资环境。仅在2014年江西定南（深圳）招商推介会和2015年江西定南（东莞）招商环境推介会中，就签约了数十个项目，其中签约内资项目30多亿元，外资项目6亿多美元。中国保监会以提高保险企业知名度为契机，带动整个保险行业参与到对口支援工作中来，紧盯行业资源，充分挖掘保险资金“富矿”。在挂职干部邵祥理的努力协调下，中国保监会在定南开展保险业先行先试工作，精心编制项目吸引“险资入县”，“支大”与“支小”相结合，努力搭建对口支援的“连心桥”，谋划编制了文体教育新城、三南快线等6个“险资入县”项目，推动鑫磊稀土等3家中小企业对接“新三板”和其他区域性股权交易中心挂牌融资，开展果园、林权抵押贷款试点等系列工作。截至目前，果园、林权抵押贷款登记金额3.3亿元，推动“小微信贷通”和“财园信贷通”扩面升级，累计发放担保贷款1.5亿元，为企业融资3.1亿元。

第二，多措并举，聚力民生增福祉。国台办、中国保监会对口支援定南以来，积极改善和保障民生，增进民生福祉，不断创新帮扶机制，积极引导社会公益资金和企业爱心资金支持定南民生社会事业项目建设，配合定南整体扶贫计划，在项目扶贫和公益捐助方面给予大力支持。在国台办挂职干部邓壮的积极协调争取下，全国台企联援建预算400万元的标准化示范小学项目已开工建设；积极引导台资企业到定南县开展捐资助学活动，目前已资助特困中小学生248名、发放助学金25万元；帮助定南第二小学申请“中国关心下一代教育示范基地”项目资金50万元；协调广东环保基金会为定南县鹅公镇镇田小学捐资50万元改善教学环境；向顶新公益基金会争取10万元资助高考新入学贫困学生17名；协调清华大学EMBA班校友会向定南热水小学资助6万元，改善教体设施。截至2015年，国台办已争取各类捐助资金500多万元。中国保监会坚持扬优成势，不断推进产品、服务、机制、渠道等创新，全面促进项目、资金高效落地。在挂职干部邵祥理的积极协调争取下，截至2015年，已争取各类保险捐助资金近1200万元。并为该县21万人统一免费投保了自然灾害公众责任保险，为3.9万农户提供政策性农村住房保险保费补贴资金33万元，为125户特困参保农户提供修缮危旧房资助25万元；为1.4万亩水稻及16万头生猪安上"保险锁"，协调中国人寿为定南1.35万特困人群免费提供团体人身意外伤害险。引导华安财险捐赠400万元用于县残疾人康复和重度残疾人托养服务中心建设等一大批民生社会事业项目。

（四）国家体育总局、环境保护部支援崇义

2013年，《中央国家机关及有关单位对口支援赣南等原中央苏区实施方案》出台，国家体育总局、环境保护部参加对口支援崇义。

两个国家部委，一个担起了环保重责；一个扛起体育发展大任，从实地调研到支援方案出台，从争取政策、资金到项目落地实施，两个国家部委倾心、倾智、倾力帮扶。2013—2015年，国家体育总局和环境保护部先后派出40余批次400余人次赴崇义开展对口支援调研活动，他们进社区、入厂矿、去学校、访村落，实地了解当地经济发展情况，详细记录帮扶需要。"帮助崇义创建生态文明先行示范县""支持陡水湖列入全国良好湖泊保护治理试点计划""帮助崇义打造全国体育设施建设示范县""帮助崇义创建全民健身服务体系试验县""支持崇义申报2014年国家体育转移支付预算资金建设项目"。

在国家环境保护部的帮扶下，崇义县在赣州市率先开展农村环境集中连片整治，建立了一套"城乡一体、购买服务、管干分开"的农村垃圾处理模式，农村环境面貌焕然一新。为满足村民健身需要，国家体育总局再添火力：确定帮助崇义创建全民健身服务体系试验县，帮助崇义确定打造全国体育设施建设示范县等系列目标。3年间，该县新增体育场地设施近9万平方米，是改革开放30年建设的总和，让崇义在江西率先实现了乡镇农民健身工程全覆盖。如今，在崇义县农村经常可以看到村民锻炼的身影，全民健身氛围十分浓厚。30个全民健身路径工程、103个村级和

13个乡镇级农民体育健身工程项目完成建设、一个个标准化足球运动场投入使用，6856人接受体育培训，20余项品牌赛事繁荣活跃。近3亿元的帮扶资金，开启重金属污染场地修复项目，实施小江流域整治，开展农村环境连片整治；对328户水上渔民和餐馆经营户搬迁上岸，还陡水湖“一湖清水”。

两个对口支援部委奋力作为，崇义县主动对接，交出了一串长长的“成绩清单”。两年来，在两部委的帮扶下，该县依托县内丰富的旅游资源和突出的生态优势，着力打造“全国最具特色户外运动产业基地”，开发高端养老项目，发展生态产业。如今，已成功跻身江西省第一批生态文明先行示范县之列的崇义，阳岭高端养生态养老、龙山生态体育公园等大健康生态产业项目建设加快推进；“生态旅游+体育”“生态旅游+养生”等发展模式风生水起，绿水青山淌金产银。2015年1—10月，该县接待游客157.12万人次，同比增长11.95%；实现旅游综合收入8.54亿元，同比增长12.37%。

（五）中国证监会、中国民用航空局对口支援南康区

为做好对口支援工作，中国证监会、中国民用航空局在充分调研的基础上，分别出台了《中国证监会支持赣南等原中央苏区振兴发展的实施意见》《中国民用航空局对口支援赣州南康工作方案》，提出了总体要求，明确了工作目标和重点任务。两年多来，中国证监会、民航局努力引导当地发展，在项目资金、产业发展等方面给予大力支持，对南康的振兴发展助力颇多。

南康民营经济活跃，但一直以来金融机构少，金融服务缺乏。对口支援伊始，证监会积极帮助南康完善金融组织体系，提升金融服务水平。中国证监会积极引导和鼓励证券期货经营机构在赣南开展业务和新设分支机构，引导当地实体经济发展。目前，赣南等原中央苏区共有证券营业部35家、期货营业部3家，证券营业部的金融服务已全面覆盖赣南18个县（市、区），对于推动当地企业规范经营、改制上市、挂牌等工作，提高金融服务实体经济能力，发挥了积极作用。积极引进银行、保险公司、基金公司、小额贷款公司、融资性担保公司等其他金融机构在南康区设立分支机构或营业部，至今，该区已有3家证券营业部，17家银行业金融机

构，9家保险业分公司，3家融资性担保公司，3家基金管理机构和1家基金企业。积极帮助引进了深圳前海股权交易中心在赣州设立办事处，在南康设立服务基地，截至2015年，赣州已有336家企业（南康61家）在该中心挂牌，其中已为56家企业（南康46家）实现融资总额2.21亿元（南康1.21亿元），实实在在地解决了部分中小微企业融资难的问题。推进民间融资规范化、阳光化。引导设立了赣州市南康区华易民间融资登记服务中心有限公司，注册资本500万元，公司于2015年11月正式开业，为融资双方提供登记服务。推动企业挂牌上市。加大了全国中小企业股份转让系统支持力度，指导赣州市出台《关于加快推进企业进入全国股份转让系统挂牌的实施意见》，鼓励并推动赣州企业通过“新三板”挂牌实现直接融资。中国证监会积极发动、鼓励系统内相关单位和证券市场主体，通过金融扶贫、基础设施扶贫、教育扶贫、养老扶贫等方式推动民生事业发展。2015年，国信证券、招商证券、中信证券3家证券公司，华夏基金、嘉实基金2家基金公司及中信建投证券南康营业部、中航证券南康营业部和海通证券赣州营业部3家证券营业部捐助合计853.06万元，用于援建南康乡镇敬老院、农村小学、郭大力故居维修等民生工程。

为快速推进民航项目建设，民航华东局于2014年8月成立了赣州黄金机场改扩建工程推进工作领导小组，就机场改扩建工程建设管理进行专项指导和推进。该工程已完成设计审查，工程的征地拆迁及招标工作正在进行中。中国民用航空局加大资金扶持力度，将涉及赣州黄金机场改扩建项目总投资10.26亿元中的相关民航发展基金，由民航局按西部大开发政策给予支持。为大力提升航空运输水平，经民航局及华东局组织协调，赣南地区航线布局日趋合理，航空通达性明显增强。民航局主动将2015年航班推介会放到江西召开，并积极宣传苏区振兴发展，得到了航空公司的重视。据统计，2012年冬春季航班换季之后江西辖区涉及8个航空公司、每周84班次的航班；新开或加密航线28条，调剂航班时刻35个，调配支持时刻4个、航权2个。其中赣州黄金机场新增了珠海、南宁、贵阳3个航点，通达城市14个。2014年，赣州机场完成旅客吞吐量78.7万人次，同比增长25.6%，比2013年增加16.1万人次，增速位居江西省民航首位；货邮吞吐量 5543 吨，同比增长 46%；飞机起降 7883 架次，同比增长 12%。2015 年 6 月，赣州机场单月运送进出港旅客 7.48 万人次，同比增长 23%，赣州机场步入快速发展黄金期。

（本章王永明，内蒙古师范大学公共管理学院）

第六章　省内对口支援

省区内对口支援，是中央对口支援政策在我国部分省区内的应用与延伸，特指一省、自治区内经济比较发达的地区（市）对落后地区（市、县）的对口支援。经过近40年的实施，从最初的省际间对口支援——东部沿海地区、中部地区经济发达或实力较强的省市对西部民族地区经济欠发达或实力较弱的省区对口支援，发展到中央有关部委、企事业单位对西部民族地区经济欠发达或实力较弱的省区对口支援，并且推广延伸到一省区之内发达地区对落后地区的对口支援，对口支援政策的内容和类型不断丰富和完善，政策效应显著。本章我们以广东省、江苏省和内蒙古自治区三省区为例，对我国省内对口支援作一分析。

一　广东省省内对口支援

广东省作为我国改革开放的前沿地带，经济发展非常迅速，是全国经济最发达的省份之一。但城乡差距、区域差距、贫富差距等问题依然突出。为了解决省内的贫富差距问题，通过“先富带动后富”，实现“共同富裕”目标，广东省通过对口支援的方式开展扶贫工作。

（一）广东省省内对口支援概述

广东省地处中国大陆最南部，东邻福建，北接江西、湖南，西连广西，南临南海，珠江口东西两侧分别与香港、澳门特别行政区接壤，西南部雷州半岛隔琼州海峡与海南省相望。全境位于北纬20°13′—25°31′、东经109°39′—117°19′之间。东西跨度约800公里；南北跨度约600公里。全省陆地面积为17.98万平方公里，约占全国陆地面积的1.87%；其中岛屿面积1592.7平方公里，约占全省陆地面积的0.89%。全省沿海共有面积500平方米以上的岛屿759个，数量仅次于浙江、福建两省，居全国第三位，另有明礁和干出礁1631个。全省大陆岸线长3368.1公里，居全国第一位。按照《联合国海洋公约》关于领海、大陆架及专属经济区归沿岸国家管辖的规定，全省海域总面积41.9万平方公里。2016年常住人口达到10999万，语言包括粤语、客家语、闽语等。广东省下辖21个地级以上城市，划分为珠三角、粤东、粤西和粤北四个区域，其中珠三角地区包括广州、深圳、佛山、东莞、中山、珠海、江门、肇庆、惠州；粤东地区包括汕头、潮州、揭阳、汕尾；粤西地区包括湛江、茂名、阳江；粤北地区包括韶关、清远、云浮、梅州、河源。其中广州和深圳为副省级城市，深圳为计划单列市，深圳、珠海和汕头为经济特区，广州和湛江为中国首批沿海开放城市。下分121个县级行政区，包括64个市辖区、20个县级市、34个县、3个自治县。其中南雄市、高州市、阳春市、英德市、陆丰市、普宁市以及罗定市是财政省直管市。按照经济发展实力划分，我们可以把广东省分为珠江三角洲地区和非珠江三角洲地区，非珠江三角洲地区包括粤东、粤西、粤北和珠三角地区的肇庆四个山区县以及惠州龙门县。广东省地势总体北高南低，北部多为山地和高丘陵，最高峰石坑崆海拔1902米，非珠江三角洲地区地形以山地丘陵为主，面积12.38万平方公里，占全省面积的69%，2016年国内生产总值17746.75亿元，约占全省GDP的27.3%。作为改革开放的前沿地带，广东省经济发展非常迅速，是全国经济最发达的省份之一，经济社会综合实力较强，但城乡差距、区域差距、贫富差距等问题依然突出，这些差距甚至不亚于我国东西部的差距。2010年广东省省内城乡居民收入差距达3.03∶1，珠三角地区经济发展非常快，珠三角地区生产总值占全省比重超过80%，而粤东、粤北、粤西等区域经济发展较为缓慢。区域发展差异系数达到0.75（全国平均0.62，国际标准极限0.8）。[①] 截至2009年年底，广东省有70万户316万的农村贫困人口，所占比率高于全国的平均水平。特别是广东有200多万户农民居住在危房和茅草房中，出现“全国最富的人群在广东，最穷的

① 樊鹤春：《“靶向疗法”提升农村帮扶实效——广东扶贫双到工作对南京的启示》，《江苏农业经济》2011年第10期。

人群也在广东”的奇特现象。广东省共有3409个贫困村，分布在茂名、阳江、梅州、韶关等14个地级市的83个县（市、区）859个镇之中。2017年年初，广东省扶贫办公布全省2277个相对贫困村名单，分布在全省14个地级市中，其中珠三角地区只有肇庆和惠州分布有157个贫困村，其他2120个贫困村都分布在粤东、粤西、粤北地区，而其中又以粤北地区的贫困村最多。广东地区的发展不平衡问题是实施对口支援政策的现实基础。

为了解决广东省省内的贫困问题，通过“先富带动后富”，实现“共同富裕”目标，广东省通过对口支援的方式开展扶贫工作。广东省省内开展的对口支援工作，也称为“对口扶贫”或“对口帮扶”。早在20世纪80年代，广东省就开展省内对口支援工作。1985年年底广东省召开第一次山区开发工作会议，会议决定组织省直单位、派出工作队挂县帮扶。此后，随着广东省经济快速发展，对口支援工作也在不断推进。2002年10月广东省人民政府办公厅印发《关于珠江三角洲经济发达市与山区市县对口帮扶的实施意见》，珠三角地区的广州、深圳、佛山、东莞、江门、珠海、中山7市帮扶20个扶贫开发重点县（市）。2009年年底，广东省委办公厅、省人民政府办公厅印发《关于新时期我省扶贫开发“规划到户、责任到人”的实施意见》，决定通过“规划到户、责任到人”，集中全社会力量对全省70万个贫困户、316.5万绝对贫困人口进行定点帮扶，用三年时间化解全省农村绝对贫困问题。在对口扶贫中，广州、深圳、珠海、佛山、东莞、中山、江门7个地级市是对口扶贫的支援方，省直和中直驻粤单位、企业、学校、科研院所、军队和社会团体等也属于对口扶贫的支援方，汕头、韶关、河源、梅州、惠州、汕尾、江门、阳江、湛江、茂名、肇庆、清远、潮州、揭阳、云浮市14个地级市是对口扶贫的受援方。为贯彻落实《中共中央、国务院关于打赢脱贫攻坚战的决定》精神，2016年广东省出台《关于新时期精准扶贫精准脱贫三年攻坚的实施意见》，全面推进对口支援工作，同时，对帮扶关系进行调整，广州市对口帮扶梅州市、清远市，深圳市对口帮扶河源市、汕尾市，珠海市对口帮扶阳江市、茂名市，佛山市对口帮扶湛江市、云浮市，东莞市对口帮扶韶关市、揭阳市，中山市对口帮扶肇庆市、潮州市。汕头市、惠州市、江门市自行组织实施本市精准扶贫对口帮扶工作。在对口扶贫结对形式上，分为四个层面：市级层面上采取“一对一”“一对二”甚至“一对多”的结对形式，如广州市对口帮扶梅州、清远市；在县（区）层面上，支援市所辖县（区）与受援市所辖县（区）建立“一对一”“一对二”结对形式；在乡镇层面上，支援市所辖的镇、街道与受援市所辖的镇建立“一对一”“一对二”结对形式；在单位层面上，省直机关、企业、学校等根据实际情况与受援市的某一条村或某个单位建立“一对一”结对关系。

（二）广东省省内对口支援的主要内容

广东省省内对口支援的内容比较多，涵盖经济、产业发展、就业、医疗、教育、住房、基础设施等诸多方面。

一是产业对口支援。产业对口支援是指支援方对受援方的产业发展进行帮扶，以促进受援地产业发展，提高经济发展水平。产业对口支援是对口扶贫的重点内容，省政府对其非常重视，投入资金非常大。2016年广东省出台的《关于新时期精准扶贫精准脱贫三年攻坚的实施意见》指出产业对口支援包括：（1）发展区域特色产业，实施一村一品、一镇一业工程，选准主导产业和主导产品。（2）发展农产品加工业，搭建农产品交易平台，加快第一、第二、第三产业融合发展。支持贫困地区产品品牌培育、资质认证和推介。（3）实施旅游扶贫开发。打造一批精品乡村旅游景点、线路，抓好国家贫困村旅游扶贫试点建设，鼓励社会资金参与旅游开发，建设特色历史文化旅游名村、森林旅游小镇和森林人家，促进旅游产业发展，拓宽贫困户增收渠道。（4）加快林业转型发展，创新贫困地区林农扶持机制。（5）开展“互联网+”扶贫。加强进村入户电商平台、物流配送体系和金融服务体系建设，扶持建设一批电子商务进农村综合示范项目、电商扶贫试点县（市、区）。

二是就业对口支援。就业对口支援是支援方对受援方开展就业帮扶，提高贫困人口的就业能力。就业对口支援内容包括：开展相对贫困户劳动力技能培训，统筹农民工职业培训、富余劳动力转移就业培训、农民适用技术培训和科技扶贫培训等各类培训工作；开展贫困家庭子女就业促进计划，鼓励职业院校和技工学校招收贫困家庭子女；支持贫困地区建立县镇基层劳动就业和社会保障服务平台，完善输出地与输入地劳务对接机制；

优先推进贫困家庭学生就业，对贫困家庭离校未就业的高校毕业生提供就业支持；实施“家门口就业”计划，在有条件的镇村创建“扶贫车间”“扶贫工作坊”等。

三是社会保障对口支援。社会保障对口支援是指支援方对受援方开展社会保障帮扶，提高贫困人口的社会保障水平。社会保障对口支援内容包括：（1）开展临时救助，包含特困人员救助供养、受灾人医疗救助、临时救助、住房救助等。（2）开展养老保险支援，建立基础养老金正常调整机制，落实贫困人员社会保险扶持措施，鼓励和引导贫困人员积极参保续保。（3）提高留守儿童、留守妇女、留守老人和残疾人等群体社会保障水平。

四是教育对口支援。教育对口支援是支援方对受援方开展教育帮扶，提高贫困地区的教育发展水平。早在2001年，广东省就颁布《广东省人民政府办公厅关于教育对口扶贫和学校对口支援工作的意见》，规定“地级以上市在其辖区内经济条件较好的县级市（县、区）、镇或学校扶持本市贫困地区或经济条件较差地区的中小学”。支援地区的64所中小学与受援地区的64所中小学建立“一对一”的帮扶关系。《广东省贯彻落实教育脱贫攻坚“十三五”规划实施方案》中指出实施县域城区优质幼儿园对口帮扶乡镇中心幼儿园；市域内优质义务教育学校对口帮扶农村薄弱义务教育学校；省域内省市优质普通高中对口帮扶贫困地区普通高中。通过设立分校、联合办学、资助基建等多种方式帮扶贫困地区的教育发展。在对口帮扶政策下深圳市南山区与河源市连平县的7所学校建立了“一对一”的对口帮扶关系。2009年广东省又实施为期3年的“千校扶千校”行动计划，在行动计划中，珠三角地区的广州、深圳、珠海、佛山、东莞和中山6个市的400所初中和小学作为支援学校，分别跨市对口支援珠三角以外欠发达地区的400所中学和小学；珠三角以外15个地级市城区及所辖各县城的600所初中和小学作为支援学校，对口支援本地区相对薄弱的600所初中和小学（见表6—1）。

五是医疗对口支援。医疗对口支援是支援方对受援方开展医疗帮扶，提高贫困地区的医疗发展水平。2003年广东省卫生厅颁布《关于印发〈广东省城市三级医院对口支援山区县医院建设工作实施方案〉的通知》，开展城市三级医院对口支援山区县医院工作。2005年广东省卫生厅颁布

表 6—1　　　　广东省各市帮扶学校数量安排

	支援小学（所）			支援初中（所）			受援小学（所）			受援初中（所）		
	跨市	本市	合计	跨市	本市	合计	跨市	本市	合计	跨市	本市	合计
广州市	45		45	48		48						
深圳市	45		45	52		52						
珠海市	15		15	10		10						
汕头市		17	17		19	19	12	17	29	17	19	36
佛山市	40		40	45		45						
韶关市		12	12		18	18	12	12	24	15	18	33
河源市		22	22		16	16	17	22	39	16	16	32
梅州市		25	25		24	24	16	25	41	16	24	40
惠州市		19	19		21	21	17	19	36	17	21	38
汕尾市		14	14		16	16	10	14	24	10	16	26
东莞市	30		30	25		25						
中山市	25		25	25		25						
江门市		25	25		24	24		25	25		24	24
阳江市		13	13		8	8	16	13	29	12	8	20
湛江市		32	32		31	31	15	32	47	18	31	49
茂名市		31	31		30	30	14	31	45	15	30	45
肇庆市		23	23		20	20	18	23	41	15	20	35
清远市		17	17		20	20	12	17	29	15	20	35
潮州市		11	11		10	10	10	11	21	10	10	20
揭阳市		24	24		26	26	16	24	40	19	26	45
云浮市		15	15		12	12	15	15	30	10	12	22
合　计	200	300	500	205	295	500	200	300	500	205	295	500

资料来源：广东省教育厅：《关于实施广东省“千校扶千校”行动计划的通知》（粤教基〔2008〕120 号），广东省教育厅网站“千校扶千校行动”栏目，http：//www. gdhed. edu. cn/zqxfqx/index. htm。

《广东省卫生厅关于印发广东省二级以上医院对口支援乡镇卫生院建设方案的通知》，规定省人民医院等省属、部属院校附属医院、厅局直属三级医院对口支援1所乡镇中心卫生院、1所一般卫生院；汕头、韶关、河源、梅州、惠州、汕尾、阳江、湛江、茂名、肇庆、清远、潮州、揭阳、云浮等各市三级医院在本市的范围内，对口帮扶2所乡镇卫生院，每所二级医院对口帮扶1所乡镇卫生院；广州、深圳、佛山、东莞、江门、珠海、中山7个市卫生局要确保珠江三角洲7市每所三级医院帮扶对口市县的1所二级医院、2所乡镇卫生院，每所二级医院帮扶对口市县的1所乡镇卫生院。《广东省城市卫生支援基层卫生实施方案（2013年版）》确定城市三级医院帮扶县级医院（包括县医院、县中医院、县妇幼保健院以及有条件的乡镇卫生院），二级以上医院帮扶乡镇卫生院的分级帮扶原则。在新的帮扶原则下41家三级医院与58家县医院建立了对口帮扶关系。

六是住房对口支援。住房对口支援是支援方对受援方的贫困人口开展住房帮扶，提高贫困人口的住房水平。2016年广东省出台的《关于新时期精准扶贫精准脱贫三年攻坚的实施意见》指出，以长期居住危房且危房为唯一住所的农村分散供养五保户和建档立卡贫困户为重点，全面实施危房改造。制定分类补助标准，实行差异化补助，严格落实补助资金直接拨至改造农户“一卡通”账户制度。加强房屋工程建设管理，引导农户选用符合国家管理规范的设计方案和具备建筑资质的施工队伍改造危房。加强对危房改造的技术指导和现场质量巡查，合理控制改造后农房的建筑面积。强化村庄规划指导，做好建筑风貌管控。有条件的地区要将居住危房的五保户安排入住敬老机构；未能安排入住的，可建设简易老人公寓集中安置。

七是基础设施对口支援。基础设施对口支援是支援方对受援方开展基础设施帮扶，改变贫困地区基础设施落后现状，提高贫困地区基础设施水平。基础设施对口支援内容包括：（1）开展公路建设，包含开展贫困地区国省道、县乡公路、农村公路建设，推进自然村道路路面硬化建设。（2）支援贫困地区城乡交通运输网络和设施建设，加快乡镇客运站场建设，提高农村尤其是边远贫困村客车通达率。（3）支援农村水利基础设施建设。（4）支援贫困村农村饮水安全工程建设，着力解决贫困地区饮水安全问题。（5）开展贫困地区电网改造升级，全面提升农网供电能力和供电质量，提升贫困村电力普遍服务水平。（6）推进贫困地区光伏开发，保障农村地区农光互补、渔光互补等新能源无障碍接入与消化。（7）开展农村信息化建设，推进贫困村广播电视和宽带网络基础设施建设，推进光纤、4G网络入乡进村，提高贫困地区信息化发展水平。

（三）广东省省内对口支援的措施

广东省省内对口支援采取的措施主要有以下五个方面：

首先，建立结对帮扶关系。建立结对帮扶关系是对口支援的基本做法。2002年颁布的《关于珠江三角洲经济发达市与山区市县对口帮扶的实施意见》规定，广东珠三角地区的广州、深圳、佛山、东莞、江门、珠海、中山7市帮扶20个扶贫开发重点县（市）。2009年颁布的《广东省委办公厅广东省人民政府办公厅关于我省扶贫开发“规划到户责任到人”工作的实施意见》对支援方和受援方的结对关系进行调整。随后，在2013年11月广东省委常委会议审议通过《关于调整珠三角地区与粤东西北地区对口帮扶关系的通知》，再次调整对口帮扶关系：广州市对口帮扶梅州市、清远市；深圳市对口帮扶河源市、汕尾市；珠海市对口帮扶阳江市；佛山市对口帮扶云浮市；东莞市对口帮扶韶关市；中山市对口帮扶潮州市。2016年广东省出台《关于新时期精准扶贫精准脱贫三年攻坚的实施意见》，又对帮扶关系进行调整：广州市对口帮扶梅州市、清远市，深圳市对口帮扶河源市、汕尾市，珠海市对口帮扶阳江市、茂名市，佛山市对口帮扶湛江市、云浮市，东莞市对口帮扶韶关市、揭阳市，中山市对口帮扶肇庆市、潮州市。汕头市、惠州市、江门市自行组织实施本市精准扶贫对口帮扶工作。

其次，投入资金。广东省省内对口支援的资金投入包括省级、市级、区级、乡镇四级财政资金，即省财政投入部分财政资金，作为支援方的市、区、乡镇需要投入相应比例的财政资金。2002年10月出台的《关于珠江三角洲经济发达市与山区市县对口帮扶的实施意见》，规定帮扶的市要协调确保财政每年无偿支持每个对口山区县500万元，并按5%逐年递增。2013年帮扶关系调整后，对汕头、湛江、茂名、揭阳等不安排对口帮扶的4市，2013—2017年省财政每市每年给予专项帮扶资金5000万元。省级产业园区产生的省级“四税”分成部分，以2013年收入为基数，2014—2017年超基数部分按一定比例返还园区所在市，并在新区新增建设用地有偿使用费和海域使用金等方面给予支持，粤东、粤西、粤北地区振兴发展股权式基金给予倾斜支持。2016年出台《关于新时期精准扶贫精准脱贫三年攻坚的实施意见》规定，各级财政对扶贫开发帮扶对象按人均2万元安排财政扶贫投入，所需资金由省、对口帮扶市、贫困人口属地市按6∶3∶1的比例共同分担，资金用于直接促进扶贫开发帮扶对象增收，包括扶持就业、发展特色产业、增强创收能力、资产收益扶持、扶贫贷款贴息及教育、基本医疗保障等。同时，支援方的市、区政府要求，各驻村工作队要积极争取各级各行业部门落实相关扶持措施，积极争取派出单位扶持资金、行业扶持资金、社会扶持资金。

再次，选派人员。选派人员到受援地开展工作是广东省省内对口支援的重要做法，选派人员包括行政管理干部和专业型人才。在行政管理干部选派方面，2013年出台的《关于进一步做好扶贫开发“规划到户责任到人”驻村干部选派和管理工作的意见》规定，“有帮扶工作任务的省直和中直驻粤单位、珠三角对口帮扶市、各自行帮扶市都要选派干部到定点帮扶村驻村，原则上每村1名，一驻3年”。2013—2016年，广东省共派出7986名驻村干部。派遣驻村干部的目的是把每个贫困户的帮扶责任落实到具体的责任人，做到定单位、定人、定点、定责扶持，确保每一贫困户都有责任人挂钩联系。各个帮扶单位的“一把手”为第一责任人，分管领导作为直接责任人，驻村干部为具体责任人。驻村干部主要职责是了解贫困户的具体情况，帮助贫困户解决困难，帮助帮扶项目的实施等。2016年出台《关于新时期精准扶贫精准脱贫三年攻坚的实施意见》，对驻村干部作出更明确规定：向全部相对贫困村选派驻村工作队和第一书记，驻村开展扶贫工作。对省直单位和中直驻粤单位帮扶的贫困村，由省直单位和中直驻粤单位选派1名优秀干部担任驻村工作队队长，兼任帮扶村第一书记。对珠三角地区地级以上对口帮扶的贫困村，由对口帮扶市从市县机关企事业单位选派1名优秀干部担任驻村工作队队长；贫困村所在市从市县机关事业单位选派1名优秀干部担任帮扶村第一书记。对各市自行帮扶的贫困村，一般从市县机关企事业单位选派1名优秀干部担任驻村工作队队长，兼任帮扶村第一书记。驻村工作队队长和第一书记任期原则上为3

年。各派出单位根据帮扶任务和培养干部需要，可选派多名干部驻村协助帮扶工作。

专业型人才选派主要是选派医疗、教育、科技类的人才到受援地区开展工作，帮助当地培养人才。在 20 世纪 90 年代，广东省就开展医疗人才支援贫困地区的行动，1999 年广东省卫生厅发布《广东省城市卫生技术人员晋升主治医师、副主任医师前到县或乡（镇）卫生机构定期工作的实施意见（试行）》，2004 年颁布的《关于城市卫生技术人员晋升高级专业技术资格前到农村卫生机构工作的意见》规定，凡规模相当于三级医院标准的市级以上（含市级）医疗机构，都要选派人员下乡，在晋升副主任医师之前到县及县以下医疗机构服务。教育人才帮扶方面包括优质师资资源下乡行动计划，安排省级名校长、名教师和“百千万人才培养工程”省级培养对象、特级教师到欠发达地区农村学校巡回讲学和指导，提升农村教师教学能力和水平。深入实施“三区”（民族地区、革命老区、贫困地区）教师人才支持专项计划，每年从全省幼儿园、中小学和中等职业学校选派 400 名左右优秀教师到“三区”学校支教，每年为“三区”培训一批幼儿园、中小学和中等职业学校的骨干教师和紧缺学科教师等。2016 年出台《关于新时期精准扶贫精准脱贫三年攻坚的实施意见》，提出：完善科技特派员制度，拓宽科技特派员选派渠道，支持科技特派员开展创业式扶贫服务；发挥各类农技推广机构和科技人员作用，大力开展农业实用技术培训，加强新型职业农民培训；扩大大学生志愿服务山区计划规模，吸引更多大学生投身扶贫志愿活动；加强农村信息化人才支撑体系建设；大力实施边远贫困地区、民族地区和革命老区人才支持计划，贫困地区本土人才培养计划；积极开展贫困村创业致富带头人培训计划，实施农村青年创业致富带头人“领头雁”培养计划，扶持返乡创业大学生、电商创业青年等重点群体提升创业技能，带动贫困村实现稳定脱贫。

第四，采用金融手段援助受援地。2016 年出台《关于新时期精准扶贫精准脱贫三年攻坚的实施意见》提倡采用金融手段援助受援地，具体做法包括：（1）鼓励各类金融机构设立扶贫工作部门和扶贫台账，将金融机构支持精准扶贫的工作成效作为重要考核内容。（2）建立健全扶贫开发投融资体系。把金融机构支持扶贫作为政府与金融机构建立良好合作关系的重要基础之一，引导金融资源重点投向能带动贫困人口创业就业的特色产业发展等扶贫重点项目。(3) 鼓励针对贫困户需求特点发展创业、助学等各类扶贫小额贷款业务，为符合贷款条件的贫困户提供5万元以下、期限3年以内的信用贷款，缓解贫困户资金困难，确保贫困地区贷款增速不低于全省各项贷款平均增速，贫困户贷款增速高于农户贷款平均增速。(4) 推进农业“政银保”项目实施，引导银行、保险公司等金融机构共同参与，对符合条件的农业经营主体给予贷款支持，带动贫困户脱贫致富。(5) 扩大政策性农业保险覆盖面，为贫困户生产经营提供风险保障。(6) 开展贫困地区普惠金融工作，贫困村设立金融（保险）服务站和助农取款点，对符合条件的贫困村开展信用村建设。

最后，动员社会力量帮扶。广东省聚合各类资源，搭建“大扶贫”的格局，以政府投入为引导，动员企业、公民、社会其他力量参与帮扶，增加扶贫资金投入。通过创建社会力量参与的平台、培育社会组织、鼓励动员等方式促进社会各界广泛参与扶贫与帮扶活动。广东首创全国首个省级“扶贫济困日”活动，广泛发动社会力量参与扶贫，2010年6月30日，“广东扶贫济困日”启动仪式上，恒大、碧桂园、星河湾、珠江投资等几十家知名企业认捐了数亿元的帮扶任务，2010—2016年，全省共认捐164亿元。经国务院批准，广东省每年的6月30日被设定为“扶贫济困日”，通过这个平台，各社会力量可以捐资捐物，建立结对帮扶，开展志愿服务和访贫慰问。同时，培育社会组织聚集社会扶贫力量，如广东公益恤孤助学基金会、健康扶贫工程、广东省扶贫开发协会、扶贫基金会、教育发展基金会等公益组织。截至2016年年底，广东省登记的社会组织共59520个，社会组织的数量大大增加，而且社会组织分布在各个领域，能够在对口扶贫中发挥重要作用。根据广东民政部门的统计数据，广东省的基金会2012—2016年近5年时间的累计公益支出为57.2亿元，各级慈善会扶贫救灾支出46.8亿元。广东省的社会扶贫主要依靠的是政府动员，政府是扶贫的主体，同时通过动员的方式鼓励广大群众、社会组织、企业家等以捐资捐物、结对帮扶、支援服务等方式参与到扶贫工作中，鼓励志愿者到贫困地区开展扶贫支教、技能培训和宣传教育等工作。

（四）广东省省内对口支援的特点

从实际情况、主要内容和具体措施看，广东省省内对口支援具有以下特点：

第一，从“单一支援”到“全方位支援”。受援地的贫困落后往往是一个系统性的问题，涉及的子问题比较多，内容比较广泛。解决受援地贫困落后问题，并不能仅仅着眼于经济收入的提高和生活水平的提高，还需要进行系统性的调整，这样对口扶贫的效果才能够明显，才能够使受援地政府与居民满意。广东省在对口扶贫实践中逐步由原来的单一扶贫，即只是注重提高受援地农民的收入水平，转向全方位的对口扶贫，扶贫内容包括：一是协助受援方做好贫困户开展种养实用技术培训和劳动力培训转移工作；二是根据受援地实际，共同帮助贫困村培育稳定增收的主导产业和村级集体经济项目；三是协助受援方做好贫困户居住的残危房或茅草房进行住房改造；四是改造和改善受援方的贫困村内的村道、农田水利、生活用水、用电、村容村貌等公共基础设施；五是加强贫困村基层组织建设，对软弱的基层组织进行整顿；六是帮扶受援方开展低保工作，凡是符合最低生活保障条件的贫困户尤其是残疾人等特殊困难人群要全部纳入低保，引导和支持贫困户参加农村合作医疗，鼓励与支持有条件的农村贫困户参加农村养老保险；七是帮扶贫困户子女完成中小学，以及大中专的学业。对口扶贫资金用于受援方的经济、公共设施、公共服务等多个领域，例如300人以上的贫困村道路全部实现硬底化，贫困村饮水安全问题基本解决，生产生活条件发生巨大改变，受援地政府与居民满意度明显提高。

第二，从“输血支援”到“造血支援”。“输血支援”是一种低层次的对口支援，只是解决贫困地和贫困户的眼前问题，不能够激发贫困地和贫困户自力更生的能力，不具有持久性。广东省在对口扶贫实践中逐步由“输血扶贫”转为“造血扶贫”，注重开发受援地的造血功能，发掘受援地自力更生的能力。2008年以来，广东省将产业转移与对口扶贫紧密结合起来，通过产业转移推进对口扶贫，通过对口扶贫深化产业转移工作。产业战略实施5年来，珠三角地区相关产业加快向粤东、粤西、粤北等经济发展落后地区转移，全省产业转移工业园引进投资额10亿元以上的大型项目和项目团组超过200个，形成12个省级产业集群升级示范区，10

个重点园区已形成一批具有较高科技含量、集聚程度和市场竞争力的优质产业。从传统的"输血扶贫"向"造血扶贫"转变，以共建园区为主要的帮扶平台，同时兼顾扶贫开发，实际上是整合和增强了受援地的"造血功能"，有利于形成社会化、规模化的"造血机制"。

第三，从"单向支援"到"双向共赢"。对口支援是一种支援方和受援方的利益调整过程，显然，支援方是利益受损者，受援方是获益者。"单向扶贫"要求支援方无私付出，不对其进行利益补偿，因此支援方不会热心于对口扶贫，即便迫于政治压力和行政压力进行扶贫，一旦压力消失，支援就会停止，甚至抵触或抵制对口扶贫。"现实的改进通常都是'非帕累托过程'。"[①] 在对口扶贫中，既重视受援方的利益，又充分或者适当地考虑支援方的利益，实现"双向共赢"，才能够有效解决支援方动力不足问题，使对口扶贫由他律变为自律，由短期帮扶变为具有持续性的长期帮扶。近年来，广东省积极探索和加大"双向共赢"对口扶贫力度。例如，深圳在对口帮扶河源过程中，开展全方位、多层次的帮扶与合作，不断增强当地发展能力，形成强大合力。2014 年兴建深圳（河源）产业城，深圳市选派市属大型国企"深圳特区建发集团"参与深圳（河源）产业城建设，深圳（河源）产业城致力打造"中国（河源）智能终端谷"。深圳（河源）产业城能够有效发挥深圳市作为珠三角经济最有活力、开放程度最高、创新能力最强的城市的优势，又能够发挥河源生态环境条件优越，发展潜力巨大的优势。[②] 两个城市将以组合型城市圈的模式实现优势互补，共同推进组合型新型大都市圈的建设，进而实现合作共赢。

（五）广东省省内对口支援的成效

广东省通过省内对口支援，实现发达地区对欠发达地区的帮扶，提高欠发达地区的综合实力，提高人民的生活水平，缩小地区之间的差距。

首先，提高贫困地区的发展实力，提高贫困地区居民生活水平。对口

① 秦晖：《走出负帕累托改革前期的社会共识》，《南方周末》2008 年 2 月 21 日，第 3 版。

② 戴晓晓、黄远明：《深圳河源探索对口帮扶共赢模式》，《南方日报》2014 年 11 月 24 日，第 3 版。

扶贫以民生优先，首先解决的是贫困户的生产生活问题，以提高贫困地区人民的生活水平。在对口支援中省和支援地区投入资金、发展项目、扶持当地产业发展，提高了贫困地区的发展实力。2013—2016 年广东省共投入各类帮扶资金 202.95 亿元。截至 2015 年年底，全省被帮扶的贫困人口实现人均纯收入 9220 元，比 2012 年增长近 2.6 倍，年均增速高于全省平均水平近 26 个百分点，实现了稳定脱贫的既定目标。贫困农民生产生活条件明显改善，3.8 万户生产条件不具备、生活条件不具备的“两不具备”贫困村庄移民搬迁任务全部完成。全省 2571 个贫困村集体经济收入平均达到 10 万元以上，比 2012 年增长近 7.8 倍，年均增速比全省平均水平高近 88 个百分点，超过预期农村年均收入 5 万元的目标。21 个帮扶重点县的县均 GDP 年均增长 8.9%，增速高于全省平均水平；人均财政收入达 1792 元；城镇人均可支配收入达 19290.4 元；农村人均可支配收入达 8562.9 元。

其次，提高贫困地区的基本公共服务水平。发达地区的资金、技术、人才、服务等向欠发达地区转移也有利于实现地区基本公共服务的均等化。广东省各地区间发展差距大，各地投入的基本公共服务也必然存在差距，2008 年开始广东省率先在全国实现基本公共服务均等化，编制《广东省基本公共服务均等化规划纲要（2009—2020）》，配合对口支援政策有利于实现全省的基本公共服务均等化。基本公共服务均等化主要包括四类：一是基本民生性服务，如就业服务、社会救助、养老保障等；二是公共事业性服务，如公共教育、公共卫生、公共文化、科学技术、人口控制等；三是公益基础性服务，如公共设施、生态维护、环境保护等；四是公共安全性服务，如社会治安、生产安全、消费安全、国防安全等。[①] 对口支援包括公共服务的转移与投资完善贫困地区的公共物品和公共服务的提供，如厦深、茂湛、韶赣、贵广、南广铁路的修建改善了交通条件，支援地区为受援地区符合条件的贫困户购买新型农村合作医疗保险和新型农村社会养老保险等提高了贫困地区的社会保障水平，医院对口支援改善了基层地区的医疗卫生条件，学校对口支援提高了受援地区的教学水平。

---

① 朱大旗：《中华人民共和国预算法释义》，中国法制出版社 2015 年版，第 70 页。

最后，缩小区域发展差距。广东省区域发展差距大，珠三角地区与粤东、粤西、粤北地区发展差距大，对口支援政策实施以来，不断缩小粤东、粤西、粤北地区与珠三角地区的发展差距，为广东省的整体经济实力提升创造了有利的条件。2016 年 1 月，广东省统计局发布的广东“十二五”发展报告指出：2009 年起，粤东、粤西、粤北地区发展速度开始超越珠三角，“十二五”时期，广东区域经济发展差距趋于缩小，粤东、粤西、粤北地区比重有所提升。2011—2015 年，粤东、粤西、粤北地区的 GDP 年均增长 9.7%，高于珠三角地区年均 8.7% 的 GDP 增长率，区域经济发展差异系数持续缩小。

（六）广东省省内对口支援存在的问题

第一，在一定程度上忽视受援地的实际情况。省内对口支援的各种机制和做法必须符合受援地客观条件的约束，这样才能够使得对口支援产生预期效果。在对口支援中，应充分考虑受援地特殊的自然、地理条件和经济条件，这些客观条件哪怕有一项得不到满足，都可能对对口扶贫带来明显的负面影响。随着对口支援行动的深入开展，支援方越来越重视根据受援地的实际情况和需求来安排援助项目，但是由于受到考核压力，以及客观上难以全面准确地把握受援地实际情况的制约，导致在对口支援项目安排上，仍然存在着忽视受援地实际情况的现象，使得一些对口支援项目并没有达到预期效果。

第二，单向对口支援仍然存在。当前，对口支援已经逐步从单向支援转为双向共赢，支援方逐渐从对口支援中获得一定的利益，从而具有开展对口支援的动力，但是，这种情况还没有普遍。总体而言，支援方从对口支援中获得的收益仍远远小于其付出。从实际情况看，在对口支援中实现双向共赢的理想状况是一个很困难的问题。一方面，对口扶贫参与主体众多，从支援方看，有支援方政府、政府部门、事业单位、企业、社会组织、公众等；从受援方看，有受援地政府、政府部门、事业单位、城市居民、农民等。各种参与主体在对口扶贫中，有共同利益，更有差异化利益要求，这些差异化的利益需求比较难以协调，达成一致；另一方面，在已有观念中，对口支援通常被界定为无私、无偿的援助，换言之，支援方的利益要求是被忽视的，很难提到纸面上来。

第三，选派人员力量仍不足。在广东省省内对口支援中，选派的大量行政干部和专业人员到受援地开展工作，但相对于受援地需求而言，选派人员力量明显不足。一方面，选派专业人员数量不足，所选派的医生、教师、科技人员等还难以满足受援地的需求，例如，有些农村地区需要种植养殖专业人员，但大部分派驻人员缺乏农村种养业知识；另一方面，所选派的行政干部缺乏乡村工作经验，缺乏领导、沟通和管理能力，难以有效地在受援地的乡村开展支援工作，例如，不少驻村干部对农村两委建设就欠缺经验和方法，难以有效地推进农村两委建设工作。

二 江苏省省内对口支援

江苏省是我国东部沿海地区经济比较发达的省份，但也存在着城乡差距、贫富差距等问题。为了解决省内的发展差距问题，江苏省通过对口支援的方式开展扶贫工作，以缩小省内地区之间的发展差距。

（一）江苏省省内对口支援概述

江苏省地处中国大陆东部沿海地区中部，长江、淮河下游，东濒黄海，北接山东，西连安徽，东南与上海、浙江接壤，是长江三角洲地区的重要组成部分。地跨东经116°18′—121°57′，北纬30°45′—35°20′。内陆面积10.72万平方公里，占中国上地总面积的1.12%。长江横贯东西425公里，京杭大运河纵贯南北718公里，海岸线长954公里。1983年，江苏实行市管县体制，设立南京、无锡、徐州、常州、苏州、南通、连云港、淮阴、盐城、扬州、镇江11个地级市。1996年，增设泰州、宿迁2个地级市。2001年，淮阴市更名为淮安市。（见图6—1）

传统上，江苏将全省划分为苏南、苏中和苏北三大区域。关于苏南、苏中和苏北三大区域的具体划分，有多种不同的表述，而且随时间推移还会有变化。根据《江苏省统计年鉴》的划分，1999年南京和镇江被划入了苏中，而在2000年南京和镇江被划入了苏南。

图 6—1　江苏省行政区划图

表 6—2　苏南、苏中和苏北的划分

	1999 年	2015 年
苏南	南京，苏州，无锡，常州，镇江	苏州，无锡，常州
苏中	扬州，泰州，南通	南京，扬州，泰州，南通，镇江
苏北	徐州，淮阴，宿迁，连云港，盐城	徐州，淮安，宿迁，连云港，盐城

资料来源：2000 年和 2016 年的《江苏省统计年鉴》。

苏南、苏中和苏北三大区域的经济发展存在明显的差距，特别是在苏南和苏北之间。从面积上看，苏北接近苏南的两倍，但从 GDP 和人均 GDP 上看，2015 年苏南是苏北的两倍多，而在 2000 年，苏南的 GDP 和人均 GDP 接近苏北的四倍。

江苏省内对口支援的大背景是振兴苏北。21 世纪之初，江苏省根据苏南、苏北经济发展梯级差异明显的省情，提出了“苏南提升、苏中崛起、苏北振兴”的区域协调发展战略。2005 年、2006 年，江苏省又作出了支持南北挂钩、共建苏北开发区的决策，让苏南 5 个市在苏北跨区域挂钩共同建设开发区，鼓励苏南重大产业转移项目落户苏北。

表6—3 三大区域的若干社会经济指标（2015）

指标	苏南合计	南京	无锡	常州	苏州	镇江
土地面积（平方公里）	28084	6587	4627	4372	8657	3840
年末常住人口（万人）	3324.08	823.59	651.10	470.14	1061.60	317.65
城镇化率（%）	75.2	81.4	75.4	70.0	74.9	67.9
地区生产总值（亿元）	41518.70	9720.77	8518.26	5273.15	14504.07	3502.48
人均地区生产总值（元）	125002	118171	130938	112221	136702	110351
指标	苏北合计	徐州	连云港	淮安	盐城	宿迁
土地面积（平方公里）	54865	11765	7615	10030	16931	8524
年末常住人口（万人）	3009.70	866.90	447.37	487.20	722.85	485.38
城镇化率（%）	59.1	61.0	58.7	58.2	60.1	55.5
地区生产总值（亿元）	16564.30	5319.88	2160.64	2745.09	4212.50	2126.19
人均地区生产总值（元）	55127	61511	48416	56460	58299	43853
指标	苏中合计	南通	扬州	泰州		
土地面积（平方公里）	22928	10549	6591	5787		
年末常住人口（万人）	1642.52	730.00	448.36	464.16		
城镇化率（%）	62.4	62.8	62.8	61.5		
地区生产总值（亿元）	13853.14	6148.40	4016.84	3687.90		
人均地区生产总值（元）	84368	84236	89647	79479		

资料来源：《江苏省统计年鉴（2016）》。

江苏省内对口支援有一个地方特征鲜明的概念，即“南北挂钩”，主要手段是苏南和苏北挂钩，共建产业园区。在本节中，江苏省内对口支援和南北挂钩共建开发区可以视为同一个概念。

南北挂钩共建开发区具体做法是：在苏北地区省级以上开发区中，划出一定面积的土地，由苏南地区开发区负责规划、投资开发、招商引资和经营管理等。区中园建设不固定统一模式，由合作双方从实际出发协商确定。[①] 这一创新举措推进了苏南产业转型升级、加快了苏北新型工业化进

① 《关于支持南北挂钩共建苏北开发区政策措施的通知》（苏政发〔2006〕119号）。

程，而且提高了全省开发园区集约用地水平，促进了区域经济的协调发展。

南北挂钩共建园区是江苏统筹区域发展、加快苏北振兴的又一重大战略举措，旨在为推动产业转移和区域优势互补提供契机和平台，从而充分发挥苏南和苏北的区域比较优势，推动生产力布局进一步优化，在更高的层次上促进江苏省区域协调发展。

（二）江苏省省内对口支援的演变

1. 早期的省内对口支援：20 世纪 80 年代

一直以来，江苏省南北差距问题非常突出。苏北贫困地区的存在，给江苏全省经济、政治、社会带来不可忽视的负面效应。因此，早在 20 世纪 80 年代，江苏省就开始实施了以南北挂钩为名义的省内对口支援，如新华社于 1986 年 2 月 16 日播发的《“南北挂钩”推动了苏北贫困地区的经济发展》一稿指出，“南北挂钩是江苏省近年来根据本省经济发展的具体情况，为推动苏北地区经济的迅速发展，改变南北经济发展不协调、不平衡的现状，采取的一项重要措施。他们通过南北挂钩这种形式，使苏南支援苏北具体化，同时也给它注入了新的内容和意义。南北挂钩是加强经济协作、发展横向经济联系的一种行之有效的方法”①。

2. 对口支援上升为全省发展战略：1992—2000 年

到了 20 世纪 90 年代，江苏省开始把对口支援上升到全省发展战略高度。从 1992 年开始，江苏实施了加强横向经济联合的南北挂钩战略。南北挂钩工程是江苏省委、省政府对苏北经济薄弱地区发展社会经济，加快脱贫致富奔小康步伐，促进区域经济协调发展，实现共同富裕的一项战略决策。②

南北挂钩的具体做法是，江苏省委、省政府组织苏州、无锡、常州三市的 10 个县（市、区）与淮阴、徐州、盐城、连云港 4 市的 10 个县之间，实行南北挂钩，互派干部，对口协作。按照一要扶持、二要互利的原

---

① 张笃一：《总揽全局　深入开掘——试析〈“南北挂钩”推动了苏北贫困地区的经济发展〉一稿》，《新闻业务》1986 年第 5 期。

② 陈建山、潘成义、徐晓刚、宋守美、刘金荣、耿庆彪：《论南北挂钩》，《华东经济管理》1997 年第 10 期。

则，帮助苏北贫困地区发展经济，实现共同富裕。南北挂钩实施一年多后，除南北 20 个县（市、区）互派干部、对口协作外，苏北共有 416 个乡镇与苏南乡镇“联姻”结对，有 1614 个企业与苏南等地企业挂钩协作，共签订横联项目 1905 个，合资兴办联营企业 433 家，引进各类人才 4078 人，引进先进技术 720 项。①

1992 年南北挂钩战略的重点是扶贫。为落实《江苏省扶贫攻坚计划》，南北挂钩战略实施五方联动机制，或“五方挂钩”战略。“五方挂钩”的主体：一是省级机关；二是高等院校；三是企业集团；四是苏南发达县（市）；五是苏北贫困县（市）。“五方挂钩”的任务是把苏北丰县、睢宁、涟水、淮阴、盱眙、泗洪、滨海、响水它灌云 9 个贫困县的 68 个贫困乡镇作为全省扶贫攻坚的重中之重，帮助它们脱贫致富。②

3. *以南北共建开发区为核心的新一轮省内对口支援：2000 年以来*

2001 年 4 月省委、省政府在淮安召开的苏北区域发展座谈会是具有里程碑意义的一次重要会议。会后出台的《关于进一步加快苏北地区发展的意见》（苏发〔2001〕12 号）将加快“苏北发展、实施区域共同发展”明确为江苏省“实施现代化建设第三步战略部署”的重要组成部分。会议决定专门成立由省委、省政府负责人任组长，省有关部门和苏南、苏北有关市的负责同志参加的“苏北发展协调小组”，协调和解决加快苏北发展中的重大问题，从而为实现区域间的共同发展提供了制度上和组织上的保障。

2002 年 7 月，江苏省提出大力推进产业、财政、科技、劳动力“四项转移”。在这一系列政策的推动下，仅在 2002 年，苏北协调小组就先后组织了近百个单位、百名企业家、数百名专家赴苏北开展科技信息咨询、项目对接、学术报告等活动。③

自 2004 年起，江苏省陆续出台了《关于促进苏北地区加快发展的若干政策意见》《关于加快南北产业转移的意见》《关于鼓励苏南产业向苏北转移奖励政策有关实施办法》等政策文件，明确重大项目优先在苏北

---

① 蔡秋明：《南北挂钩 大有作为》，《中国农村经济》1994 年第 3 期。

② 同上。

③ 王运宝、章华：《苏北为什么“能”》，《决策》2010 年第 10 期。

布点、土地指标优先用于产业转移项目、省级各类专项资金优先奖励到苏北的投资者。

中共江苏省委、江苏省人民政府《关于加快苏北振兴的意见》（以下简称《意见》）（苏发〔2005〕10号）把省内支持苏北振兴提到了一个新的战略高度。《意见》明确阐述了加快苏北振兴的重大意义，指出加快苏北振兴是一个大战略，没有苏北的小康，就没有全省的小康；没有苏北的现代化，就没有全省的现代化；没有苏北的振兴，就没有全省的振兴。《意见》还明确提出要提高南北合作的层次和水平，苏南的国家级和省级开发区都要与苏北对口挂钩市建立紧密型合作关系。这为新一轮省内对口支援指明了方向。

2006年，江苏省政府《关于支持南北挂钩共建苏北开发区政策措施的通知》（苏政发〔2006〕119号）明确了南北挂钩共建苏北开发区是“推进产业转移的有效载体，扩大南北挂钩的主要渠道”，同时也指出“南北挂钩共建苏北开发区是一项新的尝试”，为此苏北发展协调小组负责指导和协调南北共建开发区工作，日常工作由协调小组办公室负责。

《关于支持南北挂钩共建苏北开发区政策措施的通知》是江苏省内对口支援的一个重要转折点，自此江苏省把南北共建开发区确立为省内对口支援的主要依托，相关政策支持也都围绕共建开发区这一举措展开。截至2015年，共建园区总数已达到43家（包括苏中、苏北部经济薄弱地区园区5家）。①

《国务院关于进一步推进长江三角洲地区改革开放和经济社会发展的指导意见》（以下简称《意见》）（国发〔2008〕30号）对苏北的发展具有重要推动作用，《意见》将长三角的区域范围由“16城市”扩容至“上海、江苏和浙江两省一市”，苏北5市正式划入长三角地区。苏北纳入长三角国家战略之后，苏北的交通基础设施建设突飞猛进，大大增强了苏北开发区的吸引力。

2008年，江苏省政府办公厅《关于进一步支持苏北地区加快发展的

---

① 参见江苏省发改委网《苏北发展今年以来工作情况》，http：//www.jsdpc.gov.cn/gongkai/jjfz_1/201509/t20150911_410784.html。

政策意见》（苏政办发〔2008〕98号）给出了进一步支持共建开发区的政策，提出要逐步增加南北共建园区的数量。地方营业税增量部分，省级分成的20%不再收取，全额留给地方。“十一五”期间南北挂钩共建区中园内新增增值税、所得税省市县留成部分，全部由省市县财政补贴给区中园，用于区中园滚动发展。

表6—4 江苏南北挂钩的对应关系

支援市	受援市
南京	淮安
镇江	连云港
苏州	宿迁
无锡	徐州
常州	盐城

资料来源：《关于支持南北挂钩共建苏北开发区政策措施的通知》。

2009年，《省政府印发关于进一步加强共建园区建设政策措施的通知》（苏政发〔2009〕147号）提出扩大共建园区合作范围，苏北各地既可与省内外发达地区政府或开发区开展合作共建，也可争取省内外大型企业自建或共建园区。此外，要加强对共建园区的考核评价，确保扶持政策落实到位。

2010年，江苏省制定《江苏省共建园区建设发展情况考核评价办法》（苏政办发〔2010〕15号），主要考核已签署的共建协议、合同章程的执行情况和建设进展情况。考核评价的组织工作由省苏北发展协调小组办公室牵头，考核步骤分自评、核查、评定三个阶段。考核合格的共建园区方能参加当年评价，并根据主要经济指标在全省共建园区中的排位情况，按不同权重进行综合评分。2016年，《江苏省共建园区建设发展情况考核办法（2016年修订版）》对原考核评价办法实施修订，主要突出园区各项政策执行情况的考核、对园区建设发展整体水平的评价、对园区特色发展水平的评价、对苏北以外合作方主体责任和园区独立运作程度的评价。

2013年，《促进苏中与苏北结合部经济相对薄弱地区的政策意见》（苏政发〔2013〕30号）提出，支持该地区具备条件的省级开发区升格为国家级开发区，对省级以上重点开发区继续执行平台提升专项奖励，兑现最高 500 万元/县（市）的考核奖励。将该地区符合条件的省级开发园区列入共建园区建设和管理范围，经申报审核批准后，参加苏北共建园区年度考核评价并享受相关扶持政策。

2013 年，《省政府关于支持苏北地区全面小康建设的意见》（苏政发〔2013〕90 号）提出要提升共建园区发展水平，包括推进共建园区产业升级，建立共建园区利益共享机制、强化共建园区考核评价。以苏南合作方为主运作的共建园区，相关经济发展成果由合作方共享，投资开发创造的净利润由各方按投资比例或股东约定进行分成；共建园区内产生的税费收入，可按一定比例在两地政府间进行分配。

2016 年，江苏在新阶段对南北共建园区提出新的要求，《省政府办公厅关于提升苏北共建园区建设发展水平的意见》（苏政办发〔2016〕41 号）提出，到 2020 年，苏北共建园区经济实力显著增强，主要经济指标增速超过全省开发区平均水平，对苏北经济发展的贡献率进一步提高。园区“四化”水平显著提升，投资环境较为完善，培育形成一批产业链条相对完整、配套协作紧密、竞争优势明显的新兴产业集群。

截至 2017 年，江苏省实施以南北共建开发区为核心的省内对口支援已经有 10 多年，从实际运行情况看，这是一个正确的方向，促进了苏北地区经济的快速发展。目前，江苏省仍然继续依托共建开发区促进苏北振兴。

（三）江苏省省内对口支援的措施

1. 全省统一部署南北共建产业园区

2005 年，江苏省委出台《关于加快苏北振兴的意见》，明确提出加快推进产业转移战略，顺应国际资本和制造业全球转移、苏南经济转型升级的趋势，积极吸引境内外、省内外发达地区企业的资本、技术、人才、管理等集聚苏北，与苏北地区的资源优势、成本优势结合，加快苏北工业化进程。其中一个重要举措是南北挂钩共建产业园区。省政府 2006 年出台的《关于支持南北挂钩共建苏北开发区政策措施的通知》，明确制定了苏南五市（南京、无锡、常州、苏州、镇江）与苏北五市（徐州、连云港、淮安、盐城、宿迁）合作共建工业园区的工作任务，明确对共建园区给予财政资金支持、税收返还优惠、用地计划倾斜、金融信贷扶持等相关政策。在南北共建园区中，苏北也摒弃了地域观念，提供大力支持，给合作园区最好的地、给苏南的派驻干部晋升指标、给宽松政策，当地党政不干预园区的日常工作，10 年封闭运营。

2. 高起点规划和建设

由于经济实力和思想观念的差异，以往苏北地区开发区的基础设施建设和苏南地区有一定的差距。而共建园区上马以来，按照苏南先进开发区的标准，坚持高起点规划和建设，实现"七通一平""八通一平"，甚至"九通一平"，以有效保证当前及未来相当长的一段时期开发区水、电、气、排污、交通等方面的需要，为位居产业结构中高端企业的进驻打下了良好的基础。而且很多园区坚持环保优先，开展环境质量贯标工作，实行引进项目环保一票否决制，将可持续发展的要求落到实处。有的园区把设定的单位面积投入产出率以及建筑容积率作为企业进区的约定指标，以提升园区的土地利用率，实行集约开发。一些园区有着较强的"品牌意识"，通过培育各具特色的硬件和软件设施，打造"特色园区""品牌园区"。在开发方式上，许多园区引进苏南地区"开发一片、收益一片"的原则，依靠自身积累，实行滚动开发，而不是盲目铺摊子、上项目。①

3. 构建促进南北挂钩的三层次管理体制

江苏省内对口支援的管理体制有三个层级：即苏北发展协调小组和苏北办，南北双方政府联席会议，园区管委会和园区投资开发公司。

第一个层次是苏北发展协调小组。苏北发展协调小组是江苏省省内对口支援的领导组织，其成员由省政府主要成员组成。小组组长最初由常务副省长担任，后来由江苏省省长担任。苏北发展协调小组下设省苏北发展协调小组办公室（简称苏北办），作为苏北发展协调小组的办事机构。苏北办设在省发改委，其职能包括：负责组织拟定苏北发展的战略、规划和重大政策，组织协调南北挂钩帮扶工作，并对实施情况进行检查、评估；分析研究和协调解决苏北发展中的重大问题，参与协调苏北重大项目前期工作及重大项目的申报、建设等工作。

第二个层次是南北双方政府联席会议。南北双方政府联席会议是对口支援双方关于共建苏北开发区的议事协调机制，两市主要领导参加联席会

① 孙昂：《江苏：南北挂钩共谋发展》，《中国财政》2012 年第 13 期。

议，商讨解决共建开发区相关问题。根据《省政府办公厅关于申报南北挂钩共建苏北开发区有关问题的通知》，共建园区的设立必须满足三个条件，其中之一为共建双方已签订合作协议，建立了联席会议制度或成立相应管理机构。

第三个层次是园区管委会和园区投资开发公司。共建园区都是由苏南、苏北派出人员共同管理，共建园区的管委会由苏南干部担任一把手，苏北干部任副职；同时，苏南城市与苏北城市互派挂职交流工作。苏南五市与苏北五市相互结对，由苏北地区在本地设立的省级以上开发区中，划出一定面积的土地作为区中园，苏南、苏北分工协作，由苏南地区的开发区负责规划、投资开发、招商引资和经营管理等工作，苏北地区负责拆迁安置、基础设施配套、社会管理等工作。

《省政府办公厅关于提升苏北共建园区建设发展水平的意见》指出，在园区投资开发公司中，各方主体投入园区的资金以股权方式投入，实行公司化运营管理，公司创造的净利润由各方按投资比例进行分成，园区内产生的税费收入可按双方协商的比例在各地间进行分配。如南通的苏通科技产业园，其开发公司由中新苏州工业园区开发股份有限公司（占51%）控股，南通经济技术开发区有限公司（占39%）和江苏农垦集团有限公司（占10%）参股。锡通科技产业园的投资发展有限公司是无锡方（占51%）和南通通州方（占49%）以国有投资公司形式运营。

4. 鼓励苏南产业向苏北开发区转移

积极引导境内外、省内外资源密集型、劳动密集型产业向苏北地区转移。把发达地区企业的资本、技术、人才和管理等优势与苏北地区的资源优势、成本优势结合起来，加快苏北工业化进程。完善“政府推动、企业主体、市场运作”的机制，加强苏南、苏北产业转移工作，实现南北共赢。省财政和省级有关专项资金支持产业转移。对转移到苏北地区的产业项目，在项目报批、土地供应、能源保障、信贷投入和担保、利用国内外资金以及转移后的存量调整等方面给予优先支持。鼓励商业银行在苏北设立分支机构和网点。

加快苏北园区产业集聚。大力发展轻工、纺织、建材等传统优势产业，积极发展新能源、新材料、生物医药、节能环保、高端装备制造等战略性新兴产业，提升产业发展层次。集聚整合人才、资金、信息等创新资源，加快建设孵化器、工程技术中心、公共技术服务平台、企业技术中心等创新载体，不断增强共建园区创新能力。

推动重大产业项目落户园区。省苏北办会同省有关部门，每年从共建园区中遴选一批体量较大、科技含量较高、引领带动能力较强的龙头型南北产业转移项目予以重点推进，在建设用地、节能减排、专项资金、金融等方面加大协调支持力度。

5. 对共建开发区进行财政支持

对于南北挂钩共建开发区，江苏省给予财政支持，包括：对共建区中园内新增增值税、所得税省、市、县留成部分，全部由省、市、县财政补贴给区中园，用于区中园滚动发展。省财政连续3年每年对每个试点开发区区中园以奖代补1000万元，用于园内的基础设施建设贷款贴息及奖励。

新增地方财政收入省集中部分予以全额返还，返还资金由各地建立经济发展专项资金，主要用于各县（市）重点开发区基础设施建设、标准厂房建设、科技招商项目补贴、骨干工商企业和利税大户以及对投资者（含苏南投资者）的奖励。

对投资开发区基础设施的苏南投资者继续实行奖励政策。苏南投资者到苏北同一重点开发区进行开发，其基础设施投资在3亿元以上的，在2005—2006年，省每年给予1000万元奖励。

对向苏北地区投资的苏南投资者，符合国家确定的“老少边穷”地区新企业有关规定的，三年内免征或减征企业所得税。

省级技术改造专项资金、工业经济新增长点扶持资金、工业企业增效扶持资金、扶持民营经济发展专项资金、扶持乡镇企业集聚发展资金、技术创新专项资金、星火计划项目贷款贴息、火炬计划项目贷款贴息等省级专项资金，要向符合资金使用条件的南北产业转移项目倾斜。

苏南地区企业整体或部分转移到苏北地区，其进行的技术改造项目，符合国家现行税收政策规定的，报经税务机关核准，可享受技术改造国产设备投资抵免企业所得税等优惠政策。

从2008年起，对出口退税新增地方负担部分，市县负担比例由6%降为3.75%，省财政负担由1.5%提高到3.75%，切实减轻市县财政出口退税负担，促进苏北外贸经济加快发展。

省级各类贷款担保基金和贴息资金向区中园倾斜。积极支持苏北地区中小金融机构改革发展，推动商业银行在共建开发区设立机构、拓展业务。

着力破解园区融资问题，积极拓展共建园区融资渠道。采取增资、扩股等多种方式，鼓励和引导各类投资主体参与共建园区建设。将苏南合作方品牌、信誉和融资能力向苏北延伸，鼓励苏南合作方开发区融资平台为共建园区基础设施建设提供融资担保。

6. 对共建开发区给予土地支持

苏北县以上工业园区国有土地有偿使用费收入省征收部分全部留归地方的政策，专项用于城镇基础设施建设、农业土地开发和被征地农民的基本生活保障。对苏北地区县以上工业园区新增建设用地土地有偿使用费省级部分，留归苏北地区按规定用途使用。

在控制土地供应总量的前提下，用地计划应优先保障产业转移项目建设需要。南北产业转移项目在用地指标紧张时，在省机动指标中予以适当解决。允许苏南地区使用苏北地区用地指标，但应与向苏北转移产业项目挂钩，促进南北产业转移和苏北地区的招商引资。对转移到苏北符合国家产业政策的重大产业项目，适当放宽条件、降低建设用地“点供”门槛（一般比苏南地区降低 10%）。

共建区中园所在地方对园区用地涉及农用地转为建设用地的，给予用地指标倾斜；计划指标不足的，由省国土资源厅向国土资源部申报，争取国家支持。园区开发建设涉及的耕地补充任务、被征地农民的社会保障及就业培训由所在地政府负责。

7. 对共建开发区进行人才支持

苏北各地将共建园区作为本地后备干部的重要培养基地。苏南合作方加大对共建园区项目、资金、人才支持力度，加强组织领导，选派素质好、业务强的干部到共建园区任职，要达到 5 人以上的标准。苏南派驻共建园区工作满 2 年以上的人员，享受派出地区扶贫工作队员待遇。省高层次创新创业人才引进计划及其专项资金，优先支持共建园区。

完善人才、智力、项目相结合的引进机制，鼓励省属高校、科研院所科技人员通过兼职、挂职、参与项目合作等方式，帮助共建园区创办企业。原单位、科技人员和共建园区签订三方协议，明确各方权利义务和服务期限；协议服务期满，三方自愿，可以续签协议。对服务期满后表现优秀的科技人员，原单位可按有关规定在晋升岗位等级方面予以适当倾斜。

支持苏北地区通过南北共建园区，柔性引进苏南地区的人才和智力资源。继续开展苏北创业领军人才评选活动，加大对共建园区创业领军人才的支持。

8. 建立共建园区利益共享机制

以苏南合作方为主运作的共建园区，相关经济发展成果由合作方共享，投资开发创造的净利润由各方按投资比例或股东约定进行分成；共建园区内产生的税费收入，可按一定比例在两地政府间进行分配，省财政厅可根据需要帮助办理财力划转。

对重大南北产业转移项目，产业转移企业缴纳的流转税、所得税按财政体制属当地留成部分，在南北合作双方的地方政府之间实行利益分成，具体分成办法由合作双方政府协商确定，并报省财政厅备案。企业城建税、教育费附加和文化事业建设费，全部留归项目建设所在地财政。

9. 加强对共建开发区的考核评价

强化共建园区考核评价，完善考核评价体系，有效发挥考核评价机制作用。

考核：对年度考核合格园区，享受省财政以奖代补资金。对年度考核不合格园区，提出限期改正要求，并暂停享受奖励政策；对整改后仍不符合要求的园区，撤销共建园区资格。

评价：对评价得分排名在共建园区总数前 1/4 的园区，根据全省建设用地年度计划总量情况，给予建设用地指标奖励。在全省开发区综合考核评价中，对考核评价成效显著的苏南合作共建方，依据评价排名给予相应加分。

惩戒：对存在弄虚作假行为的共建园区，经核实后，取消其享受表彰奖励及有关优惠政策资格，收回当年度省财政奖补资金，并对园区属地相关部门及主要负责人给予通报批评。

对年度考核排名前 10 位的园区，各奖励 1500 万元，并给予增加不超过 2 亿元的调度资金。对年度考核排名第 11 位到前一半的园区各奖励 1000 万元。鼓励共建园区特色发展，对年度排名前 10 位的特色共建园区各奖励 500 万元。上述各项支持资金要专项用于园区基础设施建设、贷款贴息以及产业发展引导，促进园区滚动发展。

10. 重视共建开发区的环保工作

开发区承接产业转移是苏北工业化进程中的必由之路，但这一过程同时也面临着工业污染增加、生态优势削弱的风险。为严防在产业转移中转移落后、转移污染，从而确保了苏北地区的可持续发展能力，从2005年起，省政府和相关部门就相继出台了《关于明确苏北地区建设项目环境准入条件的通知》《关于加强苏北地区新建化工项目管理意见的通知》《关于严格禁止落后生产能力转移流动的通知》等文件，全面提高苏北地区建设项目环保门槛，要求全省各地在组织产业转移活动时严把环保准入关，在项目的选择上，坚持环保一票否决，从源头上严格防止污染转移，坚决杜绝落后生产能力借产业转移之名死灰复燃。①

（四）江苏省省内对口支援的特点

相比较国家实施的对口支援和其他省份实施的省内对口支援，江苏省内对口支援具有以下一些特点。

第一，以开发区作为省内对口支援的平台。与一般区域的产业发展不同，开发区产业发展具有明显的外生性和导向性，它以突破旧体制、建立新体制为改革目标，实行一套有别于计划经济体制的市场经济体制以及与市场经济体制相配套的行政管理体制，深受特殊的政策、体制、环境影响，在发展基础、诱因、路径和趋势等方面都具有特殊性。② 开发区已逐步建立起精干、高效的行政管理机构，构建起良好的社会资本网络结构，并依靠经济手段，充分运用和发挥市场、法规、投资、税收、海关、土地等各种杠杆的调节作用，逐步建立起社会资本的信任和规范体系。正是由于开发区的这些特征和优势，逐渐成为承接江苏省内产业转移和对口支援的有效载体。

在2000年之前，江苏省支持苏北发展的政策以及南北挂钩的措施，主要是基于政府之间、企业之间的联系，尽管取得了一些效果，但并不显

① 参见工信部网《江苏省经济和信息化委员会：江苏省南北联动推动产业转型升级的经验》，http：//www. miit. gov. cn/n973401/n973988/n973991/c3854508/content. html。

② 柴彦威、曲华林、马玫：《开发区产业与空间及管理转型》，科学出版社2008年版，第132页。

著，而且缺乏长效机制。2006 年以来，江苏省内对口支援开始转向南北共建开发区，实践表明成效显著，至今仍然是江苏推进省内对口支援的主要渠道。

第二，苏南主导共建开发区。对比江苏和广东的省内对口支援，可以看出江苏的特点。在合作模式上江苏的产业转移园区与广东产业转移园区存在重大区别。江苏的产业转移园区模式，可以称为“我的地盘你做主”。主导方为苏南城市，园区充分授权。其模式有两种，一是苏南城市自行开发建设工业园区；二是苏南结对的城市主导招商，苏北城市负责建设园区，提供土地和规划。江苏的产业园区，多数是第一种模式，其精义在于“南北园区共建”。共建园区都是由苏南、苏北派出人员共同管理，共建园区的管委会由苏南干部担任一把手，苏北干部任副职；同时，苏南城市与苏北城市互派挂职交流工作。而广东产业园区的合作模式，是典型的“我的地盘我做主”，以合作方政府为主。当地政府按照自己的需求，决定招商事宜。①

2016 年，45 家共建园区合作双方高层互访交流 151 次，苏北以外合作方共派出 162 名经验丰富的管理人员，以及近 80 名专业技术人员到园区从事园区管理、招商引资、技术服务等工作，苏北以外合作方共计支持共建园区建设资金 5.4 亿元。②

第三，共建开发区的收益不分配。在财政政策上，广东的产业转移园实行分成制，在留成部分后，剩余部分比例由双方协商确定。而江苏的产业转移园，则比较着眼长远。合作前期十年内产生的所有收益，均不进行分配，进行滚动发展。事实上，这可以看作是苏南城市的一种变相扶持。③

此外，政府从共建开发区中的税收留成也不分配，留在开发区作为开发资金。《关于进一步支持苏北地区加快发展的政策意见》指出，南北挂

① 罗天昊：《实力对比之区域篇　南北挂钩 VS 三角崛起：江苏比广东更均衡》，《大经贸》2013 年第 2 期。

② 参见江苏省发改委网《省苏北发展协调小组办公室完成省共建园区 2016 年度考核》，http：//www.jsdpc.gov.cn/wjg/9643/201706/t20170606_428521.html。

③ 罗天昊：《实力对比之区域篇　南北挂钩 VS 三角崛起：江苏比广东更均衡》，《大经贸》2013 年第 2 期。

钩共建区中园内新增增值税、所得税省、市、县留成部分，全部由省、市、县财政补贴给区中园，用于区中园滚动发展。

第四，南北挂钩互利发展。在江苏省内对口支援的进程中，主要得益者是苏北地区，但是苏南各市也能在对口支援过程中寻求发展契机。因为共建园区是由苏南方负责运营，所以苏南方政府官员获益颇多，他们在共建园区的运营过程中，既享受到了政策优惠，又获得了上级政府的政绩认可，因此苏南方的积极性较高。①

江苏省一直是我国的经济大省，但是随着改革的深化，省内区域经济发展的梯级差异日趋明显。苏北地区成为制约区域经济均衡发展的“瓶颈”。同时，在苏南经济快速腾飞的同时，土地资源、环境承载力、劳动力成本等矛盾日益突出。如苏南地区频繁遭遇酸雨侵袭，② 而苏北则无此问题。在土地方面，截至 2015 年，苏南的土地开发强度也已经超过或接近 30% 的国际警戒线（见表 6—5），因此，苏南发展很多时候要在苏北调剂土地指标。

表 6—5　　2015 年江苏 13 市土地开发强度排行榜　　单位：%

苏南		苏北		苏中	
城市	强度	城市	强度	城市	强度
无锡	31.99	连云港	23.3	扬州	19.4
苏州	28.8	徐州	20.4	南通	19.2
南京	28.1	淮安	16.3	泰州	19.1
常州	25.6	宿迁	16.1		
镇江	25.3	盐城	12.8		

资料来源：姚冬琴：《江苏省副省长：江苏经济保持平稳增长 多亏有苏北》，《中国经济周刊》2016 年第 3 期。

第五，丰富的社会资本利于省内产业转移。南北共建开发区的产业转

① 杨玲丽：《“嵌入性”约束下的产业转移制度安排——江苏省南北挂钩共建产业园区的经验借鉴》，《科技进步与对策》2013 年第 5 期。

② 蒋名淑、施丹平、陈彦：《近 5 年江苏省苏南五市酸雨分布特征分析》，《气象科学》2011 年第 12 期。

移新模式的蓬勃发展，除了政府政策引导之外，其深层次的原因在于：相比于产业转移省外区域，企业主体可以拥有更多的地缘、人缘乃至血缘等丰富的社会资本，这种社会资本对产业转移的达成具有重大影响力，这也是华商文化中的特色。“因此，在共建开发区网络中，转移企业不仅拥有更多资源，并且从社会资本能力角度讲，其运用这些资源的能力，即将社会资源转化为行动的能力强，其抗风险能力亦随之得以加强。”[①] 可见，企业主体、政府客体、开发区载体之间的亲缘性为南北共建开发区营造了一种“集体情感”，它们之间共有的目标必然带来彼此的信任或信任感，从而有效地推动了产业跨区域转移。

第六，突破产业转移的“嵌入性”约束。现实中的产业转移困难重重，主要是受“嵌入性”约束，即企业担心转移出去后，失去其所嵌入发达地区的社会关系网络，这种社会关系网络对维持企业生产经营起到至关重要的作用。因此，纯粹靠市场机制的作用无法引领企业大规模有序转移，此时，政府的制度安排尤为重要。

在江苏省内对口支援中，政府引导南北挂钩共建产业园区的制度安排，使得苏南开发区的企业在向外转移的过程中，能够保留嵌入在发达地区的部分社会关系网络，充分调动企业向外转移的积极性；但是，企业转移属于市场行为，政府过度干预会失灵。[②] 因此，政府在推动园区共建成功以后，及时脱手，成立股份公司并由苏南方控股，按照市场化运作园区，既充分发挥了效率机制在园区共建中的作用，又调动了苏南方参与园区共建的积极性。

（五）江苏省省内对口支援的成效

首先，南北共建开发区快速发展。在发展早期，苏北开发区招商引资非常困难。经过多年发展，南北共建开发区取得了长足进步。2016 年，共建园区完成全社会固定资产投资 1270 亿元，新开工项目总投资额近

---

① 毛广雄：《基于社会资本理论的产业转移研究：江苏南北共建开发区模式解析》，《人文地理》2010 年第 4 期。

② 杨玲丽：《“合法性机制”与“效率机制”的耦合突破产业转移的“嵌入性”约束——以江苏省南北挂钩共建产业园区为例》，《华东经济管理》2015 年第 11 期。

1000亿元，完成工业产品销售收入5800亿元，实际外商直接投资14亿美元，实现公共财政收入170亿元，带动就业55万人，有力地推动了当地经济快速发展。共建园区新认定国家高新技术企业、省级以上工程技术研究中心等创新平台数量达170余家。①

苏宿开发区是共建开发区中的典范。2016年是苏宿园区建区10周年，10年来，苏宿园区工业投资年均增幅超过50%，业务总收入、工业销售收入、公共财政预算收入、工业企业纳税等指标年均增幅超过100%，规模以上工业增加值年均增幅超过200%；累计完成到账外资近7亿美元，进出口总额近10亿美元。以占宿迁市0.16%的土地创造了全市近4%的GDP和财政收入、7%的工业增加值和19%的企业所得税。在南北共建园区考核中始终保持第一，实现“七连冠”。②

其次，共建开发区带动苏北经济快速发展。共建开发区的发展，带动了苏北经济的快速增长。从图6—2中可以看出，在《关于支持南北挂钩

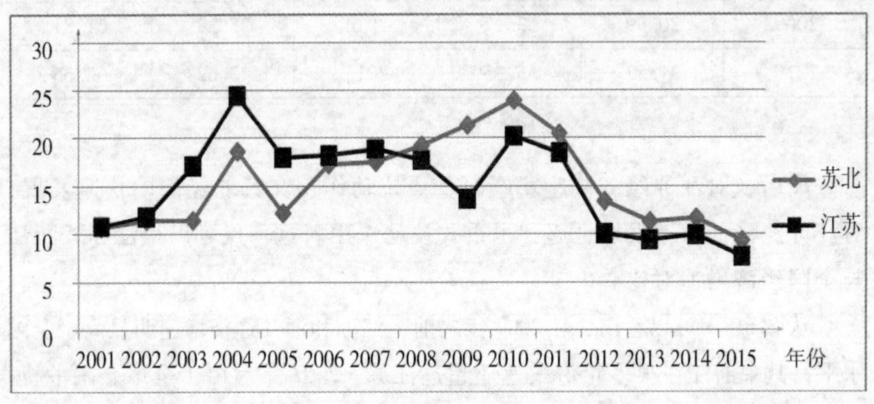

图6—2　苏北和江苏GDP增速的比较

资料来源：根据《江苏统计年鉴》。

共建苏北开发区政策措施的通知》（苏政发〔2006〕119号）出台之前，尽管苏北的经济总量较小，但其增速仍然明显低于江苏全省的平均增速，

① 参见江苏省发改委网《省苏北发展协调小组办公室完成省共建园区2016年度考核》，http://www.jsdpc.gov.cn/wjg/9643/201706/t20170606_428521.html。

② 江苏省发改委网《苏宿园区召开建区十周年座谈会》，http://www.jsdpc.gov.cn/zixun/ztxx/jssbfz/gjyq/201610/t20161010_423876.html。

而在共建开发区政策出台后，从 2008 年开始，苏北的经济增速就开始超过江苏全省的平均增速和苏南地区的增速，而且苏北经济增长快于江苏其他地区的趋势一直在持续。

苏北经济的快速发展，改变了苏北经济相对江苏其他地区显著落后的局面，提升了苏北地区在江苏全省的经济地位。从表 6—6 可以看出，2006 年以来，苏北 GDP 占江苏省的比重不断提升，相对全省的人均 GDP 也由 2006 年的 47.54% 上升到 2015 年的 62.65%，与江苏其他地区的收入差距不断缩小。

表 6—6　　苏北 GDP 和人均 GDP 相对江苏全省比例的变化　　单位：%

年份	GDP	人均 GDP	年份	GDP	人均 GDP
2006	19.57	47.54	2011	21.88	57.95
2007	19.33	47.93	2012	22.54	59.86
2008	19.57	49.35	2013	22.92	60.91
2009	20.89	53.27	2014	23.28	61.81
2010	21.53	56.35	2015	23.62	62.65

资料来源：根据《江苏统计年鉴》。

最后，对江苏经济快速发展起重要拉动作用。苏北经济的快速发展，对江苏经济的快速发展也起到了重要拉动作用。这一点可以从江苏、浙江与全国经济增速对比看出。

从图 6—3 可以看出，在 2007 年之前，江苏和浙江经济增速明显高于全国水平，其中浙江在很多年份增速还超过江苏。2007 年后由于全球金融危机，中国经济增长总体开始放缓，其中浙江增速由显著高于全国转向同全国增速基本接近，在某些年份增速还低于全国增速，而江苏经济增速尽管有所放缓，但始终明显高于全国水平，和浙江省的发展差距开始拉开。

江苏和浙江同属经济发达省份，浙江在 2005 年之前发展态势还强于江苏，而在此后发展后劲明显不足。江苏省则由于实施了苏北发展战略，苏北经济快速发展，拉动全省经济继续保持较快增长。在此期间，2009 年江苏经济总量超过山东，与排名第一的广东也越来越接近。正如江苏省副省长徐鸣所说的，苏北连续 10 年经济增长超过了全省平均增长速度。未来，无论是从发展的空间，还是发展的态势，苏北都是江苏经济社会发展

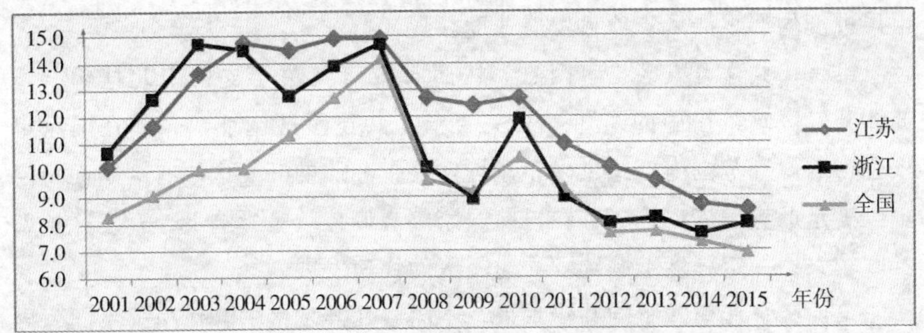

图6—3　江苏、浙江和全国GDP增速的比较

资料来源：《中国统计年鉴》。

的一个增长极，一个新引擎。在目前经济下行压力很大的情况下，江苏相对还是保持平稳增长，多亏有了苏北。这几年江苏增长最快、打头的肯定是苏北，尽管它的经济总量并不是很大，但是它的增长拉动了整个江苏的发展。①

（六）江苏省省内对口支援的问题

第一，共建开发区发展水平不平衡。江苏南北共建开发区有40多个，其中既有苏宿园区这样连续多年排名第一的明星园区，也有一些共建水平不高的园区，特别是苏南县和苏北县共建的园区。如根据无锡市的《南北共建园区工作情况调研报告》，在淮安金湖工业园中，宜兴一没有资金投入，二没有人员派出，共建园区已“名存实亡”，而新沂工业园、锡丰工业园则排名全省前列。

第二，共建开发区土地指标紧张。按照《关于支持南北挂钩共建苏北开发区政策措施的通知》有关规定，各共建园区属于苏北省级开发区的“区中园”，没有进入全省土地单列计划，国土部门下达的本来就很有限的用地指标要经过层层分解才能落实到共建园区。同时，各共建园区从国土部门获得大项目点供指标的机会也不多。点供指标分配主要向能源、基础设施、大规模工业项目等方面倾斜，难以满足共建园区众多中小规模项目发展的迫切需要。因此，各共建园区在手土地指标数量、土地新指标

① 姚冬琴：《江苏省副省长：江苏经济保持平稳增长　多亏有苏北》，《中国经济周刊》2016年第3期。

申请进度均严重滞后于项目发展速度。

第三，共建开发区扩容困难。按照省政府《关于支持南北挂钩共建苏北开发区政策措施的通知》有关要求，共建园区选址，必须在国家审核公告的规划范围内。经过多年建设发展，苏北的开发区原有规划面积已难以满足形势发展需要，且在当前国家宏观调控政策影响下，开发区扩容难度较大，一定程度上制约了共建园区的快速发展。

第四，合作模式影响共建水平。不同共建开发区的合作模式不同，导致发展水平存在差异。在无锡—徐州对口支援中，新沂、丰县是省政府指定合作共建试点单位，从上到下都把这项工作既作为经济工作，更作为政治任务，合作速度快，效果明显。而其他开发区采取“自愿合作，自由恋爱”的合作模式，行政推动力度不够大，在协商注册投资公司时不积极主动，资金到位速度较慢，实质性工作开展较慢。

第五，用人机制有待进一步完善。作为共性问题，用人机制也普遍不够完善，共建园区主要管理岗位大多由苏南输出，因为缺乏相应的提拔任用机制，输出很容易成为短期行为，两三年派遣时间一到便走人。[①]

一些地区对共建开发区重视不够，根据无锡《南北共建园区工作情况调研报告》，宜兴派到沛县的人员只挂职县委副书记，未担任宜沛园区任何职务，对共建园区的工作未发挥应有的作用，共建园区完全由当地干部运作。一些地区随着主要领导的调整，就再也没有人员派出。

第六，共建开发区项目水平有待提高。很多共建园区缺乏总体规划，“大路货”项目多。现有项目大多以粗放式加工型为主，处于产业链低端，缺少前端的设计研发和后端的市场营销，产业层次不高、附加值低、竞争力弱，与先进地区的关联度和依存度不高。如一些盐城开发区直接为苏南、上海产业配套，特别是与其支柱产业实现产业链融合的行业少。部分园区虽在报批时明确了产业发展方向，但在实际操作中却未能按照产业链要求把好入园关，落户的项目大都零星分散，前期投入与产出效能存在较大落差，共建平台的积极作用没有得到充分发挥。[②]

---

① 参见新华网江苏频道《江苏“南北共建园区”模式分析》，http：//www. js. xinhuanet. com/xin_ wen_ zhong_ xin/2011 -01/21/content_ 21927043. htm。

② 成星群、赵金波、陈伟峰：《推动深化合作　提高共建水平——对盐城南北共建园区发展情况的调研与思考》，《改革与发展》2013 年第 11 期。

三　内蒙古自治区区内对口支援

内蒙古自治区区内对口支援主要集中于鄂尔多斯市对口支援兴安盟，这是推动内蒙古自治区区域经济协调发展的重要举措。内蒙古东西发展的不平衡性，多民族和民族地区发展的现实状况，各地重大工程实施的频繁程度，以及一些灾情的高频发生，使得对口支援政策存在的客观现实性非常紧迫。为此，2010 年 8 月 24 日，内蒙古自治区党政联席会议作出了鄂尔多斯市对口支援兴安盟、加快兴安盟跨越式发展的决定，提出“力争到 2015 年，兴安盟经济社会发展和城乡居民收入接近全区平均水平，基础设施明显改善，自我发展能力明显增强”的奋斗目标，这是自治区党委政府推进民族地区协调发展的一次重大体制创新。自治区党委政府高度重视该项工作，先后数十次赴兴安盟检查指导对口支援工作，并不断提出新的要求和希望。近七年来，在自治区党委和政府、鄂尔多斯和兴安盟两地党委、政府的正确领导和有力推动下，对口支援各项工作取得了阶段性成果。

（一）内蒙古鄂尔多斯市、兴安盟经济发展水平概述

鄂尔多斯市位于内蒙古自治区西南部，地处鄂尔多斯高原腹地。东、南、西与晋、陕、宁接壤，北及东北与草原钢城包头以及自治区首府呼和浩特隔河相望。东西长约 400 公里，南北宽约 340 公里，总面积 86752 平方公里。境内西部为波状高原区，属典型的荒漠草原，地域上习惯称作“鄂尔多斯”。中华母亲河——黄河南、北、东三面环绕，中部为毛乌素沙地和库布奇沙漠，南临古长城黄土高原与宁夏、陕西、山西三省区毗邻，东与自治区首府呼和浩特市和草原钢城包头市隔河相望构成“金三角”地带。

鄂尔多斯市蕴藏着丰富的自然资源，包括各种能源矿产资源、化工资源以及建筑资源。目前，已经发现了 12 类 35 种具有工业开采价值的重要矿产资源，最值得一提的是煤炭、石油与天然气资源。据统计，全市已探明煤炭储量高达 1496 亿多吨，约占全国总储量的 1/6。若计算到地下 1500 米处，总储量约接近 1 万亿吨。据当地政府官员介绍，在鄂尔多斯

图 6—4 内蒙古自治区行政区划图

市全市约 87000 平方公里的土地上，70% 的地表下埋藏着煤。全市按地域位置可划分为南、北、东、西四大煤田。南部为东胜煤田，北部为乌兰格尔煤田、东部为准格尔煤田，西部为桌子山煤田。另外，作为北方重要的电煤基地，鄂尔多斯已经成为全国地级产煤第一大市，电力装机容量达到 700 万千瓦，是华北电网的重要电力保障。石油、天然气是鄂尔多斯近几年才进入开发的新型资源，这一资源多集中于鄂尔多斯中西部。天然气探明储量 8000 亿立方米，占全国的 1/3 以上，世界级大气田——苏里格气田位于鄂尔多斯境内，现已并网向北京供气。在乌兰格尔一带，地质勘探部门已经发现 20 多处油气田，鄂托克旗境内已探明油气储量 11 亿立方米。在乌审旗南部也发现了油气田，具体储藏情况还需进一步勘探。油页岩主要分布于鄂尔多斯中部的东胜区、准格尔旗、伊金霍洛旗境内，目前的探明储量为 3.7 亿多吨。建材资源也是鄂尔多斯市借以长期发展的一类潜力型资源，遍布全市 8 个旗（区），主要有石英、石英岩、石膏、岩、石灰岩、白云岩、大理石、黄土、花岗岩、石墨等。鄂尔多斯有品种齐全的化工资源，主要有芒硝、天然碱、硫黄、食盐、泥炭等，还有伴生物钾盐磷矿、镁盐等。全市目前拥有天然碱湖 19 处，储量约为 866 亿吨，伴生天然碱储量约为1300万吨。另外，还有一大类矿产资源就是冶金及其辅助原料，是鄂尔多斯市发展汽车产业等所必需的材料来源。主要有：铁矿、石英砂、耐火粘土、高岭土、杭锦2号土等，储量丰富，开发前景非常广阔。

进入21世纪以来，鄂尔多斯市依托丰富的资源，发展起了化工、能源、纺织、生物制药、高新材料、农畜林沙产品加工、建材、汽车制造、商贸物流等高附加值产业，经济出现了突飞猛进的增长，如表6—7所示。

表6—7　　2006—2010年鄂尔多斯市GDP增长情况

年份	2006	2007	2008	2009	2010
GDP（亿元）	800.0	1150.9	1560.0	2161.0	2643.2
增长率（%）	34.49	43.86	35.55	38.53	22.31

资料来源：鄂尔多斯统计局。

“十五”期间，鄂尔多斯市随着国家西部大开发发展战略，累计完成财政收入207亿元，是前51年财政收入总和的2.6倍。鄂尔多斯已经扶持起了化工、能源、纺织、生物制药、高新材料、农畜林沙产品加工、建材、汽车制造、商贸物流等促进经济持续增长的高附加值产业。2005年，全市人均GDP高达4600美元，全市财政收入达到93.4亿元，城镇居民人均可支配收入和农民人均纯收入分别突破了11000元和4600元，各项经济指标进入了内蒙古自治区前三位，在中国西部145个地级市中，经济总量进入了前15位。2006年，在全国333个地级城市中居第5位，鄂尔多斯光荣地成为“全国投资环境百佳城市”和中西部地区最具发展活力的城市之一。2007年年底，中国社科院在年度《中国城市竞争发展力蓝皮书》中这样描述鄂尔多斯：“增长竞争力名列全国第一，人均GDP达到1.0451万美元，超过北京、上海；效益竞争力名列第三，超过香港。”2008年鄂尔多斯市人均GDP近104698元，接近沿海发达城市平均水平。经济生命力如此活跃的鄂尔多斯吸引了大批国际、国内大企业在此投资、建厂。世界第一条煤直接液化生产线、国内第一条煤间接液化生产线、世界最大的煤炭单产矿井、鄂绒大化肥、亿利PVC、博源天然气制甲醇、意大利VM发动机、水利部沙棘加工园区、自治区第一条轿车生产线等一批世界一流、国内最大和填补自治区空白的项目相继在此落地。目前，有来自全国各省、市、区、中国香港、中国台湾地区及海外多个国家和地区的投资商到鄂尔多斯市投资，投资领域几乎渗透了国家准入的所有行业。鄂尔多斯市的经济发展受到了全国乃至全世界的瞩目。

兴安盟是内蒙古自治区所辖盟，位于内蒙古自治区的东北部，因地处大兴安岭山脉中段而得名，“兴安”满语意为丘陵。兴安盟东北与黑龙江省相连，东南与吉林省毗邻，南部、西部、北部分别与内蒙古的通辽市、锡林郭勒盟和呼伦贝尔市相连。西北部与蒙古国接壤，边境线长126公里，兴安盟在国内处于东北经济区，在国际上处于东北经济圈，地理位置优越。兴安盟南北长380公里，东西宽320公里，总面积59806平方公里。全盟总人口近160万，是以蒙古族占主体，汉族占多数，由蒙古族、汉族、朝鲜族、回族等20多个民族组成的大家庭。2010年，兴安盟实现生产总值261.39亿元，经济总体规模偏小，各项经济指标已多年在自治区12个盟市中居末尾，见表6—8。

表6—8　　2006—2010年兴安盟GDP增长情况

年　份	2006	2007	2008	2009	2010
GDP（亿元）	126.53	143.24	178.93	216.12	261.39
增长率（%）	5.07	14.00	24.91	20.78	20.95

资料来源：兴安盟统计局。

兴安盟地区经济和社会发展中存在的主要矛盾和问题是：经济总体规模偏小、产业结构有待进一步调整优化；经济增长方式粗放，增长速度有待进一步提高；农牧业基础薄弱、抵御自然灾害的能力亟待增强；工业化、城镇化水平较低，民间投资跟进有待加强；高新技术产业、现代服务业发展相对滞后；城乡、县域经济社会发展不平衡；居民收入总体水平偏低、持续增收的长效机制尚需完善。

（二）鄂尔多斯市对口支援兴安盟的主要措施和做法

鄂尔多斯市近几年来始终以自己独有的优势领跑内蒙古经济，而兴安盟经济发展缓慢，各项经济指标已多年在自治区12个盟市中垫底。两地发展程度天壤之别，发展如此失衡的局面不仅显得极为不协调，而且成了制约内蒙古全区经济发展的短板。自治区党委、政府一直高度重视兴安盟的发展，2010 年 8 月，自治区党委、政府作出了“鄂尔多斯市对口支援兴安盟”的重要战略决策，决定借助鄂尔多斯市资金、产业、技术、人才等方面的优势，帮助相对落后的兴安盟脱贫致富。

第一，加快推进当地工业起步和产业均衡发展。根据把兴安盟建设成为“蒙东”地区重要的新型能源、新型煤化工、有色金属冶炼、绿色食品加工“四大基地”和打造特色旅游、草原文化品牌的发展定位，充分发挥鄂尔多斯市在资金、产业、技术、人才等方面的优势，统筹规划，加快配套设施建设和推进共建产业园区。鼓励和支持鄂尔多斯市企业到兴安盟投资创业，积极引进大企业、大项目落户兴安盟，打造产业集群。

第二，推进社会事业发展和改善民生。鄂尔多斯市有强大的物质能力、雄厚的经济实力，所以可采取设备配套、设施援建、专业培训等多种方式，支持发展医疗卫生、教育、文化、体育、社会福利事业，重点支持学校、医院、卫生院、图书馆、文化站、养老院、孤儿院等建设，不断提高兴安盟公共服务水平，促进基本公共服务均等化。以改善生产生活条件为目标，大力加强乡村道路、户用能源、农牧民危房、茅草房改造、安全饮水和林区棚户区建设。鼓励发展兴安盟的各类企业，促进人民就业，繁荣市场，增加税收。

第三，增派援助干部和专家亲赴当地指挥指导建设项目，并亲自培训当地干部和技术人员。鄂尔多斯市经过几十年的发展，积累了丰富的建设和生产经验，培养了大批各个方面的人才，建立起自己独特的人才储备库和输出机制。对口支援兴安盟需要大批的专门性人才、专家学者和德才兼备的领导人选。政府经过严格甄选，全面考虑，通盘研究，选派的人才具有高素质的专业性，这就保证了支援项目的可操作性。

第四，实行优先发展的产业政策。为推动兴安盟实现工业起步、产业发展，自治区政府积极争取国家给予兴安盟更多的扶持政策。落实以资源配置吸引投资的政策。对在兴安盟建设高新技术、先进装备制造业项目，自治区在资源配置上积极给予支持。实施更加优惠的财税政策。在自治区税权范围内，对兴安盟符合国家、自治区产业政策的企业给予税收政策扶持。

（三）鄂尔多斯市对口支援兴安盟援建项目及总体评价

自2010年8月自治区党委、政府作出了“鄂尔多斯市对口支援兴安盟”的重要战略决策以来，鄂尔多斯“援兴办”（鄂尔多斯市对口支援兴安盟办公室）在兴安盟地区按部就班开展援建工作，支援形式主要为政府援建和企业投资，援建和投资项目主要分为工业、农业、基础设施、商贸流通、社会事业和旅游等领域，具体如下。

1. 工业实施项目

以农畜产品加工、医药、农机制造、建材、有色及非金属矿产资源勘探开发等项目为主。

（1）中煤40万吨PVC项目。项目总投资60亿元。截至目前，已完成地形测绘、勘界、初勘、场地平整工程等；正在进行临建办公楼施工，厂区部分道路、围墙、护坡、大门施工，临建区设计及施工等；完成投资2.96亿元，其中2012年完成投资1.8亿元；项目预计2014年建成。

（2）乌兰集团“135/240”大化肥项目。年生产能力为135万吨合成氨、240万吨尿素及其他下游产品，项目总投资105亿元。完成投资30.87亿元，其中2012年完成投资28.87亿元；项目预计2014年建成。

（3）鄂尔多斯羊绒集团羊毛、羊绒深加工项目。项目总投资1.8亿元。截至目前，项目主体结构已经全部完成。

（4）内蒙古博源控股集团3052化肥项目、锌冶炼项目、5万吨总溶剂项目、非煤资源矿产勘查项目。总投资65亿元。

（5）东达集团科右中旗城乡统筹示范园区建设项目。项目总投资13.5亿元。

2. 农业实施项目

项目总投资28.3亿元，主要在乌兰浩特、突泉县、科尔沁右翼前旗、扎赉特旗、阿尔山、市盟农场局援建温室大棚。

3. 基础设施援建工程项目

主要包括城区危旧房改造、城市景观打造以及公路、铁路和水库项目建设，如纬三街公铁立交桥、札萨克图公铁立交桥。投资1.08亿元。

4. 商贸流通项目

主要包括中煤鄂尔多斯农村商业银行天骄凯旋酒店、大河物流集团兴安盟物流项目、鑫隆集团兴安盟医药物流中心项目。总投资10.2亿元。

5. 社会事业援建项目

主要包括各类学校建设、包括植物园、动物园、儿童游乐园以及电影院等项目。如乌兰浩特一中迁建项目、和平街民族幼儿园项目、兴安盟人民医院项目、科右中旗巴彦胡硕蒙古族幼儿园项目等。

6. 旅游项目

主要包括阿尔山口岸蒙古风情园建设项目、阿尔山市好森沟景区开发、阿尔山市温泉雪街东山滑雪场、扎赉特旗绰尔河漂流旅游开发等特色项目、汇东集团温泉滑雪旅游开发项目等。总投资6.23亿元。

综上所述，支援兴安盟建设是全面的、立体的建设，以上列举的各类项目建设，有的已经保质保量完成并交付使用，部分项目正在按计划有序进行。

对口支援工作实施以来，大批企业落户兴安盟，极大地带动了兴安盟经济社会发展，经济发展后劲逐渐增强。兴安盟交通运输、商贸流通、旅游、餐饮等第三产业得到快速发展。尤其是通过对口支援的学习交流，兴安盟干部群众的思维观念、工作思路和工作方式在潜移默化中相互影响着、变化着，干部在工作中坚定了信心、解放了思想、开阔了眼界，群众在发展中享受到了实惠，干部群众的智慧和力量得到凝聚，全盟上下齐心谋发展的局面正在形成，整个兴安盟呈现欣欣向荣的大好局面。

第一，鄂尔多斯市对口支援兴安盟工作机制在摸索中前进，并走向完善。从无到有，在困难中思考，在实践中摸索，在自治区政府和两地政府的共同努力下，现已初步形成一套比较切实可行的援助机制。援助工作逐渐走上制度化、规范化道路。

第二，项目援建成效明显并产生经济效益。从输血到自身造血的转变，很多援建兴安盟的企业在发挥功效，走上了为人民生活生产服务的轨道，有效拉动了兴安盟经济的增长，当地人民的生活水平有了显著提高。

第三，全方位支援同步推进，统筹兼顾。援建项目众多，整体推进，重点发展工业、农业和基础设施建设，本着科学发展的原则，统筹兼顾。在经济增长的同时，注重打造民生，从而推动兴安盟经济又好又快地发展。

第四，双方互补性增强，有利于合作共赢。对口支援是两个兄弟盟市的对口帮扶，更是民族区域自治地区的自我协调、自我统筹的发展。其中核心含义就是要充分应用市场手段来为两地市场嫁接、企业合作搭建平台，把鄂尔多斯的优质企业、资本、项目吸引落户到兴安盟，让市场来优化配置要素资源。最终形成了目前鄂尔多斯企业“走出去”、兴安盟“引进来”、当地人民群众“富起来”的共赢效果。

（四）鄂尔多斯市对口支援兴安盟存在的问题及其制约因素

就鄂尔多斯市对口支援兴安盟政策运行情况来分析，鄂尔多斯市对口支援兴安盟政策的实施对解决区域发展不均衡问题发挥了重要作用，但在实施的同时存在一些问题。

第一，部分政府援建项目实施过程中资金审计工作缺位。在部分政府援建项目中，存在着资金审计的工作缺位，主要表现在资金不能按时到位，资金落实情况不透明，这就要求建立健全政府援建项目管理机制。协调兴安盟相关部门同意，建立信息交换机制，相关旗县市和部门要按月向两地援建办函报所管理援建项目的进展情况和资金落实情况；成立联合评审组，由盟财政局牵头，行业主管部门和两地援兴办参与的联合评审组，按月对项目进展情况进行评审；规范援建资金拨付程序，项目单位、财政局等相关单位应严格按照“先申报、再审批、后拨付”的程序办理援建资金支付手续。

第二，支援政策无法可依，缺乏法律法规有效约束。目前的支援政策大多数是受当地政府的行政支配，更多体现出的是一种政府行为，而缺乏相关法律法规的有效制约。所以会出现有些项目在援建过程中困难重重，不能依靠法律的力量强制合理地解决，导致一些援建项目不能顺利进行。

第三，互补效果不明显，支援方积极性受损。对口支援工作实施两年多以来，鄂尔多斯市的援助极大地带动了兴安盟经济社会快速发展，经济发展后劲逐渐增强。但兴安盟丰富的矿产资源和旅游资源却没有给鄂尔多斯带来显著的经济效益，更多表现出的是单方面的支援，互补效果不明显。再加上近两年鄂尔多斯市受民间借贷的影响，在总体经济形势下行的情况下，支援的积极性受损。

第四，招商引资、项目推动困难。开展好对口支援工作、实现好对口支援任务，客观上存在着许多困难和不利因素，如复杂的宏观环境、从紧的产业政策、紧缩的货币政策以及很多企业投资能力及投资意愿下降等，导致在招商引资、项目推动等方面存在诸多实际困难。克服这些困难需要鄂尔多斯、兴安盟两地的密切配合、共同努力，但毕竟两个地区及援兴办调动资源的能力有限，更需要得到自治区的有力支持，需要在资源配置、项目审批、土地供应、税收优惠等方面给予兴安盟更多、更大的支持。

第五，政府的行政职能干扰正常的市场功能。在市场条件下，政府的职能是两个方面：纠正市场失灵和超越市场、引导市场。一般认为，政府的行政干预应该适度，即政府在资源配置过程中不要包揽一切，而对于政府来说这个度却是不好掌握的。这就要求政府审时度势，科学决策，市场能做的交给市场，以便更好推动市场资源配置功能的发挥。在鄂尔多斯市对口援助兴安盟的过程中，受客观实际的影响，部分援建项目受自治区政府的行政命令支配，存在过度的行政干预，从而干扰正常的市场功能。

就制约鄂尔多斯市对口支援兴安盟的因素来看，主要有以下几个方面。

首先，普遍强调受援方利益，而对支援方利益缺乏必要的考量。省域内横向对口支援政策普遍强调受援方利益，而对支援方利益缺乏必要的考量，这是导致支援方积极性受挫的一个关键因素。在传统观念中，对口支援的性质多被定义为“无偿援助”行为，其政策执行带有一定的强制性。然而，在市场经济条件下，地方政府追求自身利益的最大化有其必然性、合理性。正因如此，作为支援方的地方政府在对口支援中自然要寻求必要的“利益回报”。这种需求不仅仅为了政府，更是为了对支援方人民所交的税款负责。近年来，各省份在制定横向对口支援政策时不再单纯强调“无偿援助”，而是要创造一个“合作共赢”的局面，这无疑是一个积极的政策信号。当然，仅仅局限于政策理念的转变是不够的，必须要建立起一套行之有效的利益共享机制。目前的利益共享只做到了企业的层面，如上面所提。而政府的援建是否也能够利益共享，还有待考量。只有这样，才能真正调动支援方的积极性，才能切实保障对口支援政策目标的实现。

其次，往往是短期政策行为，其实施过程带有一定的随意性。省域内横向对口支援往往是一种短期政策行为，其实施过程也带有一定的随意性，这是导致对口支援难以持续发挥作用的一个关键因素。开展省域内横向对口支援往往会给作为支援方的地方政府造成额外的财政负担，长此以往，势必会影响对口支援政策的有效性和长效性。作为受援方的地方政府受主客观条件的制约，在政策执行过程中容易出现短视行为，这在一定程度上削弱了对口支援的政策效力，也为对口支援的政策延续设置了不小的障碍。近两年鄂尔多斯市自身受经济危机影响，巨大的财政负担呼吁着合理的横向财政转移支付制度的建立，亟待多元资金来源的介入。目前鄂尔多斯自身财政负担大，表现为政府援建项目实际投入资金逐年下滑，到位资金占计划资金比例较低。援兴办在工作报告中也多次表示融资困难，项目难以为继，屡次向自治区政府申请资金援助。到 2014 年年底，鄂尔多斯应拨付援建资金 12 亿元，目前拨付到位 8 亿元，据鄂尔多斯市对口支援兴安盟工作领导小组办公室主任张世旺表示，项目存在后续资金到位困难，工程进度难以保障等问题。[①]

再次，缺乏整体的指导纲领与人文思路。缺乏整体的指导纲领与人文思路，受援地常常陷入“被支援”的无意识状态，从而丧失发展的自主性。对口支援的政策定位与价值目标，固然首要的是扶贫与致富。然而，也涉及不可忽视的精神援建与人文关怀。某种程度上，指导纲领的缺乏，源于作为政策制定者的省级政府在对口支援中的地位与作用并不明确，这也使得对口支援政策的制定与执行在一定程度上存在脱节现象。省域内横向对口支援能否取得预期效果，并不仅仅取决于作为支援方的地方政府和作为受援方的地方政府，省级政府的作用同样不容忽视。从理论上讲，横向对口支援政策的制定、实施和监督，需要省级政府充分发挥领导、协调作用，同时给予必要的财政支持和政策支持。然而，从实际情况来看，省级政府在相关政策的制定过程中显得更为主动，但在政策执行过程中，作用却非常有限。省域内横向对口支援不仅涉及政府横向间关系，也涉及政府纵向间关系。因此，省级政府在制定相关政策的过程中，应该对支援方与受援方的利益做综合考虑，同时，在政策执行和监督中也应该发挥更为积极的作用。

最后，缺乏技术转移力度，技术援助依旧面临诸多困境。在实际援建过程中，以产业转型升级为目标之一的省域内对口支援，在实际操作中仍缺乏技术转移力度，技术援助依旧面临诸多困境：一是技术转移、技术培

① 根据“援兴办”提供资料。

训规模不足。鄂尔多斯市的干部双向交流、待业人员培训和劳务输出等机制，共计进行干部双向交流53人，待业人员培训300人，兴安盟富余劳动力就业1000人,[①] 这个数字可以说是远远达不到要求的。二是产业建设阻力重重。截至今年，共有中煤集团40万吨PVC项目、内蒙古毛乌素生物质热电有限公司扎赉特旗和科右中旗生物质发电、内蒙古博源控股集团锌冶炼等6个项目，由于技术改变、资金紧张、决策变动等原因，暂缓建设。鄂尔多斯市近年来致力塑造“资源型产业升级领航者”的城市形象，受困于自身产业结构水平，难以形成与兴安盟明显的产业转移阶梯，使得支援、受援双方陷入产业升级趋同化、产业转移同向化的困境。

（撰稿人：王达梅，第一节；孙兵，第二节；任维德，第三节）

① 根据“援兴办”提供资料。

第七章　对口支援问题分析

经过近40年的实施，从最初的省际间对口支援，发展到中央有关部、委和企事业单位对西部民族地区经济欠发达或实力较弱的省区对口支援以及一省内部经济发达市县对经济欠发达市县的对口支援，对口支援政策主体日趋多元化，内容和方式愈来愈丰富。对口支援的实施，对于促进中国区域合作和区域经济协调发展、控制和缩小西部民族地区与东部沿海地区的发展差距、促进民族团结、维护国家统一和边疆稳定，其重要作用和意义是不言而喻的！与此同时，我们也应当清楚地看到，对口支援政策及其实施也存在着一些问题。分析对口支援及其实施中存在的问题，探寻问题产生的原因或制约因素，这是我们构建对口支援政策长效机制、完善和创新对口支援政策的基本条件和基础性工作。

一　对口支援政策及其实施中存在的问题

对口支援的实施，对于促进中国区域合作和区域经济协调发展、控制和缩小地区发展差距、维护国家统一和边疆稳定，其重要作用和意义是不言而喻的！同时，我们也应当清楚地看到，对口支援政策也存在诸多问题。

（一）对口支援政策的性质与定位不清晰、政策工具过于简单化

首先，对口支援政策的性质与定位不清晰。这主要表现在：一是政策存在不确定性。对口支援政策自实施以来，多次进行临时修改，而且经常出现执行过程中的“补充通知”“补充意见”等等，此类政策的临时变动，必然导致政策执行缺乏长效性与持久性。例如，在启动三峡项目的

过程中，为了使该项目能够顺利实施，国务院发动全国各省市及企业对口支援三峡移民安置工作及库区经济的发展；当面对东西部地区经济发展的巨大差异及我国区域发展极不均衡的客观实际，中央又加速出台了东西部对口扶贫政策；在2008年的汶川大地震发生后，党中央及时出台了对口支援工作方案，组织19个省市对口支援各受灾地区。纵观对口支援政策的制定和发展历程，对口支援政策的出台都具有明显的临时性，缺乏统一的规范和标准。二是其边界、范围和时效性并不十分明确。例如，在具体实施过程中，“对口支援”与一般意义上的“扶贫助困”、东西部地区政府间的项目合作以及各部、委组织的系统内部援助等相似事物在概念上并没有形成明确的区分。三是其部门归属和法律归属仍没有最终确定。例如，西部大开发中的对口支援项目多数由国务院扶贫开发领导小组办公室临时代为管理，这就容易把对口支援项目演变为普通的扶贫项目。另外，对口支援制度在法律上的定位也存在着一定的缺失，何时、何种情形下，哪一级政府可以发起对口支援等问题，都还需要在法律上进一步明确，以保证其可持续性。

其次，对口支援政策工具过于简单化。这主要表现为：一是针对特定受援地区的政策工具之间缺乏相互配合，形不成合力效应。例如，对口支援项目缺乏对援助资金和物资的筹集、监管机制，在援助资金数量上，没有事前的规则和程序，导致支援项目资金数量完全取决于领导人的看法和态度。与此同时，还存在资金管理不规范，导致支援资金流失和损失的问题。在对口支援项目建设中，个别受援地区政府未能及时按规定划拨用于民生及产业园区建设的资金，而是擅自截留，挪作他用；还有个别受援地区的基层政府部门将受援资金以借款的名义向受援居民进行专项援助资金的分配，随意变更国家援疆资金的性质等。二是对口支援政策大多是宏观经济政策，缺乏针对受援地区的精细化政策工具。就促进区域协调的政策工具而言，我们尚缺乏欧盟那样的结构基金、聚合基金、团结基金等设计精细的政策工具，有的只是一些扶贫资金、支农资金和西部开发转移资金等。由于政策工具之间的配合不够，我们在受援地区投入了大笔资金，建设了一大批工程，实施了一批批项目，但收到的效果却并不理想。专项立法未能形成针对性法律制度，这使得东西部地区地方政府间的合作变成了为了完成政治任务。到目前为止，我国尚未制定专门的对口支援条例或者规章制度，即便现有的与对口支援有关的条例、规章、意见等，也多属于其他条例中附属部分，散见于其他条例中，更没能上升至法律的高度，这表明对口支援作为一项政策，仍然带有临时性和应急性的特点。并且，这些“通知”和“意见”，带有浓重的政治动员色彩，使得对口支援更像是完成政治任务。这种政治动员式的支援，既不利于各种支援项目的开展能够与时俱进、因时制宜，也不利于在对口支援的过程中实现规范化操作，从而影响东、西部地区地方政府的主导作用，无法长久激发地方政府的积极性。

最后，政策法规条款较笼统模糊，存在不少漏洞，且实施起来随意性较大。对口支援的政策法规制度体系，大多是由行政手段确定，纯属原则性的指导规范，仅仅给出了相应的方向和范围，不够具体，到实践层面上，则面临许多的问题，缺乏现实可操作性。对于谁有资格成为支援方、谁有资格成为受援方、支援方应当拨出多少自有财力以及受援方应接受多少援助等方面，我国基本没有做出具体的规定，缺乏客观的衡量标准。“支援比例按不低于上年财政收入的 1% 考虑”，仅有下限而缺乏上限规定，使得实施过程中操作难度加大。支援省市在“要面子心理”支撑下，互相攀比所投入的援建资金，最终将援建工作搞成了“面子工程”，造成不小的负面影响。以北京市对口支援汶川地震灾区为例，如果按北京市上年财政收入的 1% 计算，其 3 年实物投入量应为 55.88 亿元，而实际上计划投入量为 70 亿元，远远超过要求的比例，有些省市则严格按照 1% 的比例投入，造成受援地区间差异显著。

由于对口支援还没有形成制度化的规范体系，还没有建立起一套严格的项目论证、筛选、审批的决策程序，导致有时出现项目审批的随意性、对口支援资金的寻租分割等现象。此外，由于缺乏必要的政策工具组合体系，如管理工具、协调工具、监控工具和评价工具，对口支援政策工具之间的协调性、衔接性、配套性和系统性不强，造成对口支援政策未能达到预期的效果。

（二）对口支援带有明显的行政色彩和计划经济特征

首先，政府与市场的作用定位模糊。在对口支援的过程中，政府处于主导地位，带有明显的行政色彩，这主要表现为：一是援助形式多为政府主导下的直接投资。到目前为止，对口支援的主要形式依然是政府投资下的项目性援建，即援助地将援助资金列入本级政府预算，由政府直接投资组织建设援助项目。二是援助主体相对比较单一。援助的主体主要是地方政府和国有大中型企事业单位，为民间资本留有的空间相对较小。这是因为，一方面，由于对口支援的时效性要求较强，在民营企业正常的商业周期内较难完成；另一方面，许多援助项目公益性色彩比较浓重，盈利能力比较薄弱，对普通民营企业来说很难有足够的吸引力。较强的行政性色彩使得对口支援在短时期内呈现出较高效率的同时，其负面影响也在逐步显现出来，例如，成本较为高昂，无形中成为某些政府的负担。企业如果想参与到整个对口支援的过程中，并扮演一定的角色，必须得到政府的许可。因此，企业必须完全服从政府的安排。尤其是参与到对口支援过程中的国有企事业单位，更需要按照政府的要求进行安排。由此可见，在对口支援的过程中，政府在一定范围内违背了市场的规律。企业受到政府的管控，无法正常地进行竞争，也导致资源的配置方式不再根据市场的需要进行配置，而是根据政府的计划进行配置，此种管理方式和资源分配方式，最终导致企业的活力大大下降。作为公民的代理人，政府考虑的是提高基本公共服务、实现公众的利益，而作为以利润最大化为目标的企业不免借对口支援为契机赚取利润，企业和政府从不同的角度出发，进而采取不同的行动，必然对对口支援的效果产生影响。

其次，对口支援政策还带有明显的计划经济的特征。对口支援政策是一项政府行为，由政府主导，这种重政府作用，轻市场作用的机制，具有较强的计划经济色彩。对口支援多数情况下，由中央政府发起与主导，但是在实际支援过程中，中央政府的作用也是有限的：一方面，中央政府管理着整个国家方方面面的事务，精力有限，因此无法对对口支援事项进行面面俱到的管理。因此，对口支援的大多数工作还是由具体执行的地方政府及其部门和所属企事业进行实际操作。另一方面，中央政府的资源数量也是有限的，所以在对口支援的过程中，很难保证在整个过程中，全部所需资源和资金能够按时足额到位。对口支援方案一般都是由中央政府和对口支援省市以及受援地政府用行政手段制订计划并组织实施的，而且实施的主体大多是各级地方政府，几乎看不到企业的参与，即便有企业参与进来，多数也是清一色的中央企事业单位在努力完成国家交给的政治任务。目前，在发达省市对口支援的过程中存在重政府作用、轻市场机制的现象，很多援助项目是在政府主导下开展的，难免重蹈计划经济的覆辙，导致资源配置效率低下。受援方在选择援助项目时，有“短视”现象，存在着以争取资金物资为主、以争取无偿支援解决眼前困难为主、单纯追求项目数量、存在一定的“面子”工程等问题。

最后，地方保护主义的阻碍。随着市场化改革进程的不断深化，我国逐步进入利益分化的时代，地方政府的自主性不断增强，地方保护主义和利益本位意识也日益膨胀。在这种情况下，继续大规模地推行具有较强计划色彩的对口支援政策所遇到的阻力将会越来越大。对口支援方案一般都是由中央政府和对口支援省市以及受援地政府用行政手段制订计划并组织实施的，且主体多为各级地方政府，企事业参与者微乎其微，即便有企事业单位参与进来，也多数是国企为了完成国家和政府交给的政治任务。在此过程中，政府完全主导对口支援项目的建设和资源配置，所以出现了许多计划经济时期出现的问题。且在对口支援过程中不同程度地存在着形式主义、走过场现象，没有认真考虑投资效益和效率，只是应付了事。

（三）对口支援政策与现有的财政制度存在一些冲突

对口支援与我国现行政府间财政转移支付制度之间的关系不明确。到目前为止，不仅地区间对口支援与现行政府间财政转移支付之间缺乏有机的联系以及必要的分工，而且中央国家机关实施的对口支援也没有与现行政府间财政转移支付形成很好的配合。无论是地区间的对口支援，还是中央国家机关实施的对口支援，都属于政府间财政转移支付的范畴，因而应当结合政府间财政转移支付的改革来对对口支援进行调整。在横向财政转移支付中，有多个地方政府成为支付主体，过多的支付主体比较容易产生利益冲突。而在纵向财政转移支付中却只有中央政府一个支付主体，相对来说更容易统一政策、更便于实施，所带来的地区间的利益矛盾和冲突可能会少一些。从这个角度看，纵向财政转移支付要优于横向财政转移支付，而且两者平衡地区间财力的功能在某种程度上具有不可替代性，所以在我国这样一个高度集权的国家，未必一定要建立横向财政平衡体制。只要制度得当，仅依靠纵向财政转移支付仍然可以较好地解决横向财政失衡问题。

现阶段乃至今后相当长一段时间内，我国都不具备建立和有效实施横向财政转移支付的现实条件，其原因在于我国是一个多民族国家，各地区间社会经济差距非常悬殊，目前尚缺乏横向财政平衡体制有效运作的法治环境和矛盾协调机制，不具备横向财政平衡所需的技术条件。不具备建立横向财政平衡体制的条件，也就意味着以已经实行多年的对口支援为基础来建立横向财政平衡体制的改革是存在困难的。现行对口支援中对欠发达地区和民族地区的援助、对口扶贫协作、支援“三峡工程”等重大建设项目以及教育部组织实施“对口支援西部地区学校计划”等，都应当纳入政府间纵向财政转移支付体系中，统一由财政部门按照规范化、科学化和民主化等要求用于地区财政平衡和公共服务均等化。在纳入统一的政府间财政转移支付体系之后，对口支援原先存在的“欠规范”“横向财政平衡效应不明显”和“多头管理”等问题将逐步得到解决。

当然，我国现行政府间纵向财政转移支付体系本身也需要进行重大改革。实施“分税制”以后，中央和地方按各自的税种、税基和自身职责对地方财政收入进行划分。但是，从“分税制”制度设计的角度看，地方政府的财政收入并不具有对牵头地区提供对口支援的功能。因此，在未来完善税收体制过程中，有必要明确对口支援在税法层面上的地位，使对口资金在制度内得到保证。此外，中央政府和地方政府缺少共同的危机处理基金。对口支援制度是被用来处理重大危机事件的，而重大危机事件的处理往往需要在短时间内筹措大量资金，这势必会对预算约束下的财政体系带来冲突，既有可能导致上级对下级的财政安排实施法外干预，也有可能为个别地方对上级“讨价还价”的行为提供机会。

（四）互惠互利不明显以致影响支援方的积极性

对口支援是国家为发展西部民族地区经济而采取的一种特殊政策，是通过“拉郎配”的行政手段形成的一种政策方式，也可以说是特殊的协作方式。在其实施的初期，支援方无偿援助多一些，人力、财力、物力不堪其重，这不能不影响支援方的积极性。从政策实施以来的事实我们不难发现，对口支援中对受援方的社会经济发展确实起到了很大的促进作用。但是，由于地理位置上的差距以及其他因素的影响，对于支援方经济的促进作用却很小。中央政府对对口支援的制度安排和激励机制还不到位，致使很多发达地区的企事业单位以及有关人员参与这项活动的积极性不高。

就目前我国对口支援实施的情况看，支援方与受援方互惠互利不明显，以致影响到支援方的积极性：一是对口支援实施过程中缺乏必要的补偿机制。正是由于东西部地区间在经济发展水平和速度方面的差异，国家决定实施对口支援，由经济发展水平较高的东部沿海地区支援经济发展水平较低的西部民族地区。由此可见，东部沿海地区和西部民族地区在最初的整个对口支援过程中，双方的地位是不平等的。东部沿海地区地处改革开放的前沿，政策优惠加上开放带来的全球化影响，在经济和市场机制方面，都具有西部民族地区无法比拟的优越性。这些都成为其吸引西部民族地区人才东进的优越条件。此外，在产业转移中，东部沿海地区转移了传统的发展缓慢甚至停滞或淘汰的产业，并未考虑地区间的互补性，造成虽然短期经济效益明显，但长期来看，“外部不经济性”极为严重，对于西部民族地区可持续发展极为不利。这种转移的盲目性也必然导致东部沿海地区虽然摆脱了产业升级的负累，但西部民族地区却并未因此得到需要的产业扶持。二是对口支援政策缺乏合作的利益共享制度。以我国对口支援新疆为例，对口支援过程中，新疆虽然接受了19个省市的支援，但由于地方主义依然存在，对双方的合作产生了负面影响。在利益共享机制缺失的情况下，受援方为保护自身的地方利益，进而会采取有利于自身利益最大化的行动，从而不考虑对口支援的全局性，影响到整个对口支援的效果。即使中央已经明确规定了各方的职责和权益，对各自的分工有明确安排，随着中央权力的下放和地方政府自主性的加强，加上利益共享机制的不到位，支援方对合作成本也会产生顾忌，如果支援方政府出现财政经费不足，他们会大幅度减少自己的投资成本。一旦发生这种情况，不仅会影响双方合作效率，而且会致使政策实施的失效。三是支援方与受援方的集体行动缺乏必要的平衡机制。对口支援过程中，支援方与受援方就援助任务安排、援助资金分配、项目监督管理及事务纠纷调处等工作内容会进行多次的商议。通过深入探究集体行动的过程，可分析出对口支援是由多个主体进行治理的行为，多个主体之间不仅在社会文化背景、经济发展理念、工作决策风格以及信息沟通等方面存在着宏观差异，而且在援助的重难点和工作前后顺序、援助工作标准、双方干部间合作共事等方面也存在着微观方面的差异。这些因素交互作用，影响着各方政府实现政策期望的态度和决心。受援方政府会进行权衡，更倾向于把资源获取难度大、工作开展层次要求高、上级考核严及涉及民众权益多的工程交付给经济资源和执行能力更强的支援方地方政府。大部分的支援方地方政府也承担着促进自身社会经济发展的繁重任务，在此情况下要持续援助受援方是不容易的，并且大多数的支援项目是不追求经济效益的，对于双方政府来说，缺乏了实现长期共享效益的条件。由于双方在支援过程中的执行地位和影响不同，导致合作利益在分配过程中出现不均衡问题。例如，产业转移中出现梯度转移的负面影响，将发达地区淘汰的以及污染严重的工业技术转移到欠发达地区，虽然可以解决西部民族地区产业结构不平衡的问题，短时间内带动了经济增长的趋势，但却是以牺牲环境作为代价。

（五）对口支援援助项目缺乏有效的管理和评估机制

对口支援是从国家发展全局出发，由中央政府作出的促进区域之间协同合作、协调发展的政策。因此，对口支援政策的执行需要有完整的启动机制和退出机制。只有这样，才能规范支援方和受援方的行为。但就现实情况看，我国现阶段的对口支援政策在执行过程中仍然存在一定的问题。

首先，缺乏完备的项目启动和退出机制。我国现阶段实施的对口支援政策虽然取得了一定的成效，但是项目启动机制和退出机制的缺乏，仍然是不可忽视的问题。例如，虽然对口援疆的启动是以全国对口支援新疆工作会议的形式开始的，但仍然存在项目启动时间模糊以及支援的范围缺乏界定的问题。对口支援政策实施时，没有规定对口支援政策完成的期限。支援方虽然已经按时完成了部分支援任务，但由于缺乏相应的退出机制，导致下一支援项目无法正常开始。与此同时，投入资金、启动项目比较随意。对口支援各领域资金、物资的投入均缺少相关的规范程序，大多是由各地方政府领导干部主观意志来决定的。在投资项目的选择上，基于执行政治任务想快速得到成果的心态，支援方对短期援助项目的投资意愿胜过能够得到长期互利的发展项目，致使对口支援的长效带动性受到限制。

其次，对口支援项目在设计立项时，忽视可行性研究和论证。这类问题最为明显的便是一系列“拍脑袋工程”和“政绩工程”的出现，这与我国在边疆民族地区发展经济的“政治第一”有很大关系。支援方政府缺乏对项目的科学调研、论证、可行性分析，在援助项目的立项与审批环节中很少看到政府其他部门和社会各界的参与。这种政策制定程序，很有可能导致支援方的短视行为，支援方很可能将优质项目和大部分资金用于见效快且产出快的方面。此类短期见效的项目多为简单的轻工业和一些促进就业比较明显的项目，虽然能够短期内促进当地就业以及经济发展，但是对于提高当地经济发展后劲和实力，作用并不是很明显。

再次，对口支援实施效果缺乏评估机制，支援项目绩效考核指标脱离实际。现阶段，我国对口支援工作的绩效考核，存在两个困境：一是压力型绩效考核，这种考核要求完成的绩效目标过高，没有充分考虑当地经济社会发展的实际情况，对支援和受援双方都带来超负荷的压力，无法激发干部援建工作的决心，且可能因此产生抵触情绪，消极、被动援助，只顾完成进度忽视完成的质量，致使有些对口支援项目完成后就出现问题，造成财力和人力的巨大损失。二是支援方干部的绩效考核与实际工作区域脱钩。对口支援的工作人员多为借调形式进行调配，并没有确立在受授方工作的支援方政府官员的绩效考核机制，对借调干部的考核本身就存在着主体不明、标准难以把握及反馈渠道不畅通等问题。支援方干部在受援地工作，但是其组织关系依然归属于支援方单位，这就使得支援干部的考核工作，无法受到在受援地的表现的影响。使得支援方干部的考核与奖惩不受受援地具体工作完成好坏的影响，而对他们的考核只是走过场而已。

最后，缺乏一整套针对对口支援政策和项目的科学有效的评估体系。目前，由于对口支援多是中央政府下达给地方政府的政治任务，时间紧，任务重，地方政府为了在规定的时间内完成这一重要任务，在政策出台和项目的选定上难免会出现顾此失彼的情形，导致一些项目的前期开发程序不规范，有的项目则在签订后难以落实，还有不少项目在实施过程中夭折，有些经济技术合作项目在对口支援方撤离后就迅速垮掉，这种情况在西藏和三峡库区的对口支援项目中已经出现。很多对口支援协议项目由于跟踪后续工作不力，造成半途流产告吹。造成这一问题的根本原因，在于我们缺乏一套针对对口支援政策和项目的科学有效的评估体系。规范、有效的评估机制是对省际间支援工作优化的重要保障，由于我国现行的对口支援政策更多地表现为一种应急机制，还缺乏制度上的规范和制约，因此在政策的设计上还存在许多盲点。例如，在监督的广度和深度上还不够，监督的内容还不完整，缺乏绩效监督的内容。在整个对口支援过程中，有的项目确实收到了很好的效果，如教育、医疗卫生等方面，硬件设施所展现的效果是很理想的。但是，由于部分建设项目人才严重缺乏，导致很多援助项目无法正常建设开工，建成后无法正常运转。因此，在人才短缺以及项目已经建设和建成的情况下，就要对已有干部进行严格的管理和监督。因此，支援干部绩效评估是不可缺少的。

二 影响对口支援的因素分析

对口支援政策的制定初衷是促进西部民族地区经济与社会发展，缩小与东中部地区的发展差距，维护民族团结和边疆社会稳定。然而，在实际实施过程中，对口支援政策的实施效果会受到一些因素的影响。这些因素，从中央视角分析，主要是政策自身存在一定缺陷，影响对口支援政策的有效实施；从参与方视角分析，多方主体利益考量和行为各异，致使对口支援政策难以有效发挥作用。同时，还应当看到，对口支援政策还要受到支援地和受援地经济与社会发展及其现代化建设现实状况的影响与制约。

（一）中央视角：政策自身存在缺陷影响对口支援的有效实施

建立统筹兼顾、协调发展、有序推进的机制，避免造成政策各方面以及政府间的冲突与矛盾，是有效实施对口支援的前提。只要对口支援各个主体通力合作、相互协作，就能够充分发挥各方优势、实现互补和形成合力，从而提高对口支援的效率和效益。然而，就现实情况看，我国对口支援政策的实施效果，仍受到各种因素的影响。

首先，对口支援政策的统筹协调能力不足。这主要表现为：一是对口支援政策执行协调和配合机制不健全，中央政府制定的对口支援政策，大多从宏观层面着手制定相应的支援政策，缺乏对支援地受援地的精准指导，缺乏相应的区域协调机制。政策执行过程中，仍然存在部分地区对中央的政策进行扭曲执行的现象。二是援助政策缺乏区域总体规划和协调，即对口支援政策缺乏总体保障机制，支援方与受援方之间缺乏沟通。现阶段我国对口支援多采取双方“结对子”的方式进行，所以各支援省市在援助过程中从规划制定、项目落实，到资金管理等各方面，大多从本地区的援助角度出发，缺乏与相关被支援省市和地区的沟通。因此，造成援助同类项目的重复建设和资金浪费，对自然资源也造成了不必要的损失。虽然在援助过程中各支援省市为受援地建成了大量的园区与厂房，但是园区所具有的区位优势并不明显，更有可能与临近的工业园区存在竞争关系，造成资源的浪费。由于是重复建设，自然会导致现有工业园区的效益不高，缺乏发展后劲。三是政策体制与机制的设置不合理，造成政出多门，政令不一。多个部门都出台相应的适用政策，相互之间存在冲突和矛盾，导致适用主体选择困难。在政策制定中缺乏有效的审查与协调机制，政策执行过程中缺乏有效的监督与反馈评估机制，地区间缺乏对话与合作机制等。特别是政策环境的不断变化，要求政策的更新和变化，这时对监督与反馈机制的要求更加严格，不能做到及时地监督与反馈必然难以发现政策之间的冲突和矛盾。在体制与机制不健全的情况下，制定与实施的政策必然加大了其冲突的可能性。就区域合作而言，还需要建立区域政策网络体系，府际之间加强信息沟通与协商合作，避免政策冲突。[①] 例如，在全国对口支援新疆的过程中便存在重复建设的问题。霍尔果斯口岸、霍城县、农四师距离较近，且存在部分区域的交叉。此三地与江苏省的连云港、江阴、镇江三市形成对口支援关系，虽然江苏省三市全部接受江苏省对口支援新疆伊犁州前方指挥部领导。但由于分属不同城市支援，各方均有自身的利益考量在其中。霍尔果斯口岸和霍城县与农四师所辖几个团场所处自然地理环境和发展水平比较相似，江苏省三市很可能在支援过程中做出相似的支援决定，输出相似的建设项目。因此，存在着重复建设、浪费资源的现象。

其次，政策自身的制约与激励机制不健全。决策的正确性和合理性是决策有效实施的先决条件。一项政策的出台，如果缺乏合理性和正确性，不但无法有效解决面临的问题，甚至还会造成严重的资源浪费。在整个对口支援实施的过程中，每一项决定都将对对口支援政策的成败产生影响。就目前我国对口支援项目政策制定情况而言，我国对口支援政策的制定仍

---

① 吴光芸、李培：《论区域合作中的政策冲突及其协调》，《贵州社会科学》2015年第2期。

然存在以下问题：一是缺乏合理有效的人员管理机制。对口支援政策实施过程中，缺乏完备的人才选拔机制，直接导致援助干部选拔随意性较大的问题。目前，只有教育部、科技部、卫生部制定了相关的文件。同时，现行的对口支援干部考评制度缺乏规范性，直接导致对口支援干部的工作质量得不到量化及其评价，援助干部工作数量和质量无法衡量，不仅不利于对优秀干部进行鼓励和嘉奖，同时也不利于对工作不力的干部进行批评与惩处。二是对口支援的实施机制未能系统化、规范化。对口支援的操作流程未能系统化，有些项目的前期开发程序不规范，有的项目则在签订后迟迟无法落实和开工，最终难以落实，甚至有的项目在已经实施一段时间后，中途夭折。同时，还存在支援方与受援方经济效益差异较大的问题，受援方经济收益较好，而支援方则未获得明显的收益，这在很大程度上挫败了支援方继续进行对口支援的积极性。三是激励机制不完善，激励效果不明显。对口支援的激励方式重政治，轻经济。在对口支援的实施过程中，激励方式过多地关注政治因素，过于强调支援方政府的义务和责任，而对口支援的经济效益则被忽视。例如，有些项目从前期开发到后期建成管理都是在支援方的管理下完成的，因此能够正常运转与运行。而一旦这些项目建成后交给受援方政府部门管理后，便与支援方失去了后续联系，往往导致在支援方人员撤离后不久项目便无法正常运行，甚至垮掉。此外，受援方缺少自我发展的激励机制。以 1984 年中央实施各省市对口援藏“43 项工程”为例，长期以来，由于西藏没有形成自我发展的能力，援建项目存活率低，很多项目需要当地财政持续供养，而援建的很多经营性的项目也需要进一步投资维持其正常运行。这样就出现项目投资越大，后期维持费用越高的怪圈。

再次，政策实施效果的监督考核有待完善。我国的对口支援更多是以政治任务的形式由中央政府下达给地方政府，多为一种应急机制，主要原因在于缺少一套针对对口支援政策实施的监督考核体系。一是支援缺少监督环节，即缺少后期监督。支援过程和政策实施以后的监督机制欠缺，是导致援建项目不合理、支援资金使用效率偏低的重要诱因。致使那些实行效果比较好，可行性、针对性较强的政策和项目得不到推广，造成了不必要的损失。二是监督主体过于单一，其形式主要是上级对下级政府以及政府对其所属部门的监督，因此监督主体仅限于支援、受援双方各自的领导组织，甚至出现自己人监督自己工作的现象，为腐败的滋生提供了温床；在援助项目启动之前缺乏效益和风险评估机制，如在对口支援新疆的过程中有大量资源开发项目，如果此类项目的建设忽视了对现有资源和环境的保护，缺乏对环境影响的评估，就会给当地生态环境造成灾难性的影响。

最后，对口支援政策的执行缺乏法律约束。对口支援政策是一项区域公共政策，需要一定的制度基础和法律保障。目前，我国的对口支援的法律法规还不健全。对口支援西部民族地区工作主要依据《中华人民共和国民族区域自治法》，同时结合国家相关部门出台的法律法规和政策性文件与对口支援工作相关的省市制定的规范性文件。这些法律法规和规范性文件，尤其是各部门出台的相关法律制度之间存在着一定程度上的冲突和矛盾，不利于对口支援西部民族地区工作的协调管理。一是已有的法规政策未能形成体系，缺乏协调性，即由于缺乏对口支援法律制度的支持致使资金和物资的使用依据不明确以及相关法律条文之间协调性较差。目前，对口支援法律制度体系，以《民族区域自治法》第61条、《长江三峡工程建设移民条例》（2001年2月15日通过）为主导，辅之以国家有关部门出台的其他法律法规和政策性文件，如2000年10月国务院发布的《国务院关于实施西部大开发若干政策措施的通知》和2001年8月国务院办公厅发布的《国务院办公厅转发国务院西部开发办关于西部大开发若干政策措施实施意见的通知》，再加上参与对口支援活动的省、市、区各自制定的规范性文件。这些法律法规和其他规范性文件的制定、分管和实施分别属于不同的部门，相互之间缺乏紧密联系，协调性差，甚至各个政府部门出台的法律制度之间还存在互相冲突矛盾的问题，不但影响政策法规运行的效率，也容易造成扶持力量分散，影响整体效果。二是政策执行缺少法律制约。这主要表现为：其一，存在以人治代替法治的问题。目前，我国对口支援政策的制定和执行中，人治色彩比较明显。只算政治账，不算经济账，甚至有时候把工作上的失误等统统归入“政治账”，形成一笔“糊涂账”。其二，支援受援双方行为缺乏法律规范。即使中央对对口支援在资金方面有所规定，但是支援方的行为更多的是从道义与政治的角度出发，很少是从经济规律和法律法规的角度出发。因此，没有法律约束的支援行为，不免带有一些随意性。其三，存在政策文件和法律法规冲突的现象。新一轮的对口支援并没有形成一个统一的、具体的实施法案或方案，仅仅将一些项目和政策表述为“优先安排项目”“加大力度支持”等，但是这并不具备法律效应。具体的政策实施方案是由中央政府、支援受援双方根据调研后用行政手段制定并组织实施，即便有企业参与，也把其当作在完成国家交予的政治任务。这种重政府、轻市场的体制机制，很容易导致制定的具体政策脱离市场经济规律，资源配置效率低下。三是对口支援法律制度的现实困境。我国制定的对口支援政策有着很强的政治性和权威性，其无偿援助性意味着各方政府的绩效评估和官员的仕途晋升，只有在得到中央对各地政府的肯定中获得。面对这种高压命令式的政策，对口支援会自觉被当作一项重要的政治工作来实施，至于是否具有相应的法律法规就不那么重要了。

（二）参与方视角：多方主体利益考量和行为各异

对口支援的参与方主要为支援方——东部沿海地区和中部地区经济发达省市、中央部委和中央直属企事业，受援方——西部民族地区。对口支援多方主体——支援方、受援方利益考量与行为各异，是影响对口支援有效实施的重要因素。

1. 支援方利益考量及其行为

首先，支援方地方政府间的各自为政。这主要表现为：一是支援方地方政府之间缺乏协调。以对口支援西藏为例，援助西藏工作涉及 17 个省市、多个国家机关和中央企事业，牵涉面较广。例如，日喀则地区，对口支援的就有上海市、山东省、吉林省、黑龙江省和中国石化集团公司、上海宝钢集团有限公司 4 个省市 2 个企业；昌都地区则得到重庆市、天津市两个直辖市和 6 个中央企业的援助。多方援助，“钱出多门”，承担援藏任务的单位，包括中央部委、省区市和中央企事业单位。支援方众多，在支援过程中存在的问题也多，如各自为政，难以形成一个有效整体的工作机制，就是最为明显的问题。对于如何协调支援一个地区的各支援省市和部门，我国至今还未建立全面和具体的协调机制和机构。而作为受援方的西藏地方政府，则无力进行协调。因为西藏作为受援地，接受各方支援，不具备号令各地省市政府的“权威性”。而参与援藏的各省市、国家机关和中央企业，互不隶属，也不具备协调的能力，这样就很难形成一个有效统一的支援队伍，不利于支援工作的顺利开展。二是支援方之间竞争多于合作。援助同一对象的不同省市、部门和企事业，可能由于攀比，在所投入的资金和项目上进行竞争。除此之外，即便援助的不是同一个对象，各支援主体之间还是存在一定的竞争关系。在汶川大地震灾后恢复重建时，18 个省市争相抢购高标号建材，结果导致四川建材市场高标号建材的价格直线上升。支援方之间的竞争，虽然在一定程度上提高了援助的积极性，但在另一方面也造成了不必要的资源浪费。又如在当前的援疆工作中，由于支援方都急于出成效和成果，导致新疆出现了建设园区的热潮，产业同质化、产能过剩。

其次，由于缺乏统筹机制，对口支援资金及其管理存在失衡与差异。这主要表现为：一是支援资金投入存在地区间失衡。以对口支援西藏为例，中央要求安排各省财政收入的 1% 作为援藏资金，与此同时，支援方需要将受援方的发展纳入本市的发展规划中。由于对口支援省市经济实力差距较大，以其上年度财政收入的固定比例确定对口支援投入量，必然存在较大差距。与此同时还存在明显的攀比，比如经济实力较强的北京、上海、广东、福建、浙江、江苏等省市在对口援藏中的投入，要超出很多其他参与支援省市所提供的资金和项目数量。有的受援地区在整个对口支援过程中，获得了大量的资金和技术，对口支援所提供之资金成为其发展的重要动力和支撑。有的地区在以 3 年为周期的对口支援中，获得了数亿元的对口支援资金和项目；有的地区则只获得了数千万元的援助资金，对于本地区发展来说显得微不足道。二是各地区援助方式与资金管理方式存在较大差异。例如，在对口援助西藏的过程中，湖南省负责对口支援西藏的山南地区，采取湖南各市援助藏南各县的方式进行，统筹进行资金管理。山东、黑龙江和吉林的援藏资金一直都不是统筹安排的，而是各市自主规划使用到其对口支援的县。而上海市则将各区资金统筹到上海市合作交流办，统筹使用。各省市自主确定援助方式和资金管理办法，虽然具有灵活性，但是各种援助方法毕竟存在效率差异，而目前无论是从纵向上还是横向上并没有相关的机构部门对此作出评价，提出提高效率的建议和意见。

再次，人才支援制度落后，导致选派与实际需求之间存在一定差距。智力援助尤其干部援助是对口支援的重要内容。西部大开发需要援助干部发挥作用，同时也要注意西部民族地区广大干部和群众的自力更生，不断奋斗。目前，西部民族地区受援地尚未形成一支稳定、合理的人才和干部队伍，导致干部人才选派与实际需求之间存在一定差距。一是人才援助模式缺乏创新。例如，随着受援地经济形势和社会的发展，援疆人才机制已经无法满足当地经济发展需要。挂职锻炼是提高受援地干部工作能力的重要方法，不仅可以增强和提高受援地干部的工作能力，还能影响和改进受援地干部的工作方式。但是，在对挂职锻炼干部管理中，存在派出单位和接收单位“两不管”的现象，导致挂职干部不在监督和考核范围内，且无法真正接触到能够提高自身能力的工作，无法达到锻炼目的。同时，受援地专业人员“输出模式”不足。加强受援地人员以“输出模式”集中赴内地学习，不仅能够增加受援方单位和人才的能力，而且还能够增强对口支援效果并发展当地经济的使命感，开视野、转观念、长本领。二是干部人才支援周期短。现阶段我国干部人才的援助周期从半年到一年半不等，支援干部来到受援地后，对当地的生活、工作环境需要有一段时间的了解和熟悉过程，这段适应期对他们的工作肯定有一定的影响。然而，当他们逐渐熟悉了环境，能正常发挥工作作用和效能时，往往支援的时间已经接近尾声。由于在同一时期不同领域不同专业分配到受援地区的干部人数有限，在不同批次干部交接工作之后，新任干部对工作有一个适应过程，所以同样存在适应期的问题。例如，以卫生医疗援疆人才为例，大多数援疆医生来到塔城地区后就承担起了繁重的工作任务，在完成大量的管理和门诊工作的同时，他们还为医院的未来发展做出努力和贡献。然而，整个医院的未来发展和建设是一项系统性工程，由于支援队伍援疆的时间有限，使得援疆医生的能力和效用无法全面发挥，其效果在一些地区并不十分明显。同时，当援疆医生来到新疆塔城后，给当地民众带来了重要的帮助，解决了很多之前无法解决的问题。但是，当援疆医生援疆工作期满而离开后，当地群众对于本地医生能否达到援疆医生的水平，则存在一定的顾虑。三是援助人员中专业技术人员缺乏。随着现代科学技术广泛应用到公共服务中，对公共服务管理者的科技文化水平提出了更加严格的要求。在公共服务援助中，支援方相关省市通常为受援地建设了高标准的公共服务项目，购买了先进的公共服务设备设施。然而，在公共服务项目建设和使用中却出现了专业技术人员匮乏的问题。援助工作队专业技术人员不足，援助工作队成员是支援省市各政府部门的领导干部，绝大多数不是专业技术人员，对于公共服务项目建设和使用中出现的技术问题，无法及时有效地解决。尽管可以通过项目招标或采购形式确定建设单位，建设单位中有部分技术人员可以解决技术问题，但只是在一定程度上缓解了技术人员不足的问题。

最后，短期行为导致援助项目对当地产业发展带动不够。这主要表现为：一是对口支援政策及行为缺乏持续性。支援方在中央政府以及上级政府压力下，积极开展援助行动，但往往只是重投入，轻结果，后续跟进不够，使得一些援助设备设施未能充分发挥效果。各批次援助之间缺少衔接性。公共服务横向援助是按批次进行的，对口支援西藏、新疆每批次是三年时间，每批次的干部构成、资金、项目都是相对独立的。每批次援助工作队都努力在三年时间内将预算资金花完，将规划的项目建设好，并接受支援省市政府的考核。至于所建成的公共服务设备设施如何发挥作用，这已经不是该批次援助工作队考虑的问题，因为他们三年的援助使命已经完成，返回支援省市开始自己新的工作。新一批援助工作队成立后，又有新的成员、新的资金和新的项目，前一批所建成的项目如何发挥作用不是他们考虑的问题。目前，已经有些支援省市意识到各批次援助之间衔接不紧密的问题，通过新旧援助工作队成员的交接会、交流会、培训等方式解决该问题。但这些方式主要在于传递援助经验，对于解决公共服务援助项目衔接性问题并无实质性作用。二是公共服务项目建成后运作经费不足。对口支援是在中央政府主导下进行的，中央政府向各省市发布有关政策文件，通过自上而下的党政动员力量，要求下级党委、政府贯彻执行相关文件精神，参与到对口支援行动中。这种依靠行政力量以及配以政治动员的援助，往往能够形成统一的共同行动，在瞬时凝聚大量资源。然而，却存在着可持续性不强的突出缺点。公共服务援助中所建设的基础设施在规模上和标准上有大幅度提升，因此必然导致维护营运费用的大幅度增加。由于受援地多为经济落后的少数民族地区，所以，很难筹足相应的资金来保障公共服务设施正常运转，使得公共服务设备设施难以发挥作用。例如，1985 年援助西藏那曲医院的两部高压氧仓，是当时国内为数不多的先进医疗设备，但由于缺少资金和专门人才，两部高压氧仓一直没有使用。

2. *受援方利益考量及其行为*

首先，受援方“等、靠、要”思想盛行。由于西部民族地区的地理位置远离国家的政治经济核心区，加之受传统计划经济影响较深，以及千百年来形成的相对封闭的思想观念束缚，因而思想保守，导致当地民众普遍产生了一种“等、靠、要”的消极心理和行为方式。长期以来，国家及东部沿海地区对西部民族地区在人力、物力、财力等方面给予了大量的支援和帮助，促进了该地区的经济发展和社会进步。然而，这种帮助对增强民族地区自身的“造血”功能考虑不足，因而在一定程度上强化了该地区对于国家的依赖性，致使一部分干部和群众滋生了依赖思想，一味地期盼依靠国家财政补贴和外界的支持来搞建设。

其次，受援方政府之间的利益冲突。这主要表现为：一是支援方和受援方缺乏必要的结对意愿表达机制和自主权。对口支援中的结对关系主要由中央政府统筹安排，支援、受援双方没有自主选择的权利。虽然中央政府确立了“定期轮换”制度，但从实践结果看，支援方与受援方的结对关系确定之后，很少实现对口支援对象的调换。由于支援方各省市之间存在支援资金数量的差距，如果长此以往便导致受援方接受援助的总量出现巨大差异，扩大受援地之间的发展差距，并容易引发受援地政府之间的利益冲突。以援藏为例，经济实力较强的省市在对口援藏中的投入远远超过其他经济实力较弱省市的投入。而从受援地人均接受的援助资金来看，西藏省内各地市之间的差距也十分显著，如林芝地区在 1994—2009 年和 2011—2015 年之间人均接受援助资金达到昌都地区的 10 倍以上。巨大的差距很难让受援方政府之间不出现相互攀比的情况，彼此之间的利益冲突也在所难免。由于这种结对关系由中央政府安排，若不有效落实定期轮换的方针或采取其他政策有效解决援助规模差距过大的问题，可能导致受援地政府对中央政府相关政策安排产生意见。二是受援方区域内差距。从对口支援西藏的 7 个地、市看，在自然条件和社会经济发展基础方面有明显的差别。有的地区自然环境条件非常恶劣，基本不具备人类生产生活所需的条件，经济发展缺乏优势和潜力，更谈不上有较为长远的投资收益预期；有的地区则拥有较为优越的先天发展条件，具有较好的发展基础。一旦为本地发展输入资金和技术以及人才，必然快速发展。面对这两类发展基础和水平不同的地区，支援投入的积极性必然有明显的不同。支援方自然愿意投入条件比较好的地方，因为此类地区发展速度比较快，成果比较显著。由于若干发展条件的具备，双方也能够在经济以及技术层面开展互补性合作，从而客观上加大了援助工作的力度和投入，支援投入在一定程度上起到了发展资金的导向性作用。在生产效益差的地区，援助方的投入积极性会受到很大的抑制，而且也很难形成经济技术层面的合作，援助的力度和规模客观上就会比较小。

再次，受援地人才、干部管理机制不健全。这主要表现为：一是过于依赖援助干部。从 2002 年起，霍城县成为中共中央组织部选定的由援疆干部担任县市委书记工作的援疆试点县。2002—2013 年这 11 年间，援疆干部到霍城后直接担任的主要职位如下：县委书记、县委副书记、常务副县长、清水河经济技术开发区党工委书记、清水河经济技术开发区管委会副主任、县财政局局长、经济贸易局局长、规划局局长、县发展改革委员会主任等。除常务副县长一职外，其他均为领导岗位正职。对于那些在由援疆干部担任领导岗位正职的单位来说，身为副职的干部想要晋升正职几乎成了不可能，这势必影响一部分本地干部的工作积极性。二是受援地专业技术人员严重不足。先进的公共服务设施设备使用必须要具备相应的专业技术人员，但受援地人才资源缺乏，特别是专业技术人员匮乏。例如，援助西藏人民医院建设 ICU 重症监护室，重症监护属于尖端医学技术，必须要配备相关专业人员才能确保设备的正常使用，但该医院在这方面缺乏专业技术人员，使得 ICU 重症监护室未能充分发挥作用。再如，援助西藏建设的地震应急救援指挥中心，同样面临着专业技术人员不足的问题，现有工作人员缺乏专业知识，对于地震监测数据的收集、处理和分析都不熟悉，难以发挥地震应急救援指挥中心的作用。

最后，受援方对援建项目管理机制有待完善。对口支援实施以来，东部沿海发达地区给予西部民族地区以较多的资金和物资帮助，在少数民族地区顺利完成了一大批对口支援项目。但是，东部沿海发达地区对西部民族地区的对口支援也存在较多问题：一是短期项目投资协作较多，长期项目投资协作较少，这就导致对西部民族地区经济发展的带动和促进作用十分有限。二是有很多项目在签订后难以落实，还有一些项目在实施过程中夭折。三是一些项目建成后不久便垮掉。由于对民族地区进行对口支援的绝大部分项目是由东部沿海发达地区财政投入并派出人员来完成的，这些项目建成后便交给西部民族地区政府部门管理，往往导致在东部沿海地区技术人员和管理人员撤离后不久，项目难以为继便垮掉了。

3. 支援方与受援方之间的利益博弈及其相互关系

参与对口支援的省市，在进行对口支援的过程中，也担负着本省和本地区发展经济社会的任务，所以，支援省市之间，被支援省区之间，都存在一定的利益博弈。且中央政府与支援省市与被支援省区之间，也存在利益博弈。当中央政府与各省市之间缺乏协调与沟通时，便会造成政策执行不力，无法收到预期效果。

首先，对口支援双方之间的利益博弈。对口支援政策的执行主体包括援助方政府和受援方政府，两个地方政府的协调合作是对口支援政策顺利进行的有效保障。然而，在实际对口支援中都要涉及人、财、物方方面面的问题，各方基于利益的博弈是不可避免的。同时，对口支援政策是在我国的政治背景下出台的，有一定的政治动员色彩，所以各级政府在积极响应号召的同时有可能会出现不顾自身实际情况的“面子工程”或者“上有政策，下有对策”不顾受援方利益的敷衍工程，造成资源的浪费和实际效果不佳。

从横向府际关系的一般理论和对口支援边疆民族地区政策运行的现实情况来看，支援方和受援方政府之间的利益冲突主要体现在以下两个方面：一是支援方和受援方在对口支援项目规划、资金分配与管理、项目管理等领域的利益函数差异。支援方提供援助资金和资源，因而在相关领域往往拥有主导权，并将这种主导权视为自己独特的利益。而受援方政府出于各种原因，也希望能够在相关领域拥有更大的话语权和支配权，由此可能导致两者出现利益分歧甚至利益冲突。例如，部分受援地干部对支援方管理支援资金的做法就有意见，认为“钱给了我就由我们来用嘛”。二是支援方政府在无偿援助的同时，也会想方设法维护其辖区内的利益，这就可能使受援方政府的一些利益诉求难以得到满足。例如，一些支援方政府受“肥水不流外人田”等传统思维的影响，倾向于优先使用支援方的企业和人员，以缓解本省市的就业压力，增加本省市的利税。这使受援地政府在培育本地企业、促进本地就业等方面的利益诉求很难实现，也使其辖区内企业和劳动力难以分享对口支援的红利，不利于增强受援地的内生发展能力。还有一些援建省市可能将本地产能过剩、资源能源消耗过大或低附加值的产业转移到受援地，而忽视受援地的生态环境承载能力，以及经济发展的长远利益，从而影响受援地政府推动产业结构升级、提升经济发展质量和生态环境保护等方面的利益。此外，由于对口支援政策是一项无偿的支援活动，主要以“支援”为主，因而支援方和受援方在对待对口支援的观念上出现“错位”现象。一方面，受援地区地方政府存在“受援”的想法，只是在被动接受无偿的“恩惠”，缺乏自主性，态度较为消极，渐渐地还会在这种被动接受的过程中形成一定的“依赖性”思维，只是尽可能争取无偿的资金、资源以解决当下的困难，单纯追求项目的多少，缺乏对项目的监督；另一方面，支援方也存在一种不合理的“错觉”，认为对口支援是对受援地区的一种“恩赐”，在这种施予的观念驱使下形成了一定的“优越感”，不重视援助资金的使用效率和对其后续追踪管理。

其次，支援方与受援方政府间合作缺乏协调性。在对口支援政策执行过程中，最需要处理的核心关系便是支援方与受援方双方之间的关系。目前，对口支援政策实施过程中，支援方与受援方政府之间的互动较少，所以，很难达到支援方与受援方互利共赢的效果，致使难以形成双方互利共赢的局面。支援方与受援方政府之间的关系太过模糊，现实中主要表现为受援方没有选择支援内容的权利，支援方支援内容完全由支援省市自行决定，缺乏与被支援省市的沟通与协调。从府际关系的角度看，支援方与受援方政府之间无行政隶属关系，只能通过沟通与协调才能进行交流。

最后，受援地与支援地之间存在信息传递方面的延误和失误。这主要表现为：一是受援地尚未完全建立起高效的信息交流平台，部分受援地政府无法及时发布、及时分析相关信息。因此，导致支援方和受援方无法充分整合对口支援资源，出现了一些重复建设的项目，同时也造成了资源浪费。二是政策宣传的误区。我国对对口支援政策的宣传过于强调支援的道义性，采用的是“政治任务”性质的宣传。这也是为什么对口支援只能是短期性应急行为，无法形成地方政府间长效合作机制的思想根源。同时，缺乏对援助成果及意义的宣传。以对口援助西藏为例，中央对口支援政策、各地区各部门及企事业对援藏工作的重要性和必要性以及所取得的巨大成就与成效等方面的宣传力度就不够。因此，人们无法及时了解援藏工作的进展，也导致人们对援藏工作的重要性和意义不甚明了。三是对口支援政策输出后缺乏畅通的反馈渠道，受援地民众意见反馈渠道缺乏，或者虽有反馈渠道但反馈意见被忽视。

（三）其他影响因素

受援地经济社会发展情况是制定对口支援政策的重要依据。每一项政策和项目的建立，都需要与受援地具体情况相对应。违背经济社会发展状况的政策实施效果必然会受到影响。对口支援政策不仅仅受到整个国家经济社会发展状况的影响，也受到支援地和受援地经济社会发展状况的影响。

1. 经济与社会发展状况

经济发展，社会秩序有序，对口支援的工作就可以有效展开；如果经济发展上下波动，社会秩序混乱，则无法保证对口支援工作的顺利进行。对口援助最初是在计划经济体制条件下展开的，必然带有计划经济的影子。随着我国经济体制的转变，整体经济实力的提高，我国对口支援的力度和方式也有所改变。在对口支援中的投入有所增加，对口支援方式也从过去的简单的赠予转变为双方的互利合作。但是，就我国西部民族地区而言，经济发展整体水平仍然有待提高，这也为我国对口支援工作的顺利开展增加了难度。

首先，受援地经济发展缓慢。这主要表现为：一是农业发展水平较低。受援地多为偏远地区，生活着将近一半的农业人口。在耕地数量不变的情况下，所需要承载的人口数量却在逐年增加，因此当地民众开始向生态脆弱的地区进行迁移和开垦，加剧了生态环境的恶化。而且，当地民众在开垦山林的过程中，砍伐森林，超载放牧，对当地环境造成了极其不利的影响，大大超过了这些自然资源的再生能力。正是在这样一种环境中，造成了可怕的贫困的恶性循环：贫困不利于民众素质的提高，进而削弱了贫困人口的能力，导致他们在整个人才市场中的竞争力较低而无法离开土地，反过来又增加了土地的压力。有限自然资源的过度开发，不利于当地经济的持续发展，且成为当地经济发展的负担，环境治理费用的支出，减少了其他项目的资金数量，最终不利于经济社会的发展，也不利于对口支援项目的顺利落实和开展。二是受援地当地各方面基础条件薄弱。以对口支援霍城为例，霍城在援疆政策实施以前，主要以农业生产为主。2002年第一、第二、第三产业结构比为48.2：14.5：37.3，第一产业占比近半；人均GDP仅3901元，而当年江苏省和全国人均GDP分别为14397元和9506元。当地由于经济发展缓慢，思想较为保守，仍然存在着重农轻商的思想，加之当地经济基础差、自我发展能力弱，且缺乏外来投资的推动，导致霍城经济发展的水平仍然较低。此外，当地人力资源以体力劳动为主，从事基础性工作的劳动力也明显不足，是人才匮乏、劳动力素质偏低的典型地区，过低的劳动力素质造成大量劳动者的就业困难，与此同时，不利于当地劳动者参与到对口支援过程中。

其次，受援地社会发展不充分。例如，阿勒泰地区是个多民族聚居的地区，由36个民族组成，2011年年末总人口66.89万人。其中：哈萨克族34.16万人，占总人口的51.59%；汉族27.42万人，占总人口的41.41%；其他少数民族4.64万人，占总人口的7.00%。非农业人口32.96万人，占总人口的49.77%。阿勒泰地区的教育文化发展尚属不成熟阶段，全地区拥有学校总数277所。其中，高中在校学生13392人；初中在校学生18511人；小学在校学生47210人，小学入学率和毕业率分别为99.66%和100.00%；地区共有中等职业院校9所，在校学生4276人，全地区拥有幼儿园139所。地区共承担实施各类科技项目115项，其中国家项目12项，自治区项目103项；新运行的科技项目70项，上年结转科技项目5项。全地区共有艺术表演团体8个，乡镇、场、街道文化站57个，文化馆8个，公共图书馆8个，博物馆10个。由此可见，当地教育及文化发展水平仍然存在很大的提升空间，需要进一步加大投入。只有加大教育方面的投入，才能从长远角度出发，为当地的发展培养优秀人才，培养具备现代科技操作能力的人才，为承接东部地区转移项目的建设做好准备。

2. 援助内容和援助形式

我国的对口支援政策大多从中央角度制定，对各个受援地的具体情况缺乏了解，援助内容和形式常常表现单一和缺乏针对性。在实际对口支援过程中，由于受援地之间在经济发展水平和风俗习惯方面存在较大的差异，需要对对口支援政策进行因地制宜的调整。援助形式也应该由单一的行政手段转变为多种形式相结合，采取不同的援助内容和形式，保证对口支援政策的更好实施。

首先，部分经济项目对受援地经济发展带动力度不够。这主要表现为：一是部分援助项目脱离当地经济发展需要。以对口支援新疆为例，在对口援疆的过程中，有些援疆项目并未与当地实际情况相结合，未对新疆地区的长远发展做充分考虑，未能充分利用当地优势自然资源和人力资源。有的受援方在选择援助项目时候，存在着以争取资金物资为主、单纯追求项目数量的问题；有的支援省市的企业投资偏向短期项目，导致项目低水平重复建设以及新疆各个地区之间的产业同质化竞争；有的援疆项目以牺牲资源、环境为代价换取暂时的高速度增长。二是援助项目未能充分引导和调动当地经济主体的积极性，特别是非国有企业的发展。西部少数民族地区经济社发展水平较低，加之地区政治、经济、社会、环境、科技手段、人才配置、民众思想等方面远远落后于东部沿海地区，致使市场机制得不到充分发展，非国有企业发展缓慢。

其次，智力支援缺乏协同培养机制。这主要表现为：一是技术支援缺乏统筹安排。以江苏对口支援霍城县为例，从 2006 年起，每年有 7 位援疆医生到霍城县的 6 家县医疗部门进行为期一年的医疗支援。虽然前期江苏省组织医疗队前往霍城县进行考察调研，但是考察调研成员多为医院领导人员，并非专业医疗人员。因而，援疆医生对所到支援医院的真实情况并不是很了解，他们既需要时间来适应与家乡远隔千山万水的新疆霍城生活环境，又需要时间熟悉医院的各方面工作环境，真正工作的时间并不很长。当地医疗人员与专家共事学习的时间不长，学到的专业知识技能也不会很多。而下一批援疆专家到来时又有新的分配和安排，原有跟学人员很可能不会有机会继续之前的学习。这种缺乏系统性、针对性和持续性的对口支援工作显然不那么对口，对霍城当地人才的培养效果并不明显，不利于当地医疗人员工作能力的提升。二是缺乏对人力资源的开发与培养机制。人力资源水平在一地区的社会经济发展中起着举足轻重的作用。江苏省无锡市作为支援方是内地的发达省市，而新疆霍城县地处我国西北偏远地区，不仅经济发展水平较低，而且当地的教育水平和劳动力素质也与江苏省无锡市无法相比。在整个对口支援过程中，江苏省的各项支援活动都离不开整个人力资源的投入作为先决条件。从建筑到工业设备的支援，可以快速实现，但是为当地培养人才和技术人员，则不是短时间内能够做到的。由技术援疆干部在农林业领域的支援项目虽然在很大程度上改善了当地的落后状况，但是基础设施的运转则多由支援方技术人员操作完成。在产业建设上，霍城本地企业基础薄弱，援疆带来的项目基本都由支援方主导实施，对霍城本地相关产业人才的带动作用有限。

最后，支援手段单一，缺乏市场机制。政府与市场是推动地方社会经济发展的两翼，它们在各自领域发挥重要的资源优化配置功能。目前，我国边疆少数民族地区由计划经济向市场经济过渡进程与东部沿海地区并不同步，受援地对市场经济体制下先进经济观念的吸收、消化和内化能力较差，并未完全摆脱计划经济体制的影响，导致受援地的政府、企业、个人的积极性和创造力未能得到完全的激发。一是对口合作缺乏市场机制。地方合作体现在经济方面就是“政府搭台、企业唱戏”，合作要长久维持下去，必须是企业和企业充分合作，企业具有一定的自主权，政府对企业的行为给予一定的引导。但是，从合作的实际效果看，对口支援的合作是基于行政区划的基础上进行的，不仅企业的参与程度严重依赖支援方地方政府，而且在区位选择上也要考虑与地方政府的归属关系，要服从地方政府的安排。对国有大型企业来说，尤其如此。二是市场主体参与支援的积极性较低。有些受援方缺乏构建地方特色产业的意识，仅仅关注当下的短期利益，有时把用来发展教育和基础设施等用于长远发展的资金挪为他用。更有甚者，还出现了一些地区用援助资金建设“面子工程”的现象。

3. 民众的接受程度和参与程度

对口支援政策，无论是制定过程，还是实施过程都需要民众的参与和支持。在政策制定过程中，如果脱离受援方当地民众的需求，不考虑当地民众的真实需要和感受，无法提供给民众有效的参与渠道，不能集中群众的智慧和经验，最终都会使对口支援政策无法符合和满足民众的利益，实施效果也就会大打折扣。

首先，支援项目吸纳当地群众就业能力有限。例如，援藏项目中很多都是仅仅帮助建设，却没有对项目的管理人员进行培训。内地的施工在技术人才、装备、管理经验上具有明显优势，所以项目在建设过程中，建设方倾向选择内地的施工队，这本身无可厚非，也是保障项目建设质量的必然要求。但是，这种用工方式，无法使得当地的劳动者从中获得更多的就业机会，更谈不上提升能力。因此，当地民众对项目的建设热情不高。1994年江苏援建的西藏自治区藏药厂，是江苏省出资、主持建设工程，完成后将厂房、机器交给西藏自治区相关部门经营。该厂中层管理人员

60%以上是内地聘用的，工人50%左右为藏族职工。虽然藏族职工执行力好、踏实，但是藏药厂仍倾向于选择内地的工人，而不轻易给当地藏民就业工作的机会。从项目的实施，到中期的管理，再到最后的完工，西藏农牧民的参与度不高。北京大学人类学民族学教授马戎先生曾经指出："无论是中央部门还是各省市政府，都与大型建筑企业有着千丝万缕的联系，有的就是政府下属的企业，那么当然'肥水不流外人田'，我们难以排除在立项时这些部门就考虑到让下属的建筑企业承接这些项目的可能性。"于是，出现了许多援建项目是由援建省市提出，并由援建省市的企业公司承建的现象。其结果是虽然援建项目在西部地区，但对当地劳动力就业方面的带动作用并不是十分明显。当支援项目给民众带来的经济效益不明显时，民众对对口支援政策的支持度自然较低。

其次，支援政策实施宣传动员不到位。这主要表现为：一是政策目标群体对政策缺乏统一的认同感。在对口支援过程中，一些受援地群众心安理得地接受外来的帮助，而忽视了自身工作能力和劳动技能的提升。因而，支援方给予的资金和技术很难在实际工程中发挥应有的作用和优势，也很难激发当地政府的建设积极性，对口支援的效果也会大打折扣。长此以往，受援地区群众逐步形成这种"恩惠"思维定式，认为对口支援就是政府的事而与自己无关，政府给钱就要，政府让干什么就干什么，让怎么干就怎么干，项目成功固然好，不成功也没有自己的事。在这种思维方式的支配影响下，对口支援项目完工后，随着支援队伍的撤离，项目应有的效果和作用大大降低，甚至完全消失。二是对口支援政策宣传力度不够。对口支援不仅仅是某一地区或某一些部门的责任，而是关系国家统一、民族团结的重大举措。由于缺乏宣传，民众对对口支援的了解程度不高，再加上对口支援双方在经济发展、文化习俗、地理环境存在的巨大差异，给援助工作的有效进行带来了阻力。曾去江苏某市参加培训学习的霍城学员表示，民众对援疆政策的看法在新疆和江苏有很大的差别。在新疆当地民众观念中，对口援疆政策是国家为照顾西北偏远少数民族地区，缩小地区差距采取的政策。而在很多从未去过新疆的内地民众眼中，他们对新疆缺乏必要的了解，对很多对口支援政策缺乏了解，对政策出台的背景和目标更是一无所知。他们认为自己的工作只是为完成上级安排下来的政治任务，甚至把援助当成一种"施舍"而看不起受援地。我国西部边疆民族地区一直以来经济发展水平较低，一些地区由于长期处于封闭传统文化、小农经济、自然经济等状态下，在这种封闭环境中生活的人们，经济关系也是相对封闭的，其社会经济关系的主体主要局限于家庭、宗教、村落等拥有血缘关系的、较狭窄的区域之内。传统的家庭文化根深蒂固，人们的行为活动大多以家庭为圈子，甚至秉持“肥水不流外人田”这样的观念。加之这些地区的自然环境和生存条件恶劣，科学技术不发达，人口素质低下，缺乏各种技能人才，因此长期处于贫困状态。导致不少人随遇而安、听天由命的心理，甚至有些基层干部已经丧失了奋发进取的信心。即使部分地区发展得相对快一些，但是由于观念落后，也会出现小富即可、不积极进取的心态，更不会想着有更大更长远的发展。这个客观事实和落后的社会经济文化背景，是对口支援政策顺利实施的巨大障碍。

再次，有些援助项目对当地生态环境造成破坏，损害群众利益。生态环境与经济发展的关系，是相辅相成、互为因果的。经济发展需要良好的生态环境支撑，而良好的生态环境则是促进当地经济发展的重要前提条件。如果生态环境恶化，不但经济难以发展，即使经济发展了也难以形成可持续发展态势，并且后期还要投入巨大的资金和技术，改善环境。新疆当地生态环境脆弱，气候干旱、水资源缺乏、荒漠植被稀疏是新疆生态环境的基本特点。新疆的自然状况决定了对口援疆必须走生态兴疆的道路，必须在保护当地自然环境的基础上进行。在促进经济发展中要把生态环境建设放在重要的位置，要在生态环境保护建设的基础上求得经济的发展，在经济发展的推动下进一步加强生态环境的保护和建设。

最后，支援项目与当地文化传统和社会环境不符。这主要表现为：一是忽略受援地特殊文化传统。对口支援政策的对象多为边疆少数民族地区和经济落后地区，涉及范围非常广。我国对口支援的地区主要有新疆、西藏、云南、贵州、广西、内蒙古、甘肃、宁夏等西部边疆少数民族聚居省区，而且少数民族众多，各地区居民在思想观念、教育程度、生活习惯等方面都存在很大差异，对对口支援政策的实施带来一定的困难。在对口支援的过程中，既要对各省区别对待，分别具体实际情况实行有利于各省区发展的对口支援模式，又要充分考虑各省区之间的公平发展问题。所以，在支援过程中，要将支援计划与当地民众的实际生活需要相结合，在实施支援政策的过程中要做好充分的调查研究，并在此基础上保证支援项目收到预期的效果。二是缺乏对受援地社会发展水平的了解。19 个省市对口援疆中部分民众虽然获得了一定程度的扶助，但是当地的贫困问题仍未得到缓解。提高受援地人民的收入水平和生活水平，是对口支援的重要使命与目标。但是，对口支援政策在很大程度上并未对当地民众的生活水平产生太大的影响，这与支援当地的项目有关。同时，也与受援地已有的利益分配机制有关。

4. 不可抗力因素

大部分被援助地区都是比较偏僻的边疆民族地区，通常自然条件较差，自然灾害频发。频发的自然灾害，可能会对正在实施中的项目造成损害，甚至完全毁坏某些项目和设施。而参与支援的干部和人员，有时也会出现气候不适应，水土不服的现象，给支援工作带来不必要的困难。

首先，自然环境对支援干部身体健康的影响。西藏平均海拔达 4000 米以上，阿里、那曲等地平均海拔达 4500 米以上。随着海拔的升高，大气中的氧气含量大大降低，对支援人员的身体健康产生一定影响。支援西藏干部的身体健康问题，对支援工作产生了重要的影响。因此，在支援政策制定过程中，需要将健康因素考虑在内，为援藏干部提供重要的保障。

其次，自然灾害对支援工程的影响。自然灾害对支援工程的影响非常明显，一些项目会在自然灾害中遭受巨大损失。例如，新疆是自然灾害多发区，统计资料显示，2010 年 2 月下旬以来，受较强冷空气影响，新疆北疆的伊犁、塔城、阿勒泰、昌吉、博州以及南疆的巴州、和田等地连续遭受暴雨、雪灾、泥石流、融雪型洪水和强沙尘暴灾害。尤其是 3 月份气温急剧回升，前期遭受雪灾的地区再次遭受融雪型洪涝灾害影响，造成大量民房倒塌。灾害已造成全疆 130.3 万人受灾，因灾死亡 13 人，2 人失踪，紧急转移安置 18.4 万人，倒塌房屋 4 万余间，损坏房屋近 17 万间，因灾直接经济损失近 13 亿元。① 地质灾害每年都会给新疆带来严重的生

① 卫敏丽：《民政部向新疆灾区紧急调运 8000 顶救灾帐篷》，http://news.163.com/10/0321/19/62AQKPDP000146BC.html。

命、财产损失，给人们生产生活造成巨大伤害。由此可见，在对口支援过程中，自然灾害会给对口支援带来巨大的损害，很多在建项目受到自然灾害的影响，中途告终。

（撰稿人：任博，南开大学周恩来政府管理学院）

第八章　对口支援政策长效机制构建

对口支援的运行机制，是指对口支援运行系统各组成部分、各个环节以及各种有形和无形的要素按照其内在规律，在运动中彼此相互联系、分工合作、协调耦合，形成特定功能并实现既定目标的运作方式及其功能。它包括各种政策法规和管理制度的建立健全以及支援方式的采用。在实施对口支援过程中，应当从整体上思考并构建一个适合我国具体实际并能保证和促进对口支援不断取得成效的运行机制。构建对口支援的长效机制，这是对口支援所要追求的一种理想状态。建立良性、高效、可持续的运行机制，其目的就是要使对口支援能够做到相关省、市、区之间，部门与部门之间密切配合，各个环节彼此相互联系、相互促进、相互制约，做到人尽其才、物尽其用，使投入对口支援的有限资源得到最优配置。

一　构建完善的对口支援协调机制

构建对口支援的协调机制，其目的和作用在于保证对口支援实施的持续性和稳定性，协调对口支援中支援方和受援方双方合作关系的持续性和稳定性，提高对口支援工作的有效性。

（一）发挥中央政府在对口支援政策实施中的协调作用

我国地方政府作为中央政府的下级政府，接受中央政府的领导和指导，这是我国宪法和地方组织法确定的基本行政体制。

首先，建立政策价值引导机制，形成合作共识。对口支援过程中，政策价值引导极其重要。贫穷不是社会主义，同样，发展不平衡也不是社会主义！中国社会主义现代化的实现，离不开少数民族和西部民族地区的现代化。因此，在对口支援过程中，要确立整体观念、全局观念，从中华民族的整体利益出发，消除不正确的思想观念，加强行政协调，形成合作共识。

其次，转变中央政府所属部门与地方政府之间的行为方式。国务院所属部门作为中央政府的组成部分，根据国务院组织法和有关法律、法规的授权在国务院的统一领导下履行各自职能。因此，在国务院各部门法定职责范围内，这些部门实际上代表国务院履行职能。或者说，在国务院履行的全部职能中，国务院部门占据了相当一部分。因而，国务院各部门在其职能范围内实施的行为代表着国务院即中央政府履行职能。例如，在汶川地震灾后恢复重建过程中，国务院有关部门不但根据自身的法定职责直接组织协调灾后恢复重建的有关事务，而且在国务院的统一领导和协调下，指导地方政府组织实施灾后恢复重建工作。2008 年 8 月 6 日，国土资源部与四川省政府、成都市政府签订了《共同推进国土资源管理工作促进成都统筹城乡综合配套改革试验区建设的合作协议》。该协议对国土资源部支持四川省地震灾后恢复重建、成都市统筹城乡配套改革，以及四川省、成都市加强土地资源管理、推进土地管理体制创新等事项进行了约定。协议约定的事项体现了国土资源部和四川省政府、成都市政府履行职能的需要。四川省政府是成都市政府的上级政府，自然具有领导、支持成都市统筹城乡综合配套改革试验区建设的职责，并在国土资源部与成都市政府之间起到承上启下的作用。同时，四川省政府担负着领导汶川地震灾后恢复重建的责任。灾后恢复重建涉及较多土地利用规划、土地供应、矿产资源管理和地质环境的保护等事项。这些事项既是国土资源部的法定职能，又是基于中央政府部门在土地和矿产资源管理上支持受灾地区恢复重建的政治责任。特别需要指出的是，虽然约定事项属于签订协议各方的事权范围，但并不能说约定条款所涉及的事项都是各方的法定职能。由于统筹城乡综合配套改革本身就是一种制度创新，因而所涉及的内容不可能完全是基于法律、法规已有的规定。这也可以理解为国家设立改革试验区的出发点，即对现有制度的发展与创新。正是基于这一点，我们才能感受到签订协议的必要性和必然性。因为是制度的发展和创新，所以不能因循现行的制度约束；因为是试验和探索，所以下级政府需要采取得到上级政府部门认可的措施。正因如此，中央政府部门与地方政府只能选择通过协商的方式确定双方行为的依据。这对于改革发展时期探索适应经济和社会发展新形势下政府行政制度和管理方式变革的途径来讲，无疑找到了一种新的方式。

再次，发挥中央政府在对口支援政策实施中的协调作用，明确支援双方权责。对口支援虽然是由中央对支援方政府部署的任务，具有无偿性。但是，要想促进长远发展，还是需要发挥中央政府在对口支援政策实施中的协调作用，使支援方和受授方之间避免权责不明、权利和义务的不平衡。因此，在对口支援中，应当明确支援方和受援方的权责。一方面，明确规定支援工作中的总体项目分工，明确界定双方的权责。支援方地方政府在援建中向受援方政府提供机构组建、人员选派、规划计划、资金投向、项目建设、进度管理、资金项目监督检查、后方工作衔接等要素；受援方政府应与支援方政府形成有效率的协调分工，责任到人。其一，受授方政府在受援规划编制上向支援方提供准确的信息并确定援建的规划项目。其二，在援建方式和资金的匹配上，支援方政府和受援方政府应进行合理的磋商，明确各种建设项目中双方的职责。其三，在工程援助项目推进过程中，支援双方政府能够划定各自的职责范围，在立项、可行性论证、概算、审批、设计等各个环节要科学规划并明晰管理规程。在非工程类援助项目的实施上，受援方政府应具体安排援助目标确定、受益群体筛选、资金物资预算、人员安排等方面，合理配置资源。其四，建好地方政府间协调沟通的渠道，建立定期协商机制，加强双方的日常联络，确立议事规则及解决争议问题的原则、方法。另一方面，为支援方政府提供便利的援助环境，使受援方政府争取更多的话语权。一是受援方政府要提供保障和服务，为支援方提供便利的条件。对口支援的多数工程，量大或施工难度高，立项审批、设计、招投标项目工期紧，受援方要确保道路、供电、供水畅通，保证工期顺利进行，受援方要大力宣传支援省市的无私援助。二是政策执行中要赋予受援方政府规划编制的主动权，将地方整体建设规划部分项目意图写入援助执行规划中，同时将部分援建资金和项目划拨给受援方，以“交支票”和“合作共建”的形式来完成建设项目，提升受援方政府自身经济发展和执政的能力。此外，还可以通过促进建立地方政府间合作协议，明确各自的工作内容，推动合作双方政府认真履行对口支援指定的任务。可采取以政府为主，公众参与为辅和制定各政府、社会组织和公众等多方意愿合作协议项目，以此得到合作政府相关利益者的充分监督，从而使相关的每项任务都得到较高的执行效能，同时也促进了地方政府之间合作协议的效率，提升政府间合作治理的能力。

最后，设立专门机构负责对口支援的组织、管理与协调，并完善对口支援政策跟踪协调机制。当前，我国对口支援效果不佳的一个重要原因就是没有专门的负责机构，一般是党中央和国务院号召东部沿海地区发达省市对口帮扶西部民族地区落后省区，但却没有设立专门机构负责这件事，出现多头管理、职责不清，导致对口支援效益低下。鉴于对口支援工作中的教训，在构建对口支援机制时必须解决组织管理问题，即成立专门机构，负责对口支援的组织与协调工作。对口支援专门机构应当在两个层级上设置：一是在中央一级设立对口支援专门机构，专门负责各省（直辖市、自治区）间对口支援的组织与协调；二是在省政府一级设立对口支援专门机构，专门负责省级以下各级政府间对口支援的组织和协调。设立对口支援机构的意义不仅表明政府要发挥主导作用，牵头做这件事情，而且还要使对口支援、推动基本公共服务均等化成为各级政府的法定责任。更重要的是，能够有效地避免职责不清、多头管理、政出多门的现象，从而提高对口支援的效率。以对口支援西藏为例，目前中央统筹对口援藏部门有两个：一是中央组织部统筹援藏干部，包括选拔援藏干部、使用援藏干部、考核援藏干部等；二是国家发展和改革委员会统筹经济援藏。在西藏自治区层面，也成立了相关的协调机构。对口支援需要一个统一的国家机关管理，建议在中央层面设立专门负责对口支援的机构，成员包括中央政府及其相关部门、受援方地方政府、支援方地方政府，以及专家学者等。定期召开会议，在各方代表充分商议的基础上，决定援助规划的制定，落实援助内容的具体实施。

此外，要完善对口支援的跟踪协调机制，这是确保对口支援顺利进行的重要措施。非常有必要建立健全专门的对口支援和经济技术协作项目的后续跟踪协调机制，明确双方在项目援建前后的责任，以免出现推诿现象。

（二）将对口支援西部民族地区纳入国民经济和社会发展规划

经济和社会发展规划是规定国家、部门和地方经济社会发展战略目标、方向、主要任务以及实施措施的指导性文件。依据规划适用的范围或其制定机构在国家政权体系中的地位，它可分为国家规划、部门规划和地方规划三类。对口支援作为一项重要的经济举措，应当纳入我国国民经济和社会发展规划，并且以国家规划、部门规划和地方规划的形式予以确立。通过规划，明确对口支援的目标、方向、主要任务以及实施措施，并且在规划中要求国务院有关部门、地方政府在支援资金、物资以及经济技术协作等方面制订一个合理可行的具体的援助计划。只有这样，才能克服这项活动的随意性和不确定性。关于这一点，2004 年 9 月下发的《西部开发促进法》（征求意见稿）第 5 条，已经对承担对口支援任务的经济相对发达地区的省级人民政府作出了明确要求，要求省级人民政府制订专门援助计划。省级人民政府应当根据国民经济和社会发展计划，将之纳入本省经济和社会发展计划之中，然后据此制订专门援助计划。只有这样，才能使对口支援法律制度在纵向上更具有统一性和明确性。

首先，国家层面制定完整的援助管理操作规程。对口支援西部民族地区规范、高效地实施，就要把对口援助提高到国家统筹层面上，并纳入国家国民经济和社会发展规划之中。这是因为，制定科学的援助规划是为了在统一框架内组织、实施对口援助，使对口援助不致偏离经济、社会发展的总体目标，为进一步制定具体的援助项目提供决策依据。在国家对口援助规划总体格局中，要以受援方的具体情况来制订规划方案，确保其可操作性和良好效果，这就需要分析几个方面的内容：一是受援方基本情况分析，包括对受援方经济社会发展状况、人民生活水平状况、产业发展状况、投资环境等方面的调查研究。二是受援方自身的发展战略分析，包括受援方中长期发展规划、发展重点、发展思路等方面的调查研究。三是前期援助实施的效果分析，包含实施进展、经验教训、受援方意见反馈等。四是确定援助的框架体系，包括援助的目标、战略部署、具体实施途径和援助计划等。同时，还要对援助可能面临的风险和障碍提出监管规定。此外，对口支援中产业跨区域转移方案制订要坚持“科学规划、合理布局、有序转移”的原则，制订科学合理的方案。

其次，省级层面制订援助管理的方案。省级对口援助规划要依据国家援助框架体系的要求，对援助的总投资规模、重点领域和地区、行业、部门投向等内容进行确定。确定总投资规模，包含中央补助金额、援助方援助金额和地方配套金额等。援助项目实施需要大量资金，仅仅依靠中央财政或地方财政支持，会造成财政紧张的局面。因此，合理安排各方的出资是保证援助资金到位的必要条件，也是规划的重要组成部分。确定优先援助的重点领域和地区、行业、部门投向，包含对民生、智力、产业等领域援助的比例，对各个地区中这些领域援助的分配等。各个地区由于历史和现实的原因形成需要援助的领域各不相同，因此根据地区特点，确定个自的援助领域是保证援助效果的必要条件，也是规划的重要内容之一。任何一个国家和地区、任何级别层次的援助规划制定都要避免只注重短期援助效果，不注重可持续发展的问题。因此，为达成可持续发展的目标，制定援助规划时要保持援助目标一致性、连续性和可控性。一是根据援助方案，调整受援地产业结构，促进长效合作。二是地方政府应合理根据省级援助管理方案，合理安排工程进度。三是大力宣传援助计划与方案，促进双方共同愿景的建立。今后，对口支援工作应以习近平新时代中国特色社会主义思想为指导，从单纯追求经济增长为核心转向以促进少数民族地区各族人民的自身发展为核心，从追求物质增长转向追求人的素质技能的提高，缩小少数民族地区的知识发展、社会发展以及人的发展差距，增强少数民族地区发展的内力和持续增长力。

（三）建立稳定的资金与物资筹集管理制度

我国是世界上自然灾害最为严重的国家之一，灾害的种类多、频度大、分布广泛，每年因灾害造成的直接经济损失高达上千亿元。因此，建立稳定的资金与物资筹集管理制度，特别是在政府应对临时性特大自然灾害的时候，意义重大。

首先，建立稳定的资金与物资筹集和管理制度。资金的筹集是发达地区政府、企事业单位实施对口支援的前提，特别是东部沿海地区发达省市地方政府对西部民族地区无偿援助的实施，更需要建立稳定的资金和物资筹措机制。发达地区政府对口支援的资金和物资来源主要涉及两类：一类是财政资金；另一类是社会募集资金和物资。就财政资金而言，承担对口支援的发达地区政府以及承担对口支援的国家有关部门，应当在本级财政中设立专项资金，专款专用。就社会募集资金和物资而言，国家有关部门以及承担对口支援的发达地区政府应当建立一个长期的资金和物资募集机制，建立募集机构，专门募集对口支援资金和物资。充分动员广大社会力量积极集资集物，动员海内外同胞、侨胞、华人、企业家、实业家积极赞助。公共财政在对口支援中的作用是贯穿始终的，无论是长期的或者临时性的应急以及灾后的恢复重建，都离不开财政的支持。社会捐赠也是我国对口支援资金筹措的重要方式，政府可以广泛动员社会力量，积极开展社会捐赠筹措支援资金。国际援助资金主要是在特大自然灾害发生时起到作用，特大自然灾害一般都会造成巨大的人员伤亡和财产损失。在这种情况下，仅靠受灾国的一国之力是无法及时、高效地完成救灾工作的，这就需要各国间相互帮助，共同面对各种自然灾害。无论是财政资金还是社会募集资金都要实行专户存储，还要建立专门的管理部门，负责资金和物资的使用和管理，确保专款与专物的专用。

其次，建立科学高效的人才智力选拔机制。人才和智力支援，对西部民族地区经济与社会发展及其现代化建设至关重要。然而，长期以来，在人才和智力支援上存在较多问题，最为突出的就是缺乏人才智力的选拔机制，致使东部沿海地区人才参与对口支援的积极性不高，甚至有的地方派出的不仅不是高素质的人员反而是素质较低的闲散人员，这就大大降低了对口支援的作用和效果。因此，要尽快制定相应的人才智力选拔机制。目前，这方面只有教育部、科技部、卫生部的零散规定，还没有形成系统的人才选拔机制。另外，某些地区也有一些创新的规定，例如，广东省公开选拔援疆干部的制度，等等。

最后，建立对口支援中财政横向转移支付制度。财政转移支付，有纵向和横向之分。纵向转移支付是指财政资金在上下级政府间的无偿转移；横向转移支付是指财政资金在同级的各地方政府之间相互转移，一般是财力富裕地区向财力不足地区的转移，以达到地区间相互支援、缩小地区差距、均衡财力的目的。中国目前实行的是纵向转移支付制度，尽管这种转移支付对缩小地区间差距有一定作用，但作用不显著。因此，建立横向转移支付制度，作为纵向转移支付制度的补充是很有必要的。由于对口支援机制的主要目的是解决基本公共服务均等化中的关键性问题——资金问题，所以，横向转移支付制度是对口支援机制的核心制度。同时，横向转移支付制度的建立也是构建对口支援机制的难点问题，需要在实践中探索。建立对口支援中财政横向转移支付制度需要解决两个主要问题：一是对口支援中财政横向转移支付资金的来源问题；二是要确定对口支援中财政横向转移支付的计算方法。此外，在建立对口支援中财政横向转移支付制度过程中要注意两个问题：一是要注意对口支援中财政横向转移支付与现有财政制度的协调问题，特别是与纵向转移支付制度的协调；二是要将对口支援中财政横向转移支付以法律形式确定下来，要充分认识到横向转移支付是个法律层面的问题，要通过立法来解决。

（四）建立健全“政府主导、社会参与、市场运作、多元投资”的社会统筹协调机制

政府主导对口支援，特别是中央政府主导对口支援，可以充分发挥政府迅速、有力地动员和组织各种资源的能力，实践也证明，援助效果良好。然而，仅仅依靠政府通过财政转移支付和专项资金的方式满足受援方资金需求，巨大的资金缺口可能影响中央财政的结构性功能，甚至有可能会危及国家宏观经济安全。因此，对口援助主体需要向多元化转型。除了中央政府继续充当援助的主体之外，还有地方政府、企业集团和非政府组织成为援助的主体，便于在更加广泛的范围和更加多样的形式上组织开展援助工作，也可以克服中央政府作为主体的弊端和缓解中央财政的压力。

首先，组建由多部门构成的协调机构。对口援助牵涉的主体、客体众多，可以称为系统工程，需要多个组织、部门共同协调才能顺利实施。通过立法明确该协调机构的权利和义务，赋予其必要的与履行职权相适应的执法措施。这样不仅能够提高援助工作的效率，减少多部门管理、审批的利益博弈，还可以使援助得到有效管理，更好地推进援助事业的进行。地方政府充当援助的主体，能够更好地体现对口的性质。在中央政府的安排下，发达地区作为支援方和受援方结成援助组合，可以有针对性地实施援助。例如，在援助四川地震灾区和新一轮援助新疆维吾尔自治区和新疆生产建设兵团的实践中，中央政府从传统财政模式中的直接掌管“收入—分配”的角色转变为仅具有号召、鼓励、牵线搭桥作用的角色，援助主体成为地方政府。企业集团作为援助主体，不仅包含国有企业还涵盖很多非国有的股份制企业、私人企业等。企业集团利用其资金充沛、运作灵活等特点，在援助中发挥着积极、有效的作用。在许多自然灾害发生区和突发性事件发生区，常常见到企业作为援助主体的身影，捐资捐物、组织生

产等。非政府组织在援助领域活动最为活跃，并且作为较有影响力的组织参与着援助活动，其优势是机制灵活、运行成本较低、效率高、能够密切关注受援方群体的实际需求。因此，在项目决策、实施、监督过程中具有较高效率，对援助实施的效果较好。

其次，积极发挥政府的主导作用，保证财政支持。从当前情况来看，我国受援地区经济社会发展中急需解决的问题是对公共产品的投入问题。这部分资金需要政府来承担，需要政府部门通过投资倾斜政策直接加以投资，加大财政转移支付力度。既可以由援助省市直接进行财政支持，也可以通过受援地政府发行地方政府债券，保证政府起初投资的启动效应。同时，受援地政府也应该通过优惠的税收政策、土地政策以及财政贴息政策等带动大规模的信贷资金、民间资本以及外国资本向受援地区的流动，保证必要的财政支持。在实施对口支援政策时，要通过政府引导，鼓励和支持各地区搭建区域经济协作和技术、人才合作的平台，建立制度化的区域合作机制，开展多层次、多形式、多领域的区域合作，形成以东带西、东中西共同发展的格局。对口支援需要政府充分发挥其引导职能：一是对于对口支援这样一个庞大的系统工程，必须由政府出面统一组织和协调，建立起合理的工作协调制度，从而形成有序的工作机制。二是政府搭建桥梁，组织各个企业参与西部洽谈会并开拓西部市场，积极宣传，招商引资。三是尽快建立起稳定的长效对口支援和经济技术协作的优惠制度，适当放宽某些经济政策。例如，在新一轮全面对口支援新疆中，某些援疆企业就提出了“两免三减税”的经济优惠政策。因此，要将政府与市场的作用相结合，通过政府制定相应的产业政策和税收优惠政策为市场的产业化畅通渠道。

再次，充分利用市场的力量，促进生产要素在区域间合理配置。要正确认识政府和市场在对口支援中的作用。对口支援是一个系统工程，需要充分发挥政府、市场和社会各自的优势和长处。做好对口支援工作，既离不开政府的支持、规划和引导，同时也离不开市场在资源配置中的基础性地位。现代经济学的研究成果表明，市场机制和政府机制是调节和推动现代社会经济发展的“两只手”，它们在各自的领域内能够成功地发挥资源优化配置的作用。在实施对口支援政策时，我们一方面要通过政府引导，鼓励和支持各地区搭建区域经济协作和技术、人才合作的良好平台，建立制度化的区域合作机制，开展多层次、多形式、多领域的区域合作，形成以东带西、东中西共同发展的格局；另一方面要充分利用市场的力量，促进生产要素在区域间自由流动和合理配置，引导产业由东部沿海地区向中西部地区有序转移，逐步改变西部地区市场经济落后的局面，通过市场机制的作用将内地发达省市的外生援助转化为西部民族地区自我发展的内生机制。同时，还要鼓励社会各界捐资捐物，把全社会的力量纳入政府主导的对口支援的框架中来，通过政府、企业和社会各界的共同努力，使对口支援这一为促进落后地区发展而特别创制的政策能够发挥它的最大效用。

最后，鼓励社会各界积极参与到对口支援中。通过政府、企业和社会各界的共同努力，使对口支援这一为促进西部落后地区发展而特别创制的政策能够发挥它的最大效用。在今后的援助工作中，应遵守市场为主、政府宏观调控为辅的原则，在科学发展观的指导下，确立以人为本、以缩小社会文化差距、促进受援地区全面发展为核心的目标。积极完善政策制度创新，提供制度保障。政府作为制度创新的主体，起着主导作用。要进一步解放思想，高效率地研究运用好国家各项方针政策。在国家政策的指引下，受援地应该积极制定和实施地方政策法规，在土地、财税、金融、投资、产业等方面制定一系列的制度措施，为经济发展提供制度保障。在资金投入方面，政府应首先保障必要的农业投入、教育医疗投入、基础设施建设投入。要吸引各种社会力量参与到对口支援中来。

各级政府是基本公共服务供给的主体，这点是肯定无疑的。但这并不是政府的“独角戏”，社会公众和各类组织也有责任参与到基本公共服务供给中。英美国家的公共服务供给就特别重视公众的参与，如英国政府机构中设有市民委员会，在公共服务战略制定中征求公众的意见。支援方地方政府应该有意识地发挥各种社会力量的作用，创设多种参与途径、渠道和方式，吸引民间组织、企业和富裕群体等出钱出物，参与到对援助对象的援助中，以加快推进中国基本公共服务均等化。以非政府组织推动对口支援，成本低、见效快，可以突破行政区划的限制，有利于区域各类市场资源的连接和整合。

（五）加强对口支援的立法协调

以对口支援带动欠发达地区的发展是一项长期、复杂而艰巨的工作，需要借助法律手段来保证其政策的连续性、稳定性；并且，各地区是在不同层面上进行对口支援，考虑各地区的客观实际，必须制定有区别的措施和制度，来指导和规范对口支援的实施。现有的法律体系不完善，涉及对口支援的专门法律与条款还处于空缺状态，急需制定“协调”和“干预”相结合的专门法律，来适应对口支援的特殊性，把对口支援工作纳入法制化轨道，为推动双方地方政府更好地合作提供法律保障。

首先，必须建立对口支援政策的相应的法律制度。对口支援政策是基于我国中央政府强大的政治动员能力、为解决区域发展不平衡和不协调的现状而发起和实施的重大区域政策，其持久性和实效性还有待考证，其中涉及的多方面关系也需要一定的法规条约进行规范。需要厘清支援地和受援地的权利和义务，从经济发展和政治社会文化发展规划出发，科学地加以规范和完善：一是协调国家法律法规与地方协议，切实保证对口支援政策的权威性，使对口支援和经济协作在一个统一的法律框架内进行，让对口支援的运行有法可依。二是针对对口支援政策出台的法律法规要与国家出台的扶贫政策法规条例相协调，保证国家法律法规之间的协调性和其权威性。三是对口支援政策的主要目的就是促进受援地的经济社会发展，要在保证法律权威和尊重市场规律的前提下出台以市场为导向、政府宏观调控的法律制度。

建立对口支援的法律制度必须从观念做起，要使所有人认识到对口支援不仅仅是一项临时性应急措施，也不仅仅是政治考量的一个指标，而是我国基本国情下必需的、并且需要长期坚持下去的一项制度。因此，必须制定相应的法律制度来保障其实施的有序规范化。只有在这一点上形成全民共识，才有可能弱化政治动员所带来的消极影响，化被动响应号召为主动、积极关注和参与。要充分借鉴西方发达国家的经验，他们在针对落后地区的发展战略上都专门制定了相关法律。例如，日本针对北海道地区制定了《北海道开发法》，并成立部级相应管理机构；德国的《联邦区域规划法》、英国的《特别地区法》都属于此类性质。

其次，加强关于对口支援和经济技术协作的立法协调。目前，我国关于对口支援和经济技术协作法律制度体系内部存在较为严重的不协调性，严重地制约着我国对口支援和经济技术协作政策实施。所以，建立协调一致的对口支援和经济技术协作法律制度是我国社会主义法治建设的紧迫任务。应当加强《民族区域自治法》《长江三峡工程建设移民条例》以及西部开发有关法律文件之间的协调。这方面主要是在《长江三峡工程建设移民条例》和西部开发法律文件中进一步具体落实《民族区域自治法》中的有关规定；应当加强国家各个机关，诸如国家发展与改革委员会、国家民族事务委员会、国务院扶贫办等所制定的规章之间的协调性，以克服政出多门、矛盾冲突迭出的情况；应当加强国家法律法规和地方政府规章之间的协调，以保证国家有关对口支援和经济技术协作法律法规权威性，实现国家法律法规的统一实施。应当避免一次会议一个措施，从而导致会议文件与法律法规冲突甚至代替法律法规的人治现象的出现，切实体现对口支援和经济技术协作法律制度本身的权威性和连续性。

最后，应当制定和完善相应的法律来保障对口支援工作的顺利实施。我国对口支援政策的立法还不完善，尤其是体现在对口支援和经济技术协作方面，多停留在抽象的政策表述，诸如“优先安排项目”、加大力度支持，等等。国务院发布的《国务院西部开发办关于西部大开发若干政策措施实施意见的通知》《汉川地震灾后恢复重建对口支援方案》和《三峡工程移民手册》是以“通知”“方案”和“手册”的形式颁布，并不具备法律效应。对口支援也基本参照我国《宪法》和《民族区域自治法》。因此，应尽快制定和完善相应的法律来保障对口支援工作的顺利实施。没有法律约束，中央和地方政府之间就会很容易陷入无休止的讨价还价之中。支援方付出的太多，受援方总觉得得到的太少，容易导致中央地方关系处于紧张状态。

二　构建有效的对口支援动力机制

对口支援的长期实施，离不开持续性的动力机制。我们认为，对口支援的动力机制应当包括“互惠共赢”的利益机制、利益补偿机制以及考核激励机制。

（一）构建“互惠共赢”的利益机制

对口支援经过 30 多年的实践发展，已经由“对口支援”向“长效合作”转变。与“单边支援”相比，“长效合作”更多地考虑对口支援的长远性和有效性，避免西部民族地区陷入“支援依赖”的误区，属于更高层次的援助形式。当前，通过单边对口支援阶段所付出的努力，在西部民族地区欠发达省区已经初步完成了基础设施的建设，今后对口支援的重点应转向培育西部民族地区的自我可持续发展能力上，不断推进双方的互利共赢。因此，在政策宣传上，不仅仅强调“无偿援助”，更应将“长效合作”作为工作重点来大力宣传。这样不仅仅可以扭转东、西部地区目前存在的“观念扭曲”现象，对于促进地方政府间的更深入广泛合作也会起到思想解放的作用。

受援方地区大多是落后地区，有强烈的加快经济和社会发展的愿望与要求。但是，在日益紧密关联的现代社会，任何一个区域的发展，不借助外力是难以实现的。首先，西部民族地区虽然拥有丰富的自然资源和劳动力资源，但却存在着资金和技术相对缺乏的问题，没有区域外力的作用，很难仅凭自然资源和劳动力来发展经济，后发优势也无法发挥，反而会造成资源的浪费。其次，落后地区与外界联系不紧密，经济合作较少，缺乏与发达经济地区的比较，难以找到经济落后的根源所在。再次，落后区域的产业发展落后，普遍存在产业链短，产业结构不够优化的问题，但是单凭区域内部的力量不足以完成产业结构优化和升级。东部沿海地区是我国经济发达的地区，拥有丰富的资金和先进的技术，但自然资源和劳动力资源可能相对缺乏，需要从西部民族地区输入资源和劳动力，才能得以持续发展。另外，依据产业梯度转移理论，经济发达地区的部分产业也需要转移到落后地区，也需要有与落后地区沟通交流的平台。

要建立支援方和受援方长期、有效的互利合作关系。从支援方和受援方优势互补的角度出发，以支援促合作、以合作促发展，形成援助的长效机制。受援方要正确认识支援方省市在当地建设中的地位与作用，利用援助方的优势和所长，使其承担起更多的规划设计、运作管理、招商引资辅助等方面的援助工作，而不能要求援助方面面俱到，承担过多的职责。受援方和援助方都有加快发展、持续发展的愿望和要求，双方资源禀赋具有优势互补性，可以形成对口援助的内部动力机制。通过这一机制，发挥双方比较优势，进行互惠合作，扬长避短、相互促进，建立广泛的经济协作关系，促进生产要素的合理布局和优化，增强各自经济发展潜力，实现区域共同发展。

要建立对口支援合作成果的利益共享机制。利益共享是实现地方政府间长效合作的有效机制，虽然对口支援属于支援方无偿性支援受授方的地方政府间的合作方式，但如何能够使这种合作方式长期有效极为重要。其中利益协调起到关键作用，这就需要做到以下两个方面：一是改变受授方“等、靠、要”的思想，树立主动性、创造性的工作意识。同时，支援方应完善支援内容，不仅提供经济建设等援助，还需提高对受授方自身建设，如当地资源、生态环境等的适度开发和保护，进而支援方也可共享其成果。二是公共产品和公共服务异地供给模式，合作双方中任何一方所提供的公共服务，双方的公民都可以跨省市享用。2010年8月12日，广东省政府官方网站正式公布了珠三角五个一体化规划。一体化实施后，珠三角地区的公民可以跨市享受公共服务，如异地就医互刷社保卡等。这种供给公共产品的模式有效地摆脱了地域的界限，无疑会对新疆及合作省市的发展具有重要意义。

（二）建立鼓励援助的利益补偿机制

用政治手段强力推进对口支援固然有其优势，但从长远看，强化利益诱导，建立利益补偿机制才是长久之计。在市场经济条件下的今天，用经济激励来弥补政治控制的不足，坚持“以利益诱导为主，政治动员为辅”的原则，应当是支援地政府的理性选择。事实上，在对口支援中完善地方政府合作机制的难点就在于利益分配。支援方与受援方要加强双方的利益协调，按照“平等合作、收益共享、合理补偿”的原则，尽早建立完善的利益分享和利益补偿机制。

利益补偿的难点在于界定补偿的对象、明确补偿的额度以及选择合理的补偿方式和途径。要经过实际的调查，不仅明确经济利益的损失还要考虑社会利益以及生态利益的损失。2001年修改后的《民族区域自治法》第64条规定：“上级国家机关应当组织、支持和鼓励经济发达地区与民族自治地方开展经济、技术协作和多层次、多方面的对口支援。”同时，第65条还规定：“国家引导和鼓励经济发达地区的企业按照互惠互利的原则，到民族自治地方投资，开展多种形式的经济合作。”然而，国家对向民族地区提供对口支援和经济技术协作单位的专门鼓励措施一直没有出台。2001年国务院办公厅转发《国务院西部开发办关于西部大开发若干政策措施实施意见的通知》，在投融资、财政税收、产业布局、社会发展等方面，规定了一系列扶持和优惠政策，在地区经济技术协作优惠措施上提出了“比照外商投资的有关优惠政策”，至于东部沿海地区各省市在这方面的专门规定并不多见，只有山东省人民政府出台了《山东省工业企业参与西部大开发三年指导意见》。因此，东部沿海地区各省市区应当结合本地实际，尽快研究出台本地鼓励参与西部开发以及对口支援和经济技术协作的配套政策和措施。

（三）完善对口支援的考核激励机制

尽管对口支援对援助方有一定的政治、经济和社会等方面的收益，但是援助方的收益还是远远小于受援方的收益，援助方长期的援助很大程度上是因为中央政府的政治安排。随着市场经济的高度发展，依赖于政治动员的援助将不能持续，因此，建立援助双方的长期关系依赖于对援助方的激励，尤其是经济激励机制。

首先，完善对口支援的激励机制。一是强调政治动员的同时，大力宣传“互利共赢”的理念。要看到对口支援不仅仅是无偿援助一批物资、资金给西部民族地区，更要充分认识到其长效机制的建立在于“对口合作”。因此，在对口支援的实施中，双方都是获益者，不应当仅仅定位于完成政治任务的目标上。如前所述，对口支援经过30多年的实践发展，已经由对口支援向长效合作转变。与单边支援相比，长效合作更多考虑长远性和有效性，能够避免西部民族地区陷入支援依赖的误区中，属于更高层次的援助形式。今后对口支援的重点应转向培育受援方的自我可持续发展能力上，不断推进双方的互利共赢。因此，在政策宣传上，不仅仅强调无偿援助，更应将长效合作作为工作重点来大力宣传。二是建立完善的政府引导和激励制度。对口支援和经济技术协作是一种补充性制度安排，需要政府鼓励。对口支援和经济技术协作是一项复杂的系统工程，涉及政府、部门、企业及社会各界，横跨东中西以及从中央到地方的广大地域，必须加强统一的组织与协调，并建立相应的工作协调制度，形成领导有力、协调及时、运转有序的工作机制。构筑省际协作载体，组织企业参与洽谈会、考察，组织企业开拓西部市场，积极配合和帮助西部民族地区企业在本地招商引资。最为关键的就是尽快建立稳定的对口支援和经济技术协作的优惠制度。1983年，国务院批转《关于经济发达省、市同少数民族地区对口支援和经济技术协作工作座谈会纪要的通知》，曾经在7个方面提出对当时的经济管理体制的某些方面给予松动，建议适当放宽某些经济政策。三是完善干部管理激励机制，保证对口支援人才和智力的质量。避免滥竽充数的情况出现，造成资源浪费。例如，在对口援疆中，在援疆干部任职工作中注重“对口”，合理分工，明确职责，发挥专长，做到给职、给责、给权“三给”；岗位、职务、分工“三到位”。同时，对对口支援干部进行绩效考核，采取干部定期交流座谈、挂职等方式，充分调动干部的工作热情和积极性。此外，运用绿色GDP，经济落后地区经济增长按比例折算进入支援地区GDP进行统计，摆脱单一的只追求本地GDP的增长而放弃合作的政治晋升机制，从而建立比较完善的干部激励机制，从定量和定性两个视角去对干部进行绩效考评，推动建立长效机制的对口支援制度。

其次，完善对口支援干部绩效考核机制。改进对口支援工作及援助干部考核办法，为对口支援实现“面向基层、面向农牧民”提供干部保障。以对口支援新疆为例，新疆的特殊性使得其在进行政府绩效考核时要确立考核指标。一是要基于民生幸福感指标考察，建立对口支援成效民众满意度评价，让各个领域的工作注重民众的合理需求和意愿，坚持“以人为本”原则。二是对新疆“又好又快”的发展要求，以绿色可持续发展为前提，发展当地经济，建立有关生态环境保护以及新疆自然资源合理开发的考核标准，防止在援疆过程中只注重政绩高低，而放松了援疆产业对自然资源过度开发的监督及排污、治污标准的降低，甚至无视当地居民的意愿，将一些对生态环境产生重度污染的产业引进新疆，导致不可挽回的结果。建立多元考核主体体系，允许各利益群体参与到绩效考核中。援疆的目的就是服务于民，让各民族过上幸福生活。因此，在考核评价过程中，当地民众拥有知情权和话语权，同时政府也应推进政务公开。

最后，健全我国地方政府绩效考核机制体系。一是完善考核方法。GDP增长率考核法过于注重量的考核，忽略了质的考核。因此，引入“关联GDP计划”非常必要。所谓“GDP关联计划”是由学者刘铁提出的，他认为，在形成对口支援的地方政府之间，计算地方政府GDP时将其支援投入在受援方产生的生产总值部分，按照适当的比例一并计算在内。这样可以改变“认为对口支援不仅削减了财政收入并且蒙受GDP损失”的观念，激励有条件的地区地方政府自愿加入到对口支援中来。这种方式操作性很强，值得借鉴并加以运用。二是完善考核指标。我国政府绩效考核过于注重经济指标，而对于生态环境和自然资源保护等公共利益绩效考评不足，造成对口支援中过度追求“面子工程”，忽视产业转移中的“外部不经济性”。因此，绩效考核指标体系应当多元化，不仅考评经济效应，还应当考评其对于当地可持续发展的贡献。对于西部民族地区经济发展“外部经济性”贡献突出的支援地区和企业，给予相应的奖励。三是完善对口支援的政府监管机制。要根据对口支援总体规划，科学制订出年度工作计划，制定出时间表，将具体的任务、责任落实到单位和人。支援方和受援方政府应当制定专门的对口支援和经济技术协作项目的后续跟踪协调制度，明确双方在支援项目建设中和建设后的责任。应尽快建立系统的政策评估体系。评估可以将专家判断与公众参与结合起来，评估内容应包括援疆项目对当地经济、民生、社会稳定的影响等多个方面。要把监督检查贯穿于对口援建工作的全过程，建立专门的专家评价组，定期和不定期地监查援建工程的运行情况，做到及时诊断、反馈和矫正。除了考虑成立专门的督察机构外，还应发挥群众、媒体的监督功能，做到监管无缝对接。

三 建立严格的对口支援约束机制

约束机制是指为规范组织成员行为，便于组织有序运转，充分发挥其作用而经法定程序制定和颁布执行的具有规范性要求、标准的规章制度和手段的总称。

（一）完善对口支援的法律约束制度

立法机制可以起到规范行为、平衡利益，防止冲突发生的作用。将行政命令、规章制度、协调行为用法律的形式固定下来，做到有法可依、有法必依，才能使对口支援真正走上正轨，才能对援助双方和援助实施过程起到保障作用。目前，我国还没有一部对口支援的法律出台，一些援助中存在的问题，只能依靠行政手段来解决。无论是灾后重建救急型对口支援，还是重点工程定向型对口支援，抑或是旨在缩小区域差距的常规型对口支援，其实施过程是在中央政府领导下，通过统一的行政命令来贯彻执行的。完善对口支援的法律约束机制，要通过立法在地方政府之间搭建一种基于对口支援而存在的新型法律关系。这种法律关系，应当包括支援方和受援方在实施对口支援中各自的权利和义务，对口支援实施中双方的协商机制、合作方式等。

首先，进一步完善对口支援的相关立法。目前，我国仍然缺乏对口支援方面的立法，仅以“优先安排项目”“加大力度支持”等抽象语言，以及“通知”“方案”和“手册”等并没有法律效应的文件表述这一政策。对口支援没有专门的立法支持，只是参照我国《宪法》和《民族区域自治法》中宽泛表达的某几项条款。因此，制定和完善对口支援的相关法律显得十分重要，从制度上保证这一政策的执行。具体包括：中央政府的对口支援行政法规、支援方的地方性法规或规章、受援方的地方性法规和单行条例及规章等，形成多层次的对口支援相关立法。在最大限度调动政府资源的同时，尽可能多地调动市场的力量参与对口支援。在完善相关立法的基础上，还要健全和规范对口支援过程中的经济手段和行政手段。明确对口支援政策的管理机构，将干部支援、经济支援、人才支援、科技支援、产业支援和教育支援以及目标体系、调整机制、政策工具和奖惩措施用法律的形式加以确认。在西部开发相关法律文件中进一步具体落实《民族区域自治法》，加强有关法律文件、法律法规和地方政府的规章之间的协调，实现国家法律法规的统一实施，保证法律法规的权威性。进一步明确援助方和受援方的权利和义务。

其次，加强对口支援法律体系建设，保证政策依法执行。一般而言，为了获得除了政府资源之外的社会力量，国家往往会在对各级政府进行政治动员的同时，通过媒体和舆论等渠道使得一些重大的对口支援工程和项目得到民众认同和社会支持。从政府职能转变角度讲，在未来的对口支援工作中，动员更多非官方的资源参与，进行多元化的支援，是其必然方向。而在这一过程中，法制化建设的作用日渐突出。如果说传统的对口支援工作由于过于依赖行政权力而忽略了法律和法治，那么，未来多元化的对口支援则必须有成熟的法律制度支持。对口支援不是一项临时性的应急措施，而是需要长久运作下去的一项机制，需要法律保障其连续性、稳定性。在市场经济条件下，要将对口支援政策上升为法律法规，协调好相关法律法规和援助相关的省市制定的规范性文件，保障政策的实施有法可依，有章可循。在完善相关立法的基础上，还要健全和规范对口支援过程中的经济手段和行政手段。在西部开发相关法律文件中进一步具体落实《民族区域自治法》，加强有关法律文件、法律法规和地方政府的规章之间的协调，实现国家法律法规的统一实施，保证法律法规的权威性。进一步明确援助方和受援方的权利和义务。

（二）建立严格的行政问责制度

行政问责制是关于法定主体对行使公共权力的组织与个人在履行法定职责以及绩效等方面实施监督、质疑与责任追究的制度规范。行政问责的对象不仅是各级行政首长和公务员，同时也包括各级政府及其组成部门，而且还应包括行使公共权力的授权组织和成员；行政问责的内容不仅是事后的过错责任，也包括对是否履行法定职责，是否达到行政绩效的监督与质疑，贯穿决策、执行、监督的行政全过程；行政问责的方式不仅体现为责任追究，同时也体现职权规范、过程监督与控制以及绩效的评价。对不按对口支援规定办事的行为要彻底地查，尤其因牟取私利造成重大、严重问题的违纪违法行为应严肃处理，追究责任人法律责任。

在对口支援援助项目，尤其是工程类项目实施过程中，容易出现各种施工问题。一是资金使用问题。援助项目建设涉及的资金较多，而且来源广泛，有中央财政、地方财政以及受援方自筹资金等。一方资金难以落实，就会造成项目工程进度延期甚至停滞。同时，还有可能出现的资金问题是援助项目资金没有按照专户管理、专款专用的原则进行单独建账核算，造成资金使用的不规范。此外，还有基层部门随意变更国家援助资金使用的项目等。由于对口支援组织的特殊性，需要建立资金使用的审计制度和运用效果的评价制度。因此，这里建议由支援、受援双方联合组成审计小组，对每段时间的资金使用情况进行审计。通过审计可以对资金的使用进行评估，保证资金的使用合规。二是工程监理问题。在项目建设过程中可能会存在监理人员不按规定履行职责，对工程质量、进度及工程造价的控制不负责任的行为发生。由于对口支援工作性质的特殊性，我们在程序之外必须设立必要的风险资金，用来保障援建工作的进行。这是因为，由于种种原因，援建工作在资金预算方面可能会有重大偏差，这就需要风险资金对援建工作中出现的资金缺口进行及时的修补以保障工作的顺利进行。三是施工项目问题。可能会为政绩和形象而脱离受援方地区实际需要进行大量重复建设，或仓促开工、不切实际地超前建设项目，造成时间和资源的浪费。因此，需要我们建立严格的行政问责制度。建立健全有效的行政问责制度，是确保对口支援工作运行的规范性、公正性和实效性的前提，也是保证对口支援政策效果的基础。

（三）建立健全监督、评估制度

随着对口支援的逐步深入、层层递进，我国的对口支援已经不再是以往地方政府单一施以援助的方式了，而是涉及中央各部委、全国几十个省、直辖市、自治区、中央直属企事业、非政府组织的大面积网状援助。援助资金巨大、援助领域众多。只有有效的监管、评估及其立法保障，才能使对口支援的人力、物力和财力得到有效使用。因此，在对口支援中应加强政府监督机制。

首先，建立规范有效的监督机制。我国政府工作的监督机制主要以党和政府为主，社会监督力度相对弱化。“同体监督”多于“异体监督”。所谓“同体监督”是指监督者和被监督者混为一体的情况。有效的监督，其前提必须是异体，只有异体监督才能形成有效的监督制衡力量和科学的权力结构。同体监督不仅仅使得监督成为“虚架子”，监督力度被弱化，而且容易损害政府公信力，造成民众的不信任。因此，在对口支援中应加强政府监督机制建设。监督机制是对口支援机制建设中不可缺少的内容，建立有效的对口支援监督机制，保证援助资金规范、合理、透明地运行，是对口支援机制建设的一项重要任务。对口支援监督机制的建设中要注意两个主要的问题：一是监督方式与手段的现代化，即应用现代科学技术建立智能监控系统，对援助资金使用和流向的整个过程进行实时监控和分析，及时发现援助资金使用中违规或不规范问题，并督促相关部门予以纠正。二是应当将对口支援的受益对象纳入到监督机制中来，因为受益对象对基本公共服务的效果最有发言权，他们的感受最能体现出对口支援是否真正地达到了预定目标。在对口支援监督机制建设中，需要创设多种途径和方式，让受益对象真正地参与到监督中来，切实发挥其监督作用。

其次，建立对口支援评估机制。政策评估机制作为一种事后排除机制，用于发现正在执行中的政策冲突现象。然而，目前我国的政策评估机制并不健全，尚未建立起规范化、程序化、专业化的第三方评估制度；对评估的独立性、重要性与客观性的认识不够；存在资料和数据采集难的现象，且评估的结果未能得到有效利用。因此，有必要建立政策评估机构，赋予评估机构有效的权力和权威，使其不受其他机关和个人的干预。在此基础上，建立对口支援的动态评估机制，每项工作从启动到结束都应进行全过程的评估。在启动前，进行完成目标以及对这项工作的效益和风险的评估，保障有限的资源得到最大效益地开发；在运作过程中，对工作进程与预期要求是否相同给予评估；完成工作后，也需要通过科学精准的测评反馈，为工作后期的开展提供经验和教训。要保障评估过程的公开，评估结果的客观、准确，为各方政府在组织工作时提供真实可靠的参考依据。

（四）实行严格的奖励、惩罚制度

对口支援的成果如何，不仅在当地现实生活中能够看到和感受到，也可以通过绩效评价来掌握。通过绩效评价，对相关部门及其人员进行奖励、惩罚。

对口支援奖励制度中，收效最明显的莫过于政府的激励。国务院在民族区域自治地方投资等方面的某些经济政策虽然适度放松，并给予支援方一定的鼓励。但是，专门鼓励支援方的激励措施至今仍未出台。因此，建立支援工作的政府指导和激励制度，出台鼓励参与对口支援和西部大开发的配套政策、措施，并让各支援方相关省市应制订适合本地的支援计划和支援项目，尤其是少数民族地区和边境地区的受援方应化被动为主动，积极调动当地的民间资本并加大招商引资的力度，推动对口支援这项工作的开展，这才是对支援方最大的奖励和鼓舞。

（撰稿人：张宇，天津中医药大学管理学院）

第九章　对口支援政策有效实施与创新的路径选择

问题产生的原因，决定了问题解决的方式及其路径。对口支援政策实施中存在的问题，是由政策自身存在的缺陷、多方参与主体利益考量及其行为以及其他因素共同作用的结果。这些因素，属于制度、府际关系以及政策工具等范畴，也就决定了这一问题的解决应当从这三个方面入手。首先，加强制度建设，实现对口支援从政治动员向制度激励的转变。要明确对口支援的性质，系统安排好“条块关系”；系统规划财政工作，建立稳定的财政供给机制；系统处理好任务与义务的关系，调动多方面参与的积极性；实现由政策规范化向法律规范化转变。其次，强化府际合作，推动对口支援由单方受益型向双向共赢型转变。要观念先导，促进对口支援向互利合作的观念转变；援助方与受援方要优势互补，推动由单方面援助向共赢合作转变；创新府际合作形式；依法保障“互利互惠”。最后，运用政策工具，推动对口支援从单一化向精细化转变。要将受援地区的公共服务体系放到突出地位，完善对口支援法律制度，帮助受援地区实现产业结构调整，创新对口支援的形式和内容。特别需要指出的是，当前国家实施的“一带一路”战略，为对口支援政策创新提供了新机遇和新导向，要围绕“一带一路”战略，在两个“互联互通”中发挥对口支援的政策功能和作用。

一　制度建设:从政治动员向制度激励转变

“制度是一系列被制定出来的规则”，“制度提供了人类相互影响的框架，它们建立了构成一个社会，或更确切地说建立了一种经济秩序的合作与竞争关系”[1]。对口支援政策的有效实施，关键在于加强制度建设。

(一) 明确对口支援的性质并系统安排好“条块关系”

对口支援首先是一种横向政府间关系，在本质上是一种“块块间的互动”。然而，由于中央掌握着地方主要官员的考核和升迁，因而对口支援自然会作为中央考核地方官员的依据之一，这就在一定程度上扭曲了对口支援政策的设计初衷，成为中央“条条主导”下的纵向政府间关系。中国的对口支援具有发扬互助精神意蕴的要求，对口支援常被表述成“历史赋予的光荣任务”。[2] 正是由于对口支援是支援方的政治责任和义务，因而从战略的高度讲，对口支援是国家赋予经济发达地区的光荣任务，是一项政治责任和义务，是落实中央的战略部署，各有关单位必须不折不扣地完成的任务。这就要求经济发达省市要顾全大局，不要斤斤计较，要努力发扬风格，多讲贡献，使少数民族地区得到更多的支援和帮助，促进共同发展和富裕，让少数民族同胞也能享受到改革发展的成果，体会到祖国大家庭的温暖。[3] 所以，对口支援强调付出和奉献，无互惠可言，也会出现一些问题。虽然中国政府间纵向关系具有下级服从上级、地方服从中央的特征，但是不等于中央政府的意愿会获得全面有效的贯彻与实行。为了执行上级政府和部门的计划、政策、决定、命令，下级政府和部门会根据自身情况区别对待，有的应付执行、有的则变通执行，出现“上有政策、下有对策”的现象。在对口支援中，有许多地方对于中央的政策，同样会用应付的办法。在现实中，承诺资金不到位，面子工程，官员对于支援工作心不在焉等都是应付的表现。因此，有必要更加明确对口支援的横向间政府关系定位，调整中央政府（包括各部委）在对口支援制度中的作用方式。

对口支援政策带有明显的计划经济的特征。对口支援方案一般都是由中央政府和对口支援省市以及受援地政府用行政手段制订计划并组织实施

---

① ［美］道格拉斯·C. 诺斯：《经济史中的结构与变迁》，上海三联书店 1994 年版，第225—226 页。

② 参见周晓丽、马晓东《协作治理模式：从“对口支援”到“协作发展”》，《南京社会科学》2012 年第 9 期。

③ 参见赵明刚《中国特色对口支援模式研究》，《社会主义研究》2011 年第 2 期。

的，而且实施的主体大多是各级地方政府，几乎看不到企事业的参与，即便有企业参与进来，也是清一色的中央企事业单位在努力完成国家交给的政治任务。目前，在发达省市对口支援的过程中存在着重政府作用、轻市场机制的现象，很多援助项目是在政府主导下开展的，难免重蹈计划经济的覆辙，导致资源配置效率低下。对口支援过程中不同程度地存在着形式主义、走过场现象，没有认真考虑投资效益和效率，只是应付了事。国务院发展研究中心研究员郭励弘认为，在以往的灾害损失严重地区对口支援中，由于缺乏和当地经济社会发展相协调的系统规划，导致受灾地区的房子、基础设施可能建得很好，却很难形成产业。受援方在选择援助项目时，有“短视”现象，存在着以争取资金物资为主、以争取无偿支援解决眼前困难为主、单纯追求项目数量、存在一定的“面子工程”等问题。随着市场化改革进程的不断深化，我国逐步进入利益分化的时代，地方政府的自主性不断加强，地方保护主义和利益本位意识也日益膨胀。在这种情况下，继续大规模地推行具有较强计划色彩的对口支援政策所遇到的阻力将会越来越大。

要正确认识政府和市场在对口支援中的作用。对口支援是一个系统工程，需要充分发挥政府、市场和社会各自的优势和长处。做好对口支援工作，既离不开政府的支持、规划和引导，同时也离不开市场在资源配置中的基础性地位。现代经济学的研究成果表明，市场机制和政府机制是调节和推动现代社会经济发展的“两只手”，它们在各自的领域内能够成功地发挥着资源优化配置的作用。在实施对口支援政策时，我们要通过政府引导，鼓励和支持各地区搭建区域经济协作和技术、人才合作的良好平台，建立制度化的区域合作机制，开展多层次、多形式、多领域的区域合作，形成以东带西、东中西共同发展的格局。

区域平衡发展在国家支持下必须由地方政府主导，充分发挥地方政府的积极性，这已为四川灾后重建的实践所证明。“5·12”地震发生后，中央迅速做出“一省帮一重灾区，举全国之力，加快恢复重建”的科学战略部署，几年的实践初步显示：对口援建形式是中国乃至世界的首创，它不同于以往任何形式的灾后重建模式，体现了我国社会主义制度集中力量办大事的优越性。同时也更加凸显了由一个省对口支援一个地区（甚至县）能够最大限度地发挥“地方治理”的优势，而且通过受援地短期集合政策的局部实践，也正反馈支援地的经济发展和社会建设，形成援助与合作的互动。这对平衡东中西部地区经济发展，缩小地区差距具有一定的借鉴意义。因此，地方政府主导下的对口支援是今后一段时期我国区域平衡发展的重要模式，必须在援川经验的基础上，进一步总结援藏、援疆、援青工作机制，建立对口合作长效机制，实现东西部地区、先进发达地区和贫困地区、城市和农村之间对口支援的长效化、制度化，促进区域协调发展、可持续发展和全社会共同富裕。援、受双方要共同营造良好的发展环境，积极搭建发展平台，引导合作发展方向。同时双方要积极开展政府间软体合作，探索建立促进交流合作的推进机制、交流机制、协调机制、政策机制和服务机制，全面推动受援地结构优化和调整改造，以及政府服务流程的全程再造。[①] 与此同时，要充分利用市场的力量，促进生产要素在区域间自由流动和合理配置，引导产业由东部沿海地区向中西部地区有序转移，逐步改变西部民族地区市场经济落后的局面，通过市场机制的作用将内地发达省市的外生援助转化为西部民族地区自我发展的内生机制。同时，还要鼓励社会各界捐资捐物，把全社会的力量纳入政府主导的对口支援的框架中来，通过政府、企业和社会各界的共同努力，使对口支援这一为促进落后地区发展而特别创制的政策能够发挥它的最大效用。

对口支援政策要能够保证各生产要素在区域间自由流动。传统的对口支援制度强调发达地区资源向落后地区的流动，这本质上是一种生产要素的单向流动，较难调动发达地区的积极性。对口支援本质上是互利的，要遵循市场经济规则，按价值规律办事，顺应产业转移规律，决不能违背市场经济原则搞“拉郎配”，双方合作还是要讲优势互补，互惠互利，共同发展，在促进少数民族地区经济文化发展的同时，也能给发达省市带来实实在在的经济利益，使经济发达省市在支援过程中自身也得到应有的补偿和发展。实际上，许多受援助地区也拥有着较为丰富的生产要素和自然资源，比如，西部民族地区地域辽阔、资源丰富，有着较好的发展潜力，但由于缺乏资金、技术、人才、管理等，在发展上始终落后于东部沿海地区。而我国东部沿海地区，则具有较高的生产力发展水平，交通便利，信

① 参见朱天舒、秦晓微《国家支持与对口支援合作：我国区域平衡发展模式分析》，《中国行政管理》2012 年第 6 期。

息灵通，工业基础雄厚，商品经济发达，市场经济已初具规模，在人才、技术、设备、资金等方面具有很大优势。因此，东部沿海地区与西部民族地区在资金、技术、人才、资源和管理等方面具有很大的互补性。建立两大地区间的对口支援与经济技术协作关系，可以实现优势互补，促进各种生产要素在空间上的合理布局和优化组合，从而形成更加科学、合理的区域经济布局，使东部沿海地区和西部民族地区形成各具特色的产业结构，推动产品结构不断升级改造。这既有利于增强西部民族地区的自我发展能力，也有利于增强东部沿海地区的发展后劲。这些要素在两大地区之间的双向自由流动，有利于对口支援制度的良性循环。与此同时，要建立对口支援制度实施效果的评价指标体系，通过法律、法规和行政手段约束对口支援项目建设的实际效果。这一特点在汶川地震灾后恢复重建过程中也得到了很好的体现。温家宝总理在四川考察时就指出，鼓励支援省与受援县在巩固援建成果、互利共赢的基础上，探索建立长期合作机制。在对口支援制度的推动下，受援地可以积极寻求与支援地在更广泛和更深层次上的合作，真正利用好支援政策，在支援的友好环境中寻求合作，促进共同发展。

（二）系统规划财政工作和建立稳定财政供给机制

首先，要将对口支援与中央的转移支付等财政政策相结合，更多地通过常规财政手段来安排对口支援资金，并对其加以引导。财政转移支付有纵向和横向之分。纵向转移支付是指财政资金在上下级政府间的无偿转移；横向转移支付是指财政资金在同级的各地方政府之间相互转移，一般是财力富余地区向财力不足地区转移，以达到地区间相互支援、缩小地区差距、均衡财力的目的。

中国目前实行的是纵向转移支付制度，尽管这种转移支付对缩小地区间差距有一定作用，但作用不显著。因此，建立横向转移支付制度，作为纵向转移支付制度的补充是很有必要的。由于横向援助机制的主要目的是解决基本公共服务均等化中的关键问题——资金问题，所以横向转移支付制度是横向援助机制的核心制度。同时，横向转移支付制度的建立也是构建横向援助机制的难点问题。建立横向转移支付制度需要解决两个主要问题：一是横向转移支付资金的来源问题。建立横向转移支付制度后，应逐步降低现有形式的转移支付资金的比重，尤其是专项拨款的比重。专项拨款的比重不应高于20%，而横向转移支付的资金比重应达到40%以上，从而使得财政转移支付制度真正用于缩小各地区差距、实现基本公共服务均等化的目的。二是要确定横向转移支付的计算方法。德国的横向转移支付制度特别重视横向转移支付的计算方法，在相关的法律中对计算方法和公式做出了明确的规定。我国在建立横向转移支付制度时也需要明确计算方法。鉴于我国目前经济发展的实际情况，计算方法的确定应遵循循序渐进原则。初期均衡可将人均财力水平在150%以上的部分按20%的比例、200%以上的部分按40%的比例提集中央，对人均财力水平低于100%的部分按40%的比例进行补助。这种计算方法实行一段时间后，根据各地区经济发展情况和财力差距缩小的程度，逐步调整均衡比例，从而最终实现基本公共服务均等化的目标。在建立横向转移支付制度过程中要注意两个问题。一要注意横向转移支付与现有财政制度的协调问题，特别是与纵向转移支付制度的协调。横向转移支付与纵向转移支付并不排斥，两者应该是相互补充的关系，最终目标是形成纵向转移与横向转移相结合的转移支付模式。二要将横向转移支付以法律形式确定下来。以德国为例，横向转移支付运行良好、效果显著，得益于通过法律将其明确下来。因此，要意识到横向转移支付是个法律层面的问题，要通过立法来解决。我国新修订的《预算法》和即将出台的《转移支付法》，应该反映出横向转移支付的内容。只有上升为法律，横向转移支付才能够制度化，才有权威性，才能得到真正的贯彻落实。在转移支付过程中，中央的财政部门和审计部门应该对支援的资金规模进行监督，援建项目涉及的部门应该履行相应的政府职能，建议政府建立对口支援专项经费，并建立相应的资金运行监管制度，从而确保资金真正运用到对口支援工作的开展中，严禁资金的挤占、截留、平衡和挪用。另外，统计部门应注重建立转移支付的数据统计系统，完善的数据资料是进行监督评价的重要基础。同时，对支援方的激励性考核，即考核转移支付资金的规模和援建项目的质量，建立明确的考核衡量标准；另一方面是对受援方有效使用支援资金的约束性考核，提高受援地区自我发展的能力。同时，良好的绩效考核制度可以避免各个支援省市之间互相攀比、不注重实效而盲目追求政绩的现象。

建立稳定的资金与物资筹集管理制度、人才和智力选派制度。资金的筹集是发达地区的政府、企事业单位实施对口支援和经济技术协作法律制度实施的前提。特别是发达地区政府对民族地区的无偿援助的实施，更需要建立稳定的资金和物资筹措机制。发达地区政府对口支援的资金和物资来源主要涉及两类：一是财政资金；二是社会募集资金和物资。一方面，就财政资金而言，中央政府要建立贫困地区稳定而可靠的财政供给机制，为受援地区的未来发展提供相对持续的资金；承担对口支援的发达地区人民政府以及承担对口支援的国家有关部门应当在本级财政中设立专项资金，专款专用；另一方面，就社会募集资金和物资而言，有必要在中央和地方政府之间建立某些灾害处理和重建基金，并将其纳入年度预算，国家有关部门以及承担对口支援的发达地区人民政府应当建立一个长期的资金和物资募集机制，设立募集机构，专门募集对口支援资金和物资。充分动员广大群众积极集资集物，动员海内外同胞、侨胞、华人、企业家、实业家积极赞助。无论是财政资金还是社会募集资金都要对这笔款项实行专户存储，还要建立专门的管理部门，负责资金和物资的使用和管理，确保专款与专物的专用，以保证对口支援工作的良性开展。

其次，要科学区分中央政府、地方各级政府的不同职责和功能，该由中央政府负责的工作要由中央政府出资来承担。今后，对口支援的重点应当加快转移到增强受援地方的基本公共服务能力方面。依照上文所述的德国州际间转移支付，我国可以参照各省经济发展水平、税收能力、人口规模以及公共服务水平等指标，从而确定一个在适用于全国各省的财政能力和财政需求的衡量体系，并建立科学完整的财政数据库，细化对各省财政收入和支出的数据核算，结合测算标准来确定各地区是支援方还是受援方。[①]

（三）正确处理任务与义务的关系以调动多方面参与的积极性

从单纯的行政主导，到兼顾任务与义务两个方面，应当是对口支援工作中一个很重要的转变。我国的“对口支援”是由中央政府依靠强有力的政治力量进行工作部署，对于受援地区而言，在自己无力承担经济建设、提供公共服务或者灾后恢复重建的责任时，由“对口支援”这样一

① 刘建军：《对口支援政策研究》，新疆大学学位论文，2007年。

项政策来帮助自身发展，只需要在形式上和某些实质领域表达感恩情怀。对于中央政府来说，宏观调控各地区经济发展，推动落后地区的经济发展和公共服务水平的提高，是维护自身统治和稳定发展环境的必然要求。而对于各地方政府而言，在总体上，现行的对口支援制度还是一项中央政府下达的工作任务，因其承担了“对口支援”的政治任务，在组织支援的工作中表现出了对中央政府决策方案的坚决拥护态度，高涨的政治热情转变为援建帮扶工作中良好的执行力，良好的政绩会得到中央政府以及上级部门肯定的评价，甚至转变为某种政治利益，如职务升迁或其他荣誉性奖励等。在智力支援、产业帮扶的运行中，我们也可以看到，无论是教育资源、医疗资源的支援，还是对受援县市进行干部和专业人员的培训、帮助受援县市受灾人员就业谋生提供岗位和机会等，都是由支援省市单方面积极作出的行为表示。这些对口支援项目的实施，虽然事先需要与受援地协商，但由于这些支援项目本身对受援地恢复正常生产生活秩序大有好处，并且有助于受援地增强经济社会发展的后劲，因而，受援地非但不会反对，反而积极拥护和参与。事实上，这些对口支援项目在实施过程中，一般都是完全取决于支援省市自身的意愿及其谋划，是否取得成效以及取得多大成效，也完全取决于支援省市自身的努力程度和运作的投入程度，并不需要受援地配置多少资源或者承担多少义务。另外，对口支援的启动也多是依靠中央政府发布文件来实现，缺少法律程序上的规定。考虑对口支援是一个涉及省份多、动员经费数额较大的国家事务，完全有必要从法律层面对其进行制度设计。这主要应包括：明确哪些条件下可以启动对口支援，哪些层级政府和部门有权力启动对口支援；对口支援的程序有哪些；援助方和被援助方各自有哪些权利和义务；对口支援的标准、范围和时效性等。也就是说，今后，对于各个地方来说，参与对口支援，既是完成一项这样安排的重要工作任务，又是在履行法律义务，并且在主要的工作环节中有章可循。

任务型府际关系网络是若干个政府组织为了完成特定任务而结成的特定关系网络，具有任务导向性、范围指定性、府际协作性和结构临时性等特点。考察我国对口支援的历史可以发现，我国由于对口支援实践而形成的府际关系网络是典型的任务型府际关系网络。当前，对口支援任务型府际关系网络还不够完善，存在着诸多问题，有较大的改进空间。

首先，结点设置不够科学。就对口支援任务型府际关系网络而言，所谓结点设置问题，其实就是确定支援方和受援方的问题。毋庸置疑，中央在制订相关方案时都会经过统筹考虑，但其结果却未必总是科学合理的。一是受援方和支援方的确定缺乏明晰标准。从受援方看，哪些地区、哪些人在何时应该得到怎样的援助，主要取决于当时的具体决策环境以及高层领导人的主观意愿，而不是完全出于“身份”和地域考虑。例如，同为落后地区的藏族群众，青海藏民享受的对口支援政策却比西藏同胞晚了大约 30 年，而四川藏民至今尚不能享受这一优惠政策。从支援方看，哪些省份应该承担援助任务也没有统一规定。仅就援藏而言，承担过援助任务的省份就达 29 个之多。显然，在区域发展不平衡的情况下，让西部、中部省份与东部省份承担同样的援助任务是有失公平的。二是支援方和受援方结对关系的安排不尽合理。中央在制订对口支援方案时，一般都会结合地区间的历史联系、经济状况等予以综合考虑，但人为的安排不可能总是毫无瑕疵。尤其是在中央规定援助力度与支援方的地方财政收入挂钩时，一些新问题就凸显出来了。比如，按照汶川大地震灾后恢复重建方案，从三年人均分配对口支援资金来看，受广东援助的汶川县为 77257 元，而受黑龙江援助的剑阁县仅为 2490 元，两者相差约 31 倍。类似这样的结对关系还有待改进。

其次，网络管理手段单一。我国的对口支援任务型府际关系网络虽然比较庞杂，但对其进行管理的手段却一直都比较简单。主要表现为：一是网络的建立主要依靠政治动员。综观对口支援任务型府际关系网络建立的过程，一般都伴随着两种现象：党政系统逐级开会下达通知和各种媒体铺天盖地的宣传动员。这种构建任务型府际关系网络的方式有着明显的局限性，因为它只有在特定的政治环境里才能够彰显出强大的力量。但如今我国的政治生态已经悄然改变，地方政府利益逐渐凸显、公民个体意识普遍觉醒，以后的政治动员还能不能达到跟以前同等的效果令人担忧。二是网络的维持主要依靠权力控制。在受援方中，有不少地区自然条件非常恶劣，在这些地区搞经济社会建设，投入多、见效慢，因此一些支援方不愿意加大投资力度，只求完成中央规定的任务。相反，有一些受援地区自然资源丰富，投资少、见效快，深受支援方欢迎。对于支援方“嫌贫爱富”的行为，中央只能强行压制，硬性规定资金投入比例。但很明显，权力控制只能抑制支援方的“不作为”，并不能鼓励支援方“积极作为”。

最后，结点互动缺乏规范。在现有的对口支援任务型府际关系网络中，各个结点之间的互动关系存在明显的失范现象。一是支援方与受援方的互动过于随意。这种随意性表现在三个方面：（1）援助行为缺乏科学合理的计划。“支援方给什么受援方就要什么”，既没有长远规划也没有统筹方案。（2）支援方政府与受援方政府之间存在“合谋”行为。例如，出于政绩需要，双方都倾向于把有限的资金投入到城市建设中去，而对于亟须改善生活条件的农村和牧区则相对投入较少。（3）援助方式创新存在跟风现象。例如，在汶川地震灾后重建过程中各地都宣称要“变对口支援为长效合作”，而在援疆工作中又都“一窝蜂”地鼓吹“产业援疆”。二是支援方之间的互动中竞争多于合作。援助同一对象的两个或多个支援方往往会因为不甘落后而在人、财、物等的投入上展开竞争。事实上，即使援助的不是同一对象，支援方之间也会自觉地进行竞争。比如，在汶川大地震灾后恢复重建时，18个省市争相抢购高标号建材，结果导致四川建材市场上高标号建材的价格一路飙升。再比如，在当前的援疆工作中，由于支援方都急于出成绩，结果导致新疆出现了县县建园区、产业同质化、产能过剩等问题。

上述种种问题，必然会严重制约对口支援任务型府际关系网络的实际功效，使得对口支援的政策效果出现偏差。

对口支援工作事关全局、影响深远，必须及时予以系统性完善。根据前面的分析，我们认为，应当本着“坚持、调整、规范、提升”的原则来加强对对口支援任务型府际关系网络的治理。

首先，要从法律层面对对口支援任务型府际关系网络进行制度设计。1984年实施的《中华人民共和国民族区域自治法》、1993年发布的《长江三峡建设移民条例》和2008年颁布的《汶川地震灾后恢复重建条例》都曾提到对口支援问题，但这些原则性规定都过于模糊。整体来讲，对口支援仍然只是一种政治任务。倘若能够把政治任务转变成法律义务，不仅能够提高这一工作的法律地位，调动多方面参与的积极性，而且还能够减轻中央面临的舆论压力和来自地方的阻力，可谓一举多得。况且，对于这种延续时间长、涉及范围广、动用经费多的重大公共事务，完全有必要进行专门立法 。

对口支援法律至少应当包括这些内容：一是什么条件下可以启动对口支援，哪些层级的政府和部门有权启动对口支援；建立制度化的启动和退出机制。对口支援从启动到退出是一个完整过程。目前，关于在什么情况下可以启动对口支援，达到什么条件可以退出对口支援，并没有明确的规定。如在汶川大地震灾后重建的对口支援过程中，有些支援省三年的目标任务两年内就可完成，由于国家没有对退出作出规定，影响到这些支援省的支援任务的开展。同时，对对口支援之后的基础设施的运行成本没有充分考虑，由于受援省资金有限，影响到这些设施的运行和管理。这种状况要求国家尽快建立对口支援制度化的启动和退出机制，确保工作有效开展和支援的长期效果。二是符合哪些条件的地区可以作为受援对象，达到什么标准的地区应当承担援助任务。三是支援方和受援方各自的权利和义务是什么。四是对口支援的实施程序、标准和范围。五是对口支援的终止条件和程序等。明确了这些内容之后，各地方政府在参与对口支援时就不仅仅是在完成政治任务，也是在履行法律义务，保证了今后的工作有章可循。

其次，放眼世界，大多数国家对落后地区的援助和开发都是由中央政府完成的。我国作为一个实行中央集权制的社会主义国家，中央政府是否应该把扶贫援助这样的责任转移给地方政府其实是一个需要重新思考的问题。因为在法理上，集权体制下的中央政府确实应该承担更多的责任。特别是在对口支援出现了公平性问题的时候，中央更应该主动作为对口支援府际关系网络中的一个重要结点，及时发挥平衡和调节作用，而不是置身事外。

在不同类型的对口支援中，中央政府和地方政府分别应该承担不同的责任。就对口支援边疆民族地区来说，中央政府应该主动援助一批自然条件最恶劣、投入产出比最低、经济发展水平最落后的地区，并且在指定地方间的结对关系时要坚决贯彻公平性原则；在灾害损失对口支援中，应由中央政府和地方政府共同出资设立专项灾害应对和重建基金，纳入政府预算，并建立专门的基金管理机构，或者可以尝试在灾后重建时采用“中央出钱，地方出人和技术”的央地合作模式；对于重大工程对口支援，则要尽可能地运用中央的资源来解决问题，地方只起到辅助作用即可。总体而言，划分中央与地方责任的关键在于改革现行的财政制度，特别是要在合理规定央地税收分成比例的基础上建立完善的纵向财政转移支付制度和横向财政转移支付制度。

再次，要规范地方政府在对口支援任务型府际关系网络中的互动关系。这里，最为重要的是要顺应地方政府合作潮流，推动支援方和受援方的合作关系从无偿援助型逐步转变为平等互惠型。当然，由于这两种合作模式在主体、动力、运行机制等方面存在许多差异，要完成这个转变绝非易事。当务之急是要促进国内各地区间的经济社会一体化，使支援方和受援方尽快走到同一个发展平台上来。对于支援方之间的“援助竞赛”，则要确保将其控制在一个合理的范围内，以期收到既能够激发援助热情又尽可能减少资源浪费的效果。另外，还要注意引导在受援方之间开展多种形式的区域合作，如消除行政壁垒、加强经济技术协作、共建产业园区等，为区域经济一体化奠定必要的基础。

在看到任务型府际关系网络对府际关系生长具有积极作用的同时，我们也要及时遏制一些不良倾向。譬如，随着对口支援的不断深化，不论是支援方还是受援方都会把这种制度安排转化为各自发展的战略平台，由于这种网络是基于结对关系形成的，因而很可能会具有排他性，从而造成隐性的区域分割或地方分割。对此，应早作防范，定期重构对口支援任务型府际关系网络，或者鼓励地方政府在更广阔的地域范围内开展更高层级的资源整合。

最后，要与时俱进地不断丰富对口支援任务型府际关系网络的管理手段。在现代政府管理实践中，管理主义和绩效主义是两大重要发展趋势，而治理绩效的提高又往往依赖于管理手段的精细化和多元化。因此，有必要在充分吸收和运用现代公共管理理论的基础上，结合实践需要不断丰富对口支援任务型府际关系网络的管理手段。譬如，应当在对口支援中实行战略管理，根据国家长远发展目标制订新的资源配置方案，而不能被一些所谓的“特殊问题”“重大事件”牵着鼻子走；要建立更为严格和完整的绩效考核制度，确保各支援方高标准地完成对口支援任务，同时保证各受援方有能力让援建项目产生持续良好的经济效益和社会效益等。①

---

① 郑春勇：《论对口支援任务型府际关系网络及其治理》，《经济社会体制比较》2014 年第 2 期。

另外，我国对口支援呈现多元参与救援局面的缺失现象，支援方和被支援方的既定性很难形成多元参与的局面。在对口支援中，为了保障支援工作的效率，中央确定了明确的支援方和被支援方。如在汶川地震后的援建中，山东省对北川县，广东省对汶川县，浙江省对青川县，江苏省对绵竹市，北京市对什邡市，上海市对都江堰市，河南省对江油市……这种一对一的支援模式的好处毋庸置疑，但是这种所谓的“专属”模式不但在无形中排除了其他有能力的省份对某一地区的援助，而且一些没有能力的省份迫于压力也不得不“打肿脸充胖子”，放弃对自己省份民众的帮助，去救助既定的支援对象。经济实力和思想观念较强的省份如果突破自身的支援范围，好像是“侵权和越位”，经济优势不强的省份如果不全力投入，好似是“无能”。无形中形成了“八方支援”变“单方支援”的局面。所以应建立健全对口支援绩效考核制度和激励机制。目前，关于省际对口支援的考核制度和激励机制还不完善，如有的支援省积极性得不到有效发挥，有的受援省也存在消极现象，这直接影响到省际对口支援的效果。因此，宜加强相关理论研究，尽快建立健全对口支援绩效考核制度。同时，可尝试在受援方区域内形成一对二、一对多的援助机制，积极性高的地区将会得到更多的资金、项目等资源，积极性低的地区只能得到基本的资金和项目，通过竞争机制解决受援助方的激励问题。[①] 此外，在对口支援中，只对政府部门进行了要求，而对企业、第三部门和社会公众的救援参与缺乏相应的要求和规定，也排除和打击了一部分企业、组织和公众的参与热情，从而导致多元参与救援局面的缺失。结合国内外典型经验，还要不断拓展和深化对口支援任务型府际关系网络，特别是要注意引入社会组织、民营企业和志愿者等新兴力量，引导他们在今后的对口支援工作中发挥更大的作用。而当前亟待我们去做的是，为社会组织、民营企业和志愿者等提供参与对口支援的平等机会，用合理的行动方案来引导他们进行有序参与，逐步建立他们与政府之间的良好合作机制，进而构建一个真正的“政府引导、企业协作、社会力量积极参与”的新型对口支援模式，使得政府对于对口支援的态度认识由先前的任务向

① 李庆滑：《我国省际对口支援的实践、理论与制度完善》，《中共浙江省委党校学报》2010 年第 5 期。

义务转变。

（四）由政策规范化向法律规范化转变

对口支援政策的实施是政府利用行政手段来开展资源分配的一项政治性举措，具有非常浓厚的政治色彩和计划性的特点，从启动到整个实施过程都是以政府法规、规章以及政策文件为依据，各地方政府按照中央的精神对政策进行分解，再制订适合本地区的对口支援方案。支援方政府与受援方政府的合作也是由双方相互协商制定协议，所有的执行以协议为准，并没有与之相关的法律法规来对其实施进行规范和约束。而且，这些政府文件、协议具有很大的随意性，可以双方协商，随意修改，不具有法律约束力，甚至实施政策与法律法规之间存在矛盾冲突。1995 年 1 月 1 日起施行的《中华人民共和国预算法》第十三条、第十五条规定，我国县级以上地方各级政府编制本级财政预算、决算都必须向本级人民代表大会报告，不得随意修改、撤销。本级人民代表大会对本级财政预算、决算有权审查、批准和监督，并且有权改变或者撤销本级各部门和下级政府关于预算、决算的不适当的决定、命令。根据以上法律条款，国务院在《汶川地震灾后恢复重建对口支援方案》中关于“各支援省市每年对口支援实物工作量按不低于本省市上年地方财政收入的 1% 考虑”的规定与《中华人民共和国预算法》的规定存在权限冲突。另外，实施机制存在着一定的随意性和不可操作性。例如，国务院有关规定缺乏对于支援比例的上限规定，比较笼统，缺乏详细的配套措施。因此，在实际工作中，可能会出现政策文件与法律法规冲突甚至以权代法的人治现象。没有具体的法律法规对“对口支援”做明确的规定，在实施中是由一个经济富裕的地方政府直接援助一个受到自然灾害、实施重大工程建设或者发展落后的贫困地区，直接将其部分财政资金转移给需要援助的对象，缺乏具体、规范的决策程序。[①] 以汶川地震灾后重建的“对口支援”为例，在地震发生后，中共中央召开会议进行动员部署，国务院制定发布了《汶川地震灾后恢复重建条例》，对支援工作作了原则性的指示。随后又制定了《对口支援方

① 参见闪淳昌、周玲、方曼《中国对口支援机制的成功实践与思考》，《中国应急管理》2010 年第 12 期。

案》，“一对一”地明确规定了作为支援方的 19 个省市以及具体的受援县市，要求在 3 年的支援期限内，支援省市每年对口支援的实物工作量不得低于本省市上年财政收入的 1%。

这方面我们可以与德国的相关制度进行比较。德国政府间转移支付是由法律明确规定的一项财政制度。《德意志联邦共和国基本法》对横向转移支付制度的立法原则作出规定，联邦政府有责任保证在全国范围内使本国居民享受到大体相同的公共服务水平，经济发达的州每年有义务将一定数额的财政资金给予经济落后、财力弱的州，使各州政府具备相应的财政能力为辖区居民提供一定水平的公共产品。《联邦财政平衡法》则对财政转移支付的测算标准以及实施办法作出了具体全面的规定。由上述对比可知，德国州际之间的转移支付是经过联邦议会的法制化程序所确立的一项长期有效的财政制度，有具体明确的法律原则和规范。而我国的“对口支援”是依靠传统体制中政治动员的力量，是地方政府积极响应中央号召的结果。政治动员在应对突发事件时具有高度的适用性，其主要依靠的是中央政府高度的权威性，但是在政治文明的进程中，政府的行政方式也应该走上法治的轨道。

要加快建立“对口支援”的法理依据，使我国的对口支援由政策主导的政治任务逐步演变为制度化的经常性财政行为，使得横向转移支付在实践操作的过程中做到有法可依，建立规范的运行机制。从“宪法”和“预算法”的立法做起，既要确立“对口支援”的立法原则，又要对其运行程序作出具体规定。2008 年汶川地震灾害重建方案是在紧急情况下制定的，实施过程中随着新问题的不断出现，许多临时性法规、条例也相继出台，因时间关系未能进行科学调研的论证，大都比较笼统，同时相关的配套政策也没能跟上，这些宏观上的法律条款只能约束对口支援的整体行为在大体方向上符合法律规范，实施中出现的细节问题缺乏明确的标准和规定。而且部分的协议、文件还和我国现行的法律法规不相协调，各地方、各部门与地方法规之间也存在一些矛盾和冲突，没有一项普遍适用的法律法规对对口支援的原则、内容、形式、规模、监督等进行统一的规范，各地条款严重缺乏协调性，以至于经常出现诸如政策文件与法律法规冲突、用权力代替法律的人治现象，导致对口支援政策的权威性得不到保障，也失去了它的连续性。

作为一项在20世纪70年代末才开始在较大范围实施的政策，对口支援在很大程度上也具有“试验性政策”的特征，经历一个“局部试验—改进完善—总结推广”的政策学习和政策扩散过程。通过召开“全国对口支援工作座谈会”等，在总结经验教训的基础上修订和完善政策，对口支援逐渐由试验政策上升为国家政策直至法律。1984年10月1日开始施行的《中华人民共和国民主区域自治法》第六十一条规定：“上级国家机关应当组织和支持经济发达地区与民族自治地方开展经济、技术协作，帮助和促进民族自治地方提高经营管理水平和生产技术水平。”这就首次以国家基本法律的形式明确规定了上级国家机关组织和支持对口支援的法律原则，为对口支援政策提供了重要的法律支持和制度保障，标志着对口支援制度建设进入了国家基本法律层面并成为我国民族区域自治法律制度的重要内容。1986年4月，六届全国人大四次会议通过的《国民经济与社会发展第七个五年计划（1986—1990）》提出：“进一步组织发达地区和城市对老、少、边、穷地区的对口支援工作。”进入20世纪90年代以来，党中央、国务院多次重申继续搞好对口支援工作。1991年4月，七届全国人大四次会议通过的《国民经济和社会发展十年规划和第八个五年计划纲要》要求“经济比较发达的地区，要采取多种形式帮助经济较不发达的地区，加快它们经济的发展，逐步实现共同繁荣和富裕”。同年12月8日，国务院下发《关于进一步贯彻实施中华人民共和国民族区域自治法若干问题的通知》（国发〔1991〕70号），进一步指出：“要有领导、有计划地推进经济发达地区与民族地区的对口支援。”同月，国家民委在上海召开的“全国对口支援工作座谈会”，指出对口支援应按照“支援为主，互补互济，积极合作，共同繁荣”的原则进行。1992年，国务院确定由国家计委牵头，国家民委、国务院生产办共同参加，归口统一领导，组织协调对口支援工作。1994年，国务院制定《“八七”扶贫攻坚计划》，其中第三十四条规定：“北京、天津、上海等大城市，广东、江苏、浙江、山东、辽宁、福建等沿海较为发达的省，都要对口帮助西部的一两个贫困省、区发展经济。”1996年3月，八届全国人大四次会议通过的《关于国民经济和社会发展“九五”计划和2010年远景目标纲要的报告》强调：“继续组织中央各部门、社会各界和东部沿海地区，以多种形式支援西藏等民族地区、三峡库区和贫困地区的工程建设。”

进入21世纪，国家确定了新世纪新时期扶贫工作的新任务，同时确定继续执行发达省市对口帮扶西部民族省区的工作方针，并在法律层面做了明确规定和要求。2001年2月28日，九届全国人大二十次会议通过了对《中华人民共和国民族区域自治法》的修正案，对有关条款进行了修改，明确规定了经济发达地区对口支援民族自治地方的政策。其中，将原第六十一条修改为“上级国家机关应当组织、支持和鼓励经济发达地区与民族自治地方开展经济、技术协作和多层次、多方面的对口支援帮助和促进民族自治地方经济、教育、科学技术、文化、卫生、体育事业的发展”。同时，还新增了第六十五条，其中规定：“国家引导和鼓励经济发达地区的企业按照互惠互利的原则，到民族自治地方投资开展多种形式的经济合作。”

无论是灾后重建救急型对口支援，还是重点工程定向型对口支援，抑或是旨在缩小区域差距的常规型对口支援，其实施过程并不仅仅是地方政府在法律法规范围之内自行开展和进行自主性活动，而是在中央政府领导下，通过统一的行政命令和贯彻执行的全局安排。地方政府在执行对口支援的过程之中，也并非被动的执行者，而是充分发挥着自身的积极性，将对口支援当作一项政治任务来主动推进。对口支援启动机制的建立，首先是中央政府组织动员，通过多次会议组织动员，多次讨论制定政策，并且依靠行政权力自上而下的推动和贯彻的过程。在这一个过程之中，政治动员作为一项具有中国特色的政治统治途径，发挥着重要的作用。这种途径，可以使得各种突发灾害的救援进程与恢复重建工作高效率、高质量地进行，同时，各类社会资源出于人道主义与同情心也很容易在政治动员的启动机制中加入进来。一般，为了获得除了政府资源之外的社会力量，国家往往会在对各级政府进行政治动员的同时，通过媒体会议和宣传舆论等渠道使得一些重大的对口支援工程和项目得到民众认同和社会支持。从政府职能转变，规模精简和逐步放权于民的趋势来看，未来的对口支援工作之中，动员更多非官方的资源参与，进行更多元化的支援，是未来发展不可逆转的方向。而在这一历程之中，法制化建设的作用越发突出。如果说传统的对口支援工作由于过于依赖行政权力而忽略法制的程序和制度，那么，未来多元化的对口支援则必须得到成熟可靠的法律制度的支持。郭美美事件为社会资源参与公共事业的传统管理模式敲响了警钟。要想让更多的社会资源参与到对口支援之中，行政立法的作用需要放在首位。不仅仅是在形式上制定法律条文，在实质上更需要培养公信力和一种科学的行为惯例，而政府一次的动员督促也可以依据这些法规，而更加合理和有效率。对口支援过程中的政治动员具有重要的作用。但是，由于这种动员的过程是以非市场方式实现的，人们难以统计和计量这种过程所起到的具体作用和时效性，所以，也很难了解在中央的决策被贯彻和执行以后，地方政府还会坚持多久。因而，政治动员的主要问题是效率问题，而且很可能有重复强调、重复部署、浪费行政资源。因此，现有的政治动员过程，尽管有效，但并非是完美和可持续的方式。未来的对口支援工作应当更多地摆脱单纯依赖行政因素，而应当注重市场机制、培育受援地区的自我发展能力、强调法制化建设，通过造血的方式进行对口支援工作的改进和提升。①

总而言之，对口支援的运行从以行政调控为主的方式转变为更多地运用协议的方式调整的规律，表明在对口支援运行模式演变过程中，其运行的调控机制发生了转变，由此提出了按照其运行的基本规律，引入司法精神对其进行法制化的任务，这是对口支援法制化运行的理想模式。然而，由于行政调控机制并没有完全退出、事实上也不可能退出对口支援的运行。而且必须看到，行政调控的方式是植根于我国政治体制的政府调节社会经济关系的重要方式，对于启动对口支援以及推动对口支援初始阶段的成功运行都具有不可替代的作用。它反映了我国政治制度在高效调配资源上的优越性。制度的构建必须总结成功的经验并对其制度化，使其成为一种法律运行机制。因此，对口支援的法制化还担负着构建对口支援行政法律制度的任务。由于行政调控的手段已经在对口支援中被广泛运用，因而对口支援行政法律制度的构建就是将已经成功实施的或可以创新的行政调控手段上升为制度规则。

① 参见刘忠勉《对口支援运行机制研究》，兰州大学学位论文，2012年。

二　府际合作：由单方受益型向双向共赢型转变

对口支援在初始阶段实施的各种类型的支援行为都是由支援省市单方主动实施的行为，受援县市除了根据支援省市履行支援义务的需要给予协助以外，更多是被动地接受，因而可以称之为单边支援。实现由单方收益型对口支援向双向共赢型对口支援的转变，是对口支援政策能够持续并有效发挥其功能的关键。

（一）单方受益型对口支援及其特点

单方受益型对口支援即单边支援，指在对口支援中只有受援方被动地接受无偿援助的对口支援形式。这种对口支援，具有如下特点。

首先，单边支援具有无偿支援的性质。在单边支援阶段所实施各类对口支援模式中，支援省市以其人力、财力、智力的单边付出履行其对口支援的责任，正如本书前面的形象描述，是既“出血”、又“流汗”。从中央启动对口支援的动因和方式上看，对口支援实质上就是调动非地震灾区无偿支援受灾地区灾后恢复重建的机制。由于排除市场机制的运作方式，欠缺等价有偿的制度基础，支援省市无论在动机上还是在实际操作中都是没有、也不可能有任何回报的。因而，支援省市实施对口支援只有义务和责任，没有获取回报的权利主张。从实际运行情况来看，在对单边支援的描述中我们也看到，支援省市无论实施项目援建、还是开展智力支援或是产业扶持，都是无偿地提供人力、物力和智力的支援，并没有从这些支援项目中获取任何回报。相对于支援省市而言，受援县市无论在房屋、公共服务设施和基础设施等硬件上，还是在人力资源素质提升、产业的升级和产业发展环境的改善等软件上，都实实在在得到了较多的利益，而受援县市并没有因为获取这些利益相应形成任何予以回报的责任和义务。他们只需要在形式上和某些实质领域表达感恩情怀。而这种感恩情怀并不需要法律和政策的约束，仅仅是作为道德的表达。当然，支援省市因为承担了对口支援责任，以及在对口支援中表现出了对中央政府决策部署坚决执行的态度和执行力而受到中央政府的肯定性的评价，并且有可能将这种肯定性评价转变为某种政治利益，如支援省市领导和组织人员的职务升迁和其他政治待遇等。但这并不是支援省市实施对口支援所追求的、或者说根据规则或承诺应该得到的回报。由于它属于官员绩效考核的范畴，因而不能认为是对口支援的行为的报偿。

其次，单边支援的运行机制是行政指令。既然是无偿支援，推动其实施的机制是什么呢？在上述考察中我们发现，单边支援各种类型的对口支援模式都是依据中央政府的行政决策而实施的。国务院方案列举的对口支援内容、方式和任务共有八项。除了第八项“对口支援双方协商的其他内容”为授权性规定、不具有明确任务要求外，第一项至第五项为项目援建的内容，第六项为智力支援的内容，第七项提示了产业帮扶的要求。可以看出，各支援省市在这一阶段严格按照中央政府的决策部署实施对口支援。[①] 这体现了地方政府对中央政府决策部署的坚决执行，是我国行政体制内生的上下级命令服从式行为决策与执行模式的直接运行。因此，单边援建阶段对口支援的运行机制是行政指令。在这里，需要对产业扶持的运行作进一步的分析。产业的恢复发展直接关系整个灾后恢复重建的成效，更直接影响受灾地区经济社会的长期可持续发展。受灾地区产业发展本身较东部地区滞后，又遭受地震灾害的严重破坏，国家和社会对高速度、高水平完成灾后恢复重建与受灾地区自我恢复发展能力低、后劲不足成为灾后恢复重建的突出矛盾。发挥支援省市的产业优势，帮助、扶持受援县市产业恢复发展本来应当是对口支援的最具长远影响、对受灾地区可持续发展最为有效的方式。但是，国务院方案并没有对此作出更为明确的规定，而且“按市场化运作方式”的要求与作为对口支援主体的政府角色定位之间形成矛盾，使产业帮扶的实施陷入两难困境。一方面，如要按照市场化运作，主体应该是企业。那么就应当遵循市场规律，而不应该用行政指令实施调控。另一方面，如果强调其作为对口支援的一种方式并由作为对口支援主体的地方政府实施，则只能依靠行政指令的方式进行，这又有违“按市场化运作”的要求。面对两难境地，支援省市在实践中摸索出来的“中间道路”就是工业园区建设。特别是一些不具有工业聚集发展的受灾地区，支援省市也要千方百计地在其行政区域以外建设“飞地”产业园区，凸现了产业帮扶的行政行为色彩。

---

① 刘铁：《对口支援的运行及法制化研究》，西南财经大学学位论文，2010 年。

最后，单边支援的运行是非法制化运行模式。基于上述两点分析，我们进而发现，单边支援的实际运行仍然沿袭了对口支援启动的政治动员方式而逐步展开，是政治动员在启动时期作用的继续。正因如此，支援省市才会不因是无偿支援而懈怠职责，反而保持着高涨的热情和坚定的态度，对口支援项目的实施才会在行政指令下发挥着依靠市场机制难以达到的巨大成效。在政治动员的强大作用下，援建项目的实施成为各支援省市执行中央政府决策部署态度和成绩的最直观考察依据。因此，各支援省市在援建项目的设计和施工上都下足功夫，力争建精品工程、现代化工程、高科技工程、几十年不落后工程等。更有一些省市为争第一不惜加大资金和人力的投入。在实地调研中，已完成援建公共服务设施的支援省市前线指挥部的工作人员都会自豪地告诉我们，他们援建的学校、医院的现代化程度和档次都超过了自己本省城市的学校、医院。这种无形之中形成的体现在项目援建上的竞争，在加大了支援省市的援建责任的同时，也成为支援省市努力完成项目援建的最大动力。由此可见，基于政治动员开展的单边支援，正像对口支援的启动一样，是一种非法制化的运行模式。单边援建的实施没有事前法律制度的设计，其实施过程中无论是实物的投入标准、项目的实施程序，还是项目实施的监督保障、对口支援双方的权利、义务、责任的界定等都没有可以遵从的规范。因而出现了援建项目的攀比，也忽略了市场机制的基本规律。这表明，单边支援阶段实施的对口支援，实质上是支援省市承担的由中央政府部署的政治任务。当然，我们也要看到，单边支援的有效运行，一方面表明，我国现有行政体制对于推动对口支援运行并取得阶段性成效的有效性；另一方面，也排斥了市场机制的应有作用。进一步分析可以看到，项目援建、智力支持这些与现行行政体制磨合得很好的、通过行政指令方式能够有效动员并调控的支援模式，是完全能够得到成功贯彻和执行的。因为在现行体制下依靠行政指令手段可以有效配置资源、并能实现资源配置的高效性，中央政府运用这样的手段驾轻就熟，因而这两部分对口支援事项在国务院方案中都列举得比较明晰，要求也比较具体。然而产业帮扶这类按照我国现阶段社会经济结构更需要运用市场机制调控的对口支援方式，中央政府的界定不是十分清楚，要求也不是十分明确。各支援省市在实际运作中仍然运用行政手段，则必然形成受灾地区四处建工业园区的局面，其实际效果并不理想。

对口支援的双方利益的非均衡性会妨碍支援方的投入。中国的对口支援具有发扬互助精神意蕴的要求，对口支援常被表述成“历史赋予的光荣任务”。也有人认为这是“中央请客地方买单和中央‘侵蚀’地方财力的现象”，地方财政是在一种完全极不情愿的情况下“被对口支援”。正是由于对口支援是支援方的政治责任和义务，是地方落实中央的战略部署，所以对口支援强调付出和奉献，无互惠可言，但也会出现一些问题。对口支援对改变经济社会发展不平衡状况以及落后地区的经济社会发展具有重要的作用，但是，随着时间的推移以及对口支援的深入进行，单向无偿的对口支援很难长期维持下去，对口支援应从单向无偿援助走向多元互利的对口合作。

（二）实现对口支援向互利合作的观念转变

对口支援向对口合作的转型，表面上看是政府间关系的变化，然而本质上，关系的变化还是以行为为基础。从行为学来说，行为的产生首要因素是动机，也就是意愿，实现“对口支援”向“互利合作”的转变，观念上的更新尤其重要。

协作治理模式对于对口支援由单边无偿支援演变为对口合作具有重要的指导价值。通过协作治理，我们可能会避免对抗性决策导致的高成本，扩大民主参与，甚至恢复理性的公共管理。在公共网络体系中，公共部门，非营利部门和私营机构只有更好地合作才能提供更好的和公众满意的服务。协作参与的主体具有广泛性，协作的内容具有多样性。作为一种治理类型，协作需要公共部门、私营部门、公民个人的集体努力，以独特的方式，使用特定流程，建立法律和规则，提供公共产品。目前，由于知识变得日益专业和分化，且机构设置变得日益复杂化和相互依存，协作的需求增加成为必然。协作治理模式对于对口支援由单边无偿支援演变为对口合作时具有重要的指导价值。通过协作，双方往往寻求资源互补、互利共赢，支援的主动性凸现，彼此之间实际上具有了有机关联性。对口合作就成为一种互利行为。这种相互的有机关联性使对口支援能够得以持续运行。

对口支援走向对口合作，其根本动机就是合作带来的收益。地方政府间经济合作是在竞争条件下各地区为实现利益目标、减少利益冲突的一种发展模式。地方政府间经济合作的实现，有利于扩大统一市场，优化配置现有的生产要素，加快完善专业化的分工与生产配合，以便促进区域经济的发展。

对口支援在民族地区实施以来，给受援方社会经济、基础设施、公共服务等方面带来长足发展，至于从对口支援中获得应有的“报酬”，基本上只有受援方一方，支援方从中获得的利益屈指可数。因为一个带有政治色彩、无偿性质的支援任务，很难获得共赢、互利的效果。但是，经过多年的实践与探索，以及受援方伴随对口支援一同成长，单向性的对口支援模式已经到了注重双向发展、双方互利的对口合作支援模式的时期。这样就能保证对口支援能够长效、持续地进行，带动支援方的积极性，将有利于支援模式推陈出新，保持对口支援的生命力并使对口支援不断发展壮大。

具体来说，从观念上要认识到援助方在援助中也有一定的收益，主要包含政治收益、经济收益和社会收益。政治收益，即支援方较好地完成了对口支援任务得到中央政府的认可、在对口支援中强化了组织能力以及锻炼培养了干部；经济收益，既支援了西部民族地区，推动了西部民族地区经济和社会发展及其现代化进程，又有利于东部沿海地区调整经济结构；社会收益，主要指援助方对受援方在经济建设、政治建设、文化建设、社会建设以及生态文明建设和党的建设等方面实施广泛的援助，受援地各族人民群众切实感到了援助的良好效果，受援方民众对援助方这种无私的帮助和扶持存感恩之心，援助双方结下了深厚情谊和不解之缘，为今后长期合作交流奠定了基础。同时，对口支援在一定程度上弥补了横向财政失衡，缩小了地区发展差距，促进了全面发展和社会的稳定，实现了和谐社会的目标。

经过一段时间的对口支援，西部民族地区和东部沿海地区已经具备了从单向支援到协作发展的基础和条件。一方面，资源不对称创造了协作发展的启动条件。我国经济发展与资源分布极不均衡，东部沿海地区具有经济、技术方面的优势，但自然资源短缺；西部民族地区则自然资源丰富，但在资金、人才和技术方面则明显不足。因此，这两大地区在人才、资源、资金、技术和管理等方面具有较强的互补性。若这两类地区建立起对口支援与经济技术协作关系，便可以发挥两地的比较优势，有助于各种生产要素的合理布局和优化组合。例如，浙江对口援建的新疆阿克苏地区就很好地运用了资源上的优势互补，实现互利共赢、共同发展之路。阿克苏地区油气资源丰富，又是著名的“长绒棉之乡”。而浙江省则面临着能源瓶颈制约、纺织产业加快转型升级的新的形势和任务。针对两地的特色和优势，浙江省积极主动为赴阿克苏的浙商牵线搭桥，拓展融资渠道，在新疆的阿克苏地区投资兴建了一批产业合作项目，为企业发展开拓了空间。另一方面，按照“政府推动，企业跟进，优势互补，共同发展”的原则，浙江省与阿克苏有关方面达成了浙江产业园区建设的意向，大力推动浙江省一批优势企业入园，重点发展棉纺产业、特色农产品精加工产业、物流产业以及煤炭、石油、天然气等矿产资源开发和深加工等。真正用科学的精神、创新的理念、务实的态度、惠民的原则、踏实的作风和高效的工作使对口支援工作走上了一个新台阶。支援方和受援方的协作既有助于欠发达地区加快发展，也有助于发达地区持续发展。若没有发达地区的帮扶，欠发达地区单凭自身的努力很难实现快速发展；同样，若没有同欠发达地区的合作，发达地区保证发展进程也难以为继。

（三）优势互补：由单方面援助向共赢合作转变

对口支援经过30多年的实践发展，已经由对口支援向长效合作转变，相较单边支援，长效合作更多考虑长远性和有效性，能够避免西部民族地区陷入支援依赖的误区中，属于更高层次的援助形式。目前通过单边对口支援阶段所付出的努力，在欠发达地区已经初步完成了基础设施的铺垫，今后对口支援的重点应转向培育受援方的自我可持续发展能力上，不断推进双方的互利共赢。因此，在政策宣传上，不仅强调无偿援助，更应将长效合作作为工作重点大力宣传。这样不仅可以扭转东、西部地区目前存在的观念扭曲现象，对于促进地方政府间的更深入更广泛的合作也会起到思想解放的作用。

要想走出当前地方政府合作的困境，真正建立起灾区与其他省市的长效合作机制，就必须调整思路，重新布局，并努力完善相关配套机制。具体来讲：一是要打破对口合作的限制，以四川为例，在四川全省范围内重新部署区域合作。我国的“官本位”意识和权力意识一直根深蒂固，只有建立在平等自愿、公平互利的基础上，合作才可能长久。灾区的基层政府不能有依赖心理，灾区的经济社会发展更不能靠“拾人牙慧”，只有自立自强，才会有谈判的底气和筹码。因此，应当由四川省政府统一与其他省份签署合作协议，并根据省级发展规划来重新布局经济复兴战略，在此基础上，建立省内的收益分成制度，保证灾区各市县都能够合理分享省际合作带来的利益。除了省际合作之外，省市以下的各市县区也可以主动与其他省市地方政府开展合作，但是这种合作应当服从省级发展规划。这样，能够在更广阔的地域范围内合理配置资源，避免产业同构和地方政府竞争。二是中央政府不应把合作绩效当作对地方官员的考核标准。从对口支援到对口合作，本是地方政府的创新，即使这种创新被中央认可了，也不能明确纳入政绩考核指标体系。只有这样，才能避免地方政府合作的泡沫化。其实，政绩考核问题一直都是影响地方政府合作的重要因素，如果在区域经济合作中，如珠江三角洲经济区，把合作绩效纳入对地方官员的考核中将会显著提升珠三角的区域一体化水平，但这个办法应用到灾后重建中，却会产生不良影响。其他省份在完成各自的援建任务之后，应当有选择的权利，是继续深化合作还是就此止步，应该由支援方各省市自主决定，不能让其有“被迫”合作的感觉。同时，还要讲究“差别”原则。三是要重视各类微观经济主体的参与。灾区的可持续发展，离不开企业的发展和产业的培育。目前，例如某些灾区已经建立了几十个工业园区，但引进的项目却基本都属于高新技术产业，对当地就业的带动作用非常有限，而真正能吸纳群众就业、促进经济繁荣的中小企业和民营企业却尚未恢复和发展起来。对口支援，其本质是地方政府在有限的时间和有限的范围内完成有限的援建任务。所以，不管是支援方还是受援方，都比较注重经济上量的增长。其结果，灾区的经济发展虽然提前了若干年，但科学合理的经济结构和产业结构却并没有及时建立起来，群众的生活水平仍然有待提高。因此，在今后的合作中，应当充分发挥各类经济主体的作用，加强双方企业间的合作。四是要完善地方政府合作的配套机制。主要包括三个方面：动力机制、利益分配机制和依法运行机制。最初的对口支援，其动力主要来源于中央政府的行政指令。要把对口支援转化为长效合作，首先要改变其动力机制。根据现实情况，利益并不能作为合作初始阶段有效的动力机制。所以，应该注重双方感情基础的培养，即要加强党政部门交流和民间交往，努力培育府际资本和社会资本。同时，要逐步改变利益分享方式，变非对等性利益分成为对等性利益分成。这样，才能进一步提高其他省市对合作的积极性。而如果想努力承接东部地区的产业转移，甚至还应当在利益分成上再做退让。此外，还应该明确参与合作的主体及其相互间的权利义务关系，促进地方政府合作规范化运行。[①]

对口支援使受援地极大地得到了外力的帮助，同时这也是一个互惠互利、优势互补、长期合作和共谋发展的过程。我国地域辽阔，各地的比较优势差异很大，加强地方合作，实现优势互补，促进地区之间协调发展，事关国家稳定的大局。长期以来我国地方之间特别是发达地区与不发达地区之间的横向合作很少，一些西部落后地方的优势资源得不到很好的利用。对口支援的少数民族地区多数集中在西部经济发展比较落后的省份，在对口支援制度的推动下，受援地可以积极寻求与支援地在更广泛和更深层次上的合作，真正利用好支援政策，在支援的友好环境中寻求合作，促进发展，真正实现对口支援由单方收益型向双方共赢型转变。

（四）创新府际合作形式与依法保障互利互惠

地方政府间的合作，是在竞争条件下各地区为实现利益目标、减少利益冲突的一种发展模式。地方政府间经济合作的实现，有利于扩大统一市场，优化配置现有的生产要素，加快完善专业化的分工与生产配合，以便促进区域经济的发展。当前，对口支援中的支援方与受援方虽然签署了一些合作协议，并开展了许多对口合作活动。但从长远来看，这种产生于特殊背景下的政府间合作还很不完善，今后的发展可能会面临一些困难。

首先，政府间合作的层级落差过大。一般来说，地方政府合作多为“横向”的平级政府间合作，即使是“斜向”的不同行政级别的地方政府间合作，其层级落差也大多为相差一个行政层级。但是，在灾区与其他省市的对口合作中，层级落差基本上都是两个行政层级，即省级政府与县级政府的合作。层级落差过大，合作双方的政治经济地位悬殊，决定了这种合作必然是非对称性合作。所以，合作的长期性也必然受到质疑。也正因为如此，支援方的省级政府除了与其支援对象签署合作协议之外，还会选

① 参见郑春勇《建立地方政府间长效合作机制的思考——基于汶川大地震灾后重建的实践》，《中国国情国力》2011 年第 8 期。

择与四川省政府签订合作协议，如山东、江苏、广东、辽宁。而福建及其下属市县，始终没有与其对口支援的彭州市签署合作协议，而是采取了省际合作和镇际合作的方式。

其次，当前看似热闹的政府间合作实则存在一定泡沫。这种泡沫主要是由两方面原因造成的：学习效应和群体规范效应。所谓学习效应，是指从对口支援转变为对口合作，本是个别地方政府的创新行为，而这种创新行为一旦被其他地方政府所察觉，就立刻通过学习和模仿传播开来。2009 年，灾区地方政府与支援方签订的合作协议只有 5 项，到 2010 年，各类合作协议的数量就达到了 28 项。学习效应体现的是地方政府推动的诱致性制度变迁。然而，当这种对口合作的变化被中央政府认可并给予鼓励之后，它就变成了一种非正式规范。因此，也就对原本可能不愿意进行长期合作的省市产生了一定的群体压力，进一步导致了地方政府间合作活动的增加。

再次，地方政府间合作的根基不稳。根基不稳的主要表现是基层政府间合作过度依靠行政指令，缺乏自主性和积极性。在最初的对口支援中，支援方省级政府对援建任务的部署主要有两种方式：一种是由省级政府统一负责，不再向下属市县区摊派；另一种是逐级发包，由省级政府为下属市县区指定对口支援对象。实际上，除了北京市采取由市本级统一负责的方式之外，其他省市大多采取了逐级摊派的援建方式。这就造成了支援方下属各市县区在援建中和援建后唯上级意图是从的现象。如果支援方省级政府对合作的积极性很高，那么其下属各市县区也就会积极地与灾区地方政府签订合作协议；但如果省级政府态度不明确，其下属市县区政府也就不太会主动要求合作。

最后，长效合作缺乏市场机制。地方政府间的合作体现在经济方面就是“政府搭台、企业唱戏”，只有企业在政府的引导下充分参与，合作才能持久有效。从灾后重建过程中发展起来的经济合作情况来看，对口支援是基于行政区划的画地为牢，不仅企业的参与程度严重依赖于支援方政府的倡导，而且在区位选择上也要首先考虑与地方政府的归属关系，要服从地方政府的安排。对国有大型企业来说，尤其如此。倘若从市场因素来考虑的话，支援方企业希望合作的区位可能并不在本省市对口援助的市县内。所以，这种违背经济规律、不利于资源优化配置的做法必然会导致经济活动的低效率。最终，可能会因为利益分歧导致合作难以维持下去。

因此，针对当前存在的问题，要在对口支援的实践中探索府际合作的新形式，并依法予以保障。对此，我们将在本章第四节“‘一带一路’战略下的对口支援政策创新”中论述。

三 政策工具:从单一化向精细化转变

我国的对口支援政策工具过于简单，主要表现为针对特定受援地区的政策工具之间缺乏相互配合，形不成合力效应；对口支援政策大多是宏观经济政策，缺乏针对受援地区的精细化政策工具。就促进区域协调的政策工具而言，我们尚缺乏欧盟那样的结构基金、聚合基金、团结基金等设计精细的政策工具，有的只是一些扶贫资金、支农资金和西部开发转移资金等。由于政策工具之间的配合不够，我们在受援地区投入了大笔资金，建设了一大批工程，实施了一大批项目，但收到的效果却并不理想。同时，由于对口支援还没有形成制度化的规范体系，还存在不少政策漏洞，如没有建立起一套严格的项目论证、筛选、审批的决策程序，导致有时出现项目审批的随意性、对口支援资金的寻租分割等现象。此外，由于缺乏必要的政策工具组合体系，如管理工具、协调工具、监控工具和评价工具，对口支援政策工具之间的协调性、衔接性、配套性和系统性不强，造成对口支援政策未能达到预期的效果。对口支援政策工具要实现从单一化向精细化的转变，需要有组织完善、设计精细、有的放矢的一整套政策工具作为保障框架。因此，必须综合考虑各地资源禀赋、区位情况和经济社会发展水平等因素，采用经济、法律、行政等多管齐下的政策手段，构建多元化的政策工具体系，使对口支援政策工具从简单化走向精细化。

（一）将受援地区的公共服务体系放到突出地位

随着公共服务的地位变得日益重要，在对口支援工作中，要把帮助受援助地区建立起适应当地发展实际需要的公共服务体系作为重点，并把对口支援与基本公共服务均等化、区域间产业的合理布局结合起来。

首先，将受援地区的公共服务体系放到突出地位，体现了以人为本的执政理念。各民族平等享受政府提供的基本公共服务是一项基本的公民权利，这体现了一个社会的核心价值观和公平正义感。因此，实现各地区、各民族基本公共服务的均等，既是一个国家实现社会公平正义的基础，也是经济社会发展的重要标志。促进各民族地区均等地享有基本公共服务，既表明了政府对每一个人生存质量的关切，也彰显了政府维护公平的责任意识。

其次，将受援地区的公共服务体系放到突出地位，是一项惠及西部民族地区居民的民生服务，关系到千家万户的幸福，从而也是构建社会主义和谐社会的一项重大任务，为逐步实现人人享有基本公共服务创造条件。总体来说，我国人口众多，公共资源相对匮乏，重视发展民族地区基本公共服务事业，既体现了政府工作的内在规律，又符合我国社会经济现实，既检测了政府提供基本公共服务的能力，也有利于减轻西部民族地区居民的经济负担，改善当地居民的生活水平。

一般来说，对口支援地区与发达地区有着显著的发展差距，从居民基本生活需求和生活感受的角度来看，这种差距主要体现在其基本的公共服务体系还不健全。基本公共服务均等化是实行对口支援政策的目的之一，这就决定了对口支援资金的主要使用方向是那些满足公众基本需求的基本公共服务领域。在具体操作层面，可以采取政府统筹下的"项目导向"形式，将对口资金分阶段分层次用于某些专项的公共服务领域，在每一段时间内集中以某些具体项目突出解决几项基本公共服务问题。西部民族地区公共服务的发展、公共服务体系的完善有助于促进西部民族地区的经济增长和社会进步。一个国家和地区能否真正做到长治久安或者兴旺发达，其实在很大程度上都取决于这个国家和地区的基本公共服务的范围和质量，基本公共服务也成为政府存在的理由和政府应负的最基本的使命。西部民族地区的基本公共服务完备，就会有很大的吸引力和竞争力，反之亦然，会给西部民族地区的发展带来更大的不利，甚者危害整个国家的政治社会稳定。因此，注重并完善西部民族地区的基本公共服务体系并实现它的均等化是非常有必要的。

（二）完善对口支援法律制度

对口支援模式当前还仅仅处在政策规范化的层面，这不利于该政策的具体落实和发挥更大作用。对口支援应该逐渐走向法律规范化，加快该政策实施的法律保障，完善政策制定与实施的法律环境。对口支援政策首先要解决的是地方政府的支援义务问题，这是一个基础性的理论和价值问题。支援地地方政府依据什么样的法律义务去支援受援地，到目前为止还没有一个明确的法律解释。在没有法律解释而政策得到推行的原因在于：一方面是中央政府对支援政策的大力支持、动员和激励；另一方面是各地政府和人民群众对此政策的高度认同。同时，要加快在政策操作层面的立法工作，国家要根据对口支援政策已经实施的情况尽快加紧法律创制。我国正在建设法治国家，法治国家的一个基本要求就是政府的任何行为都要有明确的法律依据。目前，我国关于对口支援的一些规定多见于中央或地方的决定、意见层面，还没有上升到法律的高度。因此，应尽快将对口支援制度在法律中加以规定，使得我国省际对口支援行为有法可依。在依法治国和依法行政的要求下，只有在一个恰当的法律框架内。法治的基础在于法律制度的协调性，协调的法律制度才能保障法治的实现。针对对口支援的相关政策、法规之间互相矛盾、并且实施存在多头管理、随意性大的问题，如何协调对口支援的横、纵向合作法律制度至关紧要，这种协调应当涉及以下几个层面：首先，协调国家机关所制定的规章制度之间的关系，强化规章制度的统一性，防止政出多门、多头指挥；其次，协调国家机关的规章制度与地方政府的政策法规之间的纵向合作法律制度关系，明确规章制度的主次性，保证对口支援法律法规的权威性和统一性；最后，协调东西部地区各地方政府的政策法规之间的横向合作法律制度关系，防止出现地方政府利益竞争中的“囚徒困境”。

当前，具体来说，主要是在行政、经济、教育文化三方面建立对口支援的法律制度体系。我国常用的行政法律制度包括行政许可制度、行政处罚制度和行政程序制度等。行政许可制度是指行政机关根据有关组织的申请，以书面证照和其他方式许可其从事某种行为、确认某种权利并授予某种资格和能力的行为规范。行政处罚制度是行政机关对违反行政管理秩序的组织依法进行制裁的制度。行政程序制度是规范行政机关为达到行政目的而必须采用的方式和经历的步骤，以及实现这些方式和步骤的法律规范的总称。由于对口支援的双方地方政府之间没有原生的行政法律关系，所以必须通过立法对其强制搭建一种基于对口支援而存在的新型法律关系，规定双方在对口支援中各自的权利和义务、协商机制以及合作方式，建立操作规程，从而使对口支援程序化。重点在于引入对口支援双方政府间的行政协议契约制度，将彼此的合作纳入法制化的轨道，在确保互利共赢的前提下为双方合作提供合理而必要的监督制度。

我国的经济法律制度涉及经济法律的主体制度、权利制度、行为制度和责任制度，具体包括财政法律制度、金融法律制度和税收法律制度等。对口支援经济法律制度的建立，应当侧重在经济项目合作方面，界定合作的主体是企业还是政府，明确对口支援双方的权利和义务，建立合理的交易制度，同时对双方的责任义务进行规范。具体而言，重点应放在确立横向财政转移支付制度方面。首先，确立对口支援中横向财政转移支付的法律关系主体，重点关注对口支援的地方政府；其次，根据对口支援所涉及的各省（区、市）财政收支的不平衡性，确定财政平衡的指标体系，在横向财政转移支付时进行区别对待；最后，可以设定相应的专项基金，并详尽具体规定其支取方法。

在教育文化法律制度方面，我国教育制度本身存在多方面的问题，在对口支援中越发突出。因此，为更好发挥教育对口支援的作用，应当通过建立相应的制度体系，来保障对口支援双方学校的利益。第一，建立财政补偿机制，加大资金投入，不仅对受援学校，更对支援高校进行财政补贴，可以通过中央财政和地方财政共同推进；第二，对于教育对口支援的人员、设备、范围建立具体详尽的规定，并进行相应的经济补偿；第三，鉴于我国中央以及地方财力的有限，积极推动教育经费供给主体的多元化，发挥政府财政主导作用的同时，积极吸引民间资本，补足对口支援双方学校的经费欠缺问题。

推行对口支援政策，才能更好地发挥政策的巨大作用，通过立法建立国家层面的制度体系，充分发挥中央部门统筹的职能，激励地方政府积极参与落实政策。要加快完善对口支援政策的启动机制、协调机制、激励机制和评估考核机制的立法，使得对口支援和合作互惠都能有法可依。

（三）帮助受援地区实现产业结构调整

区域间产业布局不合理是产生区域发展差距的根本原因之一，区域平衡发展必须注重市场的主体作用，充分发挥市场机制对资源配置的基础性作用，按照区域经济分工发展态势，共同商议选择合作的主题项目，秉承生态发展战略，按照整体规划、分步实施、滚动开发的原则，通过市场化运作，实现循环经济产业集群式发展。双方充分发挥各自优势和特色，以生态发展为核心理念，高起点、产业化、集群式合理规划生态空间布局，统筹环境、统筹城乡、统筹产业，实现一体化发展。产业合作必须以“富民”为基点，市场具有内聚性，即以现代农牧业、民族特色产业、生态旅游业等富民产业为主体，面向国内市场积聚。产业合作必须以“生态”为核心，产品具有绿色性，即产业规划必须符合主体功能区规划，在追求生态效益的同时，获取经济效益。产业合作必须以“发展”为目标，产业具有竞争性，即合作产业在链式整合过程中不是简单的承接产业转移，而是追求高端市场的生态型“超额利润”，同时通过带动各类合作社组织，积极引导受援地社会治理方式的创新。

区域平衡发展在强化与支援方融合发展的同时，必须通过科技生产要素的植入，增强受援地的“造血”功能，带动和促进落后地区的内生发展。这也是由“先进—落后”二元结构发展环境所决定的。落后地区实现跨越式发展只能从外部（特别是对口支援方）输入技术，并借助外部培养人才。要立足受援地的自然生态系统和人文环境，通过科技“造血”，培育新兴战略性产业，实现与援助方的互动发展。由于在科技“造血”过程中不可避免地要受到“工业文明—生态文明”二元结构思维方式的制约，援受双方必须立足主体功能区规划要求，遵循生态发展方式，在产业合作中一揽子筛选、引进生态科技。同时要有效克服技术成因型和环境保护型发展模式的思维桎梏，面对落后地区（也包括所谓的发达地区），共同开展属于生态修复技术类的公益性研究，以期保育生态、协调人地关系、改善民生、和谐民族关系和保障国家生态安全。在此基础上，还要积极开展旨在提升生态伦理素质的科普教育和职业技能培训。

长期以来对口支援都坚持硬件与软件支援相结合，把短时的“输血项目”和长期的“造血项目”相统一，把工作重点放在提高受援方“自身造血”上。受援地区由于受各种不利因素的制约，长期以来不仅交通、通信、电力、水利等基础设施建设滞后，而且缺乏支撑经济持续发展的自生能力，如果不解决欠发达地区自我发展能力不足问题，这些地区很可能陷入“贫穷—援助—贫穷”的恶性循环陷阱而不能自拔。因此，对口支援省市不仅要通过横向财政转移支付等手段帮助受援地区兴建民生工程、基础设施等“输血”项目，而且要通过输入技术、管理、人才、品牌等优势资源，采取独资、合资、兼并等方式，帮助受援地区兴建自己的企业，大力发展地方经济，逐步增强这些地区自身的经济发展能力。帮助受援地区建立自身造血功能，是增强这些地区自我发展能力的关键。为此，对口支援省市在加快民生项目、基础设施恢复重建的同时，立足受援地区长远发展，硬件与软件结合、“输血”与“造血”并重在人才培养、产业发展等方面加大支援力度。各对口支援省市充分发挥自身在人才、技术、管理等方面的优势，通过加大教师培训、干部交流、人才输送的力度，为受援地区强化“自身造血”功能；通过采取双向挂职、两地培训和支医、支教、支农等办法，为受援地区培养了大量医疗卫生、项目管理、施工监理、城乡规划等技术人员和各级干部，给予受援地区有力的支持。

总之，对口支援政策要想充分发挥其“造血”功能，需要将对口支援与区域间产业结构调整结合起来。一方面，发达地区要科学明确本地区的产业发展定位，把握科学发展与产业转型升级的契机，将不合适本地区发展的产业或某些产业链优先转移到受援助地区，形成区域间的产业链优化组合；另一方面，受援地区要牢牢抓住发达地区产业转型的机遇，结合自身优势，争取加入到区域发展的产业链中来，形成区域间产业的互补和良性互动。

四　“一带一路”战略下的对口支援政策创新

对口支援政策，作为一项具有中国特色的经济发达或实力较强的省市对经济欠发达省区实施援助的政策，在控制和缩小地区发展差距、推动西部民族地区经济与社会较快发展，以及实现区域协调发展、民族团结和边疆稳定方面发挥着极其重要的作用。当前，国家提出和实施的“一带一路”战略，不仅从时机、导向、功能和作用等方面有效促进了对口支援政策创新，而且要求从内容、类型和政策转型等方面促进和实现对口支援政策与“一带一路”战略的有机衔接，推动对口支援政策创新和转型，并加强和完善相关法律制度建设。

（一）“一带一路”战略为对口支援政策创新提供新机遇和新导向

“对口支援”政策是中国党和政府在社会主义现代化建设时期，基于我国西部民族地区与东部沿海地区及中部地区在经济、文化和社会等方面发展水平存在的较大差距，以及地区之间资源分布的不均衡性和互补性的客观实际，为了控制和缩小地区发展差距，推动西部民族地区经济与社会较快发展，最终实现区域协调发展、民族团结和边疆稳定，于20世纪70年代末制定、实施并不断完善的具有中国特色的东中部地区经济发达或实力较强的省市对西部民族地区经济欠发达或实力较弱的省区实施援助的一项政策。30多年来，对口支援政策的实施，有效地鼓励了东中西部地区之间的资金、物资、技术、人才等转移支付，逐步完善了互惠、互助、互利的合作关系，在一定程度上弥补了横向财政失衡，控制和缩小了东中西部地区的发展差距，维护了民族团结和边疆稳定。

然而，多年来，在对口支援政策的实施过程中，由于我们更多地将对口支援看作是中央政府主导、地方政府贯彻实施的“政治任务型”的发达地区对欠发达地区的“单方支援”，缺乏激励合作的长效机制及其保障措施，一定程度上影响了支援方与受援方双方的积极性，不利于双方开展广泛、深入和持续的合作，实现互利共赢。

当前，我国实施和推进的“一带一路”战略，为对口支援政策的创新、完善以及全方位、深层次的有效实施，进一步发挥其政策功能和作用，带来了历史性的新机遇，提供了新导向。

首先，“一带一路”战略的实施，为中央政府和相关地方政府通过对口支援政策创新推动我国区域协调发展，提供了战略抓手。改革开放以来，我国经济发展迅速，取得了举世瞩目的巨大成就，一跃成为世界“第二大经济体”，综合国力大幅度提高，人民生活水平和质量明显改善。然而，作为一个幅员辽阔的多民族国家，各地区、各民族经济与社会发展不平衡，总体上呈现出东快西慢、区域发展差距扩大的态势，由此带来一系列经济社会新问题、新矛盾。在当前世界经济复苏动力不足、主要经济体纷纷寻找复苏之路、国内经济进入“新常态”之际，中国党和政府以全球思维、世界眼光，立足国内国际、联系历史和现实，适时地提出了“一带一路”重大战略构想，在继续深化对外开放的同时，为通过对口支援政策创新来推动我国区域协调发展提供了战略抓手。推进“一带一路”建设，要求充分发挥国内各地区的比较优势，实行更加积极主动的开放战略，加强东中西部地区的互动合作，统筹东中西部地区经济社会发展，全面提升开放型经济水平，[①] 特别是实施向西开放战略，培育国际经济合作新优势。这就要求我们紧紧围绕“一带一路”战略，创新对口支援政策，推动国内地区之间的互联互通，特别是东中西部地区之间的互联互通，更加积极有效地发挥对口支援政策在推动西部民族地区经济发展、控制和缩小地区发展差距以及实现区域协调发展方面的功能和作用。

其次，“一带一路”战略的实施，对西部民族地区有效承接产业转移具有重要意义，为对口支援发挥其政策功能提供了新的空间。“一带一路”战略的一个重要目标就是扩大西部民族地区的对外开放水平，促进西部民族地区的经济社会发展，以缩小该地区与东中部地区、特别是东部沿海地区的发展差距。在当前我国劳动密集型产业由东部沿海地区、特别是东南沿海地区向中西部地区大规模转移的背景下，“一带一路”战略的实施，对西部民族地区有效承接产业转移和促进本地区经济发展有着重要意义。“一带一路”战略的实施，必将沟通中国内陆中西部地区与中南亚和欧洲国家的联系，有利于有效提高西部民族地区的对外开放程度，为西部民族地区及全国各地区的产品流入中南亚和欧洲市场提供一条通道，降低了中国产品运往国际市场的运输成本，并促进西部民族地区有效承接东部沿海地区、特别是东南沿海地区劳动密集型产业转移，利用自身比较优势快速发展本地区经济，提升开放型经济水平。这就为中央政府和东中部地区、特别是东部沿海地区地方政府在新的历史条件下创新对口支援政策，提供了新的空间。

最后，“一带一路”战略的实施，为东部沿海地区、中部地区与西部民族地区地方政府之间在对口支援中加强府际合作提供了新导向。“一带一路”战略中的互联互通，要求在新的历史条件下创新对口支援政策，强化东中西部地区地方政府之间的相互合作，共同建设“一带一路”，提

① 国家发展与改革委员会、外交部、商务部：《推动共建丝绸之路经济带和21世纪海上丝绸之路的愿景与行动》，新华网，http://news.xinhuanet.com/fortune/2015-03/29/c_127633221.htm。

升开放型经济水平。为此，要全方位推进基础设施以及体制机制、资金流、技术流、人才流和信息流等层面的东中西部地区的互联互通建设，形成区域经济一体化或区域协调发展以及跨区域合作的大格局，互惠互利，互通有无。要有效处理好各方面的利益关系，确定能够兼顾支援方与受援方双方或多方利益的项目，拓宽合作领域、范围及其内容，创新合作方式和模式，逐步形成对口支援的良性循环。要加快完善"一带一路"总体布局，通过签署东中西部地区地方政府间的合作框架协议，携手制定整体规划，明确东中西部地区及其各地区省市区在"一带一路"建设中的定位和职责，充分发挥各自的比较优势，在协同合作中全面提升开放型经济水平。

（二）在两个"互联互通"中发挥对口支援的政策功能和作用

"一带一路"首先是互联互通的战略，[①] 即中国与外部世界的互联互通，以及国内各地区之间、特别是东中西部地区之间的互联互通；不仅是基础设施上的互联互通，而且还是体制机制、资金流、技术流、人才流和信息流层面的互联互通。新的历史条件下，创新、完善和实施对口支援政策，要同推进"一带一路"建设有机结合起来，紧紧围绕国际国内两个"互联互通"，发挥对口支援的政策功能和作用。

首先，把对口支援同推进中国与外部世界的互联互通有机结合起来，发挥对口支援的政策功能和作用。改革开放30多年来，我国的对外开放尽管是从沿海和陆路两个方向进行的，但主要还是以东部沿海地区为依托、以海路为主要通道的面向亚太地区和欧洲的对外开放。这是因为，东部沿海地区交通通信方便、工业基础相对好、技术及管理水平比较高、科技文化教育事业比较发达，以及与外部世界的联系相对密切。在东部沿海地区及其14个沿海城市优先实行对外开放，可以充分发挥其比较优势，更好地利用其他国家和地区的资金、技术、知识和市场，推动该地区企业的设备更新改造和新产品、新技术的开发创造，增强产品在国际市场上的竞争能力，促使东部沿海地区及其14个沿海城市从内向型经济向内外结合型经济转化，同时发挥其对内地的辐射作用，带动中西部地区的经济发

① 彭刚、任奕嘉：《互联互通：经济新常态下的国家战略》，《学术前沿》2015年第3期。

展。与此相比，陆路方面的对外开放相对滞后，原因恰恰在于中国经济发展战略的重心在东部沿海地区，而西部民族地区经济发展相对落后。西部民族地区工业基础薄弱，基础设施建设滞后，交通通信不发达，走出去的通道不多，而且这些通道还受到多种国内国际因素的掣肘而无法有效发挥作用。经过 30 多年的对外开放，我国逐步形成了以经济特区、沿海开放城市、沿江沿河开放港口城市以及沿边开放城镇为层次序列的对外开放格局。实施“一带一路”战略，要求我们进一步从海陆两个方面推进对外开放和对外延展，特别是从陆路方面加大对外开放和对外延展，最大限度和最大可能地拓展中国的外部利益。今后一段时间内，东部沿海地区、中部地区对口支援西部民族地区的项目，应当紧紧围绕交通、通信、能源设施等基础设施建设内容开展，推进国内地区之间、特别是东中西部地区之间的互联互通，为整个中国与外部世界的陆路互联互通奠定基础。同时，在中央政府的领导下，东中西部地区要相互合作，充分发挥各自的比较优势，积极参与高铁外交，共同推进国际骨干通道建设，逐步形成连接亚洲各次区域以及亚欧非之间的基础设施网络，推进中国与外部世界的互联互通，以突破传统瓶颈对我国陆路对外开放和对外延展的束缚与掣肘。

其次，把对口支援与国内各地区之间的互联互通有机地衔接起来，发挥对口支援的政策功能和作用。由于长期受制于国内多种因素的制约，特别是地理上的自然分割、非均衡发展战略的影响，我国逐步形成了区域之间的发展不平衡，特别是东部沿海地区与西部民族地区之间发展差距较大。以地区生产总值、财政收入、国内投资、利用外资、技术市场成交额、高等学校及其在校生为例，两大地区之间存在较大发展差距。

截至 2014 年年底，东部沿海地区生产总值为 378727.5 亿元，西部民族地区为 106147.3 亿元，东部沿海地区是西部民族地区的 3.57 倍；东部沿海地区财政收入 44007.05 亿元，西部民族地区 12062.57 亿元，东部沿海地区是西部民族地区的 3.65 倍；东部沿海地区吸收国内投资 233529.3 亿元，西部民族地区 101188.4 亿元，东部沿海地区是西部民族地区的 2.31 倍；东部沿海地区利用外资 2928.8 亿元，西部民族地区 230.2 亿元，东部沿海地区是西部民族地区的 12.72 倍；东部沿海地区技术市场成交额

56976812 万元，西部民族地区 4421566 万元，东部沿海地区是西部民族地区的 12.87 倍；东部沿海地区拥有高等学校 1096 所、在校学生 10976389 人，西部民族地区拥有高等学校 472 所、在校学生 4414632 人，东部沿海地区高等学校数及其在校学生数分别是西部民族地区的 2.32 倍和 2.47 倍。

表 9—1　　2014 年东部沿海地区与西部民族地区生产总值、财政收入、国内投资、利用外资、技术市场成交额、高等学校及其在校生比较表

	地区生产总值（亿元）	财政收入（亿元）	国内投资（亿元）	利用外资（亿元）	技术市场成交额（万元）	高等学校（所）在校学生（人）
东部沿海地区	378727.5	44007.05	233529.3	2928.8	56976812	1096 / 10976389
西部民族地区	106147.3	12062.57	101188.4	230.2	4421566	472 / 4414632

注释：东部沿海地区指辽宁、河北、北京、天津、山东、江苏、上海、浙江、福建、广东、海南 11 省市；西部民族地区指内蒙古、广西、四川、贵州、云南、西藏、甘肃、青海、宁夏、新疆 10 省区。

中华人民共和国国家统计局编：《中国统计年鉴（2015）》，中国统计出版社 2014 年版。

国内东中西部地区特别是东部沿海地区与西部民族地区之间的地区发展差距，必然影响各地区之间实现基础设施以及资金流、技术流、人才流和信息流的互联互通，进而影响中国与外部世界的互联互通，影响“一带一路”战略的推进。因此，国内地区之间的互联互通，实际上就是一个地区之间协调发展、缩小差距的过程，要求进一步发挥对口支援的政策功能和作用，加大东中部地区对西部民族地区的对口支援力度，以地区间的互联互通带动和促进西部民族地区经济发展。

最后，根据两个“互联互通”的不同要求，确定对口支援的内容和重点，发挥对口支援在国内国外互联互通中的政策功能和作用。

在国外互联互通方面，以政策沟通、设施联通、贸易畅通、资金融通、民心相通为主要内容，[①] 按照中央政府的统一部署，在对口支援中加强东中西部地区地方政府间的合作，共同推进“一带一路”建设，加快中国与外部世界的互联互通进程。在国内互联互通方面，东中西部地区不仅是基础设施上的互联互通，还是体制机制、资金流、技术流、人才流和信息流层面的互联互通，对口支援应当以此为主要内容和重点，加强东中西部地区地方政府间的互动合作，发挥对口支援的政策功能和作用，加大东中部地区对西部民族地区基础设施以及体制机制、资金、技术、人才、信息的对口支援。

（三）“一带一路”战略下对口支援政策创新的路径选择与法治保障

“一带一路”战略的实施，要求从内容、类型和政策转型等方面推进和实现对口支援政策创新。为此，要求我们找准对口支援政策与“一带一路”战略的契合点，推进两者的有机衔接，从内容和类型上完善与创新对口支援政策；在培育和发展开放型经济中加强地方政府间的互动合作，实现由单方受益型对口支援向双向共赢型对口支援的政策转型；加强对口支援法律制度建设，从法律层面上对“一带一路”战略下对口支援进行制度设计，使之法律化，依法规范对口支援。

首先，紧紧围绕“一带一路”战略及其互联互通，从内容、类型上进一步完善和创新对口支援政策。以往，对口支援的内容和类型主要是灾难援助、经济援助、医疗援助和教育援助。与“一带一路”战略衔接，要求东中部发达地区还要在体制机制方面加强对西部欠发达地区的对口支援。体制机制建设相对滞后，这是制约西部民族地区经济与社会发展的一个重要制度性因素。[②]

改革开放以来，我国实行非均衡发展战略和梯度发展战略，以此来推进中国的经济发展和社会进步，这就决定了较优惠的政策和制度创新的探索行为只能给予少数地区、少数产业或者少数人。东部沿海地区由于其相对优越的自然、经济和人文历史条件以及区位优势，成为中央政府实施非

---

① 国家发展与改革委员会、外交部、商务部：《推动共建丝绸之路经济带和 21 世纪海上丝绸之路的愿景与行动》，新华网，http://news.xinhuanet.com/fortune/2015-03/29/c_127633221.htm。

② 任维德：《社会转型与西部开发》，《内蒙古大学学报》2001 年第 2 期。

均衡发展战略的受益者。与此相适应，中央政府的制度供给明显向东部沿海地区地方政府倾斜，由此形成西部民族地区与东部沿海地区之间制度供给的不平衡态势。[①] 长期的非均衡制度供给，其直接后果就是造成东部沿海地区与西部民族地区在体制机制上存在着严重的"二元化"现象，导致国内市场存在着严重的分割现象。根据我国研究市场化进程的知名中青年经济学者樊纲、王小鲁等人的测算，2007 年，西部民族地区 10 个省区与东部沿海地区 11 省市的市场化进程差距较大。东部沿海地区市场化进程指数排序为上海、浙江、广东、江苏、天津、北京、福建、山东、辽宁、河北、海南，其市场化进程指数分别为 11.71、11.39、11.04、10.55、9.76、9.55、9.45、8.81、8.66、7.11、6.88。相比之下，西部民族地区市场化进程指数则低于东部沿海地区，具体排序为四川、内蒙古、广西、云南、宁夏、贵州、新疆、甘肃、青海、西藏，其市场化进程指数分别为 7.66、6.40、6.37、6.15、5.85、5.57、5.36、5.31、4.64、4.25。西部民族地区 10 省区除四川略高于东部沿海地区市场化进程指数最低的海南外，其余 9 省区均低于东部沿海地区市场化进程指数最低的海南。[②] 市场化程度偏低，成为制约西部民族地区经济与社会发展的主要体制机制因素。加之各种形式的地方保护主义的存在，国内的统一大市场实际上始终没有形成。在此情形下，互联互通形同一句空话。为此，要求我们在推进"一带一路"战略中，进一步完善对口支援政策，增加体制机制方面的对口支援内容和类型，并主要通过以下途径实现：一是建立东中部地区、特别是东部沿海地区与西部民族地区各级党政主要领导双向交流、挂职制度，在工作中学习、引进和输入发达地区成熟的体制机制。对于西部民族地区来说，体制机制创新的过程，就是一个在工作中发现、学习、模仿和超越东部沿海地区的过程。二是西部民族地区各级党政部门、事业单位通过各种形式和途径将干部派往东中部地区、特别是东部沿海地区定期任职，在工作中感受、体验和学习发达地区成熟的体制机制。三是将干部教育培训工作纳入对口支援范畴，按照中共中央印发的《干部教

① 邓大才：《东西部制度安排的非均衡性与西部的制度创新》，《探索》2001 年第 1 期。

② 樊纲、王小鲁、朱恒鹏：《中国市场化指数——各地区市场化相对进展 2009 年报告》，经济科学出版社 2010 年版，第 256 页。

育培训工作条例》规定，由东中部地区、特别是东部沿海地区有关干部培训机构负责培训西部民族地区干部。

其次，在培育和发展开放型经济中加强府际合作，实现由“单方受益型”对口支援向“双向共赢型”对口支援的政策转型。2015 年 3 月，国务院授权国家发展与改革委员会、外交部、商务部联合发布的《推动共建丝绸之路经济带和 21 世纪海上丝绸之路的愿景与行动》要求：“充分发挥国内各地区比较优势，实行更加积极主动的开放战略，加强东中西互动合作，全面提升开放型经济水平。”因此，探寻对口支援政策与“一带一路”战略的契合点，推进对口支援与“一带一路”的有机衔接，要求在培育和发展开放型经济中加强东中西部地区地方政府间的互动合作，实现由“单方受益型”对口支援向“双方共赢型”对口支援的政策转型。

1978 年改革开放以来，我国的对外开放主要是发展外向型经济，通过引进国外资金、利用国外技术、依靠出口和增加外汇储备等方式推动国民经济发展。经过 30 多年的发展，今天的中国不仅资金雄厚，而且有些技术如高铁、核电、光伏、航天、卫星导航系统等已经处于国际领先水平，而且产能过剩。因此，对外开放不能重复以往只是引进国外资金、利用国外技术和增加外汇储备的方式，更重要的是要让中国的资金、技术以及过剩产能走出去，使其在国际市场上流动和活跃起来，实现资源在世界范围内的最优配置，发展开放型经济，并且不断提升开放型经济的水平。在此背景下，进一步推进对口支援和发挥其政策功能，要求实现对口支援政策与“一带一路”战略的契合，加强东中西部地区府际合作，在培育和发展开放型经济中实现由“单方受益型”对口支援向“双向共赢型”对口支援的政策转型。

其一，发挥地区比较优势，合力培育和发展开放型经济，在合作中实现利益共享。东中西部地区地方政府要依据各自的比较优势，通过制定、签订和实施有效的合作协作政策、协议及其措施，推动区域间合作互动和产业聚集，培育和发展开放型经济。当前和今后一定时期内，东中西部地区地方政府要围绕“一带一路”战略，通过对口支援，合力打造新疆丝绸之路经济带核心区、加快建设广西北部湾经济区、建设内蒙古连通俄蒙向北开放的重要窗口、打造云南大湄公河次区域经济合作新高地，以及推进西藏与尼泊尔等国家边境贸易和旅游文化合作，等等。鼓励企业积极主动地参与价值链分工，在协同促进企业整体竞争优势提升以及企业所在行业盈利能力提高的同时，分享企业及行业成长的溢出效应，实现东中西部地区经济的可持续发展。

其二，构建良性产业转移机制，确保互利共赢。东中西部地区地方政府要充分利用对口支援区域合作平台机制，将承接东部沿海地区及中部地区产业转移的工作与构建东中西部地区互动发展的产业合作体系相结合，积极构建良性产业转移机制。在平等自愿、合理有效的原则下，以西部民族地区产业发展需要为基础，优先转移有利于西部民族地区长期发展的产业；鼓励东部沿海地区经济效益优势大的龙头企业作为产业转移的重点对象，为西部民族地区带去优良的技术、设备、人才和经验，切实优化西部民族地区的产业结构。

其三，探索建立和发展以“飞地经济”为主要内容的地区间资源互补、经济协调发展的跨区域经济合作模式。鼓励东中西部地区合作共建产业转移园区，推动东部沿海地区强优企业以兼并收购方式，与西部民族地区本土优势企业开展股权合作，利用股份制企业特有的利益共享、风险共担机制，协调产业转移微观主体与转入区及其承接主体之间的利益关系，做大做强西部民族地区优势企业。同时，除东部沿海地区“异地办厂”这种“飞地经济”形式外，西部民族地区地方政府还可以“筑巢引凤”，通过与东部沿海地区相关省市政府签订协议，双方就共同推进在西部民族地区建设东部沿海地区相关省市产业园区，加强跨地区工业园区产业集聚、人才、项目、管理、信息等方面的合作与交流，共谋发展，互利共赢。

最后，加强对口支援法律制度建设，从法律层面上对“一带一路”战略下对口支援进行制度设计，并使之法律化，依法规范对口支援。1984年5月31日颁布实施的《中华人民共和国民族区域自治法》对对口支援问题虽然有所涉及和规定，但这些原则性规定相对而言过于模糊。总体来讲，《民族区域自治法》仍然把对口支援当作中央政府主导、地方政府贯彻实施的“政治动员式”的东中部发达地区、特别是东部沿海地区对西部欠发达地区“单边支援”的“政治任务”，因而缺乏激励合作的长效机制及其保障措施，一定程度上影响了支援方与受援方双方的积极性，不利于双方开展广泛、深入和持续的合作，实现互利共赢。因此，在实施和推进“一带一路”战略下，有必要对对口支援政策进行制度设计，并使之法律化，依法规范对口支援。

其一，把对口支援从“政治任务”转变为“法律义务”，从法律层面上对对口支援进行制度设计，以立法的形式规范对口支援工作。主要包括：明确哪些条件下可以启动对口支援，哪些层级的政府和部门有权力启动对口支援；对口支援的程序有哪些，援助方和被援助方各自有哪些权利和义务；对口支援的标准、范围和时效性等。[①] 也就是说，“一带一路”战略下的对口支援，对于各个地方政府来说，参与对口支援，既是完成一项重要的政治任务，也是在履行法律义务，并且在主要的工作环节中有法可依，有章可循。

其二，依法规范中央政府与地方政府在对口支援中的责任。在不同类型的对口支援中，中央政府和地方政府应当分别承担不同的责任，需要由法律作出规定和制度安排。而划分中央政府与地方政府责任的关键在于改革现行的财政制度，特别是要在合理规定中央和地方税收分成比例的基础上建立完善纵向财政转移支付制度和横向财政转移支付制度，这同样需要以立法的形式加以规范。

其三，依法规范地方政府在对口支援中的互动合作关系，为实现由“单方受益型”对口支援向“双向共赢型”对口支援的转变提供法律保障。当前，在“一带一路”战略下，当务之急在于促进东中西部地区间的互联互通和经济社会一体化，使支援方和受援方尽快走到同一个发展平台上来。对于支援方之间的“援助竞赛”，则要确保将其控制在一个合理的范围内，以期收到既能够激发援助热情，又尽可能减少资源浪费的效果。另外，还要注意引导在受援方之间开展多种形式的区域合作，如消除行政壁垒、加强经济技术协作、共建产业园区等，为东中西部地区间的互联互通和区域经济一体化奠定必要的基础。

（撰稿人：任维德，内蒙古大学公共管理学院）

---

① 朱光磊、张传彬：《系统性完善与培育府际伙伴关系》，《江苏行政学院学报》2011年第2期。

后　记

本书是南开大学杨龙教授主持的南开大学周恩来政府管理学院中央高校建设世界一流大学（学科）和特色发展引导专项资金资助项目“中国区域治理系列研究报告”中的2017年度报告，也是2013年国家社会科学基金重大攻关项目“区域政策创新与区域协调发展研究”（项目批准号：13&ZD017）子课题“对口支援政策及其创新”的最终成果。

“对口支援”政策是中国党和政府在改革开放和社会主义现代化建设时期，基于我国西部民族地区与东部沿海地区及中部地区在经济、文化和社会等方面发展水平存在的较大差距，以及地区之间资源分布的不均衡性和互补性的客观实际，为了控制和缩小地区发展差距，推动西部民族地区经济与社会较快发展，最终实现区域协调发展、民族团结和边疆稳定，于20世纪70年代末制定、实施并不断完善的具有中国特色的东部沿海地区、中部地区经济发达或实力较强的省市对西部民族地区经济欠发达或实力较弱的省区实施援助的一项政策。对口支援政策的实施，在控制和缩小地区发展差距、推动西部民族地区经济与社会较快发展，以及实现区域协调发展、民族团结和边疆稳定等方面发挥了极其重要的作用。当前，我国实施和推进的“一带一路”战略，为对口支援政策的创新、完善以及全方位、深层次的有效实施，带来了历史性的新机遇，提供了新导向。梳理对口支援政策的提出及其发展历程，明确对口支援的定位，探寻其价值目标，这是适时调整对口支援政策、完善对口支援体制机制，进而激发其内生动力，做好对口支援工作的关键所在。正是基于这样的考虑，我们以《对口支援政策及其创新》作为选题，尝试对当代中国区域发展中的对口支援问题进行研究。

该书在纳入南开大学周恩来政府管理学院中央高校建设世界一流大学

（学科）和特色发展引导专项资金资助项目“中国区域治理系列研究报告”之后，在杨龙教授的主持下，课题组吸收了新的成员，新的课题组于 2017 年 6 月召开研讨会。经过会议的讨论，课题组更新了研究提纲，增加了新的内容。在对对口支援政策及其演变进行概述以及对对口援藏、对口援疆、国家部委及中央直属企事业单位对口支援、省内对口支援现状和绩效进行分析的基础上，分析了对口支援存在的问题及其原因，最后对口支援政策长效机制构建、对口支援政策有效实施与创新的路径选择进行了探索。经过课题组成员的辛勤努力，最终形成了现在这一研究成果。

全书由任维德拟定写作大纲，并统改全部书稿；任维德、郑春勇、柳建文、王达梅、王永明、孙兵、任博、张宇撰写相关章节。

具体写作分工如下：

第一章：任维德（内蒙古大学公共管理学院）；

第二章：郑春勇（浙江工商大学公共管理学院）；

第三章：柳建文（南开大学周恩来政府管理学院）；

第四章：王达梅（广东外语外贸大学政府与公共管理学院）；

第五章：王永明（内蒙古师范大学政治与公共管理学院）；

第六章：第一节，王达梅（广东外语外贸大学政府与公共管理学院）；第二节，孙兵（南开大学周恩来政府管理学院）；第三节，任维德（内蒙古大学公共管理学院）；

第七章：任　博（南开大学周恩来政府管理学院）；

第八章：张　宇（天津中医药大学管理学院）；

第九章：任维德（内蒙古大学公共管理学院）。

在学术团队全体成员的共同努力下，本项工作如期于 2017 年 12 月完成。我们的研究属于探索性的工作，因此，缺点、不足和错误在所难免，敬请学术界各位专家、学者以及读者批评指正。值得提及并使我们感到欣慰的是，本项研究工作的一些阶段性成果已在国内权威学术核心期刊发表，有的还被《新华文摘》《中国人民大学复印报刊资料》发表或全文转载，在国内学术界产生一定影响。

最后，需要特别提及的是，本项研究工作自始至终得到学术界前期研究成果的启发并充分借鉴了这些成果。学术界前期研究成果使我们受益匪浅，对于最终完成研究工作并形成鲜明的学术特色，无疑具有极大的帮助。在此，表示最诚挚的谢意。

本书的出版得到中国社会科学出版社冯春风编审的大力支持，在此表示衷心感谢。

任维德
2017 年 12 月 18 日